Belas Letras.

MÚSICA CULTURA POP CINEMA

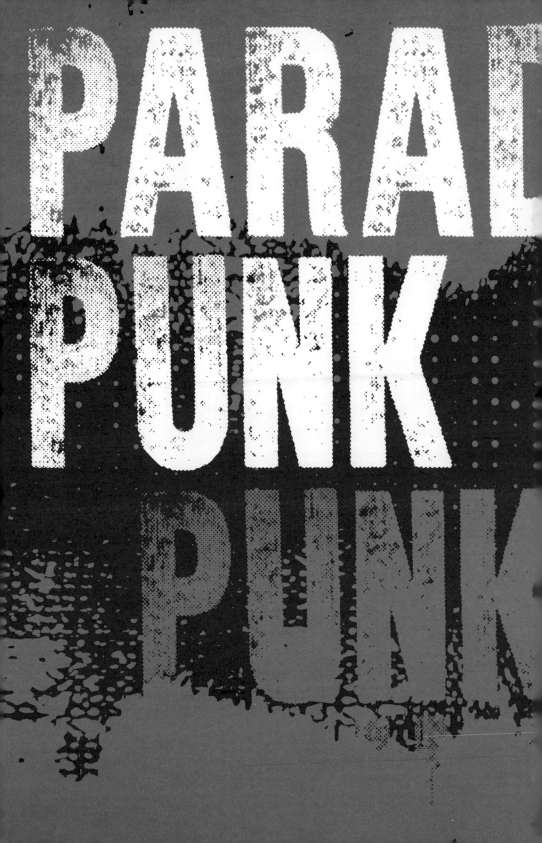

OXO

MEMÓRIAS DE GREG GRAFFIN

TRADUÇÃO
FERNANDO SCOCZYNSKI FILHO

Belas Letras

Título original: *Punk Paradox: A Memoir*
Copyright © 2022, Greg Graffin
Todos os direitos reservados

Publicado mediante acordo com a Hachette Books

Nenhuma parte desta publicação pode ser reproduzida, armazenada ou transmitida para fins comerciais sem a permissão do editor. Você não precisa pedir nenhuma autorização, no entanto, para compartilhar pequenos trechos ou reproduções das páginas nas suas redes sociais.

Publisher
Gustavo Guertler

Coordenador editorial
Germano Weirich

Supervisora comercial
Jéssica Ribeiro

Gerente de marketing
Jociele Muller

Supervisora de operações logísticas
Daniele Rodrigues

Supervisora de operações financeiras
Jéssica Alves

Edição
Marcelo Viegas

Tradução
Fernando Scoczynski Filho

Preparação
Luís M. Boa Nova e Marcelo Viegas

Revisão
Jaqueline Kanashiro

Capa e projeto gráfico
Celso Orlandin Jr.

Foto da capa: Arquivo da família Graffin

2025
Todos os direitos desta edição reservados à
Editora Belas Letras Ltda.
Rua Visconde de Mauá, 473/301 – Bairro São Pelegrino
CEP 95010-070 – Caxias do Sul – RS
www.belasletras.com.br

Dados Internacionais de Catalogação na Fonte (CIP)
Biblioteca Pública Municipal Dr. Demetrio Niederauer
Caxias do Sul, RS

G736p	Graffin, Greg
	IParadoxo punk : memórias de Greg Graffin / Greg Graffin ; tradutor: Fernando Scoczynski Filho. - Caxias do Sul, RS: Belas Letras, 2025.
	416 p.
	Título original: *Punk paradox: a memoir*
	ISBN: 978-65-5537-464-3
	1. Memórias americanas. 2. Rock (Música). 3. Bad Religion (Conjunto musical). 4. Punk (Música). I. Scoczynski Filho, Fernando. II. Título.

25/28   CDU 820(73)-94

Catalogação elaborada por Vanessa Pinent, CRB-10/1297

PARA TODOS QUE GUARDAM
MEMÓRIAS QUERIDAS DE MINHA MÃE,
MARCELLA JUNE CARPENTER GRAFFIN,
DE MEU PAI, WALTER RAY GRAFFIN,
E DOS EVENTOS E DAS AMIZADES
DETALHADOS NAS PÁGINAS A SEGUIR.

SEÇÃO UM

1. INTRODUÇÃO 11
2. FILHOS DE PROFESSORES 21
3. DIVÓRCIO 31
4. IGNIÇÃO MUSICAL 41
5. AS ORIGENS PROFUNDAS DO BAD RELIGION 53
6. POLÍTICA E RELIGIÃO PROGRESSISTAS 56
7. VIAGEM TRANSCONTINENTAL 64
8. L.A. ACABOU SENDO DEMAIS PARA ELE 76
8A. O LUGAR DE UMA MULHER 83

SEÇÃO DOIS

9. A MANHÃ SEGUINTE... 95
10. DEPRAVAÇÃO JUVENIL, 1980-1982 100
11. BUSCANDO BAD RELIGION 114
12. GÊNESE 125
13. NÃO SERVE PARA NAMORAR 138
14. A POESIA DO PUNK E A ENTRADA NA CENA 145
15. ENTRANDO NO DESCONHECIDO 165
16. ACADEMIA E PUNK 176
17. A MANUFATURA DA DISSIDÊNCIA 186
18. TRANSIÇÃO INTELECTUAL 194
19. O CAMINHO ATÉ *SUFFER* 212
20. MUDANÇA 225

SEÇÃO TRÊS

21. SUBINDO O NÍVEL 234
22. EUROPA 240
23. DE DIY A EMPREENDIMENTO COLABORATIVO 267
24. O VENDIDO 277
24A. ABSTINÊNCIA 282
24B. AS DUAS CULTURAS 284
24C. VENDER-SE 287
25. A LEGITIMIDADE FORMAL DA INDÚSTRIA MUSICAL 296
26. AJUSTES E TENSÕES 308
27. O DESMORONAMENTO 320
27A. *STRANGER THAN FICTION* 320
27B. VIDA DOMÉSTICA, DESAVENÇA ARTÍSTICA 328
27C. O TELEFONEMA 333
27D. BRIAN, A SOLUÇÃO 338
27E. AVERSÃO A DIVÓRCIO 342
27F. AQUELE NEGÓCIO DE NOVA YORK – *THE GRAY RACE* 354
27G. ITHACA – *NO SUBSTANCE* 360
28. RECONSTRUÇÃO 368
28A. *THE NEW AMERICA* 368
28B. BLINK 387
28C. ILUMINISMO 391
29. PARADOXO E LEGADO 398

EPÍLOGO 409
AGRADECIMENTOS 415

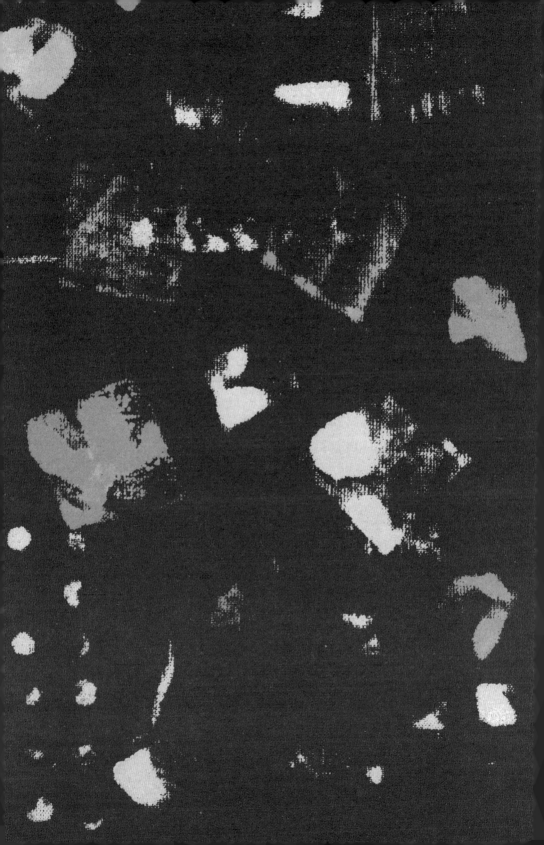

1.
INTRODUÇÃO

"FALEI PRO JOHN PEGAR ARMA. GRAAAAAGH, POR QUE JOHN NÃO PEGAR ARMA?!" GEORGE ESTAVA OLHANDO PARA MIM COM AS BOCHECHAS INCHADAS, TENTANDO AGARRAR MINHA LAPELA PARA APROXIMAR SEU ROSTO DO MEU ENQUANTO BUSCAVA UMA RESPOSTA, PERPLEXO COM SUA CONDIÇÃO. "VINTE PESSOAS PARA ME ATACAR, GRAG, VINTE PESSOAS PARA ME ATACAR!" GEORGE CONFIAVA EM MIM. ELE E SEU PRIMO, JOHN, AMBOS IMIGRANTES RUSSOS COM CABELO RASPADO, ERAM PUNK ROCKERS COMO EU; JOHN, BAIXINHO E COM UMA "MONOCELHA" ENORME, E GEORGE, ESBELTO E DE ESTATURA MÉDIA, COM CABEÇA DE BOXEADOR E MAÇÃS DO ROSTO BEM-DEFINIDAS. ERAM UMA DUPLA EM PERFEITA SINCRONIA. NÃO IMPORTAVA SE ESTAVAM PASSEANDO PELAS RUAS PROCURANDO AÇÃO OU PULANDO DO PALCO EM UM SHOW, ERAM INSEPARÁVEIS E FALAVAM ENTRE ELES EM UM IDIOMA MISTERIOSO. MAS ELES ME VIAM COMO O GAROTO SENSATO QUE NÃO VEIO DE HOLLYWOOD. POR NÃO ME DETONAR COM DROGAS OU ÁLCOOL, EU ERA, PARA ELES, O QUE TINHA A RESPOSTA PARA TUDO.

"Não sei por que John não fez o que você queria, George, mas ele está dirigindo a caminhonete agora, logo ao seu lado. Por que não pergunta você mesmo?" Mas George estava irritado, desorientado e bêbado demais para ser sensato naquele momento. Então ele continuou a encher meu saco. "Grag, aqueles filhos da puta! Me chutam, jogam meu corpo. Arma no porta-luvas!" "Só dirija, John, até você tirar o George daqui", eu disse. "É mesmo, Grraeg? Mas que porra! Eu continuo dirigindo até o Oki-Dog, até perto de casa, tá certo?"

Apesar de eu saber que George e John provavelmente tinham uma arma em algum lugar do veículo, esses caras não eram criminosos durões e, sem dúvida, não eram do tipo que matariam alguém. Eles, como tantos outros, eram imigrantes trabalhadores de primeira geração, cujas famílias os trouxeram ou os enviaram a Los Angeles para trabalhar com seus primos e outros parentes que tinham se estabelecido na região metropolitana, com o objetivo de realizar o sonho de uma vida melhor. Era possível encontrá-los todas as noites, do lado de fora de qualquer casa que tivesse um show de punk rock na região de Hollywood, procurando diversão, garotas, álcool ou drogas. Eles eram como qualquer outra pessoa que frequentava a cena na época, no outono de 1981. Aquela noite, no entanto, estava devagar para os shows punk. Nenhum evento estava acontecendo em Hollywood ou em qualquer parte, mas, como devotos do estilo de vida punk, precisávamos passar o tempo em algum lugar, então tínhamos um refúgio chamado Oki-Dog, uma lanchonete de cachorro-quente na Santa Monica Boulevard, em Hollywood. Ali, os punk rockers eram sempre bem-vindos. Enquanto todos os outros locais que vendiam fast-food nos rejeitavam, os proprietários do Oki-Dog nos recebiam com sua hospitalidade ásio-americana: "Oláááá, amigo! O que querer?". Batatas fritas murchas e chili dogs eram os pedidos de sempre. Mas mesmo que não comprássemos comida, sempre toleravam as travessuras punk caóticas que aconteciam em seu estacionamento toda noite. Sentíamos que éramos aceitos lá, e sempre estávamos dispostos a aprontar algo ali perto, nas ruas da Cidade das Ilusões, ou a começar um desfile punk improvisado em qualquer lugar que as pessoas fossem reparar. "Vamos até Westwood", alguém disse no estacionamento do Oki-Dog.

Com suas calçadas amplas e reluzentes, salas de cinema glamourosas, restaurantes chiques, lojas de esquina, carrocinhas de donuts e lojas de roupa da moda, Westwood era uma grande mistura de riqueza, juventude e cultura acadêmica. Delimitada pela Wilshire Boulevard ao

INTRODUÇÃO

sul e pela Hilgard ao leste, sua área de aproximadamente 24 quadras servia às necessidades de muitos moradores. Do outro lado da Le Conte Avenue estava a UCLA.[1] Apenas alguns quilômetros ao oeste, descendo a Wilshire, estava a praia. Do outro lado estavam Hollywood e o centro de Los Angeles. Todos os caminhos levavam a Westwood, que não tinha a imoralidade sombria e suja de Hollywood nem o crime e a violência das partes mais perigosas de Los Angeles, já que abrigava os universitários da UCLA, além de ser o local preferido para as estreias semanais dos grandes estúdios de cinema. Westwood tinha as calçadas ocupadas pelo ritmo pulsante dos estudantes se misturando com os diversos cidadãos de outros bairros, que iam até ali para aproveitar alguns prazeres de sua vida noturna tão ativa. Nas avenidas largas ficavam os *"cruisers"*, garotos e garotas de várias etnias que faziam da cultura automotiva um estilo de vida. Alguns deles, como os punk rockers com quem eu me conectei, estavam a fim de perturbar a tranquilidade noturna arrogante e previsivelmente alegre de Westwood – ou, pior, a fim de violência.

Eu me sentia em casa em Westwood. A UCLA era o motivo de a família Graffin ter se mudado para Los Angeles, quando eu tinha apenas 11 anos. Minha mãe tinha sido transferida de seu emprego como decana da Universidade de Wisconsin–Milwaukee para ser decana da UCLA, em 1976. De vez em quando ela levava meu irmão, Grant, e eu para o trabalho e nos deixava passear pelos *campi* universitários. Nosso pai também era do ramo acadêmico. Ele trabalhou na Universidade de Wisconsin–Parkside, e algumas das minhas primeiras memórias são de ir com a minha mãe ou o meu pai para o trabalho e de ouvi-los dizendo para "sumir" por um tempo, enquanto participavam de uma reunião ou lecionavam. Os cheiros característicos das salas de aula, das bibliotecas, das salas de mimeógrafos (xerox) e dos escritórios de professores são algumas das associações mais profundamente familiares e reconfortan-

---

1 Universidade da Califórnia em Los Angeles. (N. do T.)

tes para mim. Naquela noite, no entanto, nada parecia reconfortante ou familiar. Enquanto saíamos dos carros e andávamos por um dos estacionamentos da universidade, era claro que aquele punhado de punk rockers estava prestes a dar um show de hostilidade no ambiente festivo de Westwood. Naquela noite, nós seríamos o entretenimento.

Meu motorista da noite era Greg Hetson, uma figura notável da cena, que já tinha tocado em duas bandas lendárias – a primeira, Redd Kross, não precisava mais de seus serviços; a segunda, Circle Jerks, já figurava no topo entre as bandas de L.A. e estava no processo de expandir sua influência. Greg dirigia um El Camino e disse: "Entre aí, já estou indo para casa". Ele morava relativamente perto de Westwood e nos encontrávamos em seu apartamento com frequência, especialmente quando estávamos prestes a ter uma noite de aventura. Eu me sentei no banco de passageiro de Greg e coloquei a cabeça para fora da janela enquanto seguíamos para o oeste, em Santa Monica, em direção à interseção com a Wilshire. "Talvez a gente encontre umas gatas em Westwood", Greg disse, confiante de que, além da música punk rock em si, esse era o único assunto que motivava ambos os Gregs de forma igual.

Passar tempo com Greg Hetson era sempre uma aventura. Se você precisasse saber onde as festas mais legais estavam acontecendo em Hollywood, ou se tinha um show secreto em algum armazém em Hawthorne, ou em qualquer um dos inúmeros bairros que pontuavam a bacia de Los Angeles, Greg era o cara. Sempre gentil e cordial, com um sorriso agradável e humor inteligente, ele ainda assim estava por dentro da perversão e da devassidão que tornaram a cena punk lendária. Não que ele participasse de tudo, mas ser amigo dele significava que você não precisava consultar um taxista desconhecido ou qualquer outra fonte para descobrir onde a diversão estava acontecendo. Greg Hetson era nosso expert local. Minha nossa, ele teve um táxi alemão por um tempo como veículo principal – era uma Mercedes sedan a diesel, igual às usadas em Berlim. Ouvi-lo falar segurando aquele volante que sempre parecia grande demais para ele, dando detalhes e minúcias geográficas

INTRODUÇÃO

sobre os locais de L.A. que mereciam nossa atenção em qualquer noite, fazia você se sentir como se tivesse seu próprio Rick Steves[2] como melhor amigo.

Ao chegar a um estacionamento na Gayley Avenue, em Westwood, um conjunto de carros, incluindo o El Camino de Greg Hetson, descarregou os punks que estavam neles. Botas de combate e de engenheiro batiam sobre o asfalto, fazendo um som espantoso enquanto saíamos dos veículos e começávamos a dividir os grupos do lado de fora do teatro Mann, em Westwood. Greg sempre usava a mesma jaqueta verde que tinha sobrado do exército, jeans e tênis. Eu sempre usava a mesma jaqueta de motoqueiro, pintada com um símbolo *crossbuster*[3] do Bad Religion, em branco, nas costas. As correntes penduradas nos zíperes dos bolsos da jaqueta de couro completavam o meu figurino, e eu me sentia nas nuvens ao desfilar com meus amigos, dos quais alguns estavam em bandas famosas, exibindo ao mundo um pouco da pompa e da realeza do punk rock. Entretanto, em alguns breves minutos, aquelas ruas tão familiares da minha juventude se tornariam, literalmente, um campo de batalha. Nosso grupo fez um belo espetáculo, e universitários machões montaram seu próprio bando, com colegas das fraternidades tirando sarro de nós e nos seguindo. Além disso, os *cruisers* na rua buzinavam e exibiam suas armas. Não aceitariam chamar menos atenção que um bando de punks sujos e de roupas rasgadas. Eles estavam lá para ser notados e exibir os cuidados que tinham com seus automóveis.

Éramos um conglomerado informal de jovens de históricos diversos. Muitos nem conheciam uns aos outros. A maioria tinha boas intenções, mas alguns eram viciados em álcool, comprimidos ou algo pior, como heroína. Provavelmente não machucariam ninguém além deles

---

2 Richard John Steves Jr., escritor de viagens, ativista e personalidade televisiva. Sua filosofia de viagem encoraja as pessoas a explorar áreas menos turísticas de destinos e a imergir no modo de vida dos locais. (N. do E.)

3 Em tradução livre, "cruz cortada", o icônico logotipo do Bad Religion, que mostra uma cruz atravessada por uma faixa indicando oposição/negação ao símbolo religioso. (N. do E.)

mesmos. A violência entre gangues que estava tomando conta de muitos bairros pelos arredores da cidade tinha afetado uma parte da comunidade punk rock. Gangues de praia e algumas outras de Orange County eram violentas e estavam começando a representar porções consideráveis do público em clubes de Hollywood. Mas, naquela noite, nosso grupo continha vários coletivos menores e "independentes" de amigos e conhecidos, de várias vizinhanças do sul da Califórnia, difusamente distribuídas pelo condado de Los Angeles.

Em Westwood, assim como em nossos próprios bairros e na escola, parecíamos alvos fáceis para quem queria nos ridicularizar ou zombar, estivéssemos sozinhos ou em grupo. Não éramos temidos. Mas algo era compartilhado entre todos os punk rockers fora de Hollywood: éramos odiados. Havia uma ira ardente entre os não punks, que buscavam destruir e ferir qualquer pessoa que propositadamente rasgasse as próprias roupas, fizesse moicanos no cabelo, pintasse "anarquia" na jaqueta de couro ou promovesse bandas que cantassem sobre detonar a porra toda. A reação violenta aos punks estava em seu ápice, e desfilar por uma área outrora pacífica da cidade era visto como um ato de agressão. E sabíamos disso.

Carros buzinavam, e George andava pela rua gritando como um lunático "vão se fodeeer!", erguendo os braços e os dedos do meio enquanto observávamos, nervosos, mas de bom humor. Outros carros começavam a andar mais devagar, também buzinando e xingando alto enquanto passavam. "Punk é uma merda, suas bichas!" Greg Hetson e eu ficamos para trás, enquanto o grupo de punks se aproximava de George, encorajando-o e bloqueando o trânsito. Alguns deles estavam com garrafas de cerveja, e pelo menos uma delas foi arremessada em direção ao trânsito. Dentro de alguns minutos, um conjunto de carros estacionou e uma "gangue" de aproximadamente doze membros saiu deles, com a intenção de brigar. Lendas da região "South Central", gangues afro-americanas eram bem conhecidas pelos arredores da cidade, e não queríamos nem saber se aqueles caras eram afiliados aos Crips, aos

Bloods ou a nenhum dos dois. Enquanto eles saíam dos veículos, alguns deles foram direto na direção de George, enquanto o restante de nós saiu correndo em todas as direções. Ser perseguido não era divertido, mas eu logo percebi que meu instinto de fuga não era necessário. Após correr por cerca de um quarteirão, percebi que ninguém estava atrás de mim. "Por que diabos estou correndo?", perguntei a mim mesmo. Dei a volta, andei tranquilamente até onde a confusão começou e vi que a ação estava esquentando. Nenhum dos punks estava resistindo muito, mas os que resistiam estavam levando uma surra. Cheio de coragem líquida, George era o mais audacioso e que falava mais alto no nosso grupo. Ele também não era muito bom de briga. Quando voltei à esquina, universitários e seus colegas de fraternidade já tinham se unido aos outros na briga, e essa força conjunta improvável se preparou para mais um *round* para arrancar punk rockers da cidade. George estava no chão, sendo chutado por uma mistura de pessoas que odiavam punk, quando um universitário grandão veio correndo na minha direção. Ele tentou me agarrar enquanto corria, mas minha proficiência atlética me permitiu evitar o ataque, esticar o braço para derrubá-lo e voltar correndo para o estacionamento. Greg Hetson já tinha chegado de volta ao seu carro, e John tinha estacionado a caminhonete logo ao lado. "Entre!", John gritou. "Graaag, temos que buscar o George." Dirigimos nossos dois carros e encontramos o pobre George abandonado e sangrando, mas sem risco de vida. Ajudei-o a entrar na caminhonete de John e coloquei-o recostado no banco da cabine. George agarrou a lapela da minha jaqueta com dois punhos de ferro e me olhou no rosto com olhos loucos e avermelhados. "Cê viu isso, Graaag? Vinte pessoas para me atacar." Ele continuava tagarelando. "Por que John não pegar arma? Joooohn, por que não pegar arma, filadaputa?"

Além dos vergões, hematomas e alguns socos, nenhum dos punks ficou seriamente ferido e, por sorte, nenhuma arma foi usada na briga em Westwood. Mas foi uma típica noite em que os punks se esquivaram do ódio em L.A. Eu nunca me senti atraído pela mentalidade das gangues. Na verdade, eu odiava violência e nem sabia brigar. Mas acreditava na música e sentia uma afinidade imediata com qualquer pessoa que também gostasse dela. Infelizmente, naquela época, parecia que todo mundo odiava os punk rockers.

A polícia parecia odiar os punks tanto quanto a população em geral os odiava. Eu já tinha testemunhado provas disso em duas experiências anteriores. Uma foi em East Los Angeles, em 24 de outubro de 1980, por volta das 21 horas. A polícia apareceu no Baces Hall com equipamento antimotim. Escudos erguidos e botinas estalando, eles avançaram sobre uma multidão de silhuetas majoritariamente jovens, provocativas, escurecidas tanto por sua desarmonia doméstica quanto pelas luzes oscilantes dos postes de luz nessa parte da cidade. Unidos com a intenção de infernizar do lado de dentro, muitos dos punk rockers ficaram para fora, pois não conseguiram entrar no show do Black Flag, cujos ingressos foram vendidos além da capacidade. Apesar de ter acabado de formar minha própria banda, eu não era conhecido o suficiente para estar em qualquer lista de convidados, então também fiquei do lado de fora. Embora tivesse só 15 anos e ainda fosse infantil em muitos aspectos, eu já conseguia concluir que as rebeliões violentas, por mais que fornecessem uma adrenalina momentânea, eram ruins para os sonhos de um músico punk. Se casas de show continuassem sendo fechadas dessa forma toda vez que um show punk fosse anunciado, como o Bad Religion conseguiria tocar?

Entre os punks, não havia doutrina ou comportamento prescrito a ser seguido durante uma batida policial. Eu e o punk éramos jovens demais para essas formalidades. A "reação normal" adotada pelos punk rockers talvez tenha sido emprestada das imagens ainda vibrantes de quem protestou contra a Guerra do Vietnã, ou de quem lutou pelos direitos civis nos EUA, pouco mais de uma década antes. Quaisquer que fossem, nossas reações à brutalidade policial em Los Angeles eram completamente desorganizadas, e não achamos precedentes nas cenas punk de Londres, Nova York, Detroit ou qualquer outro lugar sobre o qual líamos em fanzines ou em revistas musicais. Portanto, era de se esperar a desunião dos grupos espalhados. O instinto de fuga tomou conta de mim, e, ao contrário de alguns de meus colegas, que tinham mais coragem que bom senso, escapei do local assim que os cassetetes foram erguidos.

Apenas um mês antes, em 19 de setembro, meu novo amigo e baixista Jay Bentley me levou a um show perto da Alameda e da Rua 4, em um "clube" chamado Hideaway, próximo do centro de L.A. Estávamos animados em ver Greg Hetson e Keith Morris tocando com o Circle Jerks. Eu já tinha visto Keith tocar em uma casa de shows de Huntington Beach chamada Fleetwood. Ele era meu vocalista favorito, e estava cantando com o Black Flag naquele show. Eu mal sabia que a camiseta que ele tinha usado no Fleetwood, uma estampa caseira com "Circle Jerks" escrito, era uma prévia de sua próxima banda. Aquele show no Fleetwood foi seu último como vocalista do Black Flag, e agora Jay e eu estávamos animados para vê-lo com sua nova banda no Hideaway.

Como de costume, não conseguimos ver a banda de abertura, o Descendents, mas enquanto a banda seguinte, Stains, estava se preparando, a polícia chegou ao lado de fora da casa lotada. Um cara da equipe do Stains subiu ao palco e agarrou o microfone. "Se todo mundo só der um passo para trás, os homens que estão lá fora não vão entrar! Se ficarmos tranquilos, podemos ter uma festa." Logo após essa sugestão, uma batida foi ouvida no espaço do lobby. O Hideaway não era nada além de uma oficina automotiva cujas portas de garagem da entrada, feitas de vidro, estavam fechadas. Quando a polícia chegou, na esperança de mandar os punks vagabundos para casa, a presença das viaturas deixou todo mundo enlouquecido, e os punks empurraram um Chevrolet antigo até ele atravessar as portas de vidro.

"Por algum motivo, acho que não conseguiremos ver o Circle Jerks", Jay disse. Poucos segundos após a porta quebrar, a polícia entrou com tudo, fazendo os punks se espalharem. Jay e eu corremos até a Toyota verde dele e fomos embora, de volta à monotonia serena de nossa vizinhança, em West San Fernando Valley. Ele me deixou na casa da minha mãe. "Te vejo na escola segunda-feira." "Até", eu disse, e entrei na residência silenciosa, comandada por minha mãe divorciada, que trabalhava duro para sustentar a mim e meu irmão mais velho, Grant.

A polícia atacando jovens suburbanos em clubes musicais pode ter sido algo único daquele tempo e daquele local, mas minha reação foi previsível: aversão. Cuide de si próprio, vire para o outro lado e corra! Proteja sua cabeça para que, mais tarde, você consiga refletir e aprender com o que acabou de acontecer. A compreensão e a racionalidade humana eram prioridades no meu mundo, mais do que o atrevimento, a retaliação ou a incitação. Intelectualizar eventos violentos ou emocionalmente perturbadores era uma forma de lidar com a situação. Também era o negócio da família.

De volta à minha casa, na região suburbana e sossegada de Canoga Park, em Los Angeles, após a adrenalina da noite abaixar, refleti sobre o passado recente e tumultuoso. Eu já tinha passado por traumas familiares o suficiente, e virar punk deveria ajudar a me acalmar, em vez de me deixar ainda mais nervoso. Comecei a sentir falta da simplicidade do estilo de vida e dos amigos de infância que deixei para trás em Wisconsin. Eles provavelmente estavam montando times – sem mim – para mais uma partida épica de futebol americano amador no bairro, no dia seguinte. Lá estava eu, em um lar aparentemente sem rumo, no igualmente sem rumo San Fernando Valley, em casa, às 22 horas, iniciando meu sono dissonante, sonhando com uma jornada até um futuro melhor, partindo de um passado de apenas três anos atrás, que me trouxe até aquele lugar na extremidade do continente, onde eu me sentia como o último garoto nos EUA a ver o sol se pondo, esperando que o amanhecer apagasse os problemas de ontem.

2.
FILHOS DE PROFESSORES

NÓS ÉRAMOS FILHOS DE PROFESSORES UNIVERSITÁRIOS. ELES FICAVAM NA SALA AO LADO, BEBENDO VINHO OU ALGUM DESTILADO, JOGANDO CARTAS E EMITINDO EXPLOSÕES SONORAS DE RISADAS APÓS INCESSANTES COMENTÁRIOS CÍNICOS SOBRE ATUALIDADES E OS FRACASSOS DA HUMANIDADE. NA SALA (TOCA) DE TV, FICÁVAMOS FAZENDO A MELHOR IMITAÇÃO POSSÍVEL DO VOCABULÁRIO DE NOSSOS PAIS, ASSISTINDO A *MONTY PYTHON*, ENTENDENDO UM POUCO E SECRETAMENTE DESEJANDO ATENÇÃO DOS DEUSES PATERNAIS NO CÔMODO AO LADO, QUERENDO QUE ELES COMPARTILHASSEM FRAGMENTOS DE SUA SABEDORIA E NOS DESSEM ALGUMA VANTAGEM SOBRE OS FILISTEUS NAS ESCOLAS QUE FREQUENTÁVAMOS EM WISCONSIN.

Éramos eu, com cerca de oito anos; meu irmão, Grant, com nove; e Wryebo e sua irmã, Katy, com as mesmas idades que nós, cujos pais estudaram na faculdade com os nossos, na UW-Madison, conquistando seus Ph.D.s em Inglês antes de assumirem empregos vitalícios no mesmo departamento em outro *campus*, UW-Parkside, em Kenosha. Algumas famílias, eu imagino, só ligam para o dinheiro, enfatizando sua importância para as crianças desde o princípio. Um antigo ditado de nossa família era: "Vocês não podem se *diver-tim* se não tiverem *din-dim*". Esse foi o conselho do nosso pai sobre dinheiro. Mas isso veio de um amigo da família, Dan Zielinski, também professor universitário, um solteirão de longa data que participava de nossos encontros multifamiliares todos os fins de semana, em que os adultos se reuniam na cozinha ou no quintal, ao redor da churrasqueira Weber, para rir das manchetes da semana ou de outros acontecimentos globais. Eles nunca chegavam a discutir sobre como ganhar dinheiro ou outras preocupações vulgares, porque queriam que nós acreditássemos que preocupações assim acabam com sua vida. As preocupações de um professor universitário eram aventurosas e empolgantes. De fato, a universidade dava estabilidade aos professores para que eles pudessem focar as coisas importantes da vida, como *Moby Dick*, jogar tênis e *Ricardo III*.

O mundo estava repleto de conhecimentos nobres, como a diferença entre a verdade e a ficção, ou a mecânica de como jogar uma bola com efeito, e nós éramos encorajados a nunca parar de buscá-los.

O pai de Wryebo passou por nós a caminho do banheiro. "Crianças, vocês deveriam ver aquele filme do Peter Lorre no *Night Gallery* hoje à noite." Esperavam que nós tivéssemos bom gosto para cinema e música, entendêssemos de coisas que outras crianças não entendiam, sendo exceções ao povão que compunha a maioria dos EUA pós-guerra de meados do século 20. O começo dos anos 1970 não tinha uma identidade específica, então nossos pais sabiam que todos os modelos de sua própria criação podiam ser rejeitados. Na opinião deles, não havia presente melhor que deixar seus filhos mais cultos que o restante dos jovens de sua idade. Wryebo e Katy já tinham ido a Londres e Paris quando ainda estavam na terceira série. Eles trouxeram jogos de carta com temas geográficos, como Mille Bornes; por isso, esperavam que eu soubesse que esse título NÃO era referência a alguma cidade na Austrália.

Professores universitários não tinham muito dinheiro, mas tinham uma quantidade imensa de conhecimento, e era isso que eles mais podiam oferecer. Wryebo e eu preferiríamos ganhar bens materiais a conhecimento durante toda a nossa juventude. Grant e Katy entenderam os detalhes da lógica de nossos pais desde cedo, mas ainda eram jovens demais para aplicar esse conhecimento.

Meu pai, o professor de Inglês, amava música e discutia letras comigo. "*How high's the water, mama? Five feet and risin*'"[4] ["Qual a altura da água, mamãe? Cinco pés e subindo"]. "Veja só, Greggo, quando a água chegar à altura do dique, ela vai transbordar. Então Johnny Cash está cantando sobre sua casa na planície de inundação daquele rio!" Eu queria impressionar meu pai, então ainda não podia admitir a verdade: eu não entendia a mecânica fluvial. Não tinha ideia do que era um dique, nem como rios poderiam alagar suas margens de vez em quando. Onde eu teria aprendido isso? Andávamos de bicicleta pelo caminho de cimento ao longo da margem do Lago Michigan, quase todo dia; vivíamos em bairros enormes pavimentados com concreto, longe de qualquer planície de inundação. Eu não conseguia entender o perigo inerente à letra, porque não conhecia aquelas palavras. Não saber palavras era tão ruim quanto não saber conceitos. Nossos irmãos mais velhos – Grant, meu irmão, e Katy, irmã de Wryebo – eram leitores muito mais vorazes do que a média dos jovens. Eles liam romances, artigos de revistas, até o dicionário integral da língua inglesa! Wryebo e eu ficávamos para trás.

Uma vez, o pai de Wryebo perguntou se as crianças gostariam de ver um filme no cinema de arte de Milwaukee, o Oriental. Que bacana! Ver um filme com o pai deles. Mas tinha uma condição: precisaríamos ler um livro antes, porque era a história na qual o filme tinha sido baseado. Ainda faltavam quatro dias até a sessão, então Katy e Wryebo concordaram com a tarefa de leitura. Quando eu descobri que havia uma tarefa, já sabia que nem valeria a pena tentar. Com oito anos, eu ainda não tinha lido sequer um livro infantil. Simplesmente não conseguia me concentrar. O mundo tinha coisas demais acontecendo ao mesmo tempo para meus sentidos darem uma pausa e focarem em parágrafos. O título do filme era *O Estrangeiro* (baseado na obra de Albert Camus),

---

4 Da canção "Five Feet High and Rising" (1959), composta e gravada por Johnny Cash. A música é um relato em primeira pessoa da grande enchente de 1937 nos Estados Unidos. Cash, então com quatro anos e 11 meses, enfrentou essa tragédia natural com a família, que foi obrigada a evacuar sua casa. (N. do E.)

o que soava muito legal, e fiquei muito triste de não poder ir. Wryebo desistiu após o terceiro capítulo, mas Katy terminou o livro.

Acontece que o filme era legendado, e não tinha chance alguma de eu conseguir ler tão rápido. Wryebo teve permissão para ir com Katy e voltou para casa sem ter entendido nada da história, mas me confirmou que, realmente, alguns filmes têm palavras passando na parte de baixo da tela, em todas as cenas. Que pé no saco!

Meu pai ensinava *pop art* como parte da disciplina de Literatura Americana Contemporânea. Ele levou seus alunos a viagens de campo ambiciosas para Nova York. Mais perto de casa, ele levava Grant e eu a exposições no Museu de Arte Contemporânea de Chicago, então recentemente inaugurado. Vendo aquelas telas enormes, algumas com apenas uma cor sólida, outras com campos mesclados de laranja, azul, branco ou amarelo, meu pai nem tentava explicar o que diabos deveríamos enxergar ali. "Não é incrível, crianças?" "Nossa, olha aquele ali! Hahaha, só verdes e amarelos, *chartreuse*!" "Vejam, garotos, este aqui. É Dadá. Incrível, né?" Eu queria tanto acompanhar o entusiasmo dele. Mas, em segredo, estava passando por uma tortura psicológica. Eu não via o tema. Só via cores, sem contornos, só bordas mescladas que se dissipavam em outras cores, ou recortes de diversos tipos de mídia que formavam meros retalhos ou amostras em tantas infinitas salas daquelas telas. "É só isso?", perguntei, me referindo a uma das telas dicromáticas. "Bem, parte da intenção é essa", disse meu pai. Se essa era a intenção, certamente estava além da compreensão desse garoto de oito anos. Eu mal podia esperar pela casquinha de sorvete que meu pai tinha prometido dar em seguida, mas antes precisava fingir interesse. Havia tantas outras coisas a ver naquela exposição antes da recompensa saborosa.

"Aqui, nesta outra sala, temos algo legal de verdade!" "Ah, entendi, latas de sopa da Campbell, certo?", eu disse. "Exato!", meu pai respondeu. Senti que tinha feito muito progresso ao impressioná-lo. "São do Andy Warhol", ele disse. "Esse cara acredita que todo mundo nos EUA vai ser famoso por 15 minutos. Que interessante, né?" Eu mal podia esperar para ser famoso! Mas, ainda assim, não entendia o que isso tinha a ver com a imagem enorme de uma lata de sopa de cogumelos da Campbell, que estava dando água na boca. Para mim, tudo aquilo parecia um enorme "vá se foder" à noção acadêmica do que um artista "deveria" ser. Já foi dito que artistas devem mostrar à sociedade o que é possível, comentar sobre o potencial humano, mesmo que eles não consigam transpor em palavras ou símbolos qualquer meio de atingir esse potencial. Artistas devem transcender o aqui e o agora, revelar algo além das necessidades utilitárias da vida, e retratar os elementos fundamentais da experiência humana. Ali, cercado pelas obras-primas da *pop art* e pelos murais do modernismo, eu estava começando a acreditar que qualquer porcaria poderia ser classificada como arte. O essencial para torná-la legítima estava em como e quando era apresentada. Se instituições legítimas, como o Museu de Arte Contemporânea de Chicago, considerassem um artista digno, praticamente qualquer coisa, mesmo telas infantis com algumas pinceladas preguiçosas, ou colagens de recortes, como fazíamos na escola, poderia ser vista como obra de arte e interpretada como um protesto reacionário. Eu achava legal meu pai ficar animado com aquela tradição antiautoritária, mas não tinha qualquer perspectiva do que aquilo significava na época.

Não. Para mim, os conceitos eram todos vagos, as palavras eram elusivas, a arte era confusa, mas já naquela idade comecei a entender o que motivava os professores universitários. Enquanto seres humanos, eles queriam uma liberdade sem restrições para investigar suas curiosidades de estimação. Mas, enquanto pais, eles eram intelectualmente intimidantes, talvez como todos os pais. Ao desejar o melhor para suas crias, eles nos direcionavam a conceitos que estavam muito além de nossa compreensão. Julgar a arte antes mesmo de sabermos desenhar. Criticar literatura antes de sabermos ler direito. Aprender existencialismo antes mesmo de sabermos que existíamos! Eu não tenho nenhum rancor ou dano permanente causado por isso, mas meus passos nunca desviaram muito da influência de meus pais.

Agradar os professores universitários era um emprego em tempo integral. No fim da terceira série, sem qualquer instrução, sentíamos que precisávamos saber usar corretamente um arco de serra, interpretar o subtexto de *As Aventuras de Rocky e Bullwinkle*, terminar de ler um romance inteiro, compreender a importância militar de um encouraçado que tínhamos acabado de montar, resolver quebra-cabeças matemáticos e ganhar no xadrez – e eu não conseguia fazer nenhuma dessas coisas. Eu andava com um medo constante de que seria deslegitimado ou excomungado pela elite da tribo. Meu irmão sabia fazer tudo, e seu status estava garantido. Ele tinha o cérebro, eu tinha o músculo. Não fosse o abrigo fornecido pela propensão intelectual de Katy e Grant, já que ambos pareciam sempre estar em sintonia com a sabedoria e a perspicácia dos professores, eu poderia me perder. Eu imitava a ambição deles, mas nunca percebia que Wryebo e eu compartilhávamos uma característica igualmente valiosa que nunca perdi: a adaptabilidade.

De alguma forma, Wryebo e eu nos adaptamos ou coevoluímos em paralelo à nossa negligência quase irreverente à forma certa de se fazer as coisas. Enquanto Grant e Katy conseguiam dar a resposta correta para qualquer questão, Wryebo e eu simplesmente desafiávamos a legitimidade da questão. Quando meu pai nos perguntava, do banco da frente do carro, "Ok, garotos, quantos planetas temos no Sistema Solar?", Grant, que estudava as revistas *National Geographic* – lia os artigos de verdade, e não apenas via as fotos de pigmeus nus, como Wryebo e eu –, sempre era capaz de dar a resposta correta. Wryebo e eu logo interrompíamos: "Sim, mas você viu aquele outro artigo na revista sobre a tribo de nativos que acharam na Floresta Amazônica?". A arte de desviar a atenção foi uma habilidade que aprendemos cedo. Era uma forma de enfrentar a situação, mais do que dominar um material intelectual de elite.

Por sorte, os professores universitários também amavam beisebol, basquete, tênis e hóquei. Eu parecia ter futuro nessas atividades, um pouco mais que Grant. Apesar de ser um prêmio de consolação em relação à seara dos programas de quiz, o atletismo era um apêndice aceitável do corpo colegiado, e nossos pais aprovavam a atividade. Como crianças precoces, sabíamos, afinal de contas, que os gregos tinham inventado a civilização e estabelecido nossas estéticas, e os esportes modernos eram reflexos verídicos disso, agora podendo servir como arquétipos da alta cultura, de uma forma ou de outra. A ênfase não estava na moda dos esportes (não tínhamos dinheiro para comprar roupas, calçados ou equipamentos esportivos caros), mas o amor incondicional pelos jogos: a busca por aperfeiçoar a técnica e a estratégia no desenvolvimento do refinamento civilizado de uma pessoa.

Os esportes não eram a única atividade extracurricular aprovada pelos acadêmicos. Além dos incontáveis passeios a arenas e campos para ver os profissionais, viagens a Arlington Park, Illinois, para "apostar nos pôneis" e horas de diversão no quintal jogando bola, uma experiência anterior a essa foi a mais importante para a educação que eu teria depois. A palavra *lagoas* apareceu no meu cérebro e ficou lá por décadas antes de eu estudar Ecologia na faculdade. Meu pai perguntou: "Greggo, você quer vir comigo até as lagoas para observar pássaros?". Eu não tinha ideia do que ele estava falando, mas parecia ser uma aventura. Estava associada a um passeio de carro, talvez de 30 minutos ou mais, e envolvia consultar várias vezes um livro com ilustrações coloridas e cientificamente precisas e mapas indicando a distribuição de nossos pequenos coabitantes alados. Quem sabia que havia tamanha variedade de seres piando em árvores e arbustos? Além disso, a atividade requeria o uso de uma tecnologia pesada e robusta, o binóculo, que aproximava você do mundo natural de uma forma surreal, assim que aprendesse a usar o foco. Essa atividade ao ar livre refinada e academicamente aceitável deu asas à minha imaginação na infância.

Observar pássaros era uma atividade para adultos, uma prática aceitável e até recomendada para professores universitários, e, mesmo assim, apesar de me deixar atraído por seus acessórios e pela aventura inerente, eu era inquieto e impaciente demais para dominar algo tão importante quanto usar um binóculo aos quatro anos de idade. Ainda assim, entre advertências tensas e contidas – "fique quieto ou vai assustar os pássaros!" e "vamos descer uns 100 metros, teremos uma vista melhor" –, absorvi algo naquele matagal úmido perto de Chicago. Apesar de estar entediado, algo ficou registrado no meu cérebro jovem e receptivo: o cheiro do hábitat de água doce, o leve uivar do vento agitando os arbustos que usávamos como telas e o agradável calor da luz do sol de primavera que eu senti ao lado de alguém que parecia saber o que estava fazendo, e que se importou o suficiente para me levar junto. Talvez isso tenha criado uma conexão emocional que poderia ser descrita como amor por lugares silenciosos ao ar livre, pelo espírito da descoberta e pelo estudo da natureza. Dramas temáticos que nunca me abandonaram.

Tudo era feito por amor. Mas o estilo professoral de amor é demonstrado por meio de uma mistura peculiar de julgamento, expectativa, elogio, mania, preocupação, obrigação e compulsão. É uma alegria estranha quando dá certo, mas muitas vezes isso regride e se transforma em um fracasso disfuncional e decepcionante.

Além de tudo isso, éramos filhos de administradoras. As mães representavam o lado mais leve do corpo universitário. Minha mãe era decana na UW-Milwaukee. Podíamos contar com elas, bem como os professores, quando precisávamos de mais leniência e encorajamento emocional reconfortante para nossas atitudes iniciantes e ideias sem nexo. Ainda mais importante que isso, elas tinham passado anos aperfeiçoando e aconselhando jovens sobre como trafegar pelo emaranhado complexo de fricção psicológica e pragmática que era lidar com professores universitários. Elas eram as mulheres com quem, anos depois, poderíamos aproveitar as nuances musicais e poéticas de Elvis Costello e do The Cars sem precisar justificar nossos gostos. Mas, frequentemente, havia abismos intransponíveis entre os administradores e os professores.

As mães sempre pregavam inclusão e compaixão com os outros. Fosse com uma pessoa de outra raça, crença ou formato de corpo, prejulgar nunca era permitido. Deficiências eram vistas como motivo para dar mais atenção. Um dia, Wryebo trouxe para casa um amigo da primeira série chamado André. A história de André já era conhecida por Fran, mãe de Wryebo, que tinha nos contado alguns dias antes, já em preparação para nossa tarde juntos, que deveríamos fazer André se sentir em casa e brincar da mesma forma como faríamos com qualquer outro amigo.

André era hiperativo, encrenqueiro, ingênuo, igual a Wryebo e a mim. Os professores se preocupavam conosco, já na pré-escola e no jardim de infância, na escola montessoriana onde frequentemente precisávamos "dar um tempo", ficar sentados no cantinho e "pensar nas coisas". Mas André teve uma experiência ruim quando era bem jovem. Como Fran explicou para nós, "os pais de André são adventistas do Sétimo Dia, uma seita religiosa, e acreditam que remédios não são necessários em muitos casos. André teve uma infecção em um dedo do pé quando era pequeno, e ela se espalhou para toda a perna. Eles precisaram amputá-la. Então prestem atenção, meninos, talvez ele não possa correr tanto quanto vocês, porque ele tem uma perna de pau".

"Uau!", pensamos. "Que legal! Esse menino é igualzinho a um pirata!"

André acabou conseguindo acompanhar nossas brincadeiras tranquilamente. Ele fazia bagunça e barulho, igual a nós. E, apesar de sua perna fazer um barulho interessante ao bater no piso de madeira nobre da casa vitoriana dos Wryebo, ele era tão ágil e atlético quanto nós.

Um dia, quando brincávamos de pega-pega na varanda de madeira, André veio correndo até mim, na velocidade máxima, mas sua perna de madeira desengatou e ele tropeçou, indo de cabeça em direção ao meu torso. Imediatamente, desviei para a esquerda e gritei "errou!", enquanto André caía todo desajeitado, batendo no corrimão. A força de seu impacto fez um estalo horrível, como o som de um taco de beisebol se quebrando. Como ele quebrou um pilar de madeira, arrancando-o do deque, vimos seu corpo, vários balaústres e a grade quebrada caírem no gramado abaixo. No meio da confusão, nem percebemos que sua perna tinha se desengatado e estava no meio de todos aqueles pedaços de madeira sobre a grama.

"Você está bem, André?", Wryebo perguntou. "Sim, sem problema, isso acontece o tempo todo." Estávamos mais preocupados com nossos próprios traseiros. Poderíamos estar muito encrencados. Wryebo e eu sabíamos que a verdadeira encrenca talvez não viesse dos professores bravos com o prejuízo material, mas das administradoras. Confiaram em nós para fazer amizade com André, e não machucar o pobre garoto. Nós o vimos engatando sua prótese de perna de volta, pronto para outra. Após ter destruído um pedaço da varanda, decidimos fugir da cena do crime e fazer uma atividade mais silenciosa do lado de dentro, sem pensar no dano arquitetônico a longo prazo.

"Quem diabos quebrou a minha varanda!?" Como previsto, os professores ficaram bravos. Mas as mães viram isso com muito mais compaixão. André se machucou? Os meninos ajudaram-no com sua perna (apesar de, claramente, não ter sido preciso)? Ele estava bem. Depois de garantir que tudo estava bem, o incidente foi visto como um mero dano colateral de uma boa ação. Para as administradoras, o tema mais importante do dia era fazer amizade com quem mais precisava. E, no fim das contas, os professores concordaram.

Perdemos contato com nosso pequeno pirata porque seus pais se mudaram para a Costa Oeste. Los Angeles não era nem uma ideia remota em nossas cabeças à época, mas nossos caminhos se cruzariam novamente na década seguinte. Eu não teria como prever que aquele coleguinha bagunceiro seria estereotipado como símbolo de um movimento contracultural em Los Angeles, enquanto eu passaria meu futuro como um profissional bem-sucedido na mesma subcultura, porém amargamente oposto em relação a seus estereótipos baixos e vulgares.

Nós seríamos conectados, não como amigos, mas como atores de personagens peculiares passando pelas mesmas tensões na cena punk do sul da Califórnia. Aquele mundo lidaria conosco separadamente. Mas o mundo dos Graffins estava prestes a se dividir em dois.

3.
DIVÓRCIO

NOSSA FAMÍLIA CONSIDEROU QUE AGUENTAR AS PONTAS ATÉ A SEGUNDA SÉRIE JÁ ERA O SUFICIENTE. EM UMA SITUAÇÃO DE FAMÍLIA DIVIDIDA (A MÍDIA DA ÉPOCA USAVA O TERMO "FAMÍLIA ROMPIDA"), HÁ DUAS OPÇÕES: (1) OU AS CRIANÇAS SÃO IMPEDIDAS DE VER UM PAI AFASTADO – QUE ERA O CASO DO MEU PAI, QUE NUNCA VIA SEU PRÓPRIO PAI (POR TRADIÇÃO FAMILIAR, NÃO SE TOCA NESSE ASSUNTO), OU (2) A NOSSA SITUAÇÃO, EM QUE AS CRIANÇAS TERIAM AMPLA CONVIVÊNCIA COM AMBOS OS PAIS, MESMO SE ISSO SIGNIFICASSE DUAS CASAS DIFERENTES, ÀS VEZES SEPARADAS POR QUILÔMETROS, OU ATÉ MEIO CONTINENTE. EMBORA ESSA SEGUNDA OPÇÃO SEJA QUASE UNIVERSALMENTE ACEITA COMO A MAIS RAZOÁVEL, NÃO QUER DIZER QUE NÃO TENHA SEUS PROBLEMAS. EM NOSSO CASO, O *CAMPUS* DA FAMÍLIA, QUE CHAMAREI AQUI DE U. GRAFFIN (UNIVERSIDADE GRAFFIN), ESTAVA PRESTES A FICAR MUITO MAIOR. E, COM POUCA COMUNICAÇÃO ENTRE OS DOIS LARES, UMA QUANTIA EM DOBRO DE EXPECTATIVAS TERIA QUE SER ACOMODADA.

Ao que tudo indicava, eu era um "filhinho da mamãe". Quando chegou a hora daquele primeiro fim de semana de troca de guarda, durante o qual meu irmão e eu passaríamos nossas primeiras noites na casa do meu pai, fiquei tomado por um pressentimento ruim, sem motivo. A hora de partir se aproximava. Esperamos ele chegar com seu carro. Fiquei agarrado à minha mãe e não queria ir, enquanto ela calmamente explicava: "Você vai me ver no domingo à noite. Vai voltar ao mesmo quarto que tinha quando eu ainda morava lá. Todos os seus amigos da vizinhança estão esperando por você neste fim de semana". Tudo fazia sentido. Mas, no momento em que meu pai estacionou o carro, eu não conseguia me mexer. Agarrei o pescoço e os ombros da minha mãe, dando o maior abraço do mundo nela, sentindo um mau presságio intenso e desesperado. Meu irmão andou com calma e obediência até o carro, mas eu não o segui. Comecei a reclamar, gritando: "Não! Não! Não!". Parecia que o mundo estava acabando. É a minha primeira memória daquelas novas realidades. Duas casas, dois conjuntos de expectativas, nenhuma unidade parental, nenhum caminho claro adiante. Eu estava aterrorizado, e estava claro que, se eu precisasse escolher naquele momento, optaria por ficar com minha mãe. Meu pai teve que me separar fisicamente daquele abraço firme e amedrontado. Ele tolerou minha histeria com calma e firmeza, tirou meus braços do pescoço dela e me colocou ao lado de meu irmão, nada comovido, no banco de trás de seu Rambler American.

A solidão daquele primeiro adeus ficou entalada em minha psiquê. Dentro de trinta minutos, estávamos de volta ao local que minha mãe costumava chamar de lar. Agora, era apenas a "casa do pai". Seria um fim de semana divertido, em que encontrei antigos amigos da vizinhança, participei de jogos e comecei uma nova rotina que incluía ouvir discos antes de dormir. Meu ânimo começou a melhorar.

Eu não quero dramatizar a situação excessivamente. A decana e o professor estavam alinhados em muitas das práticas importantes para se criar uma criança, assim como em posições morais e éticas. Mas também não quero minimizar o significado da necessidade de me adaptar. Se não houvesse diferenças significativas para me adaptar nesse ambiente de divórcio, então qual seria a necessidade do divórcio? Ou seja, qualquer coisa que fosse considerável o suficiente para resultar na separação de um lar seria uma divisão séria o bastante para conduzir a dificuldades para as crianças, mesmo nesse caso em que a melhor opção possível foi feita, com os filhos passando bastante tempo com ambos os pais. Minimizar as diferenças não enganaria as crianças. Seria loucura sugerir que ter dois Natais e duas festas de aniversário poderiam, de alguma forma, compensar todo o transtorno de ter que ficar indo de um lado para o outro. Em algumas situações, talvez seja melhor escolher a primeira opção e não ter qualquer contato com um dos pais. O custo de uma pessoa não saber o suficiente sobre um de seus pais, para que tire qualquer conclusão definitiva sobre metade de seu histórico, pode compensar a ausência das influências conflitantes do outro pai. Mas não era assim conosco. Meus pais eram igualmente competentes, amorosos e parecidos o suficiente, apesar de suas diferenças, para permitir que a Universidade Graffin operasse.

Mas ignorar as diferenças daria a impressão errada de que as influências eram as mesmas. De fato, em um lar convencional, onde ambos os pais moram juntos mesmo com visões de mundo totalmente diferentes, há um efeito atenuante sobre essas diferenças quando se vive sob o mesmo teto. Elas parecem se mesclar, e talvez possamos dizer que são demonstradas de forma menos clara às crianças. Enquanto isso, em dois lares separados, até as diferenças mínimas tendem a ser amplificadas e parecem muito mais agudas. Coisas pequenas, como o pai comprando manteiga de amendoim cremosa e a mãe sempre comprando a versão com pedaços, forçam a criança a pensar, a entrar naquela parte de sua consciência que parece buscar entender a lógica por trás desse ritual diário mundano – a variação no preparo do almoço torna-se um exercício cerebral.

Em nosso caso, havia as pequenas diferenças, como ingredientes de sanduíches, e as grandes, como as pessoas com quem os pais passavam o tempo. No caso da minha mãe, era com administradores da universidade, assim como ela; com afro-americanos dos bairros urbanos de Milwaukee; com pessoas que ela empregava; e com outros decanos, do mesmo status que ela. Quando socializávamos em Milwaukee, o programa mais frequente era visitar a casa de Barbara Bender. Barbara, assim como minha mãe, era decana de outro departamento, o de auxílio financeiro. Seus filhos, Jason e Lisa, nos faziam companhia; Jason tinha a minha idade, e Lisa era um pouco mais velha que Grant. Jason era um garoto rebelde, como eu. Nós formamos uma conexão baseada em brincar de lutinha e dar voltas de bicicleta pelos becos e pelas calçadas ao redor de sua casa. Apesar de isso não ser aparente para mim nem para Grant, devíamos parecer totalmente fora de nosso ambiente lá, pois éramos as únicas crianças brancas naqueles bairros predominantemente negro do norte de Milwaukee. Locais de trabalho, como o prédio administrativo de minha mãe no *campus*, foram integrados racialmente no começo dos anos 1970, mas isso não aconteceu com os bairros.

Jason tinha orgulho de nos chamar de primos. Ele adorava nos apresentar a todos os seus amigos na vizinhança. "Esses são meus primos, Grant e Greg", dizia com um sorrisinho. Ele me ensinou nosso aperto de mão secreto, que eu repeti incontáveis vezes, e até ensinei aos meus próprios filhos: "Toca aqui – bate o lado – pelo meio – até a alma".

Na casa de Barbara, assistíamos a *Tarzan* na TV e escutávamos o disco *Greatest Hits*, do Jackson 5, tantas vezes que eu convenci minha mãe a me dar aquele álbum de presente para poder ouvir em casa. É uma das minhas primeiras memórias de ter um disco meu. Memorizei o álbum inteiro; então, quando Jason e eu nos encontrávamos, podíamos cantar juntos. Eu conseguia cantar todas as partes. Às vezes o vocal principal, às vezes o vocal de apoio, outras vezes as harmonias. "I'll Be There" era uma melodia desolada e um grande sucesso na rádio à época – a estação era a WOKY, em Milwaukee. Ouvíamos o tempo todo no carro da minha mãe. Foi por meio desses encontros na casa de Barbara que minha mãe conheceu Chuck, um músico e candidato a padrasto que me deu uma primeira noção do que era ser um músico profissional.

O universo social do meu pai era completamente diferente. Ele se encontrava com os professores universitários. Peter Martin, que estudava Shakespeare (e era pai de Wryebo e Katy); Dan Zielinski, o geógrafo; e Don Kummings, que estudava Whitman. Todos se reuniam aos fins de semana para jogar tênis, arremessar bolas de beisebol e assar uma linguiça. Nós, as crianças, alegremente os acompanhávamos com permissão para participar de seus aquecimentos atléticos e escutávamos, escondidos, suas críticas sociais e seu humor cínico e erudito, sabendo bem que essa era a chave para ter as ideias certas e ser incluído em uma classe de elite da cidadania. Essa provavelmente não era a intenção dos professores. Mas quem saberia os efeitos que tais ações trariam aos cérebros de crianças de segunda e terceira séries?

Portanto, quando completei sete anos, havia dois lares, trinta quilômetros de distância um do outro, aos quais meu irmão e eu deveríamos nos adaptar. O *campus* tinha se expandido para duas esferas: do professor, em Racine, e da administradora, em Milwaukee. No ambiente acadêmico, administradores e professores se misturam como óleo e água. Não é incomum que eles se isolem. Administradores geralmente recebem melhor do que professores. Os professores são cínicos e geralmente desdenham de administradores intrometidos e burocratas. Juntos, eles enviam mensagens conflitantes ao corpo estudantil, que só quer um pouco de encorajamento e dicas de como ter sucesso no futuro.

Os professores não eram conhecidos por sua disponibilidade emocional. Em nosso caso, dependíamos da administração para ter isso. Os professores tinham mais a ver com ação e performance. Eles não gostavam de discutir os aspectos mais delicados da vida, os sentimentos, os históricos familiares, as funções honorárias e assim por diante, a não ser que estivessem contextualizados de forma narrativa ou dramática; ou seja, não havia problema em falar dessas coisas, desde que fosse sobre as vidas de outras pessoas.

Apesar de minha mãe ter a qualificação necessária para lecionar, ela queria os salários melhores da administração universitária. O salário mais alto foi útil, especialmente depois do passo drástico do "grande D" e de ter que cuidar de um lar por conta própria. Ficou claro, desde o começo, que ela queria que seu *campus* fosse gerenciado pelos esforços de três entidades: ela, meu irmão e eu. Nós, as crianças, deveríamos aprender com a decana a cozinhar, limpar e ajudar sempre que possível. Cada um de nós tinha um trabalho a ser feito: ela, delegar autoridade e ganhar o pão; nós, ir à escola; eu, guardar a louça após o lava-louças terminar; meu irmão, dobrar as toalhas; e assim por diante. Esperar que eu fizesse tudo aquilo era uma ilusão que morreu menos de duas semanas após ela começar a morar longe do meu pai. Eu raramente cumpria meus afazeres domésticos. Isso prova que novas circunstâncias não vão necessariamente transformar alguém preguiçoso em uma pessoa aplicada. Eu não tinha intenção alguma de guardar qualquer louça. Consequentemente, as louças se empilhavam na pia, dia após dia. A lavanderia tornou-se uma montanha de roupas sujas, vigorosamente vasculhadas toda manhã até encontrarmos as calças menos fedidas para usarmos na escola. Apesar do conhecimento e da habilidade que ela tinha – ganhou o prêmio máximo cinco vezes na 4-H[5] quando era jovem –, estava atarefada demais em seu trabalho para dedicar tempo ao lar. E meu irmão e eu ainda estávamos muito ocupados nos adaptando a uma escola nova para nos preocuparmos com afazeres domésticos.

A casa do meu pai já era mais familiar para nós. Sob aquele teto, éramos o "time G". Três solteirões que tinham acabado de sair do treinamento, tentando provar seu mérito em uma nova missão. De manhã, meu pai costumava cantar para nós:

> *This is the army, Mister Jones.*
> *No more private telephones.*
> *You had your breakfast in bed before.*
> *But you won't have it there anymore.*

---

5 Uma rede de organizações da juventude com sede nos EUA cuja missão é "engajar os jovens para que alcancem seu potencial máximo enquanto avançam no campo do desenvolvimento juvenil". O nome 4-H faz referência à repetição da letra H no lema original do grupo: *head* (cabeça), *heart* (coração), *hands* (mãos) e *health* (saúde). (N. do E.)

This is the army, Mister Green.
We like the barracks nice and clean.
You had a housemaid to clean your floor.
But she won't help you out anymore.

[Aqui é o exército, Sr. Jones.
Não tem mais telefone particular.
Você tomava seu café na cama antes.
Mas não vai mais tomar lá.

Aqui é o exército, Sr. Green.
Gostamos do quartel limpinho e arrumado.
Você tinha uma empregada para limpar o chão.
Mas ela não vai te ajudar mais.]

Ironicamente, ser alistado pela casa do meu pai não trazia consigo quaisquer afazeres. Ele lavava todas as louças por conta própria, secava-as até ficarem lustradas, levava nossas roupas à lavanderia a cada duas semanas, garantia que tivéssemos bolinhos fritos em todo café da manhã e basicamente mantinha uma rotina compulsiva de afazeres para si próprio, de forma que jamais sentiríamos que a vida com ele seria qualquer coisa senão divertida.

Atividades físicas e brincadeiras com nosso grupo de amigos da vizinhança eram a rotina diária a cada fim de semana e feriado escolar na casa do meu pai. Por incontáveis horas, iam de um lado para o outro a bola de pingue-pongue, a bola de tênis, as jogadas de xadrez, as cestas de basquete na calçada e as tacadas, acertadas ou erradas. Construímos nossas competições com uma estratégia implicitamente projetada para tornar a vida divertida por meio da repetição mecânica. Nunca destrua a concorrência. Sempre a mantenha por perto. Melhor ainda, deixe-a liderar. Isso aumenta ainda mais o drama de uma recuperação e a glória de vencer no último minuto. Nos acréscimos, dois pontos atrás. A posse de bola é nossa, marcamos, mas ainda falta um ponto. E assim ia.

Estávamos elaborando uma estratégia de vida. Uma filosofia resiliente, na verdade. Nunca revelar à concorrência seu talento verdadeiro, até o momento em que você realmente precisar dele para provar sua superioridade e deixar os outros de boca aberta e derrotados, percebendo que tinham sido vítimas de sua própria arrogância, que você estava brincando com eles o tempo todo. Era esse delicioso jogo físico-intelectual que tornava toleráveis as horas infindáveis de treinos redundantes e a mentalidade obsessiva de nossos oponentes. O prazer está em jogar e exercitar sua tolerância, ao mesmo tempo que faz estratégias para revelar seu verdadeiro poder na hora certa.

Ser solteirão tinha seus benefícios. Ensopado enlatado Dinty Moore no jantar. Sorvete antes de dormir. Pingue-pongue e tiro ao alvo com espingarda de pressão no porão. E um fluxo frequente de garotos da vizinhança que vinham nos convidar para partidas esportivas e diversão ao ar livre. Mas a casa, a princípio, parecia vazia. Onde ficava a antiga espineta da minha mãe agora era apenas uma parede branca. A mobília também foi reduzida pela metade em relação ao que havia antes do divórcio. Os itens recentemente acrescentados eram: uma cama dobrável, ao estilo militar, para hóspedes; um sofá de madeira adequado para a varanda de uma casa de campo; e uma cama de madeira, para mim, que estava mais acabada que a tiazona da nossa rua que a vendeu para meu pai em uma liquidação de garagem.

Os bairros dos meus pais também eram diferentes. O do meu pai, em Racine, era mais como uma comunidade residencial, sem uma metrópole. O da minha mãe, em Shorewood, no nordeste de Milwaukee, ficava a poucos quilômetros do vale industrial onde os barcos de ferro atracavam e a cerveja era preparada, ao lado do centro urbano da cidade. Ambos os bairros eram apropriados para acadêmicos de classe média, mas o do meu pai era mais intimista. Em terrenos de aproximadamente mil metros quadrados, unidades familiares pequenas tinham um espaço bem confortável (hoje, chamam isso de arquitetura moderna de meados do século 20). A maioria, como a nossa, tinha uma lareira central de alvenaria que dominava a sala de estar. Os tijolos utilizados não eram como os tijolos creme do século anterior, mas sim vermelhos e impregnados de hematita, os preferidos de Frank Lloyd Wright, de Wisconsin. A maioria dessas casas (assim como a nossa) usava a lareira uma vez por ano, na época das festas. Os sistemas de aquecimento central, com seus tanques de óleo escondidos em algum canto escuro do porão, eram adequados para manter aquecidas aquelas construções de um andar e com mal isolamento, quentes o suficiente para uma pessoa com um casaco leve ficar confortável durante os longos invernos.

Em Racine, havia famílias ao redor de nossa casa, em todas as direções, cujos pais trabalhavam em indústrias próximas: tratores J. I. Case, Western Publishing (DC Comics), InSinkErator e Johnson's Wax (SC Johnson). Nunca faltava diversão por ali, pois as crianças da minha idade sempre estavam por perto. Ao nosso lado moravam Arthur e Robert, exatamente das mesmas idades que Grant e eu. E igualmente perto, atrás de nossa casa, moravam Tommy e Danny, também com as mesmas idades. Sempre que quiséssemos jogar bola ou jogos de tabuleiro, fazer projetos de arte ou andar de bicicleta, havia um batalhão de garotos ansiosos na vizinhança para brincar conosco.

Na nossa casa em Shorewood, nossos amigos moravam em ruas diferentes, mais distantes, e dependíamos da minha mãe para nos levar de carro para passar um tempo com colegas da escola. As casas nesses bairros de Milwaukee foram construídas em uma época diferente. Shorewood tinha mansões que imitavam o estilo da "Era Dourada" e casas para duas famílias do início dos anos 1900; residências que almejavam ser da era industrial, geralmente grandes, com telhados altos e boa qualidade de construção. Bangalôs e casas duplex de estuque e alvenaria com tijolos, construídos à mão por artesãos do século passado, estavam espalhados por gramados estreitos ao longo das largas avenidas, que se estendiam do centro da cidade. Tanto em

Shorewood quanto em Racine, morávamos a apenas algumas quadras da costa aventureira do Lago Michigan.

Celebrações magníficas de Quatro de Julho eram o foco da ansiedade de todos os jovens em frente ao lago, e as praias amplas permitiam fogueiras irresponsáveis que começavam no pôr do sol e continuavam até a noite, muito depois de as reportagens sobre a queima de fogos da cidade passarem na TV. Assar marshmallows e linguiças espetados em gravetos era o acompanhamento culinário e aromático para o êxtase veranil de todos os jovens de Racine em ocasiões assim. O divórcio exigia adaptação. Mas não parecia diminuir o interesse ávido pela música que eu sempre tive.

4.
IGNIÇÃO MUSICAL

APESAR DE O DIVÓRCIO TER ME BAGUNÇADO EMOCIONALMENTE, NÃO HÁ COMO NEGAR QUE CRIOU UMA AMPLA E DIVERSA GAMA DE EXPERIÊNCIAS. HÁ ALGO EM QUE ADMINISTRADORES E PROFESSORES UNIVERSITÁRIOS SEMPRE CONCORDAM: VOCÊ VAI SE FORMAR AQUI E FICAR MELHOR E MAIS ILUMINADO DO QUE ANTES. ESSE PARECIA SER O TEMA CONSTANTE NA U. GRAFFIN. AINDA ASSIM, A SOLIDÃO, MESMO NO MEIO DE AMIZADES CONSTANTES, PARECIA SER MINHA COMPANHEIRA MAIS PRESENTE NOS PRIMEIROS ANOS DO DIVÓRCIO. ISSO VINHA DO SENTIMENTO DE QUE EU ESTAVA AGRADANDO UM DOS MEUS PAIS, EM VEZ DE AMBOS AO MESMO TEMPO. PORTANTO, MUITAS VEZES EU SENTIA QUE ESTAVA DECEPCIONANDO UM OU OUTRO. SE CONSEGUISSE ENCONTRAR UMA MATÉRIA QUE AMBOS AMASSEM IGUALMENTE, ENTÃO TALVEZ EU PUDESSE ME EQUILIBRAR ENTRE A ADMINISTRADORA E O PROFESSOR.

Por sorte, as administradoras e os professores pareciam amar música na mesma intensidade. Para os professores, era um reflexo de sua consciência cultural, um ornamento tão importante quanto sua ostensiva biblioteca de títulos que definiam suas especialidades curriculares e gostos literários. Com as administradoras, também servia para entender quem elas eram, um anúncio de seu espírito e sua receptividade comunal, promovendo aqueles que estão por baixo como igualmente merecedores dos benefícios da meritocracia, insistindo que o estilo atual e popular deveria tomar a frente e ditar, por direito, as preferências da cultura. Frequentemente em conflito com seus gostos professorais, elas mesmo assim se uniam ao concordar que a música deveria ter papel importante na vida de uma pessoa educada. No caso da minha mãe, a música boa era uma canção de ninar suave para a alma, uma expressão de sentimentos complexos demais para serem ditos em palavras. Para meu pai, ela tinha uma mensagem secreta quanto à experiência da vida, particularmente no significado poético revelado por letristas talentosos.

Em Shorewood, minha mãe nos matriculou na escola Lake Buff Elementary. Um dos maiores presentes dessa situação favorável estava em nossa professora de música, a Sra. Perkins. Nosso currículo de segunda série exigia ter aulas de música duas vezes por semana. A Sra. Perkins ficava na frente da turma e tocava músicas populares em seu piano vertical, pedindo aos alunos que cantassem com ela, usando folhas com as letras que eram entregues no começo de cada aula. Eu adorava me exibir para ela. Sem precisar olhar para as letras, eu já tinha memorizado a maioria das músicas da rádio. Minha mãe sempre ligava a WOKY, a rádio de hits de Milwaukee, e o carro dela, um Buick LeSabre, tinha alto-falantes grandes instalados atrás dos bancos traseiros. Naquela época, não havia qualquer lei quanto a cintos de segurança, então eu podia ficar de joelhos, de costas para o trânsito e encarando os carros atrás de nós, com a cabeça a meros centímetros do alto-falante traseiro no meu lado do carro, e cantar junto com todos os sucessos mais recentes. Minha mãe costumava cantar as harmonias, e eu aprendi essa habilidade com ela. "Sunshine of My Life", de Stevie Wonder; "Cecilia", de Simon & Garfunkel; "I'll Be There", do Jackson 5; "Lean on Me", de Bill Withers; e "Killing Me Softly with His Song", de Roberta Flack, estavam todas em frequente rotação naquela época e também eram selecionadas pela Sra. Perkins para serem tocadas na aula de música.

Minha mãe gostava do estilo de aula da Sra. Perkins e sua filosofia de ensinar música por meio de discos modernos e cantores contemporâneos. Em uma reunião de professores, minha mãe ficou sabendo do coral do Ensino Fundamental. Todas as manhãs, antes de as aulas começarem na escola, a Sra. Perkins abria sua sala de aula e fazia o ensaio do coral. Qualquer pessoa era bem-vinda, e minha mãe achou que Grant e eu poderíamos nos beneficiar por ter mais música em nossas vidas. Além disso, ela sabia que nós dois éramos bons cantores, então nos encorajou a prestar muita atenção na sabedoria de nossa professora de música. A Sra. Perkins logo percebeu meu entusiasmo para cantar e minha habilidade para harmonizar. Ela me pediu para cantar solos em várias ocasiões, com as outras 25 crianças atrás de mim fazendo os vocais de apoio. Eu não achei nada demais. Parecia que estava fazendo alguma tarefa. Se naquela época me perguntassem se isso é algo que eu gostaria de fazer pelo resto da vida, eu provavelmente responderia: "Não, acho que preferiria bater em bolas de beisebol, agarrar bolas de futebol americano, fazer cestas ou correr com carros". Ou seja, cantar e ouvir música pareciam uma parte da minha expressão emocional. Eram uma parte natural de mim. Mas, se precisasse pensar em uma atividade que me trouxesse notoriedade, na busca pela fama (algo sonhado por todas as crianças), eu consideraria coisas que exigiam mais treino, prática, e que parecessem mais inalcançáveis que aquelas habilidades musicais relativamente fáceis de serem manipuladas e tão inatas a mim.

Apesar de eu não considerar isso um privilégio à época, a Sra. Perkins conseguiu bolsas estudantis no programa de música anual da Universidade de Wisconsin–Madison, que acontecia no verão. Nossa escola recebia duas bolsas estudantis e, por três anos seguidos, ela as concedeu a mim e Grant. No curso de uma semana de duração, vivíamos em dormitórios no *campus*, passávamos o dia todo treinando e fazendo ensaios, comíamos nos mesmos refeitórios que os universitários e aprendíamos como era estar na elite dos melhores estudantes de música do estado. Nos divertíamos muito, mas eu ficava com saudades de casa o tempo todo. O *grand finale* do programa de música era uma apresentação no fim de semana, com mais de 150 cantores e uma orquestra com cerca de cem músicos, tudo dentro do maior auditório do *campus*. Pais e mães de todo o estado participavam desses eventos, e, apesar de eu nunca cantar um solo neles, tive minha primeira impressão do que era estar num palco grande na frente de milhares de estranhos. Também fiquei satisfeito ao saber que meus pais estavam na plateia. Apesar das diferenças entre a administradora e o professor, a música completava a U. Graffin.

A coleção de discos do meu pai era grande e bem-organizada, alfabetizada cuidadosamente em duas prateleiras de quase dois metros. Em sua maioria, discos de música clássica dos anos 1950 e 1960, mas ele também tinha misturados artistas contemporâneos mais populares. Antes da hora de dormir, ele costumava pegar os discos de Johnny Cash e tocá-los em alto volume para nós. Lembro como meu pai ficou animado quando aumentou o som para ouvirmos o disco ao vivo *Johnny Cash at San Quentin*. Seu entusiasmo era contagioso. Eu amava cantar junto, e prestava muita atenção nas letras e na melodia. Naquela idade, eu não valorizava as excelentes habilidades da banda de apoio nem as técnicas de produção. O único foco era o "homem de preto" na capa do disco e a forma como ele conseguia animar a plateia, causando emoções incontroláveis na conduta tipicamente professoral do meu pai.

Ele também colocava discos de Elvis Presley, The Weavers, Pete Seeger, Joni Mitchell, até The Velvet Underground e outros heróis dos anos 1960. E então tinha Bob Dylan, que eu acredito que meu pai guardava para si próprio. Descobri uma cópia gasta de *Highway 61 Revisited*, mas ele nunca a tocava para nós. Acho que era um dos favoritos dele, tendo em vista comentários que fez, anos depois, sobre o mestre das letras e como achou que provavelmente não soaria interessante para nós, crianças. Ele estava certo. Uma vez ouvi o disco escondido, sozinho. Para alguém da segunda série, não tinha muito o que ouvir ali.

Mas Johnny Cash era diferente. Além de meu irmão e eu adorarmos cantar juntos, Johnny parecia representar algo mais simbólico para meu pai, e eu conseguia sentir a conexão. Nunca conhecemos o pai do nosso pai; ele era ausente, como tantos pais estadunidenses de meados do século 20; então talvez tivesse algo na forma rebelde como Johnny tratava suas próprias dificuldades, como isso aparecia nas letras e como meu pai relacionava isso a seu próprio abandono. Qualquer que fosse o caso, eu percebia que a música abria as pessoas ao amaciar o bloqueio que protege as emoções. Eu me atraí por esse poder. Ainda mais importante que isso, já naquela idade eu precisava de algum remédio que me nutrisse, já que a casa estava desprovida do calor maternal, e as canções de Johnny eram a melhor substituição que eu encontraria.

O método do meu pai de nos expor à música era bem convencional, mostrando bom gosto musical ao ter uma boa coleção de discos, ir a shows – ele nos levou para ver Arlo Guthrie no Summerfest – e prestar atenção quando músicos convidados tocavam em programas de variedades na TV. Minha mãe também encorajava tudo isso. Mas seu envolvimento com a música era mais profundo, mais abertamente emocional. Ela participava de shows de coral para a cidade inteira, com um grupo chamado Bel Canto. Ela também se apresentou no coral de uma produção de *The Mikado*, de Gilbert e Sullivan, em Chicago. E, tendo em vista minha sensibilidade com as emoções dela e meu desejo por seu conforto maternal, eu prestava muita atenção em seu relacionamento com a música e com os músicos.

Um rápido estudo da coleção de discos da minha mãe em 1972 revelava muitos dos álbuns mais vendidos das paradas da Billboard. Seus discos não estavam guardados cuidadosamente nem em ordem alfabética. Frequentemente espalhados pelo console do toca-discos, os álbuns ficavam abertos, suas capas sumiam ou rasgavam, e discos ocasionalmente ficavam empilhados ao lado da vitrola. Tudo isso indicava que eram discos muito usados. A coleção era pequena – ela não tinha tanto dinheiro para gastar neles –, mas mais atual que a do meu pai, que tinha sido acumulada no decorrer de décadas. Entre os álbuns havia *The Age of Aquarius*, do 5th Dimension; *Talking Book*, de Stevie Wonder; e *Blood, Sweat & Tears*, da banda de mesmo nome. Mas a artista favorita dela, de longe, era Roberta Flack, e seus álbuns pareciam estar em constante rotação: *Chapter Two, First Take, Quiet Fire* e *Roberta Flack &*

Donny Hathaway. Minha mãe não estava nos apresentando a esse tipo de música, ela estava vivendo a música. Ela tocava esses discos e se perdia em sua sedução emocional. De certa forma, estava descobrindo sua nova identidade. A trilha sonora de sua nova vida era profundamente impactante, e eu podia vê-la se tornando cada vez mais enriquecida e empoderada quando cantava junto com aquelas letras. Acho que isso dava a ela um tipo de força enquanto mulher criando dois garotos, no novo e desafiador papel de mãe solteira e provedora. Eu, naturalmente, me atraía pelas músicas de sucesso nesses álbuns e aprendi a cantar com elas, porque achava que, se conseguisse deixar a minha mãe feliz ao participar dessas músicas, ela poderia demonstrar mais afeto por mim. Mas a versão de Roberta para "Hey, That's No Way to Say Goodbye", de Leonard Cohen, foi uma triste descoberta para mim. Eu me relacionei com a música como uma trilha sonora tragicamente bela para aquele divórcio, que foi a primeira grande decepção da minha vida.

Um dos discos que fugiam do comum na coleção dela era *Bridge Over Troubled Water*, de Simon & Garfunkel. Eu digo que fugia do comum porque ela pouco o colocava para ouvir, mas Roberta Flack fez uma versão de sua faixa título, e minha mãe provavelmente ficou curiosa para ouvir a original. Por conta própria, ouvi muito Simon & Garfunkel. Uma música me impactou bastante, e eu a ouvia repetidamente: "The Boxer". Por ser jovem demais, não conseguia interpretar o significado com profundidade, mas a progressão de acordes menores e melancólicos da música, combinada com imagens líricas de uma pessoa solitária atormentada pelo abandono e pela ausência de um lar, realmente me tocou. Canções emotivas como essa e "The Only Living Boy in New York", assim como o dueto de Roberta com Donny Hathaway, "Where Is the Love?", e "I Believe (When I Fall in Love It Will Be Forever)", de Stevie Wonder, me deram um sentimento de conforto durante aquela época confusa. Achava que estava analisando a psiquê da minha mãe ao estudar aquelas canções e as emoções que elas causavam, e isso me fazia sentir em um lugar seguro e reconfortante.

UMA PREMONIÇÃO DO QUE ESTAVA POR VIR, EU DESCOBRI LÁ NO FUNDO DA PILHA O DISCO QUE PROVAVELMENTE MAIS ME INFLUENCIOU: *JESUS CHRIST SUPERSTAR*. ERA INTELECTUALMENTE DESAFIADOR E ESTIMULANTE VER A HISTÓRIA DE JESUS RETRATADA COMO UM CULTO À PERSONALIDADE. FOI MEU PRIMEIRO SINAL DO ESTILO CONTRACULTURAL NA MÚSICA. FOI EDUCATIVO. A NOÇÃO DE QUE SEGUIDORES RELIGIOSOS SÃO CEGOS NÃO ERA APENAS UM APELO INCISIVO DA CONTRACULTURA, MAS UM CONCEITO PROFUNDAMENTE INFLUENTE QUE EU ABSORVI.

Uma premonição do que estava por vir, eu descobri lá no fundo da pilha o disco que provavelmente mais me influenciou: *Jesus Christ Superstar*. Era intelectualmente desafiador e estimulante ver a história de Jesus retratada como um culto à personalidade. Foi meu primeiro sinal do estilo contracultural na música. Foi educativo. O currículo da U. Graffin não continha mitologia bíblica. Todas as histórias que eu conhecia da Bíblia vinham exclusivamente daquela coleção de canções. Ela demonstrava musicalidade incrivelmente proficiente e letras excepcionais. Ela determinava o padrão de excelência sonora. A noção de que seguidores religiosos são cegos não era apenas um apelo incisivo da contracultura, mas um conceito profundamente influente que eu absorvi.

Logo descobri que o relacionamento da minha mãe com suas músicas favoritas estava ligado a outro relacionamento em sua vida. Seu nome era Chuck, e ele era um músico de jazz afro-americano, muito talentoso, que fazia shows pelo circuito de clubes dos Grandes Lagos. Minha mãe e Chuck pareciam estar muito felizes juntos. Ele começou a participar dos nossos jantares com frequência, e logo estava passando a noite por lá, apesar de ter seu próprio apartamento do outro lado da cidade. Não demorou até ele praticamente ir morar com a gente, ficando mais tempo lá do que em sua própria casa. Ele trouxe seus discos de Ornette Coleman, com quem ele parecia, e também sua assinatura da revista *DownBeat*. Ele era divertido, engraçado, talentoso, e nos entendíamos muito bem. Chamava meu irmão de "dedos" quando ele fazia suas aulas de guitarra. Ele me chamava de "Sammy" o tempo todo. Ele era legal, tinha estilo e me ensinou a usar as palavras "*greasin*'" para comer e "*jaw-jackin*'" para falar.

Minha mãe e Chuck passavam bastante tempo na casa de Barbara Bender, e Grant e eu íamos junto. Nós brincávamos com Jason enquanto os pais relaxavam, cozinhavam e escutavam música. Minha mãe e Barbara eram ótimas na cozinha e compartilhavam uma apreciação mútua pela culinária do Sul dos EUA. Elas faziam couve, frango frito e outras comidas do estilo *soul food*, e comíamos tudo. Parecia mesmo que estávamos criando uma vida nova, apesar de ser a apenas 30 quilômetros da casa do meu pai.

Nos dias com meu pai, voltávamos ao antigo bairro dos nossos anos pré-escolares e encontrávamos amigos que nunca tinham nem conversado com uma pessoa negra. Naquela época, era raro ver escolas e distritos integrados. Apesar de todos os meus amigos passarem seus dias completamente isolados dos bairros negros, quase todas as pessoas que admirávamos eram heróis do esporte, e a maioria deles eram negros: Kareem Abdul-Jabbar, Oscar Robertson, John Brockington, Wilt the Stilt, Tommy Harper, Muhammad Ali e Henry Aaron. São os caras que imitávamos em nossas partidas aos fins de semana, do lado de fora da casa do meu pai. Nunca comentávamos o fato de eles serem negros. Para nós, eram apenas heróis, personalidades cujas conquistas transcendiam quaisquer capacidades humanas normais. Simplesmente não prestávamos atenção em sua raça ou cor de pele. Tínhamos sorte, pois nosso ambiente social evitava impor esses conceitos raciais complicados às crianças. A cor da pele não tinha qualquer papel em nossa imaginação. Para mim, a cor da pele de Chuck era apenas algo secundário em relação à sua personalidade legal. E meus amigos nunca falaram sobre isso comigo.

Então, no dia em que minha mãe e Chuck foram ao bairro do meu pai para me ver jogar beisebol pela Little League com todos os meus amigos, não houve gente encarando ou prestando atenção no "casal misto" nos bancos. Talvez Chuck fosse a única pessoa negra no parque, mas eu só queria me exibir e acertar um *home run* para ele. Os livros de História dizem que as tensões raciais estavam por toda parte no começo dos anos 1970. Mas meus pais nunca falaram sobre isso, não achavam que merecia a nossa preocupação, e fizeram todo o possível para evitar isso por meio de ações de integração.

Para minha mãe, era mais do que integração; era amor. O fato de nossas vidas serem moldadas por Chuck e sua "negritude" não era um fator relevante em nossas rotinas diárias. Mas sua musicalidade teve um papel enorme em minha exposição a performances ao vivo. Muitas vezes, Chuck praticava em casa, tocando instrumentos de sopro, sax, trompete e flauta. Ele era incrivelmente talentoso. Às vezes, minha mãe e ele faziam um dueto, com ela no piano e Chuck na flauta. Uma das coisas mais lindas que eu já vi foi sua versão de "Color My World" (do álbum *Chicago II*), com minha mãe tocando nossa espineta e Chuck na flauta. Era como um baile de casamento! Mas, como logo veremos, nenhum casamento veio a acontecer.

Tocar e cantar juntos era algo natural para nós, e isso me fazia sentir como se fôssemos uma família completa. Eu tinha sentimentos similares quando nos encontrávamos com o irmão da minha mãe, o Tio Stanley. Ele sempre trazia um banjo e um violão no Dia de Ação de Graças e nos ensinava a tocar e cantar ótimas canções "das antigas" e do country. Eles foram criados em uma comunidade religiosa conservadora da área rural de Indiana e cantavam no coral da igreja. Apesar de rejeitarem as expectativas opressivas da igreja na vida adulta, minha mãe e Tio Stanley mantiveram seu amor por músicas religiosas durante toda a vida e nos ensinaram a apreciá-las. Quando eles cantavam "He Will Set Your Fields on Fire", meu irmão, minhas primas (Annette e Julie) e eu sentíamos que algo mágico estava acontecendo. A música validava nosso vínculo familiar, e a harmonia consolidava a proximidade que sentíamos uns com os outros. A música era a cola de nossa família.

Quando minha mãe e Chuck cantavam e tocavam juntos, eu via o tamanho da felicidade dela, e isso me dava uma sensação de segurança. Sua felicidade foi conquistada ao decidir deixar o professor, fazer música com outro homem e criar um lar com música em seu núcleo. Ela parecia encontrar seu amor verdadeiro em um homem que era músico. O divórcio começou a fazer sentido para mim, graças a Chuck.

Um clube noturno escuro e esfumaçado, em algum lugar nas ruas mais perigosas de Milwaukee, por volta de 1972, não era nenhum lugar para um garoto de sete anos do subúrbio. Mas era lá que minha mãe ia buscar Chuck depois de seus shows, e onde ela frequentemente ia ouvir sua banda, além de passar tempo com eles. Como o divórcio era recente, e pelo fato de eu ainda estar emocionalmente conectado à minha mãe por um cordão umbilical invisível, eu ficava extremamente preocupado à noite quando ela nos dizia: "Meninos, vou buscar o Chuck, volto daqui a pouco". Estávamos acostumados a ficar sozinhos por horas, mas tinha algo no fato de ela ir ao clube – talvez um sentimento de que ela amava Chuck mais do que a mim – que me fazia insistir para me levar junto. Lembro-me de agarrar a perna dela enquanto ela tentava sair de casa uma noite. Depois disso, ela cedeu e começou a me levar junto todas as vezes. Eu tinha vergonha de não conseguir ficar sozinho em casa, como meu irmão, então expressava esse sentimento ao me esconder no chão do banco de trás do Buick LeSabre, fingindo não estar lá. Geralmente, nas noites durante a semana, ela simplesmente estacionava na frente do clube e Chuck entrava, e ele fingia não me perceber. Mas uma noite ela queria ouvir um pouco da música e me levou para dentro do clube.

A euforia que eu senti foi intensa. Talvez fosse porque minha mãe me trouxe como seu acompanhante, mas a maior impressão na minha memória era do som e do aroma esfumaçado misturado com álcool, além da experiência visual dos reflexos das luzes do palco sobre os instrumentos de metais, a bateria envernizada e os amplificadores brilhantes, todos produzindo um caleidoscópio enevoado que irradiava do palco. A música do saxofone de Chuck ressoava deliciosamente pelo show de luzes. O bumbo da bateria tocava em intervalos e fazia todo o meu torso tremer. O baixo era suave e melódico, o piano era enérgico e suave. Não reconheci nenhuma das canções clássicas de jazz que rolavam no palco, mas consegui ouvir e observar sem incomodar minha mãe enquanto ela assistia com alegria e se perdia na música. Pela primeira vez em sua vida, ela encontrou um lugar onde poderia se divertir longe dos olhares vigilantes de uma congregação, de uma administração ou de qualquer obrigação.

Após algumas músicas, a banda fez uma pausa e Chuck nos levou ao encontro deles, que estavam tomando alguns drinks. Minha mãe falou: "Trouxe um dos monstrinhos junto". Chuck aprovou e sorriu, depois olhou para mim e disse: "Sammy, este é Geechy, ele toca teclado". Pensei que nunca tinha ouvido um nome tão legal antes, e Geechy tinha um chapéu de aba larga na cabeça e óculos de sol espelhados! "O que tá pegando, Gregory? Vamos pedir para o Lil te trazer um drink do bar", ele disse para mim. Eu me senti como se fizesse parte da banda naquele momento, e um drink Shirley Temple apareceu na minha frente. Infelizmente, minha alegria estava prestes a acabar. Como Chuck precisava tocar outro set, minha mãe insistiu para que fôssemos embora antes de ele começar. "Seu pai vai chegar lá de manhã e você precisa dormir!" Chuck conseguiu uma carona para voltar depois, e minha mãe e eu saímos pela porta lateral do palco. Mas fiquei de cabeça erguida, sabendo que fui reconhecido como um VIP e que tomei drinks com a banda.

No caminho para casa, percebi que Chuck era bem-sucedido, e que minha mãe adorava tanto o homem quanto suas conquistas. Essa foi minha primeira memória de ver a adoração e o respeito profundo que minha mãe sentia por um músico em atividade. Eu sabia que queria que ela também me adorasse. Então fiquei motivado, já naquela idade de sete ou oito anos, para seguir meu interesse pela música. O que começou como um sentimento pela atenção afetiva da minha mãe transformou-se numa vocação vitalícia. Desde aquela idade, eu sabia que a performance musical era um objetivo válido, algo que estaria no meu futuro.

5.
AS ORIGENS PROFUNDAS DO BAD RELIGION

A RELIGIÃO ERA UM CONCEITO QUE NÃO FAZIA PARTE DA U. GRAFFIN. NÃO ERA O CASO DA MINHA MÃE, MAS, PARA MIM, MEU IRMÃO E MEU PAI, QUASE NENHUMA DAS HISTÓRIAS CONTIDAS NAS PÁGINAS DA BÍBLIA FOI SEQUER MENCIONADA.

Minha mãe foi criada em uma tradição de igreja rural na região central de Indiana. Ela tinha uma mãe severa, porém amorosa, cujo pai era um pastor importante na Igreja de Cristo. Essa seita congregacional predominantemente rural pode ser encontrada em pequenas cidades por todos os EUA, e sua história se estende pelos séculos 19 e 20. Durante boa parte desse período, o país não era nada mais do que uma colcha de retalhos de pequenas cidades; e na região central de Indiana e no sul de Illinois a família da minha mãe cresceu sendo devota da Igreja de Cristo. Como literalista bíblico, meu bisavô E. M. Zerr escreveu um comentário em seis volumes sobre a Bíblia que é usado até hoje na Igreja de Cristo. A Bíblia diz: "Cantai a Deus, cantai louvores ao seu nome..." (Salmos 68:4), mas não fala nada sobre instrumentos musicais. Portanto, apesar de sua longa tradição com a música, a Igreja de Cristo baniu o uso de instrumentos para acompanhar o coral. Música de coral era uma parte essencial da Igreja de Cristo, e os hinos cristãos eram cantados com perfeição em todos os cultos. Os artistas que definiram o rhythm and blues do fim dos anos 1960 e dos 1970 formavam a maioria da coleção de discos da minha mãe, e quase todos eles citavam músicas cristãs do Sul e os hinários cristãos como grandes influências de seus estilos musicais. Assim como minha mãe, todos aqueles artistas cresceram em igrejas e corais que cantavam hinos com letras reflexivas e de partir o coração, além de temas profundamente conceituais – até filosóficos – sobre a vida.

Ser criada em um lar devoto ao cristianismo teve suas consequências imprevistas. Na idade adulta, minha mãe não guardava qualquer amor pela igreja de seu avô. Ele era um pastor famoso e renomado, que viajava por todo o país com cursos bíblicos de seis semanas de duração, além de ser um avô amoroso e amado, mas os "irmãos" da igreja do Reverendo Zerr ainda eram severos, inflexíveis e rígidos. Se você seguisse todas as regras, eles te recebiam de braços abertos. A cordialidade e a hospitalidade deles eram tão atraentes e reconfortantes que até faziam você achar que eles eram anjos. Mas eles também tinham um gosto pela humilhação pública.

Minha mãe, antes de receber esse título, precisou ficar na frente de toda a congregação e pedir desculpa por suas transgressões enquanto fazia faculdade. A vida na "Faculdade de Cidade Grande" (Ball State) em Muncie, Indiana, a levou a muitas atividades que eram "desaprovadas" pela igreja e pelos valores provincianos da congregação do avô em Anderson, Indiana, onde ela nasceu. Esse ato de se desculpar por atividades que ela achava que traziam progresso à sua vida, incluindo conhecer meu pai na pós-graduação da Universidade de Indiana, em Bloomington, foi humilhante para ela. As pessoas severas e de mente fechada da congregação de sua cidade estragaram seu gosto pela religião. Ela decidiu que não valia a pena ter o conforto, nem a hospitalidade, nem o amor de uma comunidade se as condições para tal afeto eram tão rigorosas que reprimiam o crescimento, a autoexpressão e a autonomia pessoal. Após uma desculpa pública final, perto de seu casamento "desaprovado", ela deixou a igreja e nunca voltou. Uma mulher que conseguia citar versos bíblicos de memória e recitar trechos com facilidade, além de saber todos os 1.189 capítulos em ordem, decidiu conscientemente mudar de vida. Ela optou por me isolar totalmente de quaisquer influências religiosas, assim como meu irmão. Nossas casas eram cheias de livros, mas uma Bíblia, se é que existia, estava fora de vista ou escondida em alguma prateleira alta. Eu nunca vi uma, mas claramente me lembrava de outros títulos de literatura orgulhosamente dispostos.

Nosso bisavô Zerr morreu antes de saber que sua neta tinha dado à luz meu irmão e eu. Sua filha (nossa avó, que carinhosamente chamávamos de Momo) era uma velhinha maravilhosa, carinhosa e solidária, mas eu sabia que ela desaprovava minha mãe em silêncio. Eu nunca entendia o motivo exato, mas sabia que tinha a ver com o fato de que minha mãe nos criou sem qualquer conhecimento da Bíblia. Ela morou conosco por três meses a cada ano após o divórcio de meus pais. Sempre a imagem da perfeição, nossa avó de cidade pequena cozinhava e lia para nós, demonstrava interesse em nossa educação e cuidava com o que falava ao visitar os "pagãos" na cidade grande. Ela assistia a Billy Graham na TV e adorava estar em nossa companhia. Fico pensando em como ela deve ter usado toda a sua força de vontade para manter a compostura quando revelei a ela o momento mais orgulhoso de minha adolescência: nosso primeiro disco do Bad Religion, retratando a Sodoma e Gomorra da vida real – Hollywood, Califórnia – com o título *How Could Hell Be Any Worse?* [Como o Inferno Poderia Ser Pior?]. Ela sorriu, acenou com a cabeça em silêncio e disse com seu leve sotaque sulista: "Minha nossa!". Ela faleceu na casa da minha mãe, muito tempo depois de irmos para a faculdade. Foi sepultada no cemitério de sua cidade natal, e choramos incontrolavelmente quando o coral da Igreja de Cristo cantou seus hinos favoritos na pequena capela que ela frequentava na juventude. Minha mãe nunca retornou àquele lugar. Sua separação da religião estava completa.

6.
POLÍTICA E RELIGIÃO PROGRESSISTAS

MEU IRMÃO E EU AINDA ÉRAMOS CALOUROS NA UNIVERSIDADE GRAFFIN. NA QUARTA SÉRIE, JÁ ESTÁVAMOS COM UMA ROTINA CONFORTÁVEL. MINHA MÃE SE ESTABELECEU COMO ADMINISTRADORA EXCEPCIONAL NA UWM, COMO DECANA EM HABILIDADES DE APRENDIZAGEM; CHUCK ERA UM MÚSICO OCUPADO TRABALHANDO QUASE TODAS AS NOITES EM DIFERENTES CASAS DE JAZZ EM CHICAGO OU MILWAUKEE; MEU PAI ENSINAVA INGLÊS NA UW-PARKSIDE E PARTICIPAVA DE COMITÊS PARA OS EXAMES QUALIFICATÓRIOS ESTADUAIS; ENQUANTO MEU IRMÃO E EU ESTUDÁVAMOS EM UMA DAS MELHORES ESCOLAS DE ENSINO FUNDAMENTAL DO ESTADO. FINS DE SEMANA, FÉRIAS E RECESSOS DE VERÃO ERAM PASSADOS EM NOSSO ANTIGO LAR, NA CASA DO MEU PAI, COM OS AMIGOS DO BAIRRO QUE ESTAVAM SEMPRE ANSIOSOS PARA NOS VER.

Ao sairmos da escola, do outro lado da cidade, nossa avó paterna, Nana, estava sempre pronta para nos receber e dar uma folga aos nossos pais. Ela amava seu filho como se fosse um príncipe, e meu irmão e eu éramos tratados como reizinhos. A cada noite, manhã e hora do almoço ela nos preparava comida alemã tradicional. Seu nome de solteira, Koch (que significa "cozinheira"), sem dúvida a rotulava de forma correta, porque além de ela fazer jantar, sempre havia sobras e bolinhos com *streusel*[6] para levarmos para casa e comer durante a semana. Nas noites sob os cuidados dela, meu irmão e eu íamos com nosso avô, "Papa", até o açougueiro local, o Roundy's, e comprávamos a carne mais fresca para o jantar. Na época, Milwaukee era separada em bairros segregados, cada um com suas pequenas lojas, postos de combustível e tavernas em quase todas as esquinas principais. Dava para ir a qualquer parte a pé.

Às vezes, Papa nos fazia passar por sua taverna favorita no caminho de volta para casa. "Não contem para a Nana que paramos aqui, ok, crianças?" era seu típico pedido. Meu irmão e eu achávamos isso legal, porque enquanto ele bebia seu coquetel de fim de tarde favorito, o bartender nos servia um refrigerante Baumeister Root Beer, e isso apagava toda a noção de que estávamos praticando algo ilícito em nosso passeio para fazer compras.

Nana amava muito a nossa família. Ela ficou de coração partido com o divórcio, mas continuou a amar a minha mãe e os netos assim como amava antes. Ela era uma avó à moda antiga, tendo afeto tanto por sua mobília ao estilo do começo dos EUA quanto por suas velhas tradições da Alemanha. Eu sempre a vi como uma fonte inesgotável de amor e velhos costumes. Mas ela devia ser mais sofisticada do que eu compreendia, porque a Milwaukee de 1974 era um lugar que estava mudando, e ela não tinha qualquer animosidade quanto a essa mudança.

Uma pista de sua disposição para aceitar a cultura moderna apareceu no Natal daquele ano. Aquelas festas de fim de ano teriam mais valor que qualquer outra em nossas casas. Em anos anteriores, os presentes dela eram convencionais, como as típicas meias e cuecas, Hot Wheels legais e brinquedos de madeira confeccionados por Papa na oficina em seu porão, mas em 1974, eu abri um par de presentes que eram diferentes de quaisquer outros: discos. Pensei comigo mesmo: "Como que a Nana soube comprar um disco de rock?".

----
6 Palavra de origem alemã que faz parte do vocabulário da gastronomia. *Streusel* é uma preparação que consiste em uma cobertura crocante e saborosa, utilizada em receitas de bolos, tortas e doces. (N. do E.)

Ela viu uma propaganda na TV dos discos da K-tel e pensou: "Os jovens gostam muito de música hoje em dia". Então eu e meu irmão ganhamos dela o lançamento mais recente, chamado *Heavy Metal*. Na história do gênero, não consigo pensar em qualquer uso desse termo que anteceda o disco da K-tel. Tenho certeza absoluta de que Nana não tinha ideia de que aquilo se tornaria um gênero musical, nem de que algumas das bandas naquele disco um dia fariam shows em festivais, em palcos onde eu tocaria com minha própria banda. De qualquer forma, minha surpresa e animação ao abrir o presente contendo o disco tiveram o efeito agradável que Nana esperava. Eu analisei a capa e o texto do encarte, mas precisei esperar para ouvi-lo, pois Nana não tinha um toca-discos. Tenho quase certeza de que ela não tinha problema algum em não precisar ouvir o que estava contido naqueles sulcos.

Aquele disco continha uma mistura eclética de gravações clássicas de artistas como Deep Purple, Black Sabbath, Jimi Hendrix, Alice Cooper, Allman Brothers, T. Rex, MC5, Buffalo Springfield e Eagles. Claramente, o título do álbum não tinha a intenção de classificar um gênero. Mas a faixa que mais chamou a minha atenção – e que deu início ao meu interesse por música não convencional – foi "Starship Trooper", da banda Yes.

Dizer que isso teve influência em meu gosto musical seria um eufemismo, porque também acabou moldando a essência da minha vida social de uma maneira fundamental. O Yes tornou-se um vínculo para mim e alguns colegas da escola. Fiz amizade com um menino do coral, Jeff, cujo gosto musical eu copiava. Passamos infindáveis horas juntos após as aulas. Jeff tinha uma intensidade estudiosa com tudo, inclusive com a música. Ele me divertia com suas leituras sobre o tema e seu conhecimento de composições. Por meio de nossas discussões, eu comecei a prestar mais atenção em como as músicas eram criadas. "Essa canção aqui foi composta por Paul Simon, mas vou mostrar para você uma versão gravada pelo Yes", ele disse. A canção era "America", e, quando Jeff tocou a versão do Yes para mim, ouvi o que soava como uma orquestra rock com diversas seções que pareciam se afastar da melodia em alguns momentos. "Acho que ela foi tocada apenas no violão por Simon & Garfunkel nessas partes com letra", Jeff falava com a voz mais alta possível enquanto a música tocava em seus alto-falantes. Foi minha primeira percepção de que uma música gravada é sempre uma interpretação da imaginação do compositor.

A primeira "jam" da minha vida foi com Jeff, e toquei o pequeno órgão Wurlitzer de sua mãe enquanto ele tocava um violão. Ele tinha a partitura da música "Perpetual Change", do Yes, e me mostrou quais teclas eu precisava tocar. A introdução da música é apenas com teclado e guitarra, e nós soávamos iguais à versão do disco!

Jeff tinha uma grande coleção de discos e a estudava, música a música. Ele tocava discos constantemente, exibindo os componentes impressionantes de seu som e aumentando o volume. Eu estava na quarta série e ficava lá, sentado em um sofá de *plush* em seu porão mobiliado, ouvindo com atenção. Jeff tinha transformado aquele ambiente em um covil dos sonhos, com amostras de carpete felpudo coladas ao chão. As paredes eram pintadas como murais que exibiam suas capas de disco favoritas. Em uma parede, *Birds of Fire*, da Mahavishnu Orchestra, era o fundo visual para seus alto-falantes, toca-discos e amplificador de tubo, instalados em uma prateleira baixa. Enquanto isso, o prisma de *The Dark Side of The Moon*, do Pink Floyd, decorava a outra parede. Atrás de nós ficava um logo enorme do Yes, criado pelo artista Roger Dean, que Jeff tinha magistralmente copiado e pintado em letras verdes e amarelas com tinta fosforescente, imitando a capa do álbum *Close to the Edge*. Uma fileira de lâmpadas de luz negra ficava presa ao teto, e, quando algum disco estava tocando, éramos banhados por aquele estranho brilho que fazia certas cores e materiais emitirem um aspecto radioativo mágico. Uma rede de pesca vermelha e fluorescente ficava suspensa sobre nós, cobrindo todo o teto do ambiente. Ela ganhava vida e brilhava com a luz negra. Basicamente, Jeff tinha criado um paraíso para alguém que quisesse usar ácido, mas estávamos na quarta série e não tínhamos ideia do que era isso. As músicas que Jeff colocava para tocar naquele ambiente eram inspiradoras, de outro mundo, revigorantes e psicotrópicas por si só. Éramos arrebatados e nos perdíamos em nossas próprias imaginações enquanto ouvíamos os sons mágicos que vinham de seu aparelho de som. John McLaughlin, Steve Hillage, Todd Rundgren, Yes, Pink Floyd, ELP (Emerson, Lake & Palmer). Qualquer um acharia que estávamos em um estágio avançado no experimento com drogas. Mas estávamos apenas animados com a música, as luzes e a camaradagem. Éramos abastecidos pelo gosto de Wes, um vizinho mais velho de Jeff que estava no Ensino Médio e adorava estimular os garotos da rua a ouvirem rock progressivo. Ter "bom gosto" em música era uma parte essencial de ser um filho sofisticado e intelectual para pais acadêmicos (no meu caso) ou para pais na área jurídica (no caso dos pais de Jeff). Mas, na verdade, aquilo nos fez sentir legais, porque podíamos interagir com jovens mais velhos e mais descolados. Na sexta série, Wes nos deixou ir com ele a um show do Yes na Milwaukee Arena. Alguém me ofereceu um baseado que estava sendo compartilhado na plateia, mas eu recusei e apenas me concentrei no show e nos lasers verdes que cobriam o público. "Igualzinho ao porão do Jeff", pensei, mas em escala maior. Fiquei hipnotizado por aquele ataque aos meus sentidos: cinco músicos, cada um tocando partes diferentes de um todo orquestrado, em sincronia com um palco incandescente que cintilava através de uma névoa artificial ondulante, perfurada por incontáveis feixes finíssimos de luz laser verde. Eu cantava junto com o vocalista Jon Anderson, de voz incomparavelmente límpida, a plenos pulmões. Foi o mais próximo de uma experiência religiosa que consigo imaginar.

Mas a verdade é que eu também amava música popular. Em 1974, a rádio de sucessos de Milwaukee, a WOKY, tocava todos os hits. A música "The Loco-Motion", na versão do Grand Funk Railroad, tocava várias vezes por dia durante cinco meses (!) nessa época. Esse clássico produzido por Todd Rundgren tinha elementos que faziam o carro inteiro balançar. Minha mãe amava, o Chuck amava, até meu irmão batia palmas com ela.

Eu prestava mais atenção na letra, mas é inegável que aquelas palmas no começo, com seu famoso *reverb* longo, imediatamente me faziam dizer: "Aumenta o som, mãe!". Não tínhamos ideia de que, 25 anos após aquele momento, eu estaria no estúdio com Todd Rundgren e meus colegas de banda da Califórnia produzindo o nosso próprio disco – um pensamento que, em 1974, não poderia parecer mais improvável para mim. Uma série de eventos drásticos seria necessária até chegarmos lá.

A política era uma preocupação séria em ambos os lares. Meus pais eram firmes como democratas do Meio-Oeste em contraste com os pais deles, que eram republicanos convencionais. Os anos 1950 e 1960 tiveram uma maré crescente de cidadãos preocupados com a igualdade de todos os povos. Na U. Graffin, tanto a administração quanto o corpo docente concordavam na maioria das questões referentes a direitos iguais e ações afirmativas. A integração, especialmente de estudantes negros e brancos, era tão importante quanto ter uma universidade bem-sucedida. Mas não parava por aí. Os direitos e as lutas das mulheres eram uma preocupação central nas mentes de muitos, sobretudo de mães divorciadas e trabalhadoras, como a nossa. Portanto, quando o noticiário noturno começava, tanto o meu pai quanto a minha mãe – que trabalhavam muitas horas para colocar em ação essas questões importantes da época, e que viam de perto os microcosmos de conflitos políticos nacionais no *campus* – ligavam seus aparelhos para ouvir as atualizações dos principais eventos do dia.

Os âncoras, ou apresentadores, eram confiáveis como se fossem pais. Por trinta minutos, a partir das 18h30, aproximadamente, precisávamos fechar a matraca e abandonar quaisquer expectativas de receber atenção dos nossos pais para ouvir todos os detalhes das reportagens concisas que eram transmitidas. Não íamos à igreja, cujos sermões de domingo poderiam nos entediar até a morte. No lugar disso, tínhamos trinta minutos de sermão todas as noites, recebidos de um sacerdote das ondas de transmissão que despejava por osmose as preocupações urgentes do mundo adulto. Como eu suponho que seria na casa de Deus, ficávamos sentados sobre as mãos, de boca fechada, e víamos nossos pais se comoverem, tanto intelectual quanto emocionalmente, com a informação que vinha pela telinha.

Não deve surpreender ninguém que, quando os Sex Pistols apareceram no noticiário nacional, em 1976, o punk foi legitimado em nossa casa. Se Dan Rather estiver cobrindo esse novo fenômeno em Londres, então é melhor prestar atenção nele. Os Sex Pistols eram vistos como uma emergência cultural fascinante. "Nossa, eles são impressionantes, né?", meu pai disse. "Veja o jeito como essa plateia dança." Outro excelente assunto para os professores discutirem enquanto jogam cartas no fim de semana!

Por conta do ritual do noticiário noturno que unia os valores de nossos lares separados, a U. Graffin ficava completa. Os temas comuns que podiam ser discutidos abertamente em ambas as casas eram eventos atuais e políticas liberais. O noticiário fornecia um ambiente para a discussão apropriada sobre o mundo externo e tópicos em "grande escala" que ajudavam a moldar a complexidade intelectual de nossa família.

Mas era dever do professor transformar as notícias em ação. Havia uma foto que decorava a prateleira na casa do meu pai, um dos muitos retratos da vida familiar, emoldurada e exibida com orgulho. Ela o mostrava com sua roupa de trabalho, um blazer de cor clara e uma gravata estampada com símbolos da paz, recepcionando uma celebridade no *campus*. No entanto, não era uma estrela de Hollywood qualquer, mas o notável autor e provocador literário Norman Mailer. Meu pai foi seu anfitrião durante um ciclo de palestras que ele fez em 1971, quando estava no ápice de sua fama devido à sua obra *Os Exércitos da Noite*, vencedora do prêmio Pulitzer. A foto ficava exposta na sala de estar e continuou lá, entre as diversas relíquias familiares e fotos emolduradas que se acumularam com o tempo.

Os pais frequentemente deixam de perceber o efeito que as coisas que exibem em suas casas têm sobre o desenvolvimento subconsciente de seus filhos. Eu via tudo o que meu pai expunha como uma mensagem secreta, uma sugestão tácita das coisas que ele queria que nós valorizássemos. Como o próprio Mailer disse, descrevendo a si próprio na terceira pessoa, ele era:

> um egoísta de desproporções das mais assustadoras, escandalosamente e muitas vezes infelizmente autossuficiente, mas comandando um desapego clássico em sua severidade (pois ele era um romancista e, por isso, precisava estudar até o último traço do fino, do nobre, do frenético e do tolo nos outros e em si mesmo)[7].

Esse modelo de caráter poderia adentrar o subconsciente a partir de uma mera foto? Não importava, eu acreditava que imitar aquele homem de alguma forma era o segredo para ganhar o respeito do meu pai. Na foto, Mailer está discursando sobre algum assunto sério enquanto meu pai, ao lado, olha para a plateia reunida à qual o autor se dirige. A imagem dizia para mim: "Filho, é honrável ter algo importante a dizer. Esse é o único tipo de celebridade com algum valor". Meu pai era atraído pelo fato de Norman Mailer representar um tipo de crítico social analítico. Ele era uma figura polarizante e, apesar de eu ainda não saber descrever isso, já tinha uma intuição para perceber que era algo desejável. Eu não tinha qualquer entendimento formal dos detalhes, mas crescer vendo aquela foto todos os dias me trouxe uma consciência, uma aspiração, à medida que a posição de Mailer na sociedade ficava mais canalizada e minha própria educação evoluía, de desafiar a sabedoria convencional por ser legal questionar a autoridade.

Mas levei anos até colocar isso em prática. Aqueles primeiros pensamentos eram efêmeros, pois passávamos apenas os fins de semana sob o olhar de Norman Mailer na prateleira. Em breve, por anos seguidos, passaríamos meses longe da casa do meu pai. A Universidade Graffin estava prestes a passar por um abalo sísmico.

---

7 De Armies of the Night, de Norman Mailer, 1ª edição (New York: New American Library, 1968), 54. (N. do A.)

7. VIAGEM TRANSCONTINENTAL

NA PRIMAVERA DE 1976, MINHA MÃE ANUNCIOU QUE TINHA ACEITADO UM NOVO CARGO COMO DECANA DE HABILIDADES DE APRENDIZAGEM NA UNIVERSIDADE DA CALIFÓRNIA EM LOS ANGELES (UCLA), E QUE NOS MUDARÍAMOS PARA LOS ANGELES AINDA NAQUELE ANO. AOS 11 ANOS, MINHA IDEIA DE UMA VIAGEM TRANSCONTINENTAL ERA COMO SE EU FOSSE UM ASTRONAUTA ME PREPARANDO PARA OS PRIMEIROS PASSOS NA LUA. CHEIO DE EXPECTATIVA, MAS SEM SABER A REALIDADE DA MUDANÇA QUE ESTAVA PARA ACONTECER. EU LOGO SAIRIA DA MINHA EXISTÊNCIA COMO UM GAROTO DO CINTURÃO DA FERRUGEM DOS EUA, QUE AMAVA LATICÍNIOS E ERA POPULAR EM SUA ESCOLA DO MEIO-OESTE, E ME TORNARIA MAIS UM JOVEM NA MEGALÓPOLE DIVERSA QUE ERA A CIDADE GRANDE, ONDE LOGO ME PERDERIA NA VASTIDÃO DA INSIGNIFICÂNCIA CULTURAL.

A viagem levaria cinco dias, com cada trecho terminando em casas de amigos da família espalhadas pelo país. Eu já estava acostumado a viajar de carro, pois tinha passado por todas as estradinhas de Wisconsin entre Milwaukee e Racine nos últimos quatro anos, a cada fim de semana, mas nunca tinha visto nada além de florestas verdes, plantações de repolho e milho no verão e paisagens invernais, como as dos livros de pintores holandeses na biblioteca do meu pai.

Nossas viagens até a casa dos meus avós em Indiana não eram muito diferentes do que víamos no sudeste de Wisconsin, exceto por haver menos cidades e ainda mais milharais.

Eu não estava com medo. Sentia que nossa viagem seria uma aventura. Suponho que não seja exagero dizer que, para a minha idade à época, eu não conseguia prever nada além das poucas horas que estavam adiante de mim, e estava animado com elas. Já fazia tanto tempo que estávamos dizendo "até mais" nas noites de domingo para meu pai e nossos amigos que parecia bem natural. Não tinha como imaginar a sensação de passar meses, e não dias, entre aquelas despedidas até podermos nos abraçar de novo.

"Pegou suas coisas? A sua mãe vai chegar logo." Fazer piadinhas era a missão principal em todas as transições de fim de semana, quando voltávamos do meu pai para a minha mãe. Mas aquela transferência específica parecia um pouco mais pesada, porque havia um tom mais sóbrio nos avisos dele. Minha mãe chegou lá com seu batido Buick LeSabre 1969, como ela tinha prometido, mas onde estava Chuck? Ela o tinha deixado no Little Richard's, uma hamburgueria na Douglas Avenue, porque ela devia saber como seria difícil aquela despedida para meu pai. Ele e Chuck se davam bem, mas não eram próximos, e minha mãe queria isolar seu novo companheiro do seu antigo enquanto chegava solitária e corajosamente para dissolver o time G.

Sem dúvida alguma, esse seria o evento principal que determinaria o destino da família Graffin por gerações. Estávamos nos mudando para Los Angeles. Os dois *campi* da U. Graffin logo estariam a meio continente de distância um do outro. Abraçamos meu pai, como sempre fazíamos aos domingos. Mas algo estava diferente dessa vez. Do banco de trás, vi minha mãe lentamente andar de volta até ele, na porta lateral da garagem. Em vez de apenas dar meia-volta e entrar em casa, ele ficou parado lá, observando. Então, vi algo tão estranho que me chocou. Eles se abraçaram. Foi a única vez que vi meus pais se abraçarem. Uma coisa tão alegre, um abraço entre seus pais. Mas, na nossa família, esse gesto é apenas associado à tristeza. Quando minha mãe voltou ao carro, tinha lágrimas nos olhos. Ela as limpou, tentando não demonstrar sua fragilidade, e disse: "Vamos, garotos. Deixei o Chuck no Little Richard's". Naquele momento, eu soube que era mais do que uma típica transição de domingo. Não tinha medo, apenas um peso emocional que tomou conta de mim; mas ainda me sentia seguro sob os cuidados da minha mãe, que devia saber o que era melhor para nós. Eu não tinha como intuir que a odisseia que estava por vir não seria apenas uma viagem transcontinental de cinco dias, mas uma nova vida, diferente de qualquer coisa que entendêssemos como normal. Uma trajetória completamente nova nos aguardava, contendo situações com as quais nem sonhávamos, reviravoltas trágicas e planos abandonados. Esse foi o humilde começo de uma odisseia punk rock.

A meros 17 quilômetros da porta do meu pai ficava a rodovia I-94. Por aquelas ruas de concreto fomos com nosso carro, parando em todos os semáforos, pausando sem conversar, naquele fim de tarde de agosto. Ao absorver a tristeza que perdurava da separação e, em breve, da fratura de uma família, a rampa de acesso para a rodovia finalmente apareceu, e a força esperançosa da aceleração do V-8 me empurrou para trás em meu assento. Uma nova cena, com paisagens refrescantes e convidativas, seria vista toda vez que eu esticasse a cabeça sobre o banco da frente e olhasse para o que estava diante do para-brisa. Uma certa animação já ajudava a apagar o tédio da realidade melancólica que tinha ficado no espelho retrovisor. Da I-94 até a I-80, para Des Moines, e talvez para onde mais? Eu só sabia que era para o oeste, e isso significava que, a cada dia de viagem, via o sol se pôr na nossa frente, descendo até desaparecer naquele horizonte de estradas imensas e destinos cujos nomes eram a responsabilidade dos capitães no banco dianteiro.

Alguns se lembrarão dos dias que estou descrevendo, de trechos de rodovia interestadual longos, aparentemente infinitos e apenas recentemente ajeitados, após anos de sujeira acumulada por motoristas irresponsáveis que usavam as estradas como suas lixeiras móveis. Não havia quaisquer garantias, apenas surpresas, quando o motorista decidia pegar a próxima saída. Algumas alças de acesso tinham postos de combustível; outras tinham mercadinhos, como o Stuckey's. Se você tivesse muita sorte, talvez acharia uma casa de waffle, ou um Denny's, ou o *crème de la crème*, um Big Boy. Cada estado tinha uma nomenclatura diferente para essa franquia de restaurantes. Aprendemos a navegar com base nessa variável. Se víssemos o nome Marc's Big Boy, sabíamos que ainda estávamos em Wisconsin. Se víssemos Frisch's Big Boy, aleluia! Tínhamos chegado a Indiana. É claro que, no dia de nossa partida do território Marc, nem imaginávamos o que nos esperava na Califórnia: o aliterante Bob's Big Boy. Não havia dados de GPS nem dispositivos ou telas úteis que exibissem os serviços disponíveis nos próximos quilômetros. Éramos acompanhados apenas por um portfólio de mapas impressos gigantescos e guias de estrada desatualizados, espalhados sobre o colo de Chuck, no banco da frente, enquanto minha mãe cantava as músicas que tocavam no rádio e nos levava até a próxima parada, em algum lugar de Iowa.

A primeira noite trouxe consigo saudades de casa, assim como o sentimento de estar em uma área estranha. Chegamos após o anoitecer à casa de um dos colegas da minha mãe, que nos recebeu muito bem, mas ainda pareceu incomodado com nossa presença. Nos despedimos com otimismo na manhã seguinte e partimos de Iowa para Denver.

Saindo de Des Moines, nossa comandante decidiu dirigir ao sul de Iowa para pegar a Interstate 70 em Kansas City, em vez de manter a rota em direção ao oeste pela I-80. Talvez fosse porque KC estava passando por um "renascimento". A cidade tinha investido milhões de dólares em uma campanha publicitária, alegando que era muito mais do que seu rótulo de "Capital das Vacas" dos EUA; uma metrópole moderna e capaz de receber a Convenção Nacional do Partido Republicano. Em agosto daquele ano, uma semana após iniciarmos nossa jornada, um californiano chamado Ronald Reagan subiu no palanque na Kemper Arena e fez um discurso que iniciou sua carreira política nacional, que acabou levando-o à Casa Branca. Mas o republicanismo não era uma atração para minha mãe, então havia algum outro motivo para pegarmos aquela maldita rota.

A I-70 apareceu no noticiário aquele ano. Era a mais recente das rodovias interestaduais, concluída em 1970, e apenas no ano de nossa viagem ela foi ligada à US-50, um projeto que exigiu milhões de dólares para restauração e repavimentação. Minha mãe era uma capitã astuta e intrépida, que adorava dirigir e detestava as estradas rurais malconservadas. Ela sempre preferia a I-94 entre Milwaukee e Racine para fazer as idas e voltas da casa do meu pai, e não a rota mais direta e acidentada que era a State Highway 32. Então eu entendia por que ela optou por ir até Denver pela rota mais suave e recente. Era a I-70, passando por Kansas City. Além disso, o estado do Kansas era considerado "Meio-Oeste", assim como Wisconsin, então uma viajante curiosa de Indiana não estranharia a decisão de fazer daquele estado uma ponte amigável até o Oeste, como parte da emigração daquela família do Meio-Oeste.

Mas talvez Kansas City tivesse outro tipo de atrativo para a minha administradora amante de música e o músico ao seu lado. Talvez sua reputação de ser o berço de um estilo essencial do jazz fosse uma atração reconfortante para a minha mãe e sobretudo para o Chuck, que nunca tinha se aventurado por aquela cidade antes. Certamente as pessoas de lá teriam mentes abertas e demonstrariam o mesmo amor de nossa família pela música e pelos valores humanistas. Certo? Bem, a santidade do jazz já era! O sabor amargo do Kansas logo nos visitaria e estragaria quaisquer memórias agradáveis que tivéssemos pelo estado. Por algum motivo, minha mãe não percebeu que estava entrando em uma área cheia de caminhoneiros hostis que se orgulhavam de aterrorizar casais de raça "mista".

Em 1976, o sistema rodoviário não oferecia aos viajantes os mesmos recursos que hoje esperamos ter, como "postos de serviço" de franquias famosas, "paradas de descanso" repletas de mesas de piquenique e churrasqueiras para as famílias ou paradas de caminhoneiro que também aceitassem carros. A maioria das saídas da estrada não tinha qualquer tipo de comércio, servindo apenas como encruzilhadas de vias principais, rodovias estaduais ou nacionais. Algumas tinham postos de combustível, e dava para comprar doces ou pão e alguns frios, talvez. Em alguns estados do Meio-Oeste havia os onipresentes "galões homo" de leite semidesnatado, homogeneizado para consumo e transporte seguro. Os caminhoneiros sabiam onde estavam os restaurantes de verdade; em muitos estados, ficavam dentro dos clubes de uma sociedade elitista que se comunicava por bandas fechadas de radiocidadão. Não que famílias não fossem bem-vindas, mas também não as queriam como clientes frequentes.

Ao sairmos de Kansas City, abastecemos em um posto que parecia ficar em frente a um restaurante bem movimentado, cujo estacionamento estava lotado de caminhões sujos, assando no sol. Enquanto minha mãe abastecia o tanque do velho LeSabre, Chuck atravessou a rua para comprar dois milk-shakes, ou algo do tipo, para nos manter ocupados no banco de trás. Bem, não posso dar absoluta certeza de que me lembro fielmente do que estou prestes a relatar, mas, pelo que testemunhei do meu ponto de vista vantajoso e temporário do banco da frente, olhando pelo quebra-vento, poderia apostar que ele era o único homem negro num raio de alguns quilômetros. A inocência de nossa educação integracionista, liberal e focada na igualdade acabou deixando meu irmão e eu imunes à possibilidade de que a mera presença de Chuck naquele restaurante poderia ser tão inflamável quanto o combustível aditivado na presença de uma faísca. Não tínhamos ideia das normas culturais, e descobrimos que minha mãe estava completamente errada ao atribuir generosidade e afinidade às pessoas que conhecemos naquela parada específica. Era a região rural do Kansas.

Minha mãe não tinha morado fora da região norte do Meio-Oeste, mas estava bem ciente do racismo no país. Tinha trabalhado duro como uma das principais administradoras do *campus* para equilibrar as desigualdades sociais, incluindo mulheres e homens negros em seus projetos acadêmicos e forças-tarefa mais importantes. Ela foi uma das primeiras a adotar e implementar a igualdade salarial para mulheres no *campus* e ações afirmativas para beneficiar trabalhadores de grupos minoritários, anos antes de esses temas chegarem aos noticiários noturnos. Ela não era ignorante nem inocente em relação aos potenciais problemas que poderiam ser causados por seu relacionamento interracial. Mesmo assim, ela era intrépida, não demonstrando qualquer medo nem hesitando em ir ao Oeste por rotas que ainda não conhecia. Meu irmão e eu nunca fomos preparados para a possiblidade de que algumas pessoas poderiam sentir ódio; também não nos informaram que o ressentimento e a inveja levavam muitas pessoas de nosso país a ser violentas com aqueles que tinham casamentos interraciais.

Chuck retornou ao carro com alguns lanches e um olhar perturbado, enquanto pedia que voltássemos rapidamente à estrada. Quando minha mãe pegou velocidade, ele ficou claramente desconfortável no banco de passageiro quando percebemos três caminhões enormes vindo atrás de nós. Minha mãe olhou ansiosa no espelho retrovisor. Ela nunca foi do tipo alarmista, mas pude sentir que pressionava nervosamente o acelerador, usando toda a potência que o motor 401 V-8 podia nos dar a uns 110 km/h. Eu me virei e vi que dois caminhões Kenworth estavam nos seguindo, rapidamente se aproximando. Como sempre fui treinado na tradição acadêmica de análise racional, imaginei que eles estavam apenas apressados para chegar a algum lugar. Aprofundando a minha avaliação da situação, levei em consideração o olhar preocupado de minha mãe enquanto lembrava que geralmente ultrapassávamos os caminhões que trafegavam pela pista da direita, em vez de vê-los acelerando para nos ultrapassar pela esquerda.

A humanidade é assolada por incompatibilidades históricas. Religião e ciência, educação e escravidão, racismo e liberalismo. Ao tentar reconstruir a ansiedade que eu sentia como um menino de 11 anos na I-70, eu encontrei o que talvez seja a incompatibilidade mais universal de todas: medo e racionalidade.

Não havia nada além de pastagem ao nosso redor. O trânsito no sentido oposto estava longe de nós, do outro lado de uma divisória de grama de pradaria no meio da estrada. Parecia que o nosso carro era o único num espaço de vários quilômetros. Quando senti o movimento brusco da desaceleração, meu medo começou a surgir. Minha mãe precisou diminuir a velocidade, porque ambas as pistas no nosso sentido estavam sendo bloqueadas por dois caminhões lentos, lado a lado, coordenando algum tipo de coreografia de ódio. "O famoso bloqueio texano", disse Chuck. Minha mãe soltou um "Jesus Cristo!", e isso significava que todas as explicações racionais tinham sido esgotadas. Eu me encolhi no banco de trás, morrendo de medo, e coloquei meu fiel travesseiro de viagem sobre a cabeça. Quando olhei pela janela do banco de trás, vi a cabine alta e o motorista de um dos caminhões, que agora tinham nos alcançado e começavam a nos ultrapassar pela direita. "Estão nos encaixotando!", minha mãe gritou.

Eu costumava idolatrar caminhões naquela época. Um bom tempo da minha "hora de ficar quietinho" na casa do meu pai foi passado na escrivaninha do meu quarto, desenhando e colorindo máquinas de todo tipo – tanques, aviões, carros de corrida e, é claro, os onipresentes caminhões que nós ultrapassávamos na I-94. Minha associação amigável com caminhões foi testada de forma infeliz no momento em que olhei nos olhos do motorista de um Mack que passava ao lado de nosso veloz LeSabre. Dirigindo ao que parecia ser 130 km/h, o caminhão chegou a centímetros da minha porta no banco de trás, e o motorista olhou para o meu rosto desnorteado, paralisado de tanto medo. Lágrimas e terror emanavam do meu semblante, mas isso em nada serviu para amaciar o ódio e a raiva que vi no gordo barbudo que dirigia aquele caminhão! Seu rosto estava contorcido, seus dentes cerrados, seus olhos apertados queriam vingança. Eu nunca tinha sentido rancor nem presenciado tamanha fúria acumulada. Fiquei perplexo. Ele parecia disposto a me matar, junto de todos no carro.

Com um caminhão lento na nossa frente e o Mack preto à direita, um terceiro caminhão surgiu logo atrás de nosso para-choque, e parecia que ia bater em nós. Nenhum capitão em uma tempestade conseguiria chegar perto da compostura que minha mãe teve ao tentar cuidadosamente evitar uma colisão com aqueles conspiradores do radiocidadão que estavam tentando causar um incidente na I-70. Após o que parecia uma hora – mas provavelmente durou menos de um minuto –, o caminhoneiro barbudo acelerou, chegou ao lado da porta de passageiro de Chuck, abaixou a janela e simplesmente apontou o dedo, acenando-o em direção a ele.

Logo depois, o Mack oscilou na pista, e teria pegado o para-lama dianteiro do carro, caso minha mãe não tivesse jogado o carro para a esquerda ao mesmo tempo. Saímos da estrada e pegamos o canteiro esburacado entre as pistas. Pisando no freio e derrapando, minha mãe criou uma nuvem de areia avermelhada que crescia lentamente e logo nos envolveria, conforme o carro desacelerava. Todos batemos contra as portas enquanto os assentos chacoalhavam com a velocidade oscilante; os pneus travavam e destravavam, inutilmente buscando aderência. Nossos corpos sem cinto de segurança eram jogados loucamente para lá e para cá. Pedras batiam contra as caixas das rodas do carro, fazendo uma barulheira, mas o som logo foi abafado pelas buzinas dos caminhões sinistros que seguiram em alta velocidade até o horizonte no oeste, após finalizarem seu ato sujo.

O carro finalmente parou. Todos ficamos lá, imóveis; minha mãe estava sem fôlego e buscava o abraço reconfortante de Chuck. Pouco foi dito, mas ela sempre estava disposta a ajudar seus meninos a entenderem o que estava acontecendo. "Mãe, o que você fez para deixar aqueles caras bravos?", perguntei. "Nada, querido. Eles só eram preconceituosos", ela respondeu. Eu não conseguia imaginar o motivo para um comportamento daqueles, porque nunca tinha sido apresentado à ideia de que a "mistura" racial era proibida para algumas pessoas.

Enquanto a poeira se assentava ao nosso redor, eu via o rosto da minha mãe refletido no espelho retrovisor. Ela tinha aquele olhar vazio de quem está analisando sua própria existência, tentando entender a gravidade de uma situação de confronto. Devia estar acometida por todo tipo de pensamentos difíceis. Apenas dois dias após iniciarmos nossa jornada, a apreensão com o desconhecido ficou óbvia. Estávamos indo em direção a uma cultura nova. Os aprendizados e os estilos de vida acadêmicos do Leste dariam certo no Oeste? Será que a fuga de uma criação religiosa antiquada no Meio-Oeste e de um casamento sufocante finalmente chegaria a um desfecho na Califórnia, a meio continente de distância de sua origem? Será que uma união interracial floresceria em uma vida de amor sem limites e encontraria terreno fértil em Los Angeles, ou iria murchar devido ao constante estigma social? E aqueles garotos teriam algum benefício de passar suas vidas em constantes viagens, alternando duas vezes por ano entre férias em Wisconsin e anos letivos em Los Angeles? Naquele momento, no meio de um trecho sem nome de uma rodovia interestadual no Kansas, uma baleia cinza e solitária estava encalhada naquela praia de grama, de cem metros de largura, entre duas pistas de asfalto. À nossa esquerda estava a segurança, o caminho de volta para casa, se voltássemos para o leste; dentro de dois breves dias, poderíamos retornar à água que já conhecíamos. Mas minha mãe juntou suas forças e decidiu desencalhar aquele monstro, seguindo ao Oeste, levando-nos ao futuro incerto que ela tinha decidido explorar.

Ainda assim, a liberdade do escrutínio vigilante e das expectativas religiosas de sua família, da mente fechada inerente à vida em uma cidade pequena do Meio-Oeste e dos laços de um casamento infeliz foi testada naquele momento pela pressão mais forte de todas. A irritação em seu rosto, apesar de ser apenas momentânea, me preocupava. Mas ela se recompôs e redobrou sua determinação de seguir para um futuro melhor, nos desenvolvendo para além do que compreendíamos à época. Havia um lado racional em seu escapismo: a familiaridade esperançosa da universidade nos aguardava. Era, afinal de contas, nossa tradição familiar, que fomentava a nossa fé no lugar de uma religião.

Após um ou dois minutos com o carro em ponto morto naquele canteiro, minha mãe engatou a primeira quando a poeira assentou. O

LeSabre acelerou e voltou à I-70, em direção ao Oeste. Ela e Chuck trocaram poucas palavras, mas sabiam o que significava a agressão possivelmente fatal que sofremos na estrada. A mera existência do amor que sentiam um pelo outro era socialmente arriscada em algumas partes do país, e nenhuma análise verbal ajudaria a nos proteger, como crianças, das realidades do racismo. Nunca discutimos abertamente os fatos ou as implicações de seu relacionamento. Sempre fomos ensinados que a raça não era tão importante no mundo, desde que se enfrentasse o sofrimento humano. Aprendemos a ver a humanidade como uma família diversa, e que o preconceito era a anátema desse conceito. Então minha mãe não usou aquele momento para expressar sua raiva e sua decepção com os indivíduos racistas que tinham acabado de lesá-la, tentando causar danos físicos a ela e à sua família. Falar sobre o assunto ressaltaria o racismo, a mente fechada e o ódio social que ela estava eticamente determinada a extinguir. Assim, com uma determinação extraordinária, ela fez o que parecia ser melhor para sua família em um momento de crise. Ela simplesmente mudou de assunto. "Faltam quantos quilômetros até Denver, Chuck?" Tenho certeza de que ela estava esperando, naquele momento, que nosso novo lar no Oeste fosse mais receptivo.

No banco de trás, minha imaginação hiperativa estava tomando conta de mim. Meu medo foi interrompido pela confiança intrépida de minha mãe. Entretanto, com as emoções que surgiram naquele momento também veio uma ponderação introspectiva, que se tornou minha companhia constante. Eu passei a aceitar, ainda na infância, que uma imensidão de circunstâncias existia "lá fora", e minha missão na vida era aceitar esse fato e fazer algo a respeito. Comecei a perceber que não importava o quanto eu desejasse a segurança e a estabilidade oferecidas a mim no ambiente familiar da casa do meu pai e em seu bairro; havia forças mais poderosas me afastando de lá, em direção a um mundo cheio de aventuras e perigos desconhecidos. Eu comecei a me sentir impotente, mas, surpreendentemente, o desânimo logo sumiu e deu lugar a uma disposição esperançosa, assim que nosso carro beberrão ganhou velocidade. O mundo era grande, a jornada longa, e eu me sentia importante como um oficial da capitã. O fardo mais pesado estava sobre seus ombros – o divórcio, o relacionamento interracial, a emigração para o Oeste. Talvez o abacaxi fosse pior para o copiloto, Chuck, que devia estar internamente reconhecendo o tabu inescapável de seu romance interracial nesse mundo tão racista. Apesar de nossas ansiedades, o movimento constante para o Oeste e o som agradável do V-8 em alta velocidade proporcionavam nosso único conforto. Assim nos afastamos do local de nosso exaltado encontro.

Deixando para trás nossa antiga vida agradável, tranquila e estável no cráton do Meio-Oeste, olhei adiante e vi uma nova realidade no inesquecível primeiro vislumbre que tivemos de Front Range. Montanhas de verdade! Diretamente à nossa frente, pelo para-brisa, minha vida e meu futuro aproximando-se rapidamente. Não tinha como voltar. Meu destino seria definido na agitação tectônica do Oeste.

8.
L.A. ACABOU SENDO DEMAIS PARA ELE

NÃO HÁ COMO IMAGINAR O TIPO DE ESTRESSE QUE CHUCK DEVIA CARREGAR CONSIGO DIARIAMENTE. PROCURAR EMPREGOS COMUNS EM LOS ANGELES NAQUELA ÉPOCA, ENTRE 1976 E 1977, ERA DIFÍCIL. PROVAVELMENTE AINDA MAIS DIFÍCIL PARA UM HOMEM NEGRO NOS CONFINS ACONCHEGANTES DE CANOGA PARK, EM WEST SAN FERNANDO VALLEY, O ENCLAVE DE CLASSE MÉDIA DE LOS ANGELES PARA O QUAL NOS MUDAMOS. A INFLAÇÃO SUBIA RAPIDAMENTE, E ATÉ AS VAGAS DE TRABALHO BRAÇAL JÁ ESTAVAM PREENCHIDAS.

Chuck tinha formação universitária e era veterano da Marinha, e mesmo assim aquele mercado de trabalho escasso não tinha nada a oferecer. Chuck também precisava ser honesto com si próprio. Ele era um artista. Foi até L.A. para tocar música, mas todos os melhores clubes ficavam a quarenta quilômetros de distância, no centro da cidade ou em Hollywood. Tínhamos apenas um carro, e minha mãe precisava dele todo dia, o dia inteiro, para seu trajeto de trinta quilômetros até a UCLA. Chuck conseguiu alguns trabalhos esporádicos de fim de semana em casas de jazz, mas eram shows de salão que não pagavam muito. Ele escondia bem o seu estresse em casa, praticando com os instrumentos de sopro todos os dias e nunca abusando de álcool ou drogas na minha frente ou na de meu irmão, mas a barragem estava por ceder.

Em 1978 eu tinha 13 anos. Talvez seja um número azarado, mas outro 13 estava na mente da maioria dos californianos. Em junho daquele ano, uma emenda chamada Propositon 13 foi aprovada por voto popular. A dita People's Initiative to Limit Property Taxes [Iniciativa do Povo para Limitar Impostos Sobre Propriedades] tornou-se uma emenda à constituição estadual da Califórnia. Essa iniciativa controversa teve o efeito de reduzir a renda estadual em 60%, o que naturalmente causou um efeito devastador sobre todos os aspectos da educação pública, sobretudo no sistema da Universidade da Califórnia, onde minha mãe era decana. Naquela época, os valores das casas também estavam sendo reavaliados por toda a cidade de Los Angeles. Em um clima sem precedentes de inflação e estagnação salarial (chamada de *stagflation*), algumas casas, incluindo a nossa, dobravam de valor de poucos em poucos anos. Casas modestas como a nossa foram compradas por aproximadamente 60 mil dólares em 1976, e, em 1979, seu valor já estava bem acima de 100 mil dólares. Para piorar a situação, os financiamentos estavam sobrecarregados com uma taxa de juros de aproximadamente 15%. Sem qualquer aumento nos salários, e com os cortes orçamentários nas universidades, minha mãe deve ter se preocupado incessantemente com o custo crescente de manter um lar, sobretudo por Chuck não conseguir achar um emprego para contribuir. Essas preocupações devem ter acrescentado um estresse a seu relacionamento. Dois garotos adolescentes, um músico de jazz ocasionalmente empregado competindo por shows na cidade mais cheia de músicos e talentos no mundo e uma mãe provedora no alvo demográfico de uma estagnação salarial impiedosa. Chuck provavelmente recebeu uma advertência, e é possível que minha mãe tenha dito que ele precisava começar a dar uma contribuição financeira. Isso é apenas uma análise *post-hoc*, porque na época eu não prestava atenção em questões como contas, e o estresse de minha mãe nunca era despejado em nós. Mas uma breve erupção de violência inexplicável deixou uma marca inesquecível em minha memória, e passei minha vida inteira analisando-a.

Se alguma vez já te acordaram de um sono profundo, você sabe como é desorientador. Os hormônios de medo se espalham pelo seu corpo, confundindo os sentidos de maneira que você não sabe para que lado ir, onde fica a porta ou em qual cômodo está dormindo. Você fica paralisado, e apenas dois instintos básicos continuam ativos: lutar ou fugir. Mesmo assim, uma certeza permanece: naquele instante, você descobre quem é de verdade. E logo em seguida, no meu caso, descobri quem era a minha mãe.

Lembro que, a princípio, fiquei agitado, ouvindo sussurros de ressentimento amargo, seguidos por gritos mais altos de reclamações embriagadas. Como ainda estava sonolento, poderia ser um sonho, então fiquei debaixo das cobertas e me virei para o lado. Mas a explosão sonora que veio em seguida era terrível demais para ser ignorada. Ela me fez sentar imediatamente e forçou meu cérebro consciente a ativar suas sinapses e dar um jeito no medo que estava tomando conta de mim, me fazendo tremer. Com a desorientação de quem tinha acabado de acordar, ouvi minha mãe no fim do corredor fazendo uma espécie de grunhido contido e assustado, seguido por batidas de pés – parecia que estavam tentando achar o chão, com dificuldade para se equilibrar, como se uma briga estivesse acontecendo. De repente, uma batida enorme balançou a casa inteira e minha mãe berrou como um jogador de futebol americano faria ao ser derrubado ao chão.

Nesse momento, o medo e a desorientação já tinham me paralisado por completo. Mas algo estava absolutamente claro: minha mãe estava em perigo. Estávamos sendo roubados por ladrões? Era uma invasão domiciliar? Mais sons de pessoas se debatendo vieram do fim do corredor, enquanto eu a ouvia com a respiração ofegante, chorando. Será que ouvi um punho atingindo uma maçã do rosto? Eu nunca tinha escutado o som dos ossos da mão esmagando a carne da face, então como poderia ter certeza? Foi um "socorro" abafado que acabei de ouvir? Por que ninguém estava ajudando a minha mãe? Meu irmão também devia estar paralisado de medo em seu próprio quarto. "Merda", pensei, "isso significa que eu preciso sair da cama e fazer algo para ajudá-la!"

Acho que a coragem é algo que ninguém realmente sabe que tem, até os piores momentos possíveis da vida a exigirem. Eu me ergui do útero da minha cama dupla, andei até a porta e não sabia o que faria quando a abrisse. Não tinha armas, força, habilidade para lutar, tamanho para derrubar um intruso nem experiência em acalmar ou desarmar atos de violência. Eu só tinha a minha voz para usar, além de um cordão umbilical invisível que me motivava a enfrentar o medo e aquele pequeno fio de luz que emanava do corredor pela porta entreaberta do meu quarto. Era hora de agir, por bem ou por mal. O que me esperava no fim do corredor precisava ser confrontado. A vida da minha mãe estava em perigo! Eu precisava ir lá e ficar com ela.

Eu sentia como se estivesse andando em direção à minha própria execução. Seja lá quem fosse a pessoa causando essa violência em nosso lar, ela certamente ia me matar quando visse que eu estava me intrometendo em seu negócio. Mesmo assim, eu precisava ver aquela situação por conta própria. Era a vida, crua e cheia de consequências. Vá lá e faça alguma coisa! Como um movimento peristáltico, algo estava me empurrando para a frente. Eu sabia que só tinha uma direção para ir. Minha mãe precisava de mim!

Às vezes, quando o inconcebível nos confronta, o mundo se torna um lugar confuso. Eu saí do meu santuário e contemplei uma cena improvável: minha mãe estava indefesa, deitada de costas no chão, e Chuck estava em cima dela. O braço direito dele estava erguido, com o punho fechado acima do ombro, e o esquerdo, reto, agarrava a garganta da minha mãe. Em vez de sentir medo, tive imediatamente um estranho alívio ao ver que um homem familiar, e não um desconhecido, era responsável pela violência. Provavelmente foi uma sensação de surpresa, no lugar de medo, que tomou conta de mim quando usei toda a força que eu tinha no momento para gritar a plenos pulmões: "Chuuuuck! O que você está fazendo?".

Foi o suficiente. No meio do seu cruzado de direita, ele parou, soltou o pescoço dela como se tivesse sido pego com a boca na botija e

fixou os olhos avermelhados nos meus. Pelo que parecia uma eternidade, mas que provavelmente durou apenas alguns segundos, nós três
ficamos congelados em nossas posições, sem saber o impacto futuro
do momento, cada indivíduo igualmente desalentado e espantado. Não
falamos nada. Paralisado, eu aguardava instruções. De alguma forma,
minha mãe conseguiu recuperar sua compostura, mesmo prostrada, e
disse serenamente: "Volte para a cama, querido".

Eu me cobri, satisfeito porque a violência tinha acabado. O comando da minha mãe era tudo de que eu precisava para garantir que ela
ficaria bem. Chorei um pouco, porque a vida em L.A. não estava sendo
tudo o que esperávamos. Achava que um pai deveria estar na casa para
lidar com coisas assim. Mas a minha mãe também queria que Chuck
cumprisse essa função, ou pelo menos eu achava isso.

Após cerca de meia hora, Chuck veio e sentou-se ao lado de minha
cama. Eu não tinha medo dele, pois o considerava um membro da família. Ele não estava lá para me machucar. Tenho certeza de que a minha
mãe exigiu que ele fosse lá e "consertasse as coisas" comigo. Então recebi
minha primeira dose daquele típico linguajar mentiroso dos alcóolatras:
a sinceridade bêbada. "Sabe, eu nunca faria nada para machucar sua
mãe, né, Sammy?" "Eu sei", respondi. É claro que eu teria dito qualquer
coisa só para fazê-lo ir embora. Ele fedia a álcool e cigarro até a alma.
"Então não se preocupe, só volte a dormir." "Ok", concordei. Mas não
dormi muito naquela noite. A partir daquele momento, passei a tremer
de medo toda vez que um som incomum vinha de um lugar fora de
vista, mesmo o mínimo ranger de uma porta ou uma briga de gatos no
quintal. Eu me mantive constantemente vigilante.

Na manhã seguinte, fizemos a rotina de sempre no *campus* oeste da
U. Graffin. Nós, os meninos, nos aprontamos para ir à escola enquanto
a minha mãe se preparava no banheiro para mais um dia de trabalho.
Meu irmão e eu nunca falamos sobre o que aconteceu naquela noite.
Ele deve ter enfiado a cabeça no travesseiro, e não o culpo, porque é
isso que eu também queria fazer. Estranhamente, a minha mãe também

nunca mencionou isso. Chuck ficou de portas fechadas, dormindo até sua ressaca sumir.

A cena mais desoladora possível é ver sua mãe tentando esconder sinais de violência física. Minha mãe estava com marcas roxas ao redor do pescoço, então usava gola cacharrel. Tinha um círculo escuro e assustador ao redor do olho esquerdo. Roxo e preto ao mesmo tempo, não tinha como ela sair em público com um hematoma daqueles. Ela usou um par de óculos escuros enormes para esconder as marcas em seu rosto e a tristeza nos olhos. Que bom que a minha mãe tinha um ótimo "grupo de apoio" de pessoas de confiança e amigos da família. Tenho certeza de que a ajudaram a tolerar aqueles dias, e sei que ela passava quase todo o tempo livre na companhia deles. Meus pais ensinaram a mim e ao meu irmão que o valor dos amigos é quase tão importante quanto o da família, e que vale a pena se esforçar muito para manter amizades. Era em momentos assim que eu via a sabedoria se concretizar. Os amigos de nossa família estavam lá nos apoiando, apesar de nunca falarmos abertamente de nossas dificuldades pessoais.

Fiz algo extremamente incomum para mim e não relatei a ninguém da escola o que tinha acontecido. Nem mencionei o fato a meu pai em nossos telefonemas semanais. Meu irmão e eu parecíamos ter um acordo tácito de não tocar no assunto. Minha mãe só falou sobre isso novamente muitos anos depois, quando já éramos adultos. Mas uma coisa ficou clara com os eventos que vieram em seguida: a violência nunca seria tolerada em nosso lar.

Minha mãe garantiu que nossa família jamais teria que suportar mais noites como aquela. Talvez parecesse uma medida draconiana, uma ação drástica, mas ela falou a Chuck: "Pegue suas porcarias e vaze daqui". É claro que estou parafraseando, pois não ouvi a conversa. Mas o fato é que minha mãe era a decana daquele *campus* e continuou sendo, mesmo cheia de hematomas. Já Chuck desapareceu após aquela noite de terror. Ele não botou mais o pé em casa, e nunca mais o vimos após sua partida. Quando voltamos para casa da escola, ele já não estava mais lá.

Ele se mudou para um apartamento, não muito longe dali. Minha mãe ainda teve algumas interações com Chuck, mas ele rapidamente tornou-se um assunto do passado.

Dizer que eu fiquei aliviado seria um pouco distante da realidade. Alívio, sim, por não haver mais interações violentas; alívio, sim, por descobrir que minha mãe foi forte o suficiente para ficar no controle e guiar nossa família. Mas o alívio não estava disponível na forma de garantias de um bom destino para nossa família. Eu amava o Chuck. Achava que era legal ter um músico na família. Na minha infância, eu não era sofisticado o suficiente para compreender a seriedade de suas transgressões. Então comecei a questionar a autoridade. O professor e a decana deveriam estar no comando e decidir com firmeza sobre o rumo da U. Graffin, mesmo quando enfrentassem obstáculos. A decana estava no comando no Oeste, mas o terreno incontrolavelmente imprevisível – repleto de falhas que com frequência atrapalhavam, erodindo o leito rochoso e outrora estável – prejudicava suas aspirações de ter um lar tranquilo. Eu não conseguia parar de pensar se ela não teria mais sucesso no cráton estável do Meio-Oeste. Agora, parecia que ela estava possuída por uma determinação resoluta e particular de ir até o fim, mesmo que isso abalasse a família inteira. Enquanto isso, no Wisconsin, o currículo do professor continuava intacto e confortavelmente previsível. A vida por lá era uma rotina estável, enquanto em L.A. era um "vale-tudo". Não havia garantia de que todo aquele episódio – a expansão ao oeste da U. Graffin – daria bons resultados.

Ser agredida com violência já é ruim o suficiente. Minha mãe precisou ter a firmeza de uma Mulher Maravilha para seguir em frente. Mas, em poucos meses, a próxima surra que mudaria a vida de minha mãe viria das mãos de uma reação social regressiva que estava varrendo o país inteiro, afetando particularmente as mulheres trabalhadoras.

8A. O LUGAR DE UMA MULHER

"O que vocês, mocinhas, estão fazendo nesta aula? Nesta universidade?", perguntou o professor, em 1960, na pós-graduação que minha mãe cursava na Universidade de Indiana, em Bloomington. "Vocês não sabem que estão ocupando vagas que deveriam ser reservadas para homens?", ele questionou de seu púlpito. O motivo desse ponto de vista intolerante era que a pós-graduação tinha a intenção de educar quem queria cargos docentes no Ensino Superior. Empregos na educação de crianças e adolescentes eram apropriados para mulheres e, de fato, a graduação da minha mãe pela Teacher's College da Ball State em Muncie, Indiana, a preparou para isso. Mas vagas nas universidades eram geralmente reservadas para homens.

Na época, não importava a sua capacidade. O lugar de uma mulher era em casa. Professores universitários deveriam ser treinados para pensar. Pensar é um trabalho que ocupa as 24 horas do dia, não apenas o horário de trabalho. Mulheres professoras (como minha avó materna, Elsie Zerr Carpenter) podiam ter um emprego no Ensino Fundamental e ainda cuidar de suas casas à tarde e cozinhar o jantar à noite. Mas os professores universitários precisavam ficar no *campus*, levar trabalho para casa, ir à sala de leitura após o jantar e acordar cedo, com pensamentos profundos sobre a aula daquele dia. Era tudo bem previsível e rotineiro. Não, senhor, mulheres não poderiam estar na pós-graduação aprendendo a ser professoras universitárias. Mas minha mãe estava lá, após uma vida de excelência acadêmica e de pular séries no Ensino Primário e Secundário, após ganhar múltiplas faixas azuis e medalhas de ouro nas competições 4-H de cada ano e, conforme seu avô exigia, após memorizar a Bíblia inteira e saber recitá-la; ela era mais culta que muitos de seus professores. Ela não deixaria nenhum homem desdenhoso e rude fazê-la sentir culpa por estar lá nem atrapalhá-la, mesmo que ele tivesse um Ph.D. Ela buscava o maior nível possível de conquista acadêmica e aprendeu a ignorar as ideias degradantes, chauvinistas e mesquinhas de seus professores que pouco a apoiavam.

Foi essa motivação pela conquista que a levou a ser decana, primeiro na Universidade de Wisconsin-Milwaukee, depois na UCLA. Minha mãe atingiu seu ápice acadêmico nos anos 1970, durante uma era em que as mulheres faziam parte do cenário de iniciativas de diversificação originadas pelos movimentos por igualdade e direitos civis dos anos 1960. As universidades estavam ansiosas para recrutar e contratar mulheres nas principais vagas administrativas. Na Califórnia, seu trabalho era supervisionar um departamento que foi criado para "Habilidades de Aprendizagem". Basicamente, o programa tinha o objetivo de ajudar alunos desfavorecidos a conseguir notas melhores por meio de treinamento, aulas particulares e orientação. O modelo de financiamento para esse departamento, e para o invejável sistema da Universidade da Califórnia como um todo, baseou-se, principalmente, em impostos sobre propriedades. Quando minha mãe foi contratada pela UCLA, comprar uma casa significava assumir uma séria responsabilidade tributária. O único consolo era que os impostos iam para uma boa causa. O sistema público de ensino na Califórnia, incluindo universidades que estavam entre as melhores do mundo, era invejado em todo o país. Todos aqueles impostos sobre propriedades cobriram o custo do sistema de educação, e ainda sobrou bastante. A Califórnia tinha um excedente de 5 bilhões de dólares em 1977. Mas os conservadores não gostavam nada disso.

A Proposition 13 era uma agenda conservadora do Partido Republicano, impulsionada pelo lobista Howard Jarvis. Quando foi aprovada, em 1978, todo o sustento de minha mãe ficou subitamente em risco. Só de ver uma imagem de Howard Jarvis, ela já relembrava as memórias desagradáveis. "Ele parece um daqueles professores de Indiana que me diziam que suas salas de aula não eram lugar de mulher." Jarvis falava sobre a "mamata" no serviço público que estava consumindo nossos impostos. Sua missão foi chamada de "revolta tributária" e provou que as políticas ao estilo do Tea Party que viriam em seguida não eram novidade. Ele implorava ao povo para "mostrar aos políticos quem está no comando! Corte seus impostos em 60%!". E ele encontrou um grande público para acatar suas reclamações obtusas. A iniciativa foi aprovada por uma enorme margem, 65 contra 35.

A Proposition 13 colocou um teto no aumento de impostos sobre propriedades e, simultaneamente, secou o orçamento da educação. Apesar de os valores de propriedades continuarem subindo anualmente, de 15% a 25% de modo geral naquela época – resultando em um superávit fiscal enorme no estado da Califórnia, que poderia ser usado em programas educacionais –, a iniciativa de Jarvis limitou os pagamentos de impostos por proprietários de imóveis a apenas 1% ao ano. Tudo isso soa muito bom para vários setores da economia e da sociedade. Mas a falta de visão fica mais clara quando você leva a educação em consideração.

A grande maioria dos californianos mora em comunidades com rendas modestas e imóveis de baixo valor – apesar do que as pessoas pensam, a Califórnia não é composta apenas de mansões douradas, campos de golfe e casas na praia. Eles já pagavam pouco imposto sobre imóveis, e foram afetados negativamente de formas mais consideráveis a longo prazo. Antes da "revolta tributária" conservadora, famílias de renda baixa ou modesta ainda podiam depender de um bom sistema educacional, com escolas bem financiadas, atividades extracurriculares e salários altos para professores. Morar em uma região modesta ou pobre era compensado pelo acesso a uma educação de alta qualidade e um foco em conquistas acadêmicas, o que trazia um ar esperançoso e uma vontade de melhorar. Mas, após a Proposition 13 ser aprovada, surgiram buracos enormes no orçamento da educação no estado. A proposta também determinava que a legislatura estadual não podia aumentar impostos, por qualquer motivo que fosse, sem o voto majoritário de dois terços. Isso significava que não apenas as escolas, mas a saúde, a assistência social, as obras públicas e até o corpo de bombeiro logo ficariam sem dinheiro, o que basicamente erodiu o solo que sustentava a sociedade para a maioria dos cidadãos da Califórnia.

Ser educado é algo que ninguém pode tirar de você. É necessário muito dinheiro de impostos para criar uma sociedade de escolas bem financiadas. Usar impostos para escolas é uma proclamação moral e ética de sua comunidade. Isso significa que o foco de nossa sociedade está na melhoria, no desenvolvimento e na sustentação daquilo que é mais importante: o povo. Viver em uma sociedade de pessoas sem educação é estar na miséria, não importa quanto dinheiro você tenha. O que pensarão de você se sua bela vizinhança estiver totalmente cercada, e logo ficar tomada, por quadras e mais quadras de sordidez e ignorância? Pensarão que você deve estar se enganando ao viver ilhado em algum paraíso.

O departamento de Habilidades de Aprendizagem da minha mãe foi dissolvido logo após a Proposition 13 ser aprovada. Por depender de financiamento estatal, o orçamento da Universidade da Califórnia foi desmantelado em 1978. As mensalidades aumentaram drasticamente, mas nem isso podia compensar a falta de fundos, e todos os departamentos "não essenciais" foram afetados. A equipe da minha mãe teve de ser demitida e, logo em seguida, a vaga dela foi extinta. Sua carreira acadêmica estava encerrada. Sem qualquer oferta de compensação ou realocação. Obrigado por seu serviço, agora arrume suas tralhas e vaze daqui!

De certa forma, em retrospecto, a extinção de um departamento sob o comando de uma mulher era algo natural em 1979. Ela vivia claramente sob a mira de uma agenda conservadora extremamente ávida, cujos temas misóginos e racistas se repetiram diversas vezes desde os anos 1960 nas mãos de uma minoria da direita. Impostos são ruins, mulheres e minorias não deveriam estar no poder (só chegaram lá porque foram favorecidos injustamente), e jovens não precisam de programas caros, apoio na comunidade ou salas de aula pequenas para receber educação e desenvolvimento social. Basicamente, a agenda conservadora estava sussurrando nos ouvidos da minha mãe aquele tempo todo: *Mocinhas, vocês estão por sua conta! Então, se querem se divorciar, ser as chefes do lar, é bom assumir a responsabilidade de vez, porque não vamos ajudar. Não venham pedir ajuda ao governo, vocês não vão ganhar esmolas para sua agenda egoísta.*

A filial oeste da U. Graffin estava decapitada. Com sua administradora em crise, qual direção deveríamos seguir? Minha mãe nos explicou que teríamos de viver bem modestamente por um tempo. Isso significava abrir mão de muitas das coisas legais que ela esperava nos proporcionar após a mudança para a Califórnia. Nossa casa não teria tanta verba: sem televisão em cores, sem mobília chique, pouco dinheiro extra para itens dispensáveis. Isso significava produtos "sem marca" no mercado. Minha mãe fez o que era necessário: emprestou dinheiro de Momo, usou sua poupança, estendeu as parcelas do financiamento da casa – tudo o que ela podia fazer para manter um teto sobre nossa cabeça. Esperava-se que meu irmão e eu começássemos a trabalhar (entregando jornais, lavando louça, e assim por diante) se quiséssemos dinheiro extra. Mas, para mim, a preguiça e a desculpa dos retornos regulares à casa do meu pai me impediram de me esforçar muito. Minha mãe passava os dias em uma sala de escritório que tinha pegado emprestado de um amigo. Ela passou o ano após a demissão escrevendo sua dissertação, trabalhando para conquistar seu Ph.D., o que acabaria conseguindo. Ela foi sábia ao contar com um caça-talentos para ajudá-la a procurar empregos que pagassem bem, onde quer que aparecesse algum no sul da Califórnia.

Após aproximadamente um ano, minha mãe decidiu entrar para o setor privado, conseguindo um bom emprego como diretora de recursos humanos de uma empresa. "Acadêmicos brigam tão ferozmente porque as recompensas são muito escassas", ela me disse uma vez. No mundo corporativo, descobriria que os objetivos eram claros e que o trabalho era muito mais previsível. Muitos anos depois, ela subiu na carreira, fez vários bons amigos e foi valorizada no trabalho, por conta de sua inteligência e seu bom humor.

Mas, naquele momento, a decana não estava mais presente em casa. Nosso lar ficou quieto e acanhado. Após a escola, meu irmão e eu nos retirávamos para nossos quartos. Jon, meu amigo da escola, me visitava de vez em quando e ouvíamos discos, às vezes ele até dormia lá. Mas, na maioria dos dias do meu ano escolar, eu me sentia um alienígena em um território estranho. Por dentro, eu não era um jovem da Califórnia. Não tinha as ferramentas básicas para me encaixar: não andava de skate, não surfava, não fumava maconha; meus amigos não eram os garotos descolados. Eu sonhava muito em voltar para Wisconsin, onde não importava quem era legal ou não, e ficava ansioso pelas férias escolares, quando podia ir até lá para ver meus amigos.

Era de se esperar que, após tanto azar, minha mãe se mudasse ou desistisse. Mas ela nunca reclamou abertamente para mim ou meu irmão. Lenta e decididamente, ela perseverou e aguardou sua próxima aventura. Grant e eu estávamos juntos para o que desse e viesse. Não sabíamos na época, mas estávamos passando por uma nova realidade social: a nova sociedade americana em que mães podiam ser chefes de família, tomavam decisões e, apesar de não terem maridos, ainda serviam como pilares respeitados da comunidade.

O contrato social tácito requeria o sacrifício de papéis convencionais, especialmente a atenção carinhosa das mães de gerações passadas. É claro que eu vi isso como uma afronta pessoal, pois era um garoto mimado entrando na adolescência. Mas o renascimento da Decana Graffin produziu um novo arquétipo doméstico estadunidense. Será que era coincidência que *A Família Sol, Lá, Si, Dó* era tanto odiada quanto amada pelos americanos a ponto de torná-la a série mais assistida na TV? Mulheres que sustentavam o lar, como minha mãe, odiavam o programa. "Meu Deus! É um insulto!", elas diziam a respeito de Carol Brady e seu papel tradicional de dona de casa. Nós, filhos de pais divorciados, assistíamos ao programa com interesse, porque conseguíamos entender o constrangimento dos irmãos que tinham apenas "meio" parentesco com os enteados. Os programas de TV que

POR DENTRO, EU NÃO ERA UM JOVEM DA CALIFÓRNIA. NÃO TINHA AS FERRAMENTAS BÁSICAS PARA ME ENCAIXAR: NÃO ANDAVA DE SKATE, NÃO SURFAVA, NÃO FUMAVA MACONHA; MEUS AMIGOS NÃO ERAM OS GAROTOS DESCOLADOS. EU SONHAVA MUITO EM VOLTAR A WISCONSIN, ONDE NÃO IMPORTAVA QUEM ERA LEGAL OU NÃO, E FICAVA ANSIOSO PELAS FÉRIAS ESCOLARES, QUANDO PODIA IR ATÉ LÁ PARA VER MEUS AMIGOS.

retratavam o empoderamento feminino, como *Maude, Rhoda, The Mary Tyler Moore Show* ou *Alice*, tinham mais a ver com as mães divorciadas que estavam reescrevendo as normas da sociedade estadunidense: mulheres fortes e que pensavam por conta própria, estrelas e mestres de suas próprias dificuldades situacionais. Séries assim eram interessantes para minha mãe, e ela nunca perdia um episódio.

Para ela, o divórcio, o preconceito interracial, a surra e o sonho fracassado de uma parceria doméstica feliz tornaram-se dificuldades inimagináveis. Estavam todas interligadas a uma vida inteira de preconceitos no trabalho e julgamentos retrógrados e conservadores sobre "o papel de uma mulher", vindos de uma sociedade que ela tinha decidido há muito tempo que necessitava mudar. Agora, ela precisaria seguir por conta própria. Apesar de nada disso ser claramente declarado ou discutido, eu sentia um certo ressentimento se infiltrando em nosso lar. Essa agenda conservadora, disfarçada de iniciativa referente a impostos sobre propriedades, era, na verdade, uma cortina de fumaça para esconder sua perspectiva retrógrada sobre mulheres, e isso nos afetou. Acabou minando a estabilidade e a disposição da família. A Proposition 13 acertou nossa casa em cheio, mas, em vez de salvá-la, acabou destruindo nossa provedora. A sociedade mentia pra caralho, e eu podia ver isso claramente de onde estava.

As sementes da insatisfação estavam plantadas. Em cerca de um ano, elas germinariam, conforme eu emergia daquela infância complicada e pisava no palco punk. Eu lançaria seus esporos ao vento, na forma das letras e melodias do Bad Religion.

SEÇÃO DOIS

9.
A MANHÃ SEGUINTE...

APÓS A AVENTURA PUNK DA NOITE ANTERIOR EM WESTWOOD, EU ACORDEI PARA MAIS UMA TÍPICA MANHÃ DE SÁBADO EM SAN FERNANDO VALLEY: O SOL JÁ ESTAVA NO ALTO E QUEIMANDO ÀS 10H30, OS CACHORROS DA VIZINHANÇA LATIAM PARA OS CORVOS E SABIÁS DE SEMPRE, CORTADORES DE GRAMA ZUMBIAM SUAVEMENTE ENQUANTO OS PAIS SUBURBANOS COMEÇAVAM SEUS AFAZERES, OS GAROTOS NA CASA AO LADO PULAVAM NA PISCINA. UM VERÃO SEM-FIM PARA OS NÃO INICIADOS.

Na minha adolescência, eu acordava tarde aos fins de semana, mas não era por conta de ressacas – era monotonia. Uma monotonia que equivale à não mudança de estações em Los Angeles. Em Wisconsin, durante o outono, cada dia ficava um pouco mais próximo da paralisação causada pelo inverno. Cada dia da primavera nos deixava um pouco mais perto daquele paraíso de dias longos e atividades ao ar livre. Ficávamos animados todas as manhãs, e isso fazia valer a pena sair da cama. Mas em L.A. ninguém se anima por causa do clima; é sempre a mesma coisa! Portanto, a vontade de se mexer tem que vir de dentro. A força vital que fomenta conquistas tinha que dar as caras, caso eu fosse acordar cedo.

Todavia, era pedir demais que isso acontecesse para um adolescente em 1981. Como ainda não havia determinado uma estratégia para minha vida, mas não tinha desculpas para ser preguiçoso, eu deveria parecer um parasita para os acadêmicos e os adultos que minha mãe conhecia. Eu não ligava muito para isso, mas sentia que precisava provar meu valor de alguma forma. Queria impressionar os adultos, da mesma forma como fazíamos na infância quando fielmente repetíamos as piadas aprendidas com o *Monty Python*, para que os professores no outro cômodo rissem e valorizassem o quanto éramos precoces.

Eu tinha uma banda, mas isso não era o suficiente. Uma banda punk não era nenhuma maneira de ganhar respeitabilidade. Estar em um conflito punk com a polícia não marcaria nenhum ponto com minha mãe, então eu guardei a aventura da noite passada para mim. Eu não achava aquilo divertido nem excitante. O toque artístico do punk rock era, de fato, respeitável para os padrões éticos da minha família. Mas não havia nada de artístico nos eventos da noite anterior. Apenas um monte de brutalidade, injustiça, tribalismo e combate, e todos esses tópicos eram ativamente evitados em nossos lares acadêmicos. A Universidade Graffin ensinava *pop art*, teatro, literatura inglesa e a promoção da integração e da diversidade por meios administrativos. Como poderia conciliar minhas atividades em meio a punks sem futuro com os padrões altos da educação da minha família?

Naquela manhã, enquanto a maioria dos meus amigos estava dormindo para superar a ressaca, eu saí da cama e fui para minha mesa de leitura. Eu tinha imposto a mim mesmo uma grandiosa tarefa de leitura. Minha escrivaninha era apenas uma mesa dobrável para jogar cartas, com um tampo frágil de compensado e uma cadeira de escritório da mesma cor. Furtei esses itens do closet de minha mãe, pois ela ocasionalmente os utilizava como uma estação de costura improvisada. A mesa era larga o suficiente para acomodar uma fileira de livros em brochura, títulos que viriam a formar o início da minha biblioteca de história natural. *The Antecedents of Man*,[8] de Le Gros Clark; *A escalada do homem*, de Bronowski; e *Origens*, de Richard Leakey.

---

8 Nunca publicado no Brasil. (N. do E.)

Embora eu ativamente folheasse aqueles livros para encontrar ideias para canções, nunca os lia do começo ao fim. Eu sentia vergonha por não ter paciência para ler profunda e completamente como sabia que os intelectuais deveriam fazer. Então me forcei a ler um tomo gigantesco por completo, mesmo que eu passasse apenas uma hora por dia fazendo isso. Por sorte, para esse feito escolhi um livro ótimo e rápido que me daria credibilidade intelectual nos anos seguintes. Era *A Viagem do Beagle*, de Charles Darwin.

De alguma forma, eu consegui absorver da narrativa de Darwin um conto apropriado para um punk rocker. Ali estava um homem, influenciado por seus pais intelectuais e bem-sucedidos a entrar para o clero – até o mandaram à Universidade de Cambridge para tal fim –, mas que acabou rejeitando os estudos de Teologia e desaparecendo da sociedade por muitos anos, fazendo uma jornada ao redor do mundo para explorar a história natural. O maior "foda-se" de Darwin veio na forma como ele invalidou a intepretação teológica de que a natureza tinha vindo de um projeto inteligente. Ele fez isso ao elaborar o ponto de vista científico moderno e secular – chamado evolução –, que não tem espaço para deuses, planos ou propósitos supremos.

A cada manhã dos fins de semana eu lia um pouco mais da pesquisa de Darwin sobre a história natural, e isso me trazia satisfação. Havia achado uma matéria nova e pouco discutida na U. Graffin. Eu me tornei o expert residente. Logo peguei uma versão em brochura de *A Origem das Espécies*, do mesmo autor, e tive dificuldade em lê-la do começo ao fim. Mas absorvi o que era necessário para uma compreensão geral e integrei o conhecimento às aulas de Biologia que tinha na época. No currículo da rede escolar pública unificada de L.A., a Biologia no Ensino Médio ainda não tinha um módulo específico para a evolução. Então perguntei à professora se eu poderia fazer uma apresentação de slides sobre a evolução, e ela concordou. Foi minha primeira palestra sobre o tema, e consistia em diversas fotos de crânios, extraídas das páginas dos meus livros e apresentadas como uma cronologia da evolução humana.

Eu tirei 10 em Biologia, uma área que não era de domínio dos meus pais; algo que deixou tanto o professor quanto a administradora orgulhosos!

Mas e meus camaradas do punk? Eles ainda estavam dormindo, tentando superar suas ressacas, enquanto eu estava explorando os confins do Pantanal com Darwin. Como eu poderia justificar qualquer tipo de sucesso acadêmico com a depravação e a imprudência do estilo de vida punk? Meus colegas de banda e eu tínhamos um bom relacionamento musical, mas eles não tinham muito interesse nos estudos.

Por sorte, eu tinha uma amiga chamada Jodi, que apoiava com entusiasmo as buscas intelectuais. Ela também era filha de pais divorciados, mas morava em uma região mais próspera, de classe média alta, chamada Sherman Oaks. Jodi dirigia uma BMW para ir a shows punk, mas, como eu, não se encaixava bem com as atitudes violentas dos punks. Jodi havia conseguido uma bolsa estudantil do NEH (National Endowment for the Humanities)[9] para estudar algum tema francês arcano, e me encorajou a tentar fazer o mesmo. "Eles vão te dar, tipo, mil dólares para visitar o instituto Smithsonian!", ela disse. Eu sabia de muitos fósseis que queria estudar, talvez acrescentar ao meu material de palestras; então, quem sabe, usaria os mil dólares para comprar umas botas e uma jaqueta de couro! "Ok, você pode fazer uma cópia da inscrição para mim?"

Jodi pegou para mim os formulários de inscrição. Mas ela não conseguiu me ajudar a criar uma proposta bem-sucedida. Fui completamente rejeitado. Jodi possuía boas cartas de apoio de seus orientadores do Ensino Médio, enquanto eu estava "improvisando" sem cartas de apoio. Não sabia nem quem eram os orientadores do Ensino Médio. Apesar de Jodi não conseguir me ajudar a ganhar a bolsa de mil dólares, ela sempre me incentivou e me fez sentir que a vida acadêmica era legal.

No meu quarto, eu sabia que era um dos sortudos. Tinha um lar, um lugar para escapar das ruas caóticas e perigosas de Hollywood –

---

9 Fundo Nacional Para as Humanidades. (N. do T.)

um local onde eu podia refletir e processar o que tinha acontecido na noite anterior. Muitos punks não tiveram tanta sorte. Alguns dos meus amigos foram expulsos pelos pais por não se adaptarem aos rígidos padrões familiares de vestimenta decente, comportamento apropriado e crença religiosa. Eles eram os jovens que sofriam com mais frequência com a violência da polícia ou de outras facções. Sem um lugar para fugir, eles enfrentavam a tormenta e se recuperavam de suas feridas nos becos urbanos e nas cercas vivas dos parques da cidade. Todos os meus amigos mais próximos viviam em segurança, mas encontrávamos muitos que estavam famintos e feridos, sempre usando a camaradagem dos outros punks da vida noturna para conseguir sua próxima refeição e um local para dormir.

O punk era uma luta de classes. Embora afirmasse ser igualitário e comunitário, na verdade, pelo menos no sul da Califórnia, ele se conformava com os princípios malthusianos e darwinianos, um paradoxo em sua essência. Por meio de dificuldades, batalhas, distúrbios e conflitos, o progresso chegou. Claramente, meus amigos e eu conseguimos progredir e evitar as confusões, enquanto aqueles sem meios faziam o serviço sujo da briga e sofriam em nome do punk. Eles nunca iriam formar bandas punk. Era mais provável acabarem morando na sarjeta. O paradoxo da metáfora malthusiana, progresso por meio do conflito, pairava sobre a criação dessa subcultura que era marcada pela autodestruição de muitos de seus praticantes. Essa era a marca registrada dos grupos sociais dos quais eu estava participando.

Pensamentos reflexivos sobre meu ambiente social não saíam do meu cérebro e me davam mais vontade de aprender e fazer projetos criativos. Era uma motivação filosófica que me mantinha engajado no punk e no mundo acadêmico, simultaneamente. A vida excitante na rua, uma noite após a outra, e o sentimento romântico de fazer música eram os benefícios tangíveis que tornavam a vida adolescente tolerável, atuando como um band-aid para tapar as dores que eu sentia graças às recentes angústias da minha família partida.

10.
DEPRAVAÇÃO JUVENIL, 1980-1982

HOJE É FÁCIL LER SOBRE A DEPRAVAÇÃO DO PUNK ROCK NO SUL DA CALIFÓRNIA ENTRE OS ANOS DE 1979 E 1982. DIVERSOS ESCRITORES QUE PRESENCIARAM AQUELA ERA JÁ CRIARAM SEUS ARTIGOS E LIVROS SOBRE O TEMA. ALGUNS GLORIFICAM AS CARACTERÍSTICAS QUE EU ACHAVA INTRAGÁVEIS. SE VOCÊ NÃO GOSTA DE LER, HÁ INÚMEROS DOCUMENTÁRIOS MOSTRANDO IMAGENS DA JUVENTUDE ENLOUQUECENDO E DAS INCONTÁVEIS BANDAS DAQUELA CENA, QUE EMBALAVAM OS JOVENS NA DESTRUIÇÃO CAÓTICA DE SI MESMOS E DE QUEM ESTIVESSE NO CAMINHO. AUTOBIOGRAFIAS TENDEM A EXAGERAR OS DETALHES DE UM PASSADO REPLETO DE PERIGO E INTRIGAS. O TEMA RECORRENTE MAIS COMUM É A "REDENÇÃO" – OU SEJA, PARA CONTAR UMA BOA HISTÓRIA, A DRAMATICIDADE AUMENTA QUANDO OS MALES DO PASSADO SÃO MAIS EXTREMOS. A REDENÇÃO É SEMPRE MAIS DOCE QUANDO A CHANCE DE SUCESSO PARECE SER EXCEPCIONALMENTE BAIXA E IMPOSTA DE MODO INJUSTO AO PROTAGONISTA.

Mas minha história não é de redenção. É um quebra-cabeça contínuo de autoconsciência. Meu nível de autoconsciência aos 17 anos, em 1982, era quase o mesmo que eu tinha aos 11 anos. Ele evoluiu lenta e desordenadamente desde então. Eu não me atraía pelo estilo de vida marginalizado tipicamente associado ao punk rock. Eu via o punk como um escape criativo e excitante. Assim como outras áreas da minha vida, era necessário ter um pouco de sorte e uma boa direção para ficar longe dos maus elementos e do sistema penal. Entre meus amigos que experimentavam drogas ou álcool, eu não era visto como alguém a ser chamado na hora de sair e cometer delinquências. Eu ouvia histórias de terceiros, após os eventos. "Greg, fizemos uma bomba caseira e explodimos um Cadillac!" "Greg, conseguimos cocaína e cheiramos, mas tinha alvejante no meio!"

Meu colega de banda, Brett, me tratava como um irmão mais novo de certa forma, apesar de eu já ter um irmão mais velho. De fato, Brett e meu irmão chegaram a estudar juntos na El Camino Real High School. Eles compartilhavam o mesmo amor por ganhar em jogos que exigiam inteligência, como xadrez e Dungeons & Dragons. Mas não jogavam um com o outro. Brett era sofisticado, extremamente social, saía o tempo todo (sempre tinha um carro ou uma van) e adorava passar tempo com os outros. Grant preferia ficar sozinho. Ele tolerava meus amigos, mas tinha os seus próprios, que gostavam de Devo e Tubeway Army e jogavam jogos de estratégia. Eles nunca me convidavam para ficar com eles. Apesar de ainda admirar meu irmão mais velho, especialmente por sua inteligência, eu queria mais diversão fraterna, e consegui isso com Brett.

Brett frequentemente tentava me apresentar às drogas. Uma vez ele disse: "Cara, eu preciso ficar chapado só para aguentar ficar perto de você", por conta da minha hiperatividade. "Prove um pouco desse haxixe." Eu me senti sofisticado por ele me ensinar a acender um pouco de haxixe na ponta de um alfinete, depois cobri-lo com um copo alto virado de cabeça para baixo e inalar a nuvem por baixo enquanto levantava o copo. Gostei do cheiro daquilo. Mas, após ter experimentado uma vez e não sentir qualquer efeito, nunca mais desejei usar.

Às vezes, eu saía com Brett para comprar ácido de pessoas muito estranhas em Topanga Canyon. Em 1981 e 1982, a área não estava tão dissociada da subcultura reclusa, focada no uso de drogas e com características de culto da Família Manson, cujo complexo ficava no outro lado de San Fernando Valley. Tipos estranhos e sombrios surgiam das estradas secundárias de Topanga quando Brett chegava lá, por meio de alguma estrada de terra predeterminada. Um dos caras parecia Ian Anderson na capa de *Aqualung*, do Jethro Tull, e entregou a Brett um pequeno pacote pela janela do motorista, que ele rapidamente passou para mim enquanto dava dinheiro ao traficante. O cara chamou Brett de "irmão", e achei que isso era algum estereótipo hippie. Mas, tirando a paranoia – o cara estava constantemente virando a cabeça de um lado para o outro, tentando encontrar adversários a distância –, parecia ser uma negociação bem tranquila, a meu ver. Ao contrário do haxixe, que Brett já tinha oferecido para mim, essa transação fazia o LSD parecer algo mais sério. Eu não experimentaria LSD de maneira alguma, e nunca me ofereceram. Ainda assim, era divertido me sentir o cúmplice fiel de Brett em um verdadeiro ritual de passagem: estadunidenses comprando uma droga recreativa, uma tradição que se manteve desde a era hippie.

Meus amigos punks em Hollywood tinham outras coisas em mente. A distância geográfica entre Hollywood e Topanga Canyon é de apenas 25 quilômetros. Mas, até hoje, os dois locais exibem os verdadeiros extremos das formas de se viver na Califórnia. Ao entrar em Topanga Canyon, você tem a sensação de que está voltando ao Velho Oeste. Lá, você encontra ranchos com cavalos, casas de madeira ao estilo *board--and-batten*,[10] afloramentos rochosos e pessoas isoladas que preferem ficar ao ar livre e não dar bola para modas ou tendências modernas. Seu estilo de vida remete aos fora da lei do filme *Sem Destino*. Eles foram ao cânion para escapar do mundo moderno, e não se deram ao trabalho de acompanhar o ritmo dele. Já as pessoas de Hollywood passam a vida nas ruas, e sua vitalidade depende do pulso do imediatismo sempre presente na metrópole vibrante. A constante intrusão dos turistas e o fluxo no-

---

10 *Board-and-batten* é um tratamento de parede usado para criar um visual rústico, mas clássico. Consiste em dois componentes: tábuas (*board*) e ripas (*batten*). As tábuas são mais largas e colocadas com espaços entre elas, que são selados com tiras estreitas de madeira, chamadas ripas ou sarrafos. (N. do E.)

turno de gente do subúrbio que vai aos clubes, bares e teatros criam um cenário em constante transição, com sua incerteza e suas oportunidades noturnas. Os punk rockers de Hollywood não estavam interessados nos hippies que fumavam maconha e em seus estilos antiquados. Metanfetamina e heroína dominavam as ruas, e praticamente todos os meus amigos estavam experimentando essas drogas nas ruas de Hollywood. Mas Brett passava a maior parte do tempo em West Valley, mais próximo em atitude e localidade aos cânions aventurosos e seu mato seco, preferindo ficar chapado com amigos próximos e curtir boa música nos confins da sala de estar, da toca musical ou da garagem de ensaio.

Eu também preferia passar tempo em casa com amigos a ficar pelas ruas. Mas, às vezes, também ia a Hollywood após um show, acompanhado de um grupo de usuários um tanto brutos. Minha atitude confiante e os valores do Meio-Oeste que eu demonstrava (ou assim imagino) significavam que eles nunca me pediam para participar do uso de drogas. Sempre que conseguiam comprar algo, só pegavam o suficiente para eles mesmos. Minha função no grupo – devido à minha mão firme e ao meu interesse em Biologia – era administrar as drogas. Eles brincavam que eu era "o doutor". Essas drogas me assustavam, porque eu nunca queria colocar algo em meu corpo que afetasse a minha consciência. Mas sentia uma certa honra por confiarem em mim para enfiar uma agulha neles, e eu não tinha qualquer problema em fazer isso, pois achava que era um comportamento normal para punks adolescentes nas ruas de Hollywood. Se eu pudesse ser o doutor, isso eternamente estabeleceria meu papel como alguém que não estaria sob a pressão dos outros para também consumir as drogas. Era uma forma de fazer parte da "gangue" sem ficar chapado. A função me caía bem.

Nós éramos crianças, agindo de forma selvagem e sem qualquer ideia das consequências de nossas ações. Eu sentia que tinha um papel a cumprir em nosso bando, e isso de alguma forma me tornava menos delinquente que as pessoas que usavam as drogas, porque eu não estava alterando minha consciência com produtos químicos. Era uma ilusão juvenil, mas me mantinha sóbrio. Alguns desenvolveram vícios rapidamente. Alguns morreram poucos anos depois. Eu não parei para considerar meu próprio papel no declínio deles. Meu único ato de resistência era não ficar chapado. Se eles seguissem o meu exemplo, eu acreditava que poderíamos ter um relacionamento mais profundo, e isso poderia evitar possíveis overdoses. Achei que poderíamos desenvolver uma irmandade baseada em interesses em comum – filmes, esportes ou ciência (assim como meus melhores amigos em Wisconsin). Mas éramos punk rockers do sul da Califórnia nos divertindo em Hollywood. O estilo ficava muito acima do conteúdo quando se tratava de amizades. Eles estavam tentando criar uma identidade, e eu também. Você faz muita cagada quando se envolve em atividades assim.

Estávamos quase no fim de uma era em que as drogas ficavam amplamente disponíveis para adolescentes adquirirem nas ruas, nos pátios de escolas e com seus pais. Com exceção do ocasional passeio até o cânion com Brett, eu nunca via as negociações. Meus amigos sempre estavam "portando". Talvez eles as conseguissem com um irmão mais velho, ou talvez roubassem dinheiro da bolsa da mãe para comprar com o traficante da vizinhança. Talvez comprassem o suficiente para usar durante um fim de semana e compartilhassem, ou guardassem estoque suficiente para um mês, apenas para eles mesmos. Tudo isso era um grande mistério para mim, mas era tão comum ver drogas como *quaaludes*, maconha, haxixe, heroína, *black beauties* e vários pós brancos em pequenos envelopes de papel, que tornou-se uma parte normal do meu ambiente cultural no sul da Califórnia, e as oportunidades de provar já começaram para mim no fim do Ensino Fundamental. Quando comecei o Ensino Médio, não percebia qualquer tabu relacionado àquelas substâncias.

A primeira vez que me ofereceram um *quaalude* foi em uma aula de Arte, no sétimo ano. A garota que me ofereceu estava constantemente chapada. Com um rosto muito simpático e uma silhueta volumosa, ela estava no nono ano e matava aula com a mesma frequência que comparecia. Ela cheirava à maconha. O cheiro se espalhava por suas roupas, seu cabelo e seu hálito. Ela tinha uma queda por mim, assim como tinha por todos os outros garotos. Mas quando ela me ofereceu o comprimido no fundo da sala, onde os materiais de arte ficavam guardados, e eu estava prestes a dar uns amassos em alguém pela primeira vez, simplesmente recusei e ela não se ofendeu. Mas ela logo voltou a atenção para outro garoto que estava animado para compartilhar seu estado alterado. Não senti vergonha por ser rejeitado. Eu andava com a confiança e a segurança de saber que, lá em Wisconsin, tinha um grupo diferente de amigos. Eu passaria meu verão com eles assim que o semestre acabasse. Lá, nossas amizades se baseavam em estar no mesmo bairro e crescermos juntos, desde a época em que usávamos fraldas. Eu nunca poderia me apresentar a eles como um drogado "lesado" de Los Angeles.

O divórcio traz uma espécie de vergonha aos filhos. Mesmo nos melhores casos, eles sempre precisam explicar a natureza de suas famílias para outros garotos. "Onde está seu pai?" "Por que eles se divorciaram?" Às vezes, é ainda mais difícil para os garotos quando o divórcio é "cordial", porque não há um motivo claro para a separação do lar. Quando minha mãe assumiu o emprego em Los Angeles, senti um impulso enorme de relatar apenas coisas positivas para meus amigos e minha família em Wisconsin nas férias de verão. Internamente, eu tinha receios e preocupações em relação à vida no sul da Califórnia. Los Angeles era culturalmente bem diferente do sudeste de Wisconsin, sobretudo para um garoto adolescente. A mudança para L.A. determinou a suspensão imediata das partidas semanais de basquete, beisebol e futebol americano com os amigos do bairro. Todas as atividades extracurriculares em San Fernando Valley eram meticulosamente organizadas pelo sistema de ligas Pop Warner[11], o que me intimidava e tomaria muito tempo, levando em conta a realidade de minha família de mãe solteira. Ou seja,

---

11 Pop Warner Little Scholars, mais conhecida como Pop Warner, é uma organização sem fins lucrativos que fornece atividades como futebol americano para mais de 425 mil jovens de 5 a 16 anos de idade, em vários países. É a maior organização de futebol americano juvenil dos Estados Unidos. (N. do E.)

eu não presentearia meus amigos do Wisconsin com histórias de conquistas atléticas gloriosas na Costa Oeste.

Dizem que os filhos se sentem culpados pelo divórcio dos pais. Eu nunca senti qualquer culpa pelo fato de eles não conseguirem se entender. Mas sentia uma compulsão estranha por sempre aproveitar os melhores aspectos da separação e relatar aos meus amigos apenas as vantagens de morar em duas casas diferentes, nunca mencionando as desvantagens. Devia haver algum benefício naquela separação geográfica extrema. Não tinha chance alguma de eu conseguir encarar meus amigos em Wisconsin, ou meu próprio pai, e passar um verão inteiro praticando esportes e passando todas as horas do dia ao ar livre, como frequentemente fazíamos, se eu chegasse lá com qualquer interesse na cultura das drogas. É incrível como a onipresença das drogas no sul da Califórnia àquela época se comparava à quase completa ausência delas no meu antigo bairro em Racine, Wisconsin. Se eu estivesse usando em Los Angeles, seria um verão longo e solitário em Wisconsin sentindo abstinência.

Por conta dessa diferença nas culturas, eu precisava encontrar algo para aproximar esses dois mundos. Devia existir alguma coisa especial que eu só pudesse conseguir em L.A. A música era essa coisa. Apesar de minha "carreira" musical ter começado antes de me mudar para o Oeste – no coral da escola, em Milwaukee –, eu sentia o ímpeto de amplificar meus interesses e minhas habilidades musicais após a mudança. Afinal, não havia uma "cena" punk viável entre meus amigos em Wisconsin. L.A. era o coração da indústria do entretenimento. Eu podia voltar a cada verão e relatar aos meus amigos que Los Angeles era o local ideal para se conseguir status na música. Isso poderia justificar as fronteiras geográficas drásticas de nossa família e ainda ajudaria o divórcio a fazer sentido! Entretanto, nos primeiros três verões, eu não tinha uma banda. Mas alimentava um interesse cada vez maior em música e um desejo crescente de ir a shows, e essas atividades esporádicas foram o suficiente para sustentar uma narrativa de positividade sobre a minha vida em Los Angeles. Em 1982, todas as dúvidas sobre a minha vida em L.A. seriam deixadas de lado, porque eu reencontrei meus camaradas de verão com uma gravação em vinil do primeiro LP do Bad Religion, *How Could Hell Be Any Worse?*. Meu pai disse: "Greggo, você sempre poderá se orgulhar disso".

Mas meu pai não era completamente ignorante quanto à devassidão de Hollywood. Ele tinha me mostrado um artigo do *New York Times* sobre a cena punk de L.A. que detalhava as situações comuns de violência, o uso de drogas e o niilismo geral dos punks de lá. Ele disse: "Tomara que não seja esse tipo de gente indo aos teus shows, Greggo!". "Não se preocupe, não são", respondi. No entanto, agora que eu também sou pai, lembro-me desse momento e posso dizer, com certeza, que ambos sabíamos que eu estava mentindo.

Apesar do meu cabelo tingido de preto, jeans rasgados e de um novo status como vocalista punk, os verões em Wisconsin eram passados, como sempre tinham sido, praticando esportes ao ar livre e andando de bicicleta todo dia, o dia todo, com os garotos da vizinhança. Não havia clubes para frequentar à noite, nenhum lugar para passar o tempo ou dar em cima de garotas. Era como em *Leave It to Beaver*,[12] mas com uma atitude mais liberal. A vida pulsava ao redor de atividades diurnas. Se você quisesse as "emoções" da cidade grande, precisaria dirigir um pouco. Milwaukee ficava a uns quarenta quilômetros dali. Chicago, a uns cem quilômetros, na direção oposta. Embora essas metrópoles oferecessem atividades noturnas empolgantes, raramente aproveitávamos esses prazeres. Eu estava feliz com a companhia dos meus amigos durante os longos dias de verão e a segurança do lar da minha infância à noite. Ficava satisfeito por minha vida noturna poder continuar ativa no sul da Califórnia, onde era necessária para o crescimento da minha vida musical.

As atividades escabrosas de um adolescente punk no começo dos anos 1980 no sul da Califórnia não seriam completas sem considerar as

---

12 *Leave It to Beaver* era um popular seriado do final dos anos 1950, que retratava uma típica família suburbana de classe média norte-americana. (N. do E.)

aventuras sexuais. É difícil acentuar o quão diferente era a educação sobre "saúde" nos anos 1970, em comparação à que temos hoje. No currículo de anos finais do Ensino Fundamental da rede escolar pública unificada de Los Angeles, tínhamos uma matéria que ensinava abertamente sobre a normalidade e até os benefícios da masturbação, a ampla disponibilidade e a realização segura do aborto, a necessidade de métodos contraceptivos e o incentivo do consentimento entre parceiros sexuais. Apesar de não ser o método preferido de nenhum dos alunos, os professores afirmavam que a masturbação mútua, em vez do coito, era uma experiência íntima viável. As ISTs eram todas tratáveis à época. A AIDS ainda não era uma preocupação comum. Era o fim da era hippie de amor livre, e a maioria dos jovens foi ensinada que não havia motivo para sentir vergonha do sexo. Na verdade, a maior vergonha entre alunos do fim do Ensino Fundamental e do Ensino Médio era admitir não ter experiências com o sexo oposto. As garotas da minha escola tendiam a ser bem abertas com relação a suas preferências sexuais. Garotas dessa época costumavam se vestir de forma bem provocadora. Blusas decotadas sem sutiã. Calças jeans justíssimas ao estilo *chemin de fer*, que marcavam provocativamente a virilha, criando o que nós, adolescentes delinquentes, chamávamos de "capô de fusca", estavam super na moda. Muitas das garotas tinham encontros sexuais frequentes com caras mais velhos. Chamávamos essas garotas de "experientes", e eu, no fim do Ensino Fundamental, não tinha qualquer chance de atrair o olhar de uma delas.

No primeiro semestre do Ensino Médio, quando eu tinha 15 anos, consegui de alguma forma chamar a atenção de uma dessas garotas da minha sala, que todos sabiam que era promíscua e tinha um namorado poucos anos mais velho. O nome dela era Sue, e ela me seduziu um dia ao me convidar para sua casa após a aula. Eu fiquei preocupado o tempo todo, achando que seu namorado chegaria a qualquer momento, mas ela me garantiu que eles tinham terminado e que ele não estava mais interessado nela. Eu não tinha certeza de como agir, mas ela era experiente e me guiou de forma a ter uma primeira performance bem-sucedida ali mesmo, no sofá da sala de estar da casa dos pais dela, enquanto eles ainda estavam no trabalho. Tudo pareceu dar certo e, enquanto eu voltava a pé para casa, a algumas quadras dali, senti uma forte emoção. Sue foi tão generosa e me guiou com uma autoridade tão delicada. Eu me sentia aliviado e como se devesse algo a ela. Deduzi que aquela sensação deveria ser amor. Quando cheguei em casa, já tinha concluído que estava apaixonado e queria deixar o mundo inteiro sabendo disso. Meu primeiro impulso foi de telefonar para meu melhor amigo, Jon, e relatar o ocorrido: "Jonny, agora virei homem!". Mas, de alguma forma, não consegui expressar a ele que estava amando Sue. Ela era vista por meus amigos como uma vadia, alguém incapaz de sentir ternura. De qualquer forma, falei com minha mãe sobre a conexão emocional com Sue (mas não sobre o sexo), e ela respondeu: "Estar apaixonado é assim mesmo, querido".

No fim do semestre, Sue já não estava mais falando comigo. Foi aos poucos, mas nossas conversas ao telefone ficaram mais curtas, nossas caminhadas para casa após a escola diminuíram, e seu interesse em mim se dissipou. Ela tinha voltado com o namorado, que era mais velho que eu, tinha um emprego, um carro e fumava muita maconha. O fato de ela voltar para seu ex me fez sentir um experimento. Ela estava apenas me usando para deixá-lo com ciúmes ou, talvez, para se divertir um pouco com algo novo. Fiquei arrasado. Apesar de todo mundo saber que Sue não era alguém a ser considerada para um relacionamento sério, eu sinceramente acreditava que iríamos nos casar. A decepção resultou em uma revolta raivosa contra as normas sociais: cortei meu cabelo bem curto e o tingi de preto. Foi o meu ato de "virar punk", gerado por uma decepção emocional que me deixou abrir mão da prudência. Parecer ridículo e extremo era minha forma de dizer "Vá se foder, Sue!". Poucos outros alunos à época tinham coragem de tingir o cabelo. Eles eram vistos como radicais e lunáticos. Estava tão bravo com Sue que achava que meu extremismo a constrangeria. Ah, a estupidez ilógica e deturpada da juventude e da inexperiência. Ela, além de me ignorar pelo resto da vida, simplesmente se reaproximou de seus antigos amigos, as mesmas pessoas que achavam que o punk era uma bosta e que extremistas eram perdedores.

Minha nova persona punk era o suficiente para atrair os poucos outros punk rockers da escola para começarmos a sair, no fim de 1979. Havia uns garotos mais velhos na turma do meu irmão, e eles me consideravam o irmãozinho imaturo que estava apenas experimentando um estilo novo. Dead Rat Randy era o arquétipo de punk de sarjeta. Ele era excepcionalmente desprovido de beleza, com uma barba desgrenhada e uma expressão constantemente carrancuda. Estava bem adiante de seu tempo e até tentou ser músico por um momento. Mas nunca fomos próximos, nem saíamos juntos.

Outro cara chamado Karl estava interessado em falar sobre punk. Ele era um baixista que nunca cortava seu longo cabelo cacheado e ouvia Stiv Bators e Dead Boys. Tivemos uma conexão com base no gosto musical, mas ele também orbitava na tangente lunática das teorias da conspiração (que ele amava debater). Ele acreditava que nosso presidente à época, Jimmy Carter, era um fanático religioso que odiava o punk rock. De fato, Karl pensava que Carter tinha uma agenda secreta para eliminar o punk rock da sociedade americana por completo, a ponto de banir lojas de discos e estações de rádio que tocassem ou vendessem música punk. Karl era fã do candidato republicano Ronald Reagan porque, de acordo com ele, Reagan amava a música punk e estava disposto a apoiar bandas punk que fossem esforçadas e que exemplificassem uma verdadeira ética DIY ("Faça Você Mesmo"), que tinha mais a ver com o espírito conservador dos EUA.

Eu não sabia muito sobre política aos 15 anos, mas tinha quase certeza de que Reagan e Carter não estavam nem cagando para o punk rock e que Karl já tinha extrapolado sua análise da situação. Nem preciso dizer que Karl era um bom exemplo de como conspirações políticas podem afetar negativamente uma amizade. Apesar de ambos gostarmos das mesmas bandas, o relacionamento de Karl comigo era condicional. Ele não conseguia aceitar que minhas tendências democratas estavam alinhadas aos valores punk – não importava que eu as tivesse aprendido pelas preferências da minha família, já que ainda nem podia votar! "Como você pode não gostar do Reagan, quando ele é o único candidato que apoia o punk?" Eu conseguia reconhecer, já naquela época, que algumas pessoas têm um raciocínio burro baseado em obsessões neuróticas e presunções mal pesquisadas. Karl e eu não passávamos tempo juntos, pois logo percebi que ele servia para ser apenas um conhecido.

Um dos caras mais legais que eu conheci era um sósia estiloso do Bowie chamado Doug. Ele amava Tubeway Army e curtia fotografia. Nós nos encontrávamos após a escola e sonhávamos em fazer um tipo de banda nova. Não estávamos contentes de ficar apenas limitados ao punk; queríamos definir um novo gênero. "Vamos chamar isso de War Rock", ele disse. Ideia inovadora. Mas não evoluiu. Os pais dele também eram divorciados e trabalhavam bastante, portanto raramente sabiam das aventuras do filho. O pai de Doug tinha um apartamento em Hollywood, e, uma noite, nos deixou ficar lá sem a presença de adultos. Sua irmã mais velha nos deu carona até o Whisky a Go Go, para ver o Pearl Harbor and the Explosions. O Oingo Boingo era a banda de abertura. A música não me comoveu, mas fiquei muito interessado no estilo ousado e revelador da maioria das garotas que frequentavam o clube noturno. Quando o show acabou, Doug e eu pegamos um táxi até o apartamento de seu pai, e Doug me contou que tinha dado o endereço a duas garotas que iriam até lá. Para mim, Doug parecia um mágico por saber conseguir um negócio desses. Eu não tinha ideia de como falar com garotas que me atraíam. Ainda estava ferido pela tentativa fracassada, um ano antes, de convidar a garota mais sexy da minha sala para tomar um sorvete depois da aula. Após ela revirar os olhos e desdenhar com uma negativa, eu a vi sussurrando algo para seu grupo no fim da aula, apontando em minha direção enquanto as risadas ecoavam pelo corredor. Além da afronta pessoal causada pela forma como Sue brincou com minhas emoções, isso destruiu minha confiança para conversar com o sexo oposto.

Mas Doug não estava mentindo. Por volta da meia-noite, ouvimos uma batida na porta. Duas garotas apareceram. Elas provavelmente eram adolescentes como nós, mas pareciam ser mais velhas e ter muito mais experiência sexual. Estavam usando calças de sarja ao estilo *parachute* e camisas listradas apertadas sobre seus torsos sem sutiã. Cabelos loiros oxigenados e muita maquiagem adornavam seus rostos lindos e travessos. Nós quatro não parávamos de sorrir. O pai de Doug tinha um apartamento bonito e estiloso, com uma coleção classuda de bebidas alcoólicas. As garotas imediatamente se serviram de destilados enquanto eu me contentava com minha Coca-Cola. Doug gostava de fazer o papel do mulherengo cheio de experiência, e realmente sabia falar com elas. As garotas perguntavam: "Que tipo de jogos vamos jogar?". Eu não tinha ideia do que dizer. Gostava de Banco Imobiliário, xadrez, War e alguns jogos de carta, mas sabia que isso não daria certo ali. Doug foi esperto ao dizer: "Vamos jogar Dromedário". Isso imediatamente interessou uma das garotas, e eles se fecharam em um quarto. Fiquei sentado com a outra garota, de braços cruzados, e não fazíamos ideia que a referência zoológica dizia respeito ao *Camelus dromedarius*, o camelo árabe que você pode "montar". Quando descobri o que Doug queria dizer, fiquei tão bravo por não ter pensado nisso antes! A outra garota e eu trocamos uns beijos, mas foi o típico caso constrangedor em que ela esperava a minha iniciativa, enquanto eu não tinha o conhecimento, a habilidade ou a confiança para ir em frente. Enquanto ouvíamos a cama balançando no cômodo ao lado, assistimos à HBO até chegar a hora de as garotas finalmente irem embora.

Uma ou duas semanas mais tarde, Doug deu uma festa na casa de sua mãe, mais perto de onde eu morava, e conseguiu novamente levar garotas sem a presença de pais. Enquanto a maioria das pessoas aproveitava a festa na sala de estar, fumando maconha e bebendo, uma garota, Melissa, flertava comigo na cozinha e me perguntava sobre as bandas que eu curtia. Ela parecia saber que eu estava encarando o decote em V de sua camiseta rasgada, e me deu um sinal para irmos à despensa da cozinha. Conseguimos entrar no pequeno compartimento reservado para guardar vassouras, esfregões e outras coisas. Não sei como conseguimos, mas sempre me lembrarei do momento, porque foi o local mais estranho possível para consumar o ato sexual.

Alguns dias depois, descobri que Doug também tinha transado com Melissa naquela mesma semana. "Nossa, achei que eu era especial!", falei para mim mesmo. Fiquei chateado por Doug se apropriar da minha nova namorada, mas a realidade, é claro, era que Melissa não me via como namorado, mas um objeto temporário para experimentar uma posição sexual nova em um local aparentemente impossível. Melissa anunciou a Doug que achava que poderia estar grávida, o que imediatamente deu início a uma guerra de acusações entre ele e eu. Doug parecia estar em apuros, mas astutamente argumentou que, como transou com ela alguns dias depois de mim, o meu esperma deveria ter fertilizado o óvulo primeiro. Eu insisti que ela não teria transado com Doug se já estivesse grávida de mim. A discussão era comicamente absurda, mas estávamos morrendo de medo de sermos pais aos 15 anos. Não contei a ninguém sobre isso, nem Doug. Apenas esperamos passar, como um pesadelo. No fim das contas, Melissa não estava grávida, e nós três perdemos contato uns com os outros.

A vida adolescente em San Fernando Valley era claramente mais dramática e chocante em relação ao estilo mais mimado e comportado de Wisconsin. Quando voltei a Racine para o Natal de 1979, revelei ao meu amigo Arthur, que morava na casa ao lado, que tinha perdido a virgindade. Ele exclamou incrédulo: "Você cometeu uma fornicação?". Eu não tinha qualquer problema com a situação, mas percebi que meus amigos de L.A. e os de Wisconsin estavam se desenvolvendo em ritmos diferentes. O que era normal para a existência adolescente em L.A. era considerado completamente estranho pela gangue de garotos de nosso bairro no Meio-Oeste. Parecia que você simplesmente tinha que crescer mais rápido em Los Angeles.

11.
BUSCANDO BAD RELIGION

NÃO HAVIA MUITA GENTE DA CENA NAS ESCOLAS DE ENSINO MÉDIO DE SAN FERNANDO VALLEY EM 1979. EU ME SENTIA CONFORTÁVEL COMO UM PUNK ROCKER RECÉM-CONVERTIDO, MAS QUERIA TER A EXPERIÊNCIA DA CENA E, QUEM SABE, ARRANJAR UMA NAMORADA QUE TIVESSE UM CARRO PARA PODERMOS VER SHOWS EM HOLLYWOOD OU EM ORANGE COUNTY. ACIMA DE TUDO, PORÉM, EU QUERIA CANTAR EM UMA BANDA. QUASE TODOS OS PUNKS ERAM MAIS VELHOS QUE EU.

Todos os dias eu via meu amigo Jon, que era da minha turma. Jon entendia as diferenças entre os jovens de Wisconsin e os de L.A. Uma vez, ele foi conosco passar as férias na casa do meu pai. Ele amava os Dodgers; e eu, os Brewers. Mas ele também amava música, a única conexão que eu compartilhava tanto com meus amigos de L.A. quanto com os de Wisconsin. Em um dia daquele verão, Jon foi comigo, meu irmão Grant e meu melhor amigo de Wisconsin, Wryebo, a um festival de cinema em Milwaukee, no Oriental Theater, que mostrava filmagens de shows e curtas musicais de bandas *avant-garde*. Isso foi logo antes da era de clipes na TV. Mas algumas bandas e artistas já antecipavam a MTV ao gravar seus próprios vídeos, sincronizando-os às músicas gravadas em estúdio e transferindo a produção para o formato de filme, para serem exibidos em cinemas ao redor do mundo. No Oriental, vimos os primeiros experimentos em filme do Devo, uns vídeos granulados da Siouxsie and the Banshees e de outras bandas que ainda não conhecíamos. Mas o destaque, para nós, foi Elvis Costello e seu clipe de "(What's So Funny 'Bout) Peace, Love, and Understanding?".

No mesmo dia, provavelmente associado ao festival de filmes, uma feira de colecionadores estava acontecendo em uma calçada próxima ao teatro. Todo o tipo de discos importados do Reino Unido estava disponível para compra. Foi lá, nas ruas de Milwaukee, que eu comprei meu primeiro disco importado de punk, o single de "Give a Dog a Bone", do Sham 69. Para mim, o melhor era o lado B, "Mister You're a Better Man Than I". Jon comprou *Armed Forces*, do Elvis Costello, e Wryebo pegou *Are We Not Men?*, do Devo. Esses discos foram o nexo inicial de uma pequena coleção de discos que formaria um vínculo transcendente, unindo os dois ambientes culturais díspares das duas cidades que eu chamava de casa. Aquelas músicas eram legais tanto para os meus amigos de L.A. quanto para os de Wisconsin. Apesar de as culturas serem tão diferentes, a música formava uma cola social coesa, com a qual meus amigos de ambos os locais se identificavam.

Em 1980, já de volta à escola em L.A., conheci e comecei a encontrar uma garota mais velha que eu chamada Kerry, que já tinha concluído o Ensino Médio e parecia uma mulher adulta para mim. Eu e ela tínhamos um negócio diferente, porque acho que ela valorizava minha inteligência em relação à cultura, à arte e à ciência. Mal sabia que era só nisso que ela se interessava. Kerry era uma compositora e guitarrista que imitava Chrissie Hynde, dos Pretenders, e até vestia uma luva curta de renda preta em uma mão. Ela tinha carro, então fiquei muito animado por ela estar disposta a me levar a Hollywood para ver o X tocar no Whisky. Eu nunca dei em cima de Kerry, e ela nunca deu em cima de mim. Pensei: "Esse negócio platônico é meio sem graça, mas intelectualmente funciona para mim". Me dava a sensação de fazer parte da mesma cena vibrante que estava "acontecendo" fora de San Fernando Valley. Mesmo assim, meu status com outras garotas era meio que anulado, pois eu estava com uma mulher mais velha em um relacionamento puramente intelectual. Isso dava a impressão de que eu estava em um relacionamento sério e, portanto, "fora do mercado", quando, na verdade, estava ansiosamente "aberto para negócios".

O círculo de amizades de Kerry não incluía outras garotas. Ela era musicista e conhecia um monte de caras intelectuais do punk. Eles gostavam de conversar sobre composições e o significado de canções, e foram os primeiros a medir a pulsação da cena punk de L.A. Eles estavam indo a Hollywood há um ano ou mais e já tinham visitado o lendário clube Masque. Foram os primeiros a perceber o início da violência nos shows punk; e me alertaram sobre as bandanas usadas por alguns bandidos de Huntington Beach, para que ficasse longe deles. Eu aprendi muito com Kerry e seus amigos, mas ainda não tinha começado a compor música. Assim, embora eu experimentasse algumas coisas no piano, ainda não era considerado um músico como eles. Era só um cara mais jovem que os acompanhava. Mas eles me levaram a uns shows legais, como o X no Whisky, e uma vez fizemos uma grande excursão a Huntington Beach.

Que grupo esquisito nós éramos. Kerry, a sósia de Chrissie Hynde; um cara magro de 1,95m chamado Gregg, ironicamente; um ex-jogador de futebol americano chamado Scott, com corte de cabelo militar e corpo robusto o suficiente para jogar no ataque; e eu. Mas lá estávamos nós, dirigindo por mais de uma hora, até um armazém escuro e sujo em Huntington Beach chamado Fleetwood. Eu estava bem animado, porque há meses ouvia o programa de rádio *Rodney on the ROQ* todas as noites de domingo e finalmente poderia ver uma das minhas bandas favoritas de todos os tempos, que eu tinha ouvido no programa: o Black Flag. Seria minha primeira vez numa roda-punk. Gregg e Scott já tinham ido a outros shows, então eram veteranos do *mosh pit*. Kerry nunca queria participar do pogo; ela gostava da música pelo seu significado e estilo. Ela não tinha tanta vontade de liberar a agressão reprimida quanto os rapazes do grupo. Scott me alertou que o Fleetwood era supostamente um lugar violento, apesar de eles nunca terem ido lá. Eu não ligava para nada disso. Imaginava que todo mundo no local seria legal e que eu me encaixaria perfeitamente. Chegamos propositalmente atrasados e vimos apenas o fim de uma das bandas de abertura. Deve ter sido o Middle Class ou o Redd Kross. De qualquer forma, ao entrar no local mal-iluminado, eu vi algo que não era exatamente uma roda-punk, mas um monte de punhos levantados e uns caras cabeludos correndo desesperados! Pensei: "Nossa, eles devem ter irritado a plateia errada!".

Logo, o Black Flag subiu ao palco. Eu era um dos aproximadamente quatrocentos punk rockers que aguardavam com ansiedade a primeira música. O vocalista, Keith Morris, usava uma camiseta em que estava escrito "Circle Jerks". O nome não significava nada para mim, pois eles ainda não tinham gravado nada, mas eu mal sabia que eles se tornariam alguns dos meus melhores amigos poucos anos depois. Quando começaram o show, o lugar inteiro virou um tanque de contenção de energia feroz; pessoas se empurravam umas contra as outras, como moléculas de gás sob calor intenso. Punhos ao ar, pernas chutando, batendo com a levada da bateria de Robo. Quando o guitarrista Greg Ginn tocou a introdução de "Nervous Breakdown" – a música que eu tinha gravado da rádio e ouvia constantemente –, entrei na confusão e perdi todo o senso de direção. Fui jogado de um lado para o outro e caí no chão, mas logo fui erguido por outro punk que me colocou de volta no *mosh*. Minhas habilidades atléticas, especialmente como ala no basquete, me deram estabilidade enquanto eu torcia os dedos dos pés nos meus coturnos, inclinava o torso até a cintura e agitava loucamente com os cotovelos para fora, alternando os lados, como um patinador em alta velocidade, tudo enquanto cantava a plenos pulmões: "*Crazy! Crazy! Crazy! Crazy! I'm crazy and I'm hurt... head on my shoulders... going berzeeeeeerrrrrk!*" ["Louco! Louco! Louco! Louco! Estou louco e machucado... a cabeça no meu pescoço... pirandooooo"]. Como eu saí do *mosh pit* ileso, achei que me encaixava bem o suficiente para sobreviver lá. Naquela noite, pegando carona de volta para casa, eu me senti parte da cena. No carro, meus colegas maduros e intelectuais discutiam política e diziam que preferiram o show do X.

Eu achei que eles estavam doidos! O show daquela noite foi muito mais divertido. E acabou se tornando notável, pois foi o último de Keith como vocalista do Black Flag – uma noite a ser lembrada.

Quando vimos o X tocar, foi bem deprimente para mim. Eu não sabia na época, mas também era um momento importante. O X subiu ao palco, mas o vocalista John Doe mal conseguia falar com a plateia. Sua colega de banda, Exene, estava ainda mais perturbada e fora de si. Ela chorava inconsolavelmente quando a banda começou a tocar. Seria uma noite especial, porque Ray Manzarek, tecladista do The Doors, estava tocando com eles. Foi um show alto e bagunçado, e os cantores literalmente berravam lamentos no microfone, chorando, por conta de alguma tragédia que eu não conseguia compreender. Talvez estivéssemos em uma posição ruim, mas eu não entendia a importância do que eles estavam comunicando. Acontece que, logo antes de subirem ao palco, eles foram informados de que a irmã de Exene tinha morrido em um acidente de carro, a caminho do show. Que noite terrível. E eu, um adolescente punk, não conseguia captar direito a magnitude da tragédia. Mas Kerry, Gregg e Scott concordaram que foi uma performance poderosa. Eles também amavam Ray Manzarek. Eu era um punk impaciente que queria ação e roda de pogo. Eu era imaturo demais para ser sensível.

"Virar punk" – a transformação pela qual os punk rockers passam quando finalmente decidem cortar o cabelo, usar roupas mais extremas, mudar sua visão de mundo ou fazer outras alterações em suas rotinas para proclamar sua inconformidade com as normas estabelecidas – desgasta algumas amizades. Eu perdi alguns amigos, como Kenny, por exemplo, um dos primeiros caras com quem fiz amizade na escola quando minha família chegou a Los Angeles. Kenny me apresentou a alguns hobbies legais, como mágica. Nós dois ficamos bons em apresentar ilusões em palcos e truques individuais, pois fizemos aulas e participávamos de demonstrações semanais no Magic Emporium, uma loja de mágica da cidade. Jogávamos basquete com frequência e tínhamos algumas aulas juntos no Ensino Fundamental. Sua família meio que me adotou, porque via como Kenny e eu nos dávamos bem. Eles me convidavam para seus jantares de Shabat às sextas-feiras, e dormíamos um na casa do outro com frequência. Em algumas ocasiões, eles me levaram a Palm Springs para passar uma semana na casa da avó de Kenny, durante o recesso escolar. Quando eu voltava a Wisconsin nas férias, Kenny e eu mantínhamos uma ótima correspondência, enviando cartas semanalmente para monitorar o progresso de nossas atividades – ele dava notícias de um acampamento no sul da Califórnia, e eu, de minha cidade natal.

Mas assim que eu "virei punk", Kenny começou a se afastar de mim. Ele não gostava das pessoas com quem comecei a passar meu tempo. Eu achava que era ciúmes, para tentar chamar minha atenção, mas devia ter algo além disso. Uma vez, Kenny escreveu um bilhete para mim que basicamente me detonava por gostar de pessoas que ele considerava reprováveis, além de criticar a música punk em si como um som que carecia de qualidade e musicalidade. Os convites para dormir na casa dele e para os jantares em família pararam. Logo pude perceber que nossa amizade era altamente condicional, baseada em uma unidade de normas superficiais contra as quais eu estava me rebelando, especialmente o estilo de roupas e a preferência musical. Eu já sabia que amizades não precisavam ser tão condicionais.

Meu amigo Jon também viu minha transição para o mundo punk. Apesar de ele não "virar punk" exatamente, tinha interesse no gênero e gostava de aprender sobre a música. Ele pegava o carro de sua mãe e íamos às feiras de vinil na Capitol Records, em Hollywood, para comprar discos da Inglaterra e outros acessórios punk. Jon se vestia ao estilo mais comportado de Elvis Costello, enquanto eu queria parecer o Cal, do Discharge, mas nós dois nos reconhecíamos e conectávamos com base na excelência das composições punk e de sua gradual infusão na sociedade em geral. Jon me provou que a amizade de verdade não precisa ser descartada quando uma das duas partes decide mudar. Uma boa medida da força de um relacionamento está no quanto a amizade consegue crescer quando surgem essas mudanças. Portanto, uma transformação poderia ser uma plataforma para fortalecer o relacionamento. Infelizmente, Kenny não concordava com isso. Para ele, "virar punk" não era nada mais do que uma receita para o desastre social. Nosso laço logo se enfraqueceu.

Por sorte, novas amizades podiam ser feitas. Jon e eu conversávamos todo dia durante o almoço no pátio da escola. Depois que tingi o meu cabelo e Jon adotou a sua nova gravata *slim* – imitando Elvis Costello na era *Trust* –, as pessoas começaram reparar na gente. Dois tipos de pessoas eram atraídas pelo nosso cantinho do pátio: os que se interessavam pela música punk e os que amavam assediar punks. Nossa escola era suburbana e havia muito policiamento por lá. Então era raro ter qualquer violência naquele espaço. Mas uma vez eu fui intimado no corredor pelo *quarterback* da escola, que tentava mostrar sua masculinidade ao enfrentar alguém mais alto que ele. Ele me parou e disse: "Ei! O que você tá olhando, vagabundo?". Eu respondi: "Quem é você? Quer imitar o Clint Eastwood?". Ele começou a desferir socos contra mim, e eu rapidamente utilizei uma tática que tinha aprendido anos atrás com meu herói, Muhammad Ali: *rope-a-dope*. Simplesmente cobri meu rosto com os antebraços, balancei a cabeça, me curvei na cintura e deixei o idiota golpear à vontade. Ele errou quase todos os socos e acertou uns dois ataques fracos nos meus ombros. Quando se cansou, seu grupo de puxa-sacos o escoltou pelo corredor e eu o ouvi gritando: "O punk é uma merda, sua bicha!". Os jovens que se solidarizavam com minha causa, principalmente os nerds da ciência e os fissurados por bandas, se juntaram ao meu redor e viram que eu não estava ferido. Alguns dos jovens negros, que pegavam ônibus em South Central para ir à escola, vieram até mim e perguntaram: "Cara, por que você não revidou? Você poderia ter acabado com ele". Eu me sentia bem e contente com minha abordagem a uma briguinha tão superficial com um zé-ninguém. A abordagem de Gandhi é a melhor: não se rebaixe ao nível de um machão. Eles sempre se acabam por conta própria.

Era divertido ver a variedade de pessoas que passavam pelo nosso canto da escola durante o almoço. Um dia, um punk mais velho chamado Tom apareceu e começou a conversar conosco. Tom e eu nos entendemos de imediato. Ele era incrivelmente esperto, divertido e tinha aquela atitude malandra que eu adorava. Um dia, nos encontramos após a escola e fomos andando até o apartamento de seus pais. Eles moravam ao lado de um restaurante Denny's que se tornaria ponto de encontro para todos os punk rockers de West Valley nos anos seguintes. Tom era muito interessado em garotas, e, por ser bonitinho e divertido, elas o adoravam. Eu não era tão atraente, mas ele me apresentou a algumas delas, então consegui dar uns beijos em pelo menos uma delas numa sessão de amassos pós-escola na casa de seus pais. Entretanto, logo descobri que aquelas garotas estavam mais interessadas em algo que Tom oferecia, e eu não conseguia competir com aquilo: drogas. Tom gostava de experimentar todo o tipo de substâncias que alteravam a consciência. Ele foi a primeira pessoa que eu vi abrir cápsulas de comprimidos sem nome, esvaziar o conteúdo sobre a pele entre o polegar e o dedo indicador e cheirá-lo.

Tom tinha um relacionamento contencioso com o pai. Como filho único, ele ria incessantemente das tentativas de seu pai de transformar o filho delinquente em um jovem respeitável. Tom atormentava o pai ao tomar toda a cerveja da geladeira. Seu pai trabalhava duro como maquinista, e, ao chegar em casa, encontrava a geladeira vazia. "Ah, Tom, seu canalha!" era a sua típica reclamação, que Tom animadamente relatava a mim ao imitar a entonação do pai. Tom sempre me dizia que odiava o pai. Ele me contou que o único sinal positivo que recebia do seu rabugento coroa era quando ele lhe mandava comprar bebida. O dono da loja de bebidas conhecia o pai de Tom e permitia que o jovem comprasse cigarros e álcool, desde que fosse para seu pai. Tom sempre se apropriava de uma parte do pedido, como uma taxa de serviço.

Um certo dia, alguns anos após Tom concluir o Ensino Médio, enquanto ainda morava naquele apartamento ao lado do Denny's, seu pai disse: "Que droga, Tom, você fumou meu último cigarro. Vai comprar outro maço agora mesmo". Tom, que naquela época já tinha desenvolvido um péssimo vício em heroína, pegou o carro da família e saiu em alta velocidade pela rua, a Valley Circle Boulevard. A quase cem quilômetros por hora, ele bateu em um caminhão estacionado, decapitando a si próprio no ato. Mas essa tragédia só aconteceria alguns anos mais tarde.

Por volta da mesma época em que Tom nos encontrava no pátio da escola, um jovem magricela e reservado, com corte de cabelo militar e botas de engenheiro, chegou e começou a conversar. "Vocês vão àquele show do Black Flag?", ele perguntou. Jon respondeu: "Não posso ir tão longe com o carro da minha mãe à noite". "Eu já os vi no Fleetwood", eu falei, "além disso, não tenho carona." "Eu dirijo", disse o garoto chamado Jay, e imediatamente começamos uma amizade. Ali estava alguém do mesmo ano que eu disposto a nos encontrar e ir dirigindo até onde as coisas aconteciam.

Apenas algumas semanas antes, Tom tinha me apresentado a seu amigo Brett, que já havia abandonado os estudos na El Camino. Eu tinha dito a Tom que estava determinado a ter uma banda punk, mas não fazia ideia de como começar uma. Tom me contou que seu amigo já tocava em uma banda chamada Quarks, mas ele achava que não eram muito bons. Brett era o guitarrista e um dos vocalistas dos Quarks, mas Tom acreditava que eles precisavam de algo mais. Tom me levou a uma de suas apresentações, em um baile no auditório de nossa escola. O que eu ouvi era uma espécie de fiasco new wave: um guitarrista (Brett) que obviamente amava os Ramones e um tecladista (Brian) que parecia uma mistura de Billy Joel com Danny Elfman. Ambos queriam melhorar a banda; eu percebia isso, assim como Tom. Independentemente disso, Tom fez planos para que eles me conhecessem. Brian foi até minha casa, passamos um tempo juntos e tocamos música na espineta da minha mãe. Ele me mostrou como usar a mão esquerda para tocar oitavas constantes para as notas de baixo, uma técnica que eu nunca tinha treinado. Também me recomendou um disco novo e "assustador" que tinha acabado de ser lançado por uma banda chamada Germs. Ele disse que as letras eram diferentes de qualquer coisa que já tinha sido composta. Eu já tinha ouvido os Germs na rádio – no programa *Rodney on the ROQ*, é claro –, mas qualquer pessoa que conhece essa banda sabe que, para conseguir assimilar as letras, é preciso lê-las no encarte do disco, porque são praticamente impossíveis de entender na gravação. Segui o conselho de Brian e logo após o encontro comprei uma cópia do álbum *GI*, dos Germs, mas nunca fiz amizade com ele e não nos encontramos mais após aquele dia.

O encontro com Brett também foi planejado por Tom, mas não envolveria composição musical. Tom já tinha dito a Brett que eu era um ótimo cantor (sem qualquer prova além de minha própria ostentação), e eu estava animado por poder conversar com alguém que tinha uma banda de verdade e todo o equipamento necessário para fazer shows. Brett e Tom vieram me buscar no furgão da mãe de Brett. Estávamos indo ao Hollywood Palladium para ver os Ramones. Que emoção! As primeiras palavras de Brett para mim foram: "Está pronto para pular sem parar, cara?". "Acho que sim", respondi, apesar de não ter certeza do que ele estava falando. Assim que os Ramones começaram a tocar, ficou claro que Brett e eu estávamos interessados nas mesmas nuances musicais. Eu percebia que Brett tinha interesse em todos os aspectos da apresentação da banda, desde o som e o posicionamento dos amplificadores até o vestuário e a linguagem corporal dos músicos. O meu foco estava em pogar e cantar junto as músicas que conhecia. Fazer parte daquela agitação já era alegria pura.

No fim de semana seguinte, os pais de Brett viajaram e ele decidiu dar uma festinha na casa deles. Tom me levou até lá, e a única coisa que me lembro daquela noite é a adrenalina de cantar a plenos pulmões com um microfone e o sistema de PA que Brett tinha montado em seu quarto. Ele estava no andar de baixo divertindo algumas das garotas do bairro, mas eu passei o tempo todo no quarto tocando sua guitarra e cantando com o sistema de PA. Tom assumiu os vocais por um tempo e eu toquei uns acordes rudimentares na guitarra Gibson de Brett ("a Paul"). Foi a primeira vez em que toquei uma guitarra no volume máximo. As atividades mais comuns das festas na ausência de pais em San Fernando Valley eram ficar chapado e transar, mas eu estava alheio a isso naquela noite, e fiquei acordado até tarde só experimentando com sons. Finalmente, depois de Tom ter subido no telhado da casa de Brett e rolado pelas telhas enquanto cantava como Darby Crash a cem decibéis, os vizinhos reclamaram, e tivemos que desligar o PA e o amplificador. Mas, assim como o efeito das drogas (que eu imagino ser ótimo para quem as consome), meu cérebro focou em um ponto naquela noite, pronto para acelerar e com a determinação de cantar e compor mais músicas, o quanto antes.

12.
GÊNESE

NO COMEÇO DO OUTONO DE 1980, EM UM DAQUELES TÍPICOS DIAS SUFOCANTES DE LOS ANGELES, QUANDO AS PESSOAS DO LESTE NATURALMENTE ESPERAM TEMPERATURAS MAIS BAIXAS E AS CORES GLORIOSAS DAS FOLHAS DA ESTAÇÃO, MAS SOMOS ACOLHIDOS PELA ÉPOCA DE MAIS CALOR E VENTO DO ANO INTEIRO, E OS VENTOS DE SANTA ANA JOGAM POEIRA NOS OLHOS E ARRANCAM A FOLHAGEM MARROM E FEIA DOS SICÔMOROS PARA COMBINAR COM OS GRAMADOS SECOS DO BAIRRO, EU FUI ATÉ UMA CASA ONDE DOIS NOVOS AMIGOS ME ESPERAVAM ANSIOSAMENTE. "E AÍ, CARA? ISSO VAI SER ÓÓTCHIMO!", DISSE O MAIS BAIXO DELES.

Era a casa de Jay Ziskrout, um baterista que já tinha concluído o Ensino Médio na mesma escola que eu. Ao seu lado, e igualmente animado com a minha visita, estava Brett, que eu só tinha encontrado duas vezes até então – em uma festa na sua casa e no show dos Ramones, para o qual ele nos deu carona no furgão de sua mãe algumas semanas antes. Nas duas oportunidades, eu estava acompanhado de nosso amigo em comum, Tom, que era um escudo para mim. Esses caras, além de serem mais velhos do que eu, eram jovens experientes do sul da Califórnia que usavam drogas, tinham namoradas, carros e cresceram na cultura californiana – e todas essas coisas me deixavam nervoso. Tom insistia que logo formaríamos um círculo de bons amigos.

Comecei a confiar em Tom porque achava, sinceramente, que formávamos uma boa dupla. Tínhamos uma camaradagem sem julgamentos. Além de irmos a shows e cuidarmos um do outro no *mosh pit*, podíamos fazer coisas de garotos. Jon e eu levamos Tom ao parque de diversões Magic Mountain para andar na maior montanha-russa de madeira do mundo – chamada Colossus –, e todo mundo lá ficou encarando o Tom. "Aquele cara tem cabelo azul!", ouvimos várias vezes naquele dia. De modo geral, eu sentia que Tom era bem mais punk do que eu. Certa vez, na escola, nós dois fomos acuados no banheiro masculino por alguns caras durões de South Central que achavam que estávamos em alguma gangue. Eu tinha certeza de que levaria uma surra. Quando não eram os atletas jogando sua ira sobre nós, eram esses projetos de gângster. "De que grupo você é, moleque?" Carrancudos, eles ficavam apontando para os alfinetes em nossas camisetas e dizendo: "Pra que isso?". Eu não tinha ideia do que eles estavam perguntando. Tom entendeu e respondeu: "Não estamos em nenhuma gangue, é só o estilo punk. Veja só". Naquele momento, ele tirou um dos alfinetes da camiseta, aproximou-se do espelho na parede e enfiou o alfinete direto no lóbulo de sua orelha! Foi sangue para todo lado, e seu lóbulo inchou. "Seus punks malucos!", disse o mais mal-encarado do bando. Mas foi o suficiente para afastá-los. Tom perfurou a própria orelha com um alfinete grosso porque imaginava que, ao se machucar, a violência de nossos possíveis agressores seria desarmada. Deu certo. Eu achava que ele era um gênio das ruas. Ele nunca tentou me convencer a usar quaisquer substâncias ou pílulas que ele frequentemente experimentava. Tom parecia saber quem eu era de maneira intuitiva. Então eu estava pronto para segui-lo até onde quer que fosse, e confiei totalmente nele quando sugeriu que Brett e eu formaríamos uma boa equipe.

Ao entrar na casa de Jay Ziskrout, imediatamente deixei todas as inibições de lado porque meus olhos se fixaram em uma linda imagem, iluminada por trás pela luz solar dourada que atravessava as portas de vidro entre a sala e a piscina. Ali, no carpete branco e macio da sala de estar, havia duas enormes caixas de som, de 1,80m de altura, formando uma composição similar à de um palco, com uma bateria laranja ao fundo. Um amplificador de guitarra preto e prateado estava no chão, ao lado da bateria, e um pedestal reto com um microfone Shure ficava à frente, no centro. Essas necessidades da vida de uma banda eram totalmente inalcançáveis para mim – eu não tinha conhecimento, e minha família não tinha dinheiro –, então era como se tivessem me convidado para participar do mundo da elite privilegiada com a qual eu havia sonhado a vida toda. Em meu mundo, coisas assim precisavam ser providenciadas por uma instituição pública. Escolas e universidades tinham equipamentos para estudantes. Geralmente, era preciso se inscrever para utilizá-los, eles já estariam detonados após anos de mau uso, e então você precisava devolvê-los. Mas ali estavam me dando o maior privilégio. Meu próprio microfone! Era como se eu tivesse sido escolhido a dedo por Tom, o fiel conselheiro tanto para Brett quanto para mim, para embarcar em uma nova jornada. Eu sonhava em ser cantor, desde a infância, mas não tinha qualquer forma de juntar as peças para realizar tal sonho. Agora as peças estavam no lugar correto, e assumi o papel com confiança, sentindo uma onda de privilégio e gratidão pelos caras que fizeram aquilo acontecer.

Se havia algo de constrangedor nos meus primeiros gritos e protestos ao microfone, ninguém demonstrou. Brett e Jay Ziskrout pareciam levar seus instrumentos muito a sério. Brett me deu a letra para uma música que ele tinha escrito em um bloco de notas. Eu cantei: *"I don't have the weed and I don't have the time, and I will tell you why!"* ["Não tenho maconha e não tenho tempo, e vou te dizer por quê!"]. O "w" manuscrito era, na verdade, um "n", formando a palavra *need* [necessidade], em vez de *weed* [maconha], mas nas primeiras vezes que cantei a música presumi que fosse sobre drogas – já que meus colegas de banda sabiam muito sobre isso. Era legal, ou pelo menos eu pensava, eles confiarem em mim para comunicar esse estilo de vida, apesar de não participar dele.

Eu apresentei uma música que tinha composto, e eles a tocaram com tanto entusiasmo quanto a outra: *"Economy, technology, does it really work? The guy running the government is just another jerk!"* ["Economia, tecnologia, será que funciona mesmo? O cara no comando do governo é só mais um babaca!"]. Após algumas horas ensaiando essas duas canções, tínhamos cerca de quatro minutos de música para apresentar ao vivo! Preenchemos o tempo de ensaio tocando outras músicas da nossa coleção de discos. Eu amava cantar com aquele PA. Conseguia imitar vozes, então não hesitava em fazer uns vocais *a capella* enquanto os outros davam uma pausa. Eu era bom em copiar outros cantores. Foi aí que Brett e eu formamos um laço forte, com base em nosso amor por Emerson, Lake & Palmer. Eu cantei *"Confusion-sion-sion-sion-sion--sion-sion... will be my Epitaph"* ["Confusão-são-são-são-são-são-são... será meu Epitáfio"], do disco ao vivo *Welcome Back My Friends to The Show that Never Ends*, e soei igualzinho ao Greg Lake. Brett gostava do riff de guitarra de "My Sharona", do The Knack, e eu também conseguia cantar igualzinho ao vocalista daquela banda. Nos divertíamos muito brincando, mas ficou imediatamente claro que precisávamos de um baixo para consolidar a explosão sônica que queríamos fazer. Mas a questão era: onde encontraríamos um baixista? Brett certamente não queria voltar aos seus antigos colegas de banda dos Quarks, porque eles eram muito new wave e não faziam parte da cena efervescente de L.A. da qual queríamos participar. Já fora do Ensino Médio, Brett e Jay Ziskrout não tinham passado muito tempo fazendo contato com gente da cena. Estranhamente, cabia a mim a função de encontrar um baixista, porque eu tinha amigos no Ensino Médio que poderiam se encaixar.

Um cara logo veio a minha mente: o outro Jay (Bentley), meu amigo que nos encontrava no pátio durante o almoço! No começo do semestre, ele tinha demonstrado vontade de fazer parte da crescente cena punk que acontecia por todo o sul californiano (mas ainda não em nossa área). Quando Jay passou um tempo na casa do pai em Manhattan Beach, ele interagiu com os skatistas e os surfistas que estavam ficando conhecidos como punk rockers. Jay parecia ter bastante conhecimento e acabou se dando bem com Jon, pois ambos eram magricelos que jogavam basquete juntos nas aulas de Educação Física.

Logo anunciei minha notícia mais empolgante durante um almoço na escola: "Sim, estamos montando uma banda, mas precisamos achar um baixista. Jay, você quer tocar com a gente?". Ele foi pego de surpresa. "Então, eu toco guitarra."

Continuamos nossos ensaios sem baixo, e logo nosso repertório cresceu, chegando a quatro músicas. Eu acrescentei uma, e Brett outra. Nosso setlist agora continha aproximadamente oito minutos de música: "Politics", "Sensory Overload", "Drastic Actions" e "Slaves". Brett pegou um gravador de fita e tocamos nosso repertório inteiro três vezes, em três fitas, para que cada integrante da banda pudesse levar uma cópia para casa. Eu tinha um gravador de fita barato, então a qualidade do som era terrível, mas adorava ouvir nossas músicas originais saindo da fita. Apesar de a minha voz ficar totalmente distorcida e de a guitarra soar mais alto que a caixa da bateria – na verdade, era uma bagunça sonora incoerente –, nós tocávamos bem juntos, e eu amava o som. Jay Ziskrout estava certo de que o som das gravações ficaria muito melhor se tivéssemos um baixo, mas nem ele nem Brett tinham progredido na missão de encontrar um integrante a mais para a banda. Havia um acordo implícito de que a pessoa que aceitasse a função teria que se encaixar no perfil da vaga: além de ser digno de tocar o instrumento, precisava estar disposto a ajudar a popularidade da banda a crescer, conectando-se à cena punk. Simplesmente não havia punk rockers o suficiente no Valley para termos apenas fãs locais. Teríamos que criar estradas para Hollywood e além. Isso me fez pensar novamente no Jay da escola. Ele se encontrava com pessoas legais na praia, tinha carro e parecia estar interessado em tocar música, porque considerava-se um guitarrista.

No dia seguinte na escola, quando ele chegou ao nosso canto durante o almoço, dei a ele a fita que tínhamos gravado no ensaio. "Aqui estão quatro músicas; se você gostar, acha que poderia tocar baixo nelas?" Não era minha intenção testar sua vontade de entrar na banda, mas acabou sendo assim. Ele preferiria continuar com a guitarra ou ter uma banda para tocar? Eu estava oferecendo uma banda, mas ele precisaria trocar de instrumento. Eu acreditava que, se você sabia tocar guitarra, o baixo seria uma adaptação fácil. Jay ansiosamente pegou a fita e aprendeu as músicas. Em 24 horas, foi à loja Sears, comprou um baixo e um amplificador e apareceu na casa de Jay Ziskrout para nosso próximo ensaio.

Após breves apresentações para os outros caras, Jay tocou as notas de baixo exatamente de acordo com o ritmo e a progressão necessários para as nossas quatro músicas. Ficamos bem animados! O baixo nos tornava uma força sonora respeitável. Ele chacoalhava o lugar, sincronizando com o bumbo em uma síncope musical, e ficamos com um sorriso largo na cara. Todos acreditávamos que poderíamos levar aquele som aos clubes e fazer sucesso. É claro que precisávamos ensaiar, mas estávamos dispostos a fazer isso todos os dias após a aula, até ficarmos tão bem ensaiados que daria para tocar as músicas dormindo. Foi naquele mesmo dia que começamos a pensar em um nome para nossa banda.

Debatemos muitas ideias. Mas passávamos a maioria do tempo apenas fazendo bobagens de adolescente. Junto de Tom, que foi oficialmente nosso primeiro "roadie" – mas ele era mais do que isso, já que foi o responsável por nos unir –, ficávamos sentados tirando sarro uns dos outros. Aqueles caras tinham um senso de humor incrível, e o riso era um companheiro constante em nossos encontros. Era uma emancipação mental adolescente. Brett, Tom e Jay Ziskrout começaram a discutir métodos de limpar a bunda, para ter certeza de que tinha terminado na privada. "Você verifica o papel após cada limpada ou simplesmente tem um número predeterminado de limpadas antes de sair do trono?" Eu nunca tinha pensado muito a respeito, até essa discussão! Então Tom me contou que conheceu uma garota que tinha um clitóris no reto, então ela tinha um orgasmo toda vez que cagava. Eu era muito ingênuo, e ele contou com tanta autoridade e confiança que acreditei nele! Brett acrescentou que uma namorada dele tinha três mamilos. Eu achei isso fascinante e algo que merecia ser investigado. Estava tentando me encaixar sem parecer desconfortável, mas também ficava muito intrigado e ansioso para compartilhar minhas próprias histórias mentirosas. Eu era bom em fazer imitações. Tinha uma imitação de *bodybuilder* que fazia os caras gargalharem. Não tenho certeza se a risada deles era auxiliada pela maconha – certamente é uma possibilidade –, mas eles me incentivavam a fazer essa imitação repetidamente, até chorarem de tanto rir. Eu sabia imitar bem o apresentador Tom Snyder (também de Milwaukee), notório por não entender nada de punk, mas que às vezes levava bandas punk ao seu *talk show* noturno na NBC, *Tomorrow*, para entrevistas totalmente desconexas. Eu começava a falar como Tom Snyder: "Ok, rapazes", (aí pausava e tragava um cigarro imaginário) "por que tanta violência?". Jay também fazia uma imitação hilária. Ele sabia andar como Clyde, o orangotango do filme *Doido para Brigar... Louco para Amar*, com Clint Eastwood, o que nos fazia gargalhar. Além disso, como o magricela do grupo, Jay era o único que sabia fazer o quadro "Ministry of Silly Walks" ["Ministério dos Andares Bobos"], interpretado por John Cleese em *Monty Python*.

Nossa visão de mundo não ia além de sátira, ironia e paródia. É impressionante como Brett e eu conseguíamos ser sérios o suficiente para compor canções com algum significado mais profundo, pois sempre que nos encontrávamos eram só brincadeiras e comentários sarcásticos sobre qualquer assunto atual, ou piadas e histórias sobre o sexo oposto.

Todos concordamos que o nome da banda era um assunto sério. Então largamos os instrumentos, fizemos uma pausa de verdade no ensaio e nos reunimos ao redor da mesa de centro para uma discussão. Mas até isso virou motivo de risos incessantes. Sentados no sofá chique da sala dos pais de Jay Ziskrout, gargalhando sem parar com as possibilidades. Cada nome sugerido passava por várias rodadas em que era ridicularizado. Jay Ziskrout sugeriu Smegma. Eu só tinha ouvido essa palavra uma vez, na aula de saúde. Essa substância mítica se forma no pênis, sob o prepúcio, quando não é limpo regularmente. Nojento e chocante! Tem até uma gíria associada à palavra, que Brett rapidamente sugeriu como outro nome em potencial, Head Cheese, e nos fez rir ainda mais. Eu imitei uma voz de apresentador: "E agora, diretamente de Wisconsin, o vocalista do Head Cheese!" (não é uma gíria na indústria de laticínios!).

Após uns dez minutos discutindo, concordamos que qualquer coisa relacionada a pênis não daria certo. Éramos fãs dos Dickies, e eles já tinham o logo perfeito. Queríamos algo original e único. Então logicamente fomos para o sexo oposto. Tom sugeriu o nome Vaginal Discharge [Descarga Vaginal]. Após a sessão de gargalhadas, todos pensamos no nome em silêncio, por um breve momento. Concordamos que VD daria um logo legal. Mas poderia facilmente ser confundido com Venereal Disease [Doença Venérea], que também é uma ideia legal para uma banda, mas achamos que seria literal demais, um conceito excessivamente utilizado entre conselheiros de Ensino Médio e professores de saúde. Eu era muito fã da banda Discharge, do Reino Unido, praticamente a venerava. Não queria adotar o nome de uma banda que quase roubasse o conceito deles. Eles criaram um nome nojento para combinar com o som chocante deles. Não achava que esse estilo daria certo para nós. Estávamos buscando algo mais cômico, pensativo e irônico.

Deixamos de lado os tópicos de Educação Sexual e buscamos outro mal social para parodiar. A família era um bom alvo. Jay e eu vínhamos de lares divorciados, enquanto Jay Ziskrout e Brett não tinham qualquer experiência com divórcios em suas famílias. Jay criou o nome Bad Family, e eu o expandi para Bad Family Life. BFL daria um logo legal, e quase todos os punks causavam fricção em suas próprias famílias. Haveria temas infinitos para explorarmos ao compor músicas. Então, por alguns minutos, refletimos sobre o nome. Mas ele não ressoava com o tipo de impacto que buscávamos. Os gritos e a graça iam diminuindo após inúmeras propostas. Poderíamos ter encerrado a discussão nesse momento, mas, como adolescentes ansiosos procurando um motivo para continuar ensaiando, sentíamos que o nome da banda precisava ser definido imediatamente.

Além de nossas famílias serem lideradas por mães divorciadas, Jay e eu éramos poupados dos rigores da educação religiosa. Minha mãe evitou ativamente a religião durante a minha vida inteira, e, pelo que sei, Jay nunca foi à igreja ou leu a Bíblia. Já Brett e Jay Ziskrout eram de típicas famílias judias. Ambos frequentaram uma escola hebraica e tiveram educação formal sobre suas tradições antigas. Um deles sugeriu: "Que tal Bad Religion?". Como eu não me ofendia com o conceito, não me parecia de mau gosto. Mas logo percebi como a religião tinha um papel na vida de quase todos os cidadãos americanos, fossem judeus, cristãos ou outra coisa. Isso, para mim, parecia um poço infinito de potencial para temas de letras. Era erudito o suficiente para satisfazer o professor universitário; crítico o suficiente para satisfazer a administradora; e punk o suficiente para nos dar credibilidade entre pessoas de nossa idade. Todos concordamos com o nome e imediatamente voltamos a ensaiar.

Após sair do ensaio, Brett passou a noite ocupado. Ele criou uma canção que se tornaria nossa "música-tema", usando o nome da banda como título. Não teria forma melhor de nos promovermos que não fosse com uma música-tema usando o próprio nome da banda. Mas ele não parou por aí. Chegou atrasado ao ensaio no dia seguinte, mas não parecia se importar. Ficamos parados o esperando por meia hora, quando ele finalmente entrou na sala de estar exibindo um desenho enorme de um símbolo rascunhado e pintado em uma folha de papel aquarela de 40 cm x 90 cm. Ele chegou gritando: "Consegui!". O símbolo *crossbuster* tinha nascido: um círculo vermelho e arrojado ao redor de uma cruz cristã, com uma faixa diagonal vermelha por cima. Seria o logo de nossa banda: o símbolo internacional do Bad Religion. Todos nos apaixonamos. Era ofensivo o suficiente, mas não odioso. Como a cruz cristã é o símbolo religioso mais reconhecido no mundo ocidental, nosso logo poderia ser visto como a metáfora perfeita para todas as religiões.

É incrível refletir sobre como essa imagem da negação de um símbolo fixou-se na imaginação popular. Nos anos 1970, introduziram o primeiro "P" com um círculo vermelho ao redor e uma faixa diagonal por cima, para placas "*No Parking*" ("Proibido Estacionar") nos EUA. Antes disso, as placas continham as palavras "*No Parking Zone*". O círculo com a faixa diagonal atingiu seu ápice em 1984, com o sucesso imenso de *Os Caça-Fantasmas*, no qual a equipe de marketing do filme substituiu o "P" por uma ilustração de um fantasma ao estilo Gasparzinho, pego no ato tentando assombrar alguém. Esse símbolo capturou a imaginação de toda a população e foi amplamente divulgado para crianças. O filme tornou-se um fenômeno cultural e foi a comédia de maior bilheteria de todos os tempos, permanecendo nessa posição por toda a década. A Biblioteca do Congresso dos EUA já guardou o filme em seu cofre e o considerou um tesouro americano, denotando-o como "cultural e historicamente relevante". É provável que nossa associação fortuita com esse amigável símbolo do círculo vermelho com uma faixa tenha ajudado a levar nossa banda adiante com o passar dos anos. Pelo menos nos EUA, tenho certeza de que o símbolo de *Os Caça-Fantasmas* e a placa "*No Parking*" ajudaram a aliviar possíveis antagonismos de grupos religiosos. Nunca fomos antagonistas – éramos apenas a antítese do símbolo que estávamos cruzando: você não encontrará religião por aqui.

Após apenas alguns ensaios, as regras da casa da família Ziskrout ficaram mais claras. Era para ser apenas um local de testes, e não de ensaios. Teríamos que nos mudar. Não havia chance alguma de os pais de Jay Ziskrout permitirem que uma banda tomasse conta da sala de estar todos os dias após a aula. Precisávamos de um espaço permanente, onde os pais não fossem incomodados.

Isso nos deixava apenas uma opção. Apesar de eu sempre hesitar em pedir ajuda à minha mãe, porque ela trabalhava muitas horas para sustentar nossa casa com apenas uma renda, não havia outra escolha. Perguntei com delicadeza: "Mãe, podemos usar a garagem para ensaiar após a escola?". "Permito, desde que vocês saiam quando eu chegar do trabalho", ela respondeu. Foi todo o aval de que eu precisava. Vinte e quatro horas após essa resposta, já estávamos carregando todo o equipa-

O SÍMBOLO *CROSSBUSTER* TINHA NASCIDO: UM CÍRCULO VERMELHO E ARROJADO AO REDOR DE UMA CRUZ CRISTÃ, COM UMA FAIXA DIAGONAL VERMELHA POR CIMA. SERIA O LOGO DE NOSSA BANDA: O SÍMBOLO INTERNACIONAL DO BAD RELIGION. TODOS NOS APAIXONAMOS. ERA OFENSIVO O SUFICIENTE, MAS NÃO ODIOSO. COMO A CRUZ CRISTÃ É O SÍMBOLO RELIGIOSO MAIS RECONHECIDO NO MUNDO OCIDENTAL, NOSSO LOGO PODERIA SER VISTO COMO A METÁFORA PERFEITA PARA TODAS AS RELIGIÕES.

mento até a nossa garagem, separada da casa, nos fundos da Woodlake Avenue em Canoga Park, Califórnia.

Perfeitamente descrita como uma sauna a seco, a garagem de minha mãe era típica dessa área de San Fernando Valley. Sem isolamento térmico, feita de tábuas pregadas em uma estrutura de madeira, com telhado de telhas *shingle* e cerca de 6m x 9m de espaço interno. A maior parte dessa área já era ocupada por caixas fechadas alguns anos antes, ainda lacradas, contendo coisas de nossa família que atravessaram o país na mudança. Elas ficavam nas prateleiras de madeira bruta em um estado de eterna animação suspensa, lentamente assando, com as típicas temperaturas do Valley chegando a uns 32 ou 37 graus Celsius. A garagem não tinha ventilação ou janelas, só uma porta dupla, que dava para a viela, e uma portinha do outro lado, que dava para o quintal. Era separada do resto da casa, então meu irmão podia ficar dentro de casa e não ser perturbado por nós, punks irritantes. Mudamos algumas caixas de lugar e abrimos um espaço grande o suficiente para a bateria, os amplificadores e o PA. Não era muito, mas a garagem da minha mãe serviria para aquilo que necessitávamos: o local aonde iríamos após as aulas, sem pais ou irmãos, e nosso espaço de ensaio para as missões da banda. Acabamos apelidando de Hell Hole ["Buraco Infernal"], um termo adequado para uma banda chamada Bad Religion.

Eu estava muito emocionado, mas não demonstrava. Uma forte sensação de deslocamento tomou conta de mim enquanto descarregávamos o equipamento das vans de Brett e Jay Ziskrout. Sai o antigo, entra o novo. Mas o antigo trazia memórias comoventes, de apenas pouco tempo atrás; memórias que rapidamente ficavam enevoadas, mas que ainda tinham o poder de me comover. Esse espaço na garagem era onde Chuck ensaiava. Cerca de um ano antes, ele passava muito tempo lá, fora da casa, praticando com seus instrumentos de sopro enquanto andava pelo pequeno pedaço de carpete felpudo que ainda estava sobre o chão de cimento no canto. Às vezes, eu sentia falta de vê-lo após a escola. Seu saxofone podia ser ouvido suavemente emanando jazz da garagem enquanto eu brincava no quintal. Eu não me considerava um conhecedor de jazz, mas o estilo rodeava a minha juventude, então servia como uma espécie de bálsamo emocional que me dava segurança. Meu pai costumava tocar jazz constantemente no rádio do carro, durante nosso trajeto de domingo à noite entre Racine e Milwaukee. A demonstração de jazz de Floyd Brown na WGN nos acompanhava enquanto fazíamos aquela jornada sombria todo fim de semana, de volta à casa da minha mãe para mais uma rotina semanal de aulas. Lá, nas tardes pós-escola em Wisconsin, as serenatas de jazz de Chuck, com sua flauta, seu saxofone, seu clarinete e seu trombone, eram companheiras constantes, uma música ao fundo que me acalmava e preenchia a sala de estar a cada tarde, antes de ele ir se apresentar em algum clube de Milwaukee. Essa era a trilha sonora da experiência complexa que foi a minha infância. Mas, após um tempo, Chuck e tudo o que ele representava foram efetivamente removidos da história de nossa família, graças àquela noite horrível de raiva. Nossa família seguiu em frente sem ele, adaptando-se a novos sons. O jazz foi interrompido, e os punks chegaram.

Quem chegava eram as pessoas com quem eu formaria novas experiências, e não importava que elas jamais conheceriam o homem que, cerca de um ano atrás, ocupava aquele espaço de ensaio improvisado e tinha deixado uma cicatriz emocional eterna em mim. A compreensão que eles tinham de mim começou do zero naquele momento, sem preocupação ou respeito em relação aos momentos anteriores de minha vida. Era melhor dessa maneira, acho. Eu podia me redefinir e construir um novo mundo com aqueles caras, sem a bagagem pesada de minhas inseguranças emocionais e minha situação familiar vergonhosamente complicada. Éramos amigos punks animados para prosseguir com nossa missão, e nunca falamos sobre quem ou o que tinha vindo antes.

13.
NÃO SERVE PARA NAMORAR

"EU *VIM* VOCÊ OLHANDO PARA ELES", ELA DISSE, PELO CANTINHO DA BOCA. "HUM?", RESPONDI, FINGINDO INOCÊNCIA, PENSANDO EM COMO MEU PAI SEMPRE ME AVISAVA PARA FICAR ESPERTO COM GAROTAS QUE NÃO SABIAM USAR VERBOS NO PRETÉRITO. "MEUS PEITOS! NÃO FINJA QUE NÃO VIU, TE PEGUEI! MAS TUDO BEM", ELA DISSE, ENQUANTO ENCOSTAVA DE LEVE EM MIM.

Estávamos do lado de fora do Whisky a Go Go e o Dead Boys tinha acabado de tocar. Nosso grupo de punks estava indo para o Oki-Dog quando Jill, uma punk baixinha, musculosa e agradável vinda do Leste me interceptou no estacionamento. Seu cabelo loiro oxigenado era curto, mas sem moicano. Para complementar a calça jeans rasgada e os tênis pretos, ela usava uma regata branca cavada e um sutiã rendado. E, sim, eu estava olhando o mais fundo que o decote baixo me permitia ver. Dentro do Whisky, um show perigosamente quente; do lado de fora, 26 graus no bafo da Sunset Boulevard. A umidade do ar mantinha o corpo dela molhado de suor, dando à camiseta uma transparência ainda mais reveladora. A gola V era assimétrica, mostrando que um lado do sutiã não guardava mais seu conteúdo corretamente, deixando uma auréola escapar pela borda do elástico. "Bem, talvez possamos ir a outro lugar em vez do Oki-Dog", eu disse. Então, para nossa sorte, Lucky, o famoso baterista do Circle Jerks e conhecido meu, passou ao nosso lado. "Por que vocês não vêm para minha casa? Fica bem perto. Me sigam." Nossa! Que legal da parte dele, eu pensei. Queria muito conhecer aquela garota. Seguimos Lucky e sua namorada, jogando conversa fora enquanto eles andavam na nossa frente.

"De onde você é?", perguntei. "San Diego", ela respondeu. "Nos mudamos para cá com minha mãe; morávamos no Leste, em Missouri." "Legal, eu também me mudei para cá com minha mãe, de Wisconsin." Quando chegamos à casa de Lucky, já parecia evidente que éramos almas gêmeas; não estávamos interessados em encher a cara nem em detonar tudo, mas sim em nos conhecermos melhor aquela noite. Não precisávamos conversar muito mais. Ao entrar no pequeno apartamento, Lucky já começou a entreter sua namorada no quarto. A diminuta sala de estar tinha um sofá-cama que estava só nos aguardando, então Jill e eu não perdemos tempo para começar a testá-lo. Fizemos rápido, furioso e sem cuidado, como adolescentes costumam fazer. Ela sorriu para mim quando terminamos, e senti que consegui deixá-la feliz. Enquanto vestíamos as roupas que recentemente tínhamos tirado, a namorada seminua de Lucky saiu do quarto e disse: "Vocês querem trocar agora?". Isso, vindo de alguém alguns anos mais velha que eu, fez meu coração acelerar. Embora ela fosse sexy e estivesse nua da cintura para cima, fiquei instantaneamente chocado ao imaginar como Jill reagiria. Olhamos um para o outro e percebemos que queríamos conversar muito mais para nos conhecermos melhor. "Não, eu preciso ir. Meu padrasto me emprestou o carro só até a meia-noite", ela disse. "Então, obrigado, mas eu preciso voltar, minha carona está me esperando no Oki-Dog", eu menti. Eu só queria passar mais tempo com Jill. Às vezes, partir para a ação logo no começo alivia uma boa parte do constrangimento de conhecer alguém.

Ao sair do apartamento, Jill disse: "Te dou uma carona até o Oki-Dog, mas vamos passear um pouco antes". Acabamos conversando por cerca de uma hora. Descobri que Jill era de uma família tradicional do Meio-Oeste, cujo pai trabalhava com a franquia MLB (Major League

Baseball) em Kansas City. Isso era ótimo, porque havia poucas pessoas na cena punk com quem eu me sentia confortável ao revelar meu amor por esportes, assim como minha participação na Little League quando morava em Wisconsin. De fato, Jill entendeu muito de quem eu era só com a revelação de que ambos tínhamos amigos de infância deixados no Meio-Oeste, e sentíamos muita falta deles. Tínhamos saudades de jogar partidas na rua e andar de bicicleta pelo bairro. Nos conectamos com base em nossas experiências similares de irmos à Costa Oeste e o sentimento de estarmos, de muitas formas, isolados. Eu sentia que tinha acabado de conhecer alguém com potencial para me entender de verdade, e vice-versa. Nós poderíamos ser amantes e amigos a longo prazo, mas não era para ser.

Após diversos telefonemas até tarde da noite e algumas visitas na casa de minha mãe, o relacionamento naufragou. Presume-se que isso aconteceu porque eu era apenas um punk de 17 anos sem um carro ou um lugar para fazê-la se sentir confortável. De fato, o único lugar em que tínhamos alguma privacidade era o Hell Hole, o espaço de ensaio do Bad Religion na garagem da minha mãe. Nós passávamos a noite lá, em um colchão de espuma que era usado durante o dia para abafar o som da bateria. Uma noite, após transar no chão da garagem, eu implorei a Jill que passasse a noite comigo. "Você não quer dirigir todo esse caminho de volta para San Diego, né? Só fique aqui comigo. Podemos comer cereal de manhã!" "Não", ela disse, "preciso levar o carro de volta para San Diego". Eu tinha certeza de que ela queria ficar, mas percebi que tinha se comprometido com seus pais. E isso também me atraía. Era o oposto de tantos amigos punks que tentavam ativamente destruir a confiança, ignorar as regras e causar o caos em suas relações interpessoais. Eu não gostava desse tipo de punk; na verdade, isso nem era punk para mim. Eu já tinha passado por caos interpessoal o suficiente. Queria paz interpessoal nesse mundo de caos social. Mas a estrada 405 a chamava, e ela precisava acelerar antes de ficar tarde demais ou não poderia mais usar o carro. E o que seria de nosso relacionamento se isso acontecesse?

"Ok, mas você parece tão cansada. Tem certeza de que está bem o suficiente para dirigir?" Eu queria tanto confortá-la, fazê-la sentir que não precisava estar em nenhum outro lugar do mundo, a não ser do meu lado. Desejava ter algo mais atraente para convencê-la a passar a noite lá. Mas eu não tinha nada. Ela vinha de um lar próspero, com um carro bom e roupas bonitas. Estava acostumada com as melhores coisas. Eu sentia que estava muito abaixo dela. Ela provavelmente achava terrível dirigir até tão longe para me visitar, e o encontro aconteceu em uma garagem suja, com nossos desejos carnais realizados sobre um colchão fedido de poliestireno que servia a outros propósitos de minha banda. É provável que Jill estivesse muito desconfortável, mas não conseguia se expressar. Talvez ela quisesse dizer: "Gosto muito de você e temos muito em comum. Mas isso é meio nojento". Não havia nada que eu pudesse oferecer para mudar isso. Não tinha nenhum bem material para confortá-la nem o jeito para ter um relacionamento sério. Sob vários aspectos, eu era como um punk de rua. Tinha um quarto desorganizado onde nunca trocava os lençóis, uma garagem empoeirada, escura e entulhada atrás da minha casa, e não tinha carro, emprego ou renda. As principais coisas que eu tinha eram minha banda e minhas canções gravadas. Mas Jill não era uma groupie. Ela não gostava de mim somente por causa disso, e eu não queria que alguém gostasse apenas por meu status. Após algumas tentativas de convencê-la a ficar, finalmente ela respondeu: "Não tenho escolha. Tenho que ir. Mas ficarei bem". "Me ligue quando chegar em casa, ok?", eu disse.

Mas não houve ligação naquele dia. Nem no dia seguinte. Eu tinha certeza de que tinha estragado tudo com ela. É uma sensação que fica presa em caras jovens, um desamparo quando não conseguem juntar todas as peças para criar um relacionamento sério. Eu tinha de admitir que estava lidando com um fracasso absoluto. Não tinha maturidade suficiente nem estabilidade infraestrutural para oferecer a outra pessoa. Eram necessárias coisas materiais para ter o tipo de relacionamento que eu queria. E eu não podia prover coisas para minha parceira, como um carro ou um lugar decente para ela ficar, para cultivar o ambiente doméstico capaz de fazer um relacionamento funcionar. Eu só tinha 17 anos, mas já havia vivido o suficiente para reconhecer que um abismo aparecia no bem-estar de uma pessoa se não houvesse tranquilidade e previsibilidade em sua situação doméstica. Que chance um relacionamento tem se não há um local central para ele se desenvolver? Além disso, e pior ainda, eu morava a 225 quilômetros de Jill, então nem podia estar por perto quando ela precisasse de mim.

Dois dias depois, recebi uma ligação de um cara chamado Derek, que eu não reconheci. "Greg, sou amigo da Jill. Ela sofreu um acidente de carro na 405, tarde da noite, após sair de sua casa. A ambulância a levou até o hospital mais próximo, aqui em Mission Viejo, e ela ainda está lá." "Mission Viejo? Quer dizer que ela quase chegou em casa antes do acidente?", perguntei. "Sim, ela tinha acabado de entrar no condado de San Diego, perto de San Onofre, mas eles a trouxeram até Mission Viejo", disse Derek. Jill tinha quebrado o pescoço no acidente, após pegar no sono ao volante. Eu temia o que poderia ter acontecido com ela. Será que estava paralisada? Será que teria algum dano permanente? Logo percebi que Mission Viejo era muito longe. Seria uma viagem enorme, principalmente porque eu mal tinha experiência no volante: tinha acabado de tirar carteira de motorista apenas alguns meses antes. Eu não conseguiria pegar emprestado o carro da minha mãe, nosso único veículo, para visitá-la. Na verdade, nunca tinha dirigido na estrada, a não ser para passar na prova da carteira. Era inexperiente e imaturo demais para saber o que fazer. Mas sabia, com todo o meu coração, que queria estar ao lado dela no hospital. Apenas não havia uma forma de realizar esse gesto tão básico, de cuidar de alguém, para salvar aquele relacionamento importante que tinha acabado de começar. Eu poderia pedir à minha mãe para me levar, mas o orgulho me impediu. Que sinal constrangedor para a garota que você está tentando impressionar – que sua mãe precisa dirigir por você.

Mais tarde naquele dia, quando ela ficou em uma situação estável, conseguiu falar comigo de seu leito no hospital. Derek ligou novamente e eu perguntei: "Você pode passar o telefone para ela?". A voz de Jill soava fraca, mas ela foi bem clara. "Greg? Por que você não veio me visitar no hospital?" Eu me senti envergonhado e impotente. "Minha mãe precisa usar o carro o dia todo para ir ao trabalho. Não tenho como ir." Ela deve ter percebido naquele momento que, se o relacionamento fosse adiante, teria que fazer todo o trabalho. Eu não sabia como poderia achar um meio-termo. Se ela estivesse em um hospital mais próximo, eu pegaria transporte público, o formidável Rapid Transit District, o sistema de ônibus de L.A. (também chamado de *"loser cruiser"* ["transporte de perdedor"] pelos garotos da minha escola), para ir até lá acompanhá-la. Mesmo que isso significasse passar três horas em um ônibus preso no trânsito, eu estava disposto. Ela valia a pena. Mas a rede de transporte público do sul da Califórnia tinha péssima organização, especialmente se você tivesse que passar de um condado para outro, como seria o caso. Mission Viejo ficava bem depois da fronteira com Los Angeles, em Orange County. Não havia um sistema de transporte que ligasse os condados do sul da Califórnia. Eu desisti da ideia, destruindo assim minhas chances com Jill. Me faltaram criatividade e maturidade para estar em um relacionamento interpessoal, além de autoconfiança para agir como um namorado.

Jill me ligou cerca de uma semana depois para dizer que ficaria bem, sem sequelas. Foi apenas uma pequena fratura vertebral. Mas também havia más notícias. Ela e Derek estavam virando um casal. Essa era sua forma de dizer que eu não fiz o suficiente para impressioná-la e que minhas ações durante sua estadia no hospital fizeram parecer que eu não me importava com ela. É estranho como a inatividade pode ser interpretada como exatamente o oposto dos sentimentos que estão por trás dela. Cada célula em meu corpo estava motivada a estar em um relacionamento com Jill, mas eu não tinha como colocar esse desejo em ação. A distância, sentida com tanta frequência quando se vive na matriz geográfica amplamente distribuída do sul da Califórnia, requer um carro e um lugar para guardá-lo. Eu não tinha nenhuma dessas coisas e, portanto, nem podia sonhar em ter um relacionamento com alguém além do meu CEP. Jill continuou na linha. "Além disso, Derek tem carro e moramos perto um do outro." "Bem, que bom para o Derek. Ele sabe que essas são as suas qualidades mais atraentes?", eu perguntei. Ela não respondeu, mas nos despedimos.

Meu coração se partiu. Eu tinha todas as qualidades de um parceiro perfeito para Jill: valores do Meio-Oeste similares aos dela, amor pelos esportes e, principalmente, amor pela música punk. Mas, apesar de nossa compatibilidade, eu carecia de um elemento essencial: as necessidades materiais da vida. Ainda era um jovem morando sob o teto da minha mãe, totalmente dependente de seu trabalho duro para ter qualquer tipo de estabilidade em minha vida. Era um jovem com obrigações em dois estilos de vida, mas só um deles ficava no sul da Califórnia. O outro estava em Wisconsin. Eu tinha amigos lá, e meu pai também me proporcionava estabilidade e bens materiais durante os verões. Minha vida era complexa, e esse fato nunca diminuiu. Enquanto não tivesse mais independência, estava fadado a ser um solteirão. Namoradas tinham que ser temporárias, apesar de eu querer relacionamentos mais longos.

Daquele momento em diante, passei a ver relacionamentos de forma bem prática. Estava convencido de que a única maneira de darem certo era se as rotinas diárias fundamentais e as necessidades ocupacionais de cada parceiro fossem sustentadas pela previsibilidade e pela estabilidade financeira e utilitária. Ou seja, não poderia haver anarquia na vida pessoal, a não ser que quisesse viver com uma rotatividade de esposas ou parceiras. Eu não queria isso. Teria pouquíssima confiança em mim enquanto namorado a partir daquele momento. Precisava de alguém que estivesse tão confortável com sua própria estabilidade e maturidade que pudesse simplesmente se apaixonar por todas as minhas qualidades maravilhosas como ser humano. Ou seja, precisava de uma pessoa madura que conseguisse me amar pelas minhas imaturidades. Como eu aprenderia depois, esse é o sonho inalcançável de muitos artistas profissionais.

14.
A POESIA DO PUNK E A ENTRADA NA CENA

APÓS ALGUMAS SEMANAS ENSAIANDO NO HELL HOLE, TÍNHAMOS UM REPERTÓRIO DE SEIS CANÇÕES AUTORAIS. PRATICÁVAMOS SEM PARAR O SETLIST CURTO, DE APENAS 11 MINUTOS. PARA OCUPAR MAIS TEMPO, ÀS VEZES IMITÁVAMOS A "JAM SESSION" QUE FREQUENTEMENTE VÍAMOS EM SHOWS DO BLACK FLAG QUANDO ELES TOCAVAM "LOUIE LOUIE" – A VERSÃO ESTENDIDA – DURANTE O SET. NOSSOS ENSAIOS TINHAM DIVERSAS PAUSAS. COSTUMÁVAMOS SUPORTAR CERCA DE 30 MINUTOS NO HELL HOLE ANTES DE PRECISAR ABRIR A PORTA E DEIXAR UM POUCO DE AR FLUIR PELA FORNALHA SUFOCANTE QUE ERA O NOSSO LOCAL DE ENSAIO. ENTÃO RETORNÁVAMOS À CASA, ONDE ERA MAIS FRESCO E CIVILIZADO.

Nos intervalos, quase sempre ficávamos ao redor da espineta da minha mãe, onde eu costumava agraciar quem estivesse por perto com canções punk reduzidas a arranjos simples nas teclas. Brett se divertia muito com minhas versões de músicas do Emerson, Lake & Palmer e me pedia para tocar mais. "Lucky Man" era a nossa favorita para cantarmos juntos. Eu tinha um violão barato de 12 cordas que era difícil de manter afinado. Soava como muitas gravações da época que usavam efeito *chorus* em um violão de 12 cordas – hoje, colocar *chorus* em um instrumento acústico que já tem esse efeito embutido não faria sentido algum! Era o acompanhamento perfeito para as primeiras partes de "More Than a Feeling", do Boston. Styx, Billy Joel e Foreigner também estavam entre os pedidos de Brett, e ele cantava harmonias enquanto fazíamos versões básicas de músicas populares da rádio. Prestavam ainda mais atenção em mim quando eu tocava canções dos Dickies no piano. Eu fazia uma versão matadora de "You Drive Me Ape". "Sneaky Feelings", do Elvis Costello, era o riff de piano mais complicado que eu conseguia tocar na época. Eu acabava errando um tanto, mas os vocais eram mais fáceis para mim, o suficiente para entreter os caras. Aprendi músicas do Todd Rundgren por conta própria e as tocava sozinho, porque não queria fazer paródia delas, temendo que os caras não apreciassem o tanto que eu gostava de sua obra. Da mesma maneira, Brett nunca me incentivou a tocar músicas do Elton John, pois ele reverenciava sua obra.

Praticamente desde o princípio, levamos nosso trabalho de compor bem a sério. De alguma forma, apesar de todo o tempo que passávamos brincando e fazendo covers de outros gêneros, Brett e eu tínhamos fortes intuições quanto à possível missão de nossa banda. Queríamos gravar um disco em algum momento. Isso atenderia às nossas necessidades como uma espécie de constituição, retratando nossa estética punk. Mas e as letras? Estávamos cercados pela poesia do punk e precisávamos criar nosso próprio nicho no meio de inúmeros temas já expressados pelas bandas do sul da Califórnia que ouvíamos. Eles iam do ridículo ao profundo, e amávamos todos:

ABSURDISTA

He was a funny man with the straight black hair, he lost it in an accident but he doesn't care
[Ele era um cara engraçado de cabelo escuro liso, que perdeu em um acidente, mas não tá nem aí]

ou

Planes carry people around and around, Trains are late getting in the station
[Aviões levam pessoas de um lado para o outro, Trens chegam atrasados à estação]

ou

Operation, operation, snip and tie, snip and tie
[Operação, operação, corta e amarra, corta e amarra]

LITERAL

I don't care about you, Fuck you!
[Não ligo pra você, Vá se foder!]

ou

Fix me, fix my head, fix me please I don't wanna be dead
[Me conserta, conserta minha cabeça, me conserta, por favor, não quero morrer]

EXISTENCIAL

Standing in line we're aberrations, defects in a defect mirror
[Parados na fila somos aberrações, defeituosos em um espelho defeituoso]

ou

Don't want to drown in American society
[Não quero me afogar na sociedade americana]

ESTILO DE VIDA

Grab a girl, go for a whirl, head on down to the beach
[Pegar uma garota, dar um passeio, descer até a praia]

ou

Go-go music really makes us dance, do the pony, puts us in a trance
[Música go-go nos faz dançar muito, fazer a dança do pônei, nos põe em transe]

ou

She found it hard to say goodbye to her own best friend.
She bought a clock on Hollywood Boulevard the day she left
[Ela achou difícil se despedir de seu melhor amigo.
Ela comprou um relógio na Hollywood Boulevard no dia em que partiu]

CONVOCAÇÃO

We're not the background for your stupid fights, get out of the darkness, it's time to unite
[Não somos o cenário de fundo para suas lutas idiotas, saia da escuridão, é hora de se unir]

ou

Let's lynch the landlord man
[Vamos linchar o proprietário]

Uma de nossas bandas contemporâneas, o Circle One, deu alguns passos em direção ao virtuosismo, mas não conseguiu achar um tema duradouro. Apesar da aparente falta de visão de seu título "High School Society" e da simplicidade de sua prosa, eu via uma atitude nas letras que poderia ter grande longevidade:

"*Fuck the people! They go with the crowd*" ["Foda-se o povo! Eles vão com a maioria"]. Isso encapsulava um tema que poderia, nas mãos de um letrista mais habilidoso, ser expandido para todo o tipo de crítica. Era essencialmente (na minha opinião) o que Charles Darwin estava dizendo aos teólogos com sua teoria da evolução: o pensamento coletivo é uma merda, o consenso popular é mentiroso, e o populismo sem crítica ou reflexão deve ser combatido de maneira fundamental.

Mas também precisávamos de atitude. O vocalista geralmente traz isso para a banda, e eu não tinha nem um pouco da contundência de muitos dos *frontmen* que eu considerava meus favoritos. Esse era um ingrediente crucial. Ignorar a contundência na estética punk é deixar de entender um dos principais alicerces dessa linguagem.

Há dois tipos de ruptura contundente. O primeiro é o tipo do homem médio, do trabalhador comum. É a versão burra e desprovida de arte, como a dos caminhoneiros que aterrorizam casais interraciais e tentam tirá-los da estrada. É um tipo medíocre de contundência. Quase onipresente em todos os aspectos da vida, sempre esteve disponível para plantar as sementes da música popular. Não é nenhuma surpresa que muitos setores e estilos de vida da classe trabalhadora tenham acolhido o que tem de pior na música caipira. Ela atende à atitude contundente do homem médio. O punk tinha essa mesma capacidade. A música punk atende ao impulso de "detonar a porra toda". No entanto, não há nada de especial nesse comportamento: é, afinal de contas, tão comum que o punk nem pode adotá-lo como marca registrada. Eu queria que nossa música tivesse algo a mais.

Há um outro tipo de contundência. A contundência da mente. Ideias podem causar rupturas, assim como podem os comportamentos excessivamente irritantes. Essa corrente existe há muito tempo no espírito dos EUA, assim como a ideia do homem trabalhador. Os fundadores do país a utilizaram. Eles estavam interessados na ruptura da convenção legal e do imperialismo do Reino Unido quando criaram nossa própria constituição. Em vez de usar táticas similares à contundência bruta da classe trabalhadora mais humilde, eles colocaram palavras no papel: palavras tão chocantes para a Coroa Britânica que a guerra foi precipitada no devido tempo.

    Levar tudo isso em consideração era mais fácil do que criar músicas e letras com essa ideia. Mas, como uma agulha de bússola girando enquanto um escalador explora uma montanha, achamos nosso objetivo conceitual e recebemos o comando. Tínhamos encontrado uma direção.

Sempre tinha muita gente no Oki-Dog, em qualquer noite da semana, que queria conversar sobre música e tocava em bandas, algumas das quais ganhando espaço. Jay e eu nos encontrávamos sempre que possível, o que acontecia às terças após algum show punk no Starwood e geralmente nas noites de sexta e sábado. Jay tinha uma picape Toyota e me levava para toda a parte. Antes de ele sair do Ensino Médio, me dava carona até a escola todos os dias. Rodamos muito por Hollywood naquela picape, indo de casas de show "de verdade" na Sunset Strip, como o Whisky ou o Starwood (que, pra ser mais preciso, ficava na Santa Monica Boulevard), até lugares mais underground, como o Hideaway – sempre para ver shows punk ou passar um tempo na calçada onde as coisas aconteciam. Nosso desejo era deixar o Bad Religion mais conhecido. Eu queria ser convidado para tocar em algumas dessas casas de show que frequentávamos. Jay e eu passávamos a maior parte do tempo conversando com outras pessoas que também tinham bandas, só que nenhuma delas ainda era conhecida. Mas algumas estavam em ascensão.

    Uma dessas pessoas era um cara muito sociável com o mesmo primeiro nome que o meu, Greg Hetson, do Circle Jerks. Sua banda, recentemente formada, incluía Keith Morris, o vocalista do Black Flag, que eu tinha visto tocar no Fleetwood. Greg Hetson já era bem-sucedido, pois esteve na formação original do Redd Kross, uma banda que Rodney Bingenheimer tocava com frequência em seu programa de rádio, *Rodney on the ROQ*. Sempre interessado em conversar sobre música, "gatas" ou eventos culturais em L.A., se alguém quisesse saber onde achar uma festa pós-show ou um lugar divertido "rolando" em uma noite qualquer, Greg do Circle Jerks era o cara a ser consultado. Os Jerks não perderam tempo em ficar conhecidos. Logo após sua formação, em 1980, eles gravaram o primeiro álbum que era um clássico instantâneo, chamado *Group Sex*. O disco continha baterias fantásticas e riffs de guitarra memoráveis que ficaram enraizados nos ensaios pré-show de todas as bandas punk. Os vocais de Keith eram surpreendentemente agressivos, mas melódicos. As músicas tornaram-se retratos da cena punk do sul da Califórnia naquele momento, criticando as modas, descrevendo a superficialidade da sociedade e glorificando a decadência de Hollywood.

Greg Hetson e eu nos demos bem de cara, porque ele percebia a minha apreciação enorme e mútua pelas coisas que ele gostava além do punk rock. Por exemplo, ele gostava de viajar, e, quando o primeiro disco do Circle Jerks saiu, já havia embarcado em uma turnê com a banda que visitaria quase todas as cidades dos EUA que tivessem cena punk, e até mesmo algumas sem. Greg foi o primeiro músico punk que eu conheci em L.A. que sabia onde ficava Racine, Wisconsin – os Jerks até tocaram no centro de Racine, para quase ninguém, no Memorial Hall! Ele tinha uma tolerância e um entendimento aguçado sobre pessoas de partes diferentes do país (ele nasceu no Brooklyn, mas se mudou para L.A. na infância, como muitos outros no sul da Califórnia). Isso fazia muita gente gostar dele, e, para mim, Greg soava como um conselheiro confiável quando eu buscava alguém que soubesse tudo da cultura punk em L.A. – alguém bem conectado, mas que também se dispusesse a fazer atividades que fossem legais e estivessem fora da cultura punk. Greg acompanhava esportes e sabia que eu adorava jogar basquete, beisebol e futebol americano naquela época, e que sempre preferi os times de Wisconsin. Ele me informava quando times de Wisconsin vinham à cidade para jogar contra os de L.A. e sempre estava a fim de ir aos jogos. Fomos ver os Angels jogar contra os Brewers em Anaheim, e logo em seguida comecei a chamar Greg para fazer "jams" conosco no Bad Religion, sempre que fosse conveniente. A ideia de uma jam session no punk não era muito consistente com nossa visão de criar músicas curtas, precisas e sucintas, mas eu considerava Greg uma celebridade local e fiquei muito feliz por ele aceitar minha oferta de juntar-se a nós com sua guitarra.

Uma de suas primeiras participações em uma apresentação nossa foi na segunda vez que tocamos em um programa obscuro da TV "aberta" local, chamado *New Wave Theater*. Na primeira vez que gravamos lá, em 1981, aparecemos em um estúdio em West Hollywood sem ideia do que esperar, e foi bem estranho subir ao palco sem uma plateia. No meio das várias câmeras espalhadas pelo chão estavam outras bandas montando seu equipamento, esperando a vez de gravar sua sequência de dez minutos tocando ao vivo. O programa tinha como base uma narrativa solta, um tanto existencialista, lida como uma poesia em forma livre pelo mestre de cerimônias Peter Ivers – que tinha se formado em Harvard, mas ali vestia roupas ao estilo new wave. Sua forma de apresentar as bandas era inusitada, mas complementava o fluxo desconexo do programa, na justaposição entre bandas rápidas e barulhentas, como o Circle Jerks ou o Fear, e nas explorações artísticas do synth rock de bandas como Mnemonic Devices. Naqueles dias, não era incomum encontrar essas misturas de bandas ecléticas na cena dos clubes de Los Angeles. Ivers nos apresentou como "caras durões e velozes de Purgatory Beach", uma forma esperta de resumir nosso som e o estilo das letras. Mas achávamos que ele era meio doido, o que diz muito sobre nossa imaturidade à época. O programa acabou marcando um momento importante na história da televisão. A mistura de vídeos com filmagens de arquivo e a forma como tudo era editado fazia cada episódio visualmente interessante. Como jovens punks, não nos impressionávamos com esses aspectos "artísticos" do programa. Só queríamos ouvir e ver as bandas punk. Não percebíamos que aquela produção estava, na verdade, bem à frente de tendências que ainda viriam a aparecer na TV (tipificada pela MTV) e no teatro (arte performática) – expressões que não deram qualquer reconhecimento ou crédito ao criador do programa, David Jove. O Bad Religion, com nossa visão única da sociedade expressa nas letras de canções como "Oligarchy", "Bad Religion" e "Slaves", se encaixava muito bem nas intenções do roteirista e nas apresentações abstratas do mestre de cerimônias. Os criadores do programa estavam tentando prever o futuro de uma sociedade em caos. A ironia é que o Bad Religion passaria décadas criando uma carreira apoiada nesse tipo de crítica social, mas éramos jovens e imaturos demais à época para perceber que Jove e Ivers eram aliados nessa busca.

Para nossa segunda apresentação no *New Wave Theater*, Greg Hetson fez uma participação especial tocando o solo da música "Part III". Depois disso, ele se tornou membro *de facto* da banda, fazendo shows conosco sempre que fosse conveniente e aparecendo para gravar uns solos quando estivéssemos em estúdio. Alguns anos depois, ele se tornaria um membro efetivo.

Após o lançamento do nosso EP, conseguimos uma quantidade considerável de fãs locais. Punk rockers de San Fernando Valley, apesar de estarem dispersos em menores quantidades, começaram a perceber o que acontecia com alguns grupos de amigos da cena em Hollywood (que se conheciam de tanto se encontrarem por lá). Um amigo chamado Peter assumiu o papel de baterista de Jay Ziskrout, que saiu da banda sem mais nem menos, por razões pessoais.[13] Peter trouxe consigo alguns amigos que conheciam outras pessoas e, quando percebemos, o Hell Hole tornou-se uma espécie de local recreativo pós-aulas para punk rockers de todos os cantos de San Fernando Valley. Eu preferiria

---

13 *Jay Ziskrout acreditava que a banda não estava o consultando o suficiente sobre decisões coletivas. Ele resolveu largar a banda de vez, uma decisão que ele hoje cita como indignação juvenil. (N. do A.)*

que esse vínculo tivesse crescido de forma a acomodar grupos ainda maiores de novos amigos, mas duas coisas conspiravam para manter o público pequeno: (1) não havia lugar para se sentar na garagem e ver a banda tocar – era pequeno demais e não tinha cadeiras; e (2) não havia qualquer conforto físico para caracterizá-lo como um lugar legal para passar o tempo – era sufocante e desconfortável o tempo todo. Por conta dessas limitações, o espaço em si não era bom para receber gente. Era mais como a "sede" do Bad Religion, um local de reunião para fazer planos sobre onde nos encontraríamos mais tarde, após o ensaio, em um show, clube ou no fiel restaurante Denny's, ao lado do apartamento de Tom. A rede crescente de punk rockers do Valley sempre sabia onde poderia nos encontrar em qualquer tarde após as aulas.

O boca a boca se espalhou para longe, e um dia fomos visitados pelos zineiros mais famosos da época: Al e Michelle, da revista *Flipside*. Eles eram de Fullerton, perto da Disneyland, em Orange County. Foi uma verdadeira honra receber a visita deles, pois viajaram quase cem quilômetros para chegar àquele canto do Valley. Eu já havia conhecido Michelle em um show em Hollywood, e tinha lhe dado meu número de telefone (ou seja, da minha mãe). Ela disse que escrevia na *Flipside* e contei que éramos uma banda de Canoga Park. Ela perguntou: "Onde isso fica?". Respondi para ligar para o meu número e aparecer em um de nossos ensaios.

Eu tinha uma queda por Michelle, por saber que ela era escritora. Isso provou para mim que pessoas fora dos meus círculos mais próximos de amigos, de outras cenas punk, eram intelectualmente motivados, dando-me a esperança de que poderia achar não apenas uma namorada, mas talvez uma comunidade com ideias similares, da qual eu poderia me aproximar. Meus amigos punks do Valley até que eram legais, e a maioria era inteligente, mas amavam beber e usar drogas como parte de seus estilos de vida. Essas substâncias e as atividades que as acompanhavam me assustavam em segredo. Pelo que eu sabia, elas inevitavelmente levavam à raiva descontrolada e à violência doméstica. Eu jurei que nunca passaria por essas coisas novamente.

Eu queria muito ter uma comunidade de amigos, como a de Wisconsin, que amava o estilo de vida punk, mas rejeitava os aspectos autodestrutivos dele. Michelle me deu um pouco de esperança e reafirmou minha suspeita de que havia punk rockers no sul da Califórnia que se importavam menos com a festa e mais com os aspectos intelectuais da cena. Foi com muito entusiasmo que atendi à ligação de Michelle e a convidei para visitar o Hell Hole e escrever sobre nós.

Al, o chefe dela, por sorte estava disposto a fazer a viagem. Eles tinham ouvido nosso EP, e provavelmente causou uma boa impressão. Aparecer na *Flipside* era muito importante para nós, porque éramos ignorados pela imprensa até então. Apesar de nosso sucesso na rádio quando nossas fitas tocavam no *Rodney on the ROQ* – uma de nossas músicas, "Politics", até entrou nas paradas mensais que Rodney publicava –, ninguém da imprensa local nem dos fanzines prestava muita atenção no Bad Religion. Sempre achamos que isso era devido à nossa associação geográfica. O Valley simplesmente não era extremo o suficiente, sujo o suficiente, legal o suficiente, degenerado o suficiente ou qualquer coisa o suficiente para ser visto como digno da atenção de um jornalista de punk rock determinado a oferecer um retrato vívido da cena. Revistas famosas, como a *Slash* e a *No Mag*, eram focadas em um público mais maduro, gente de vinte e trinta e poucos anos, e não em adolescentes. Essas revistas se dedicavam mais à primeira onda do punk, bem como suas nuances mais artísticas e intérpretes mais estilosos. Para eles, éramos apenas projetos de músicos punk pretensiosos e sem originalidade. Como poderia haver algo de original em uma versão suburbana de uma cena que amadureceu e se instalou na "sujeira" de Hollywood? Mas nossa música se relacionava com o número crescente de leitores interessados na *Flipside*, e nos encaixávamos perfeitamente no grupo que eles pareciam mais interessados em destacar – ou seja, a quantidade cada vez maior de adolescentes suburbanos que rejeitavam a música dos anos 1970 e exibiam uma nova aparência, talvez menos estilizada que a dos punk rockers mais antigos e mais funcional, composta de resquícios do armário do pai combinados com acessórios dos estilos de vida de surfistas e skatistas, acrescidos de uma nova atitude apropriada para a nova década.

É uma grande ironia que eu ansiasse por reconhecimento intelectual, mas nossa primeira entrevista publicada parece mais uma história em quadrinhos. Michelle perguntou: "Essa casa é de algum de vocês?". Incrédulo com a questão, respondi: "Você está na casa da minha MÃE!"; e, pensando comigo mesmo: "Tenho só 16 anos, será que ela acha mesmo que conseguimos sustentar uma casa por conta própria?". Percebi que Michelle não estava muito a fim de mim. Ela era mais velha, talvez com 19 anos, e não parecia ligar muito para o significado de nossas músicas. Além disso, logo ficou evidente que a entrevista era do tipo "conhecendo a banda", e jovens morando com os pais em San Fernando Valley não rendiam muito texto. Mas eu ainda estava motivado a dar uma boa entrevista e sabia que a *Flipside* poderia se tornar um importante relacionamento a ser mantido para o sucesso futuro da banda.

Al e Michelle tinham dirigido de suas casas até a minha, e Michelle estava fazendo comparações entre os bairros. "Aqui é tão longe! O que vocês fazem por aqui?" Isso me fez coçar a cabeça, não podia acreditar. Ela estava sugerindo que morávamos num fim de mundo? Sua pergunta deixava implícito que os jovens do deserto suburbano deles, Fullerton, tinham oportunidades mais excitantes que nós ali, em Canoga Park. Qualquer um que já tivesse visitado os arredores do sul da Califórnia sabia que as ditas comunidades, cada uma com um nome mais agradável que o outro, eram apenas conjuntos de quadras separadas por ruas em uma colcha de retalhos, um sem-número de terrenos de mil metros quadrados com casas simples, garagens e, talvez, um gramado e uma piscina no quintal pequeno. Fileiras aparentemente infinitas de casas se estendiam para todas as direções, criando bairros residenciais ininterruptos que se mesclam de modo imperceptível. Atravesse uma rua qualquer, e pronto! Você está em outro código postal. Mas a paisagem suburbana continua sendo a mesma por centenas e centenas de quilômetros quadrados. O sul da Califórnia definiu o termo "expansão urbana". Sugerir que uma comunidade específica ficava num "fim de mundo" era absurdo. Mesmo adolescente, eu já sabia como era rasa essa noção. O único lugar a se estar, na minha opinião, era em Hollywood ou nos bairros por perto, porque era lá que ficavam as casas de show, os teatros e os clubes que poderiam deixar sua banda famosa. A ideia de que grupos suburbanos de punk rockers teriam suas próprias qualidades para montar uma "cena" separada era ridícula. Todas as vizinhanças do sul da Califórnia tinham mais semelhanças do que diferenças. Mesmo assim, nossa comunidade de San Fernando Valley era estigmatizada como um fim de mundo, no meio do nada.

Eu queria impressionar nossos entrevistadores com música, então ensaiamos nosso set. Em seguida, mostramos alguns dos estabelecimentos locais, como a Phases, uma discoteca que tinha noites de new wave uma vez por semana, e contamos algumas histórias tocantes sobre nosso desejo de fazer mais shows em Hollywood. Também omitimos algo: não mencionamos que tínhamos recentemente aparecido em um programa de TV chamado *New Wave Theater*. Mesmo com as outras bandas convidadas ao programa, o que teria provado que estávamos em boa companhia, não queríamos que o fanzine nos associasse a algo com "new wave" no nome. Nossas mentes adolescentes eram medrosas, até demais, e queríamos desesperadamente ser conhecidos como uma banda punk.

Queríamos exibir um estilo que fosse aceito pelos punks, apesar de ainda não termos experiência com relações públicas. As primeiras entrevistas que demos e nossa primeira participação no *New Wave Theater* demonstram um tom inocente e bobo. Mas em 1982, e com a segunda participação no *New Wave Theater*, já tínhamos mais experiência. Havíamos gravado dois discos: um EP de sete polegadas, contendo seis faixas, chamado *Bad Religion*; seguido pelo LP *How Could Hell Be Any Worse?*. Se a nossa primeira vez no *New Wave Theater* parecia imatura e medrosa, a segunda nos mostrou como punks cínicos, ranzinzas, cheios de atitude e com um propósito, quase como se estivéssemos fazendo um favor a ELES de aparecer naquele programa de merda. Nem nos demos ao trabalho de conversar com Peter Ivers após nossas duas músicas ("We're Only Gonna Die" e "Part III"). Sentíamos que era nosso destino aparecer em coisas mais importantes que um programa de TV local (apesar de *New Wave Theater* ser posteriormente "comprado" pela rede nacional USA Network e integrado ao programa musical *Night Flight*). Por sorte, não cortamos relacionamento à época, porque, verdade seja dita, foi ótimo poder participar do programa e aprender com colaboradores mais velhos (como Jove e Ivers), mais experientes do que nós em transformar suas visões criativas em um produto concreto.

Isso ficou excepcionalmente evidente em nosso primeiro LP. O encarte do disco diz "Produzido pelo Bad Religion", mas um cara mais velho chamado Jim Mankey merece pelo menos crédito parcial como produtor. A namorada de Jim à época, Johnette, trabalhava como recepcionista em um estúdio de masterização famoso internacionalmente chamado Gold Star Studios. Todos gostamos imediatamente de Johnette quando decidimos entrar naquele lugar para os toques finais de masterização de nossa primeira gravação. Johnette foi tão entusiasmada e acolhedora, que me fez sentir como se nossa banda fosse especial de alguma forma. "Esse é o Stan. Ele será o engenheiro de masterização no seu disco", ela disse. Stan Ross era uma lenda na indústria, mas, na época, eu não sabia nada a respeito dele nem do processo de masterização de música gravada. Johnette nos deu uma aula. "Stan ensinou Phil Spector na arte da produção", ela disse, orgulhosamente. Isso logo chamou a atenção de Brett, pois Spector tinha acabado de produzir o álbum dos Ramones que nós todos amávamos. Sabíamos que estávamos em boas mãos. Stan era como aquele professor de trabalhos manuais que todo mundo adorava. Ele nos mostrou todo o equipamento do estúdio. Eu ouvia, como um estudante, e observava suas técnicas. O que mais me impressionou foi a forma como as versões master de discos de vinil eram codificadas – literalmente talhadas por meio de vibrações eletromagnéticas, da música gravada para a fita master, utilizando uma agulha grossa ligada ao sinal eletrônico que vinha da máquina. Era tudo mágico, e eu me sentia privilegiado por estar lá.

Ao sairmos de lá, Johnette disse: "Ei, vocês deveriam considerar trabalhar com o meu namorado, Jim. Ele é um gênio no estúdio e pode ajudá-los quando estiverem prontos para gravar mais músicas". Mantivemos contato com Johnette e, quando chegou a hora de gravar nosso primeiro LP, aceitamos sua sugestão e começamos a planejar com Jim, cuja personalidade é totalmente oposta à de Johnette – ele tem a fala baixa, é um pouco reservado e só diz o necessário em uma situação criativa. Ele dava conselhos sutis e ponderados sobre a logística de fazer um disco e tinha experiência no mundo da gravação. Jim havia participado de discos como integrante original da banda Sparks nos anos 1970, além de ter gravado com Todd Rundgren. Ele ensinava menos como um professor, e mais como um profissional silencioso de um ofício secreto. Apenas compartilhava sua preferência, e nós concordávamos. Jim nos disse para agendar horários em um estúdio onde ele conhecesse os funcionários. Não tínhamos dinheiro para um estúdio de primeira linha como o Gold Star, então Jim sugeriu uma opção inferior, mas com equipamentos excelentes – o Track Record Studios, em Melrose –, e ele teve uma grande ideia para ajudar com as limitações financeiras. "Os funcionários do local me permitiram trabalhar com vocês durante a madrugada. Então vamos agendar uma semana, da meia-noite às 6 horas, e isso deve ser o suficiente para iniciarmos."

Não sabíamos nada sobre como operar um console de gravação de 24 canais, nem uma fita de várias pistas, nem qualquer um dos compressores e efeitos externos utilizados na gravação de um LP. Jim cuidava de tudo isso. Na verdade, Jim foi muito além de apenas um engenheiro. Ele tinha uma visão de como o disco deveria soar. Embora eu compusesse músicas no piano e no violão, foi Jim quem teve a ideia de usar esses instrumentos no álbum. Essa decisão gerou algumas das características mais notáveis do disco, como o violão criando um efeito em camadas em "We're Only Gonna Die" e o piano punk que eu toquei em "Fuck Armageddon... This Is Hell". Johnette e Jim viriam a formar a famosa banda alternativa Concrete Blonde, e aquela não seria a última vez que colaboraríamos juntos.

Com dois discos já gravados, era de se presumir que o Hell Hole e Canoga Park se tornariam uma espécie de cena punk rock em ascensão no começo de 1982. Mas ambos continuaram sendo pontos isolados no mapa. A vida noturna estava toda em Hollywood ou em algum lugar por perto, num raio de 15 quilômetros. Orange County ao sul, Inland Empire ao nordeste e San Fernando Valley ao noroeste eram fontes difusas de bandas e fãs de punk. Todos faziam excursões noturnas ao trecho de aproximadamente 11 quilômetros em que a vida noturna acontecia, entre West Hollywood e o centro de Los Angeles. Clubes locais podiam ser encontrados em outras regiões – Costa Mesa tinha o Cuckoo's Nest, Huntington Beach tinha o Fleetwood e San Pedro tinha o Dancing Waters, todas casas noturnas lendárias para entrar no *mosh*. Entretanto, para ter alguma chance de ser notado pelos críticos de música importantes da época, era preciso tocar no Starwood, no Whisky a Go Go, no Palladium ou em qualquer um dos diversos auditórios multiúso próximos a esses locais clássicos de Hollywood. Eram esses os lugares frequentados por quem escrevia no *L.A. Times* e no *L.A. Weekly*. Punk rockers que costumavam ler reconheciam a qualidade das resenhas nessas publicações; quisessem eles admitir ou não, nós observávamos com ciúmes quando outras bandas eram mencionadas ou criticadas nelas, e queríamos que o mesmo acontecesse conosco. Uma dessas bandas, o Mad Society, de Hollywood, tinha como líder Steven, um garoto de 11 anos com um moicano. Ninguém que tocava na banda tinha mais de 15 anos, exceto Cathy, que parecia ser a babá deles. Eles compunham músicas sobre ser "atingido por napalm" no Vietnã, o que era crível, pois eram filhos de pais imigrantes. Éramos amigos e passávamos tempo juntos no apartamento da mãe de Steven, perto do Oki-Dog, em quase todos os fins de semana entre o fim de 1980 e o começo de 1981. Apesar de não terem músicas particularmente bem-feitas nem fãs que os levassem a sério, tinham algo que ainda faltava para nós: uma empresária. Seu nome era Daphne, ela era mais velha, talvez com quase 30 anos, e já estava na cena punk de L.A. há alguns anos. Ela garantiu que o Mad Society tocasse nas casas importantes de Hollywood. Conseguiu colocá-los em shows com mais visibilidade, que tiveram cobertura de jornalistas musicais famosos. Suas conexões com esses articuladores e outros músicos foram fundamentais para que ela pudesse criar uma ilusão, por meio da divulgação, de que o Mad Society era uma banda importante e que merecia ser levada a sério; extremamente jovens, extremamente irritantes no palco e extremamente estilizados. Quem não prestaria atenção em um garotinho de 11 anos com um moicano e gritando a plenos pulmões *When I was a boy in Vietnam, we were hit by napalm! Napalm! Napalm! We were hit by napalm!* ["Quando eu era um garoto no Vietnã, fomos atingidos por napalm! Napalm! Napalm! Fomos atingidos por napalm!"]? Steven nasceu por volta de 1969. Ele ainda era um garoto quando cantava essa canção. Mesmo assim, parecia plausível que estivesse cantando sobre uma experiência que teve quando era um bebê, algo cativante e digno de nota. Seu visual e sua atitude punk chegaram às manchetes de um artigo de destaque na agenda local do *L.A. Times*, em 1981.

Fazer parte de uma cena punk em expansão parecia natural, e esse era nosso ritmo diário. Mas tinha que haver algo além disso. Para mim, era o começo de um grande experimento criativo. Minhas influências intelectuais eram todas acadêmicas. Eu precisava ser digno da academia, estava no meu sangue. As únicas coisas pelas quais valia a pena o esforço eram as imortais, as palavras e as ideias que entravam nas canções. Eu morria de inveja do Mad Society, porque eles foram reconhecidos oficialmente pelo *L.A. Times* como um grupo que trazia uma contribuição importante à cena punk. Enquanto isso, nós não éramos reconhecidos nem pelos promoters de San Fernando Valley. Dependíamos de convites das bandas dos nossos amigos para tocar.

O clube mais próximo da gente, chamado Valley West Concert Club, ficava a apenas alguns quilômetros de distância, na esquina da Ventura Boulevard com a Winnetka. Quando decidiu começar a receber shows punk, nós imaginamos que, sendo da região, estaríamos na lista de bandas a ser chamadas para tocar lá. Mas, de alguma forma, o agente do clube tinha entrado em contato com os Adolescents e o Agent Orange, de Orange County, e descobrimos por meio deles que iriam tocar lá. Ninguém nem sequer ligou pra gente tocar na primeira casa de shows punk da nossa área. Decepcionados e nos sentindo desrespeitados, mesmo assim concordamos em ser a banda de abertura do Agent Orange, que recomendou o Bad Religion para fazer parte do evento. Quando recebemos a ligação, ficamos animadíssimos com a possibilidade de tocar em uma casa de shows perto de nós, e ainda mais animados por nossos amigos dos Adolescents – que frequentemente tocavam em Hollywood e tinham sido elogiados por críticos do *L.A. Weekly* – terem decidido ir até nosso canto do Valley para nos visitar.

Na tarde de seu show, Tony, Steve e alguns outros da equipe dos Adolescents foram até o Hell Hole. Eu fiquei muito empolgado. A casa de shows ficava a apenas cinco minutos dali, então falei para eles ficarem conosco até a passagem de som, se quisessem. Ensaiamos um pouco e tocamos algumas músicas para eles, mas a diversão de verdade começou quando fomos à sala de estar e eu decidi tocar versões ao piano de suas próprias músicas. "Kids of the Black Hole", "No Way" e "Amoeba" foram facilmente adaptadas ao piano, e eles gostaram das minhas interpretações estilizadas. Essas canções pareciam ter tudo: poesia, ousadia, melodias para cantar junto e até harmonias de apoio, todas acompanhadas por uma musicalidade virtuosa. A amizade deles era de aquecer o coração; porém, mais do que isso, a experiência foi inspiradora. Todavia, a camaradagem no punk muitas vezes leva à noção de que você não precisa de qualquer ajuda "de fora". Começamos a pensar, graças a amizades como essas, que poderíamos atingir nossos objetivos por conta própria.

Sendo bem justo, não há nada no DIY ("faça você mesmo") que seja intelectualmente indigesto. É claro que, se você pode atingir seus objetivos por conta própria, então vá em frente e faça tudo sozinho. Mas quase nenhuma das bandas que tentávamos copiar tinha conquistado alguma coisa sem os esforços colaborativos de outras entidades, como gravadoras, promoters, jornalistas e lojas de discos. Mesmo sendo um adolescente, não tive que pensar muito para entender isso. Os escritores que lemos, os diretores que amamos, os atletas que idolatramos: eles não poderiam ter êxito sozinhos. Todos foram treinados por experts, ensinados por mestres, promovidos por agentes e formalmente estabelecidos. É só por isso que ouvimos falar deles. Nós íamos aos cinemas, às casas de shows, às livrarias e aos estádios de beisebol para ver como eram ótimos. Afinal de contas, bandas como Ramones, Clash, Sex Pistols, Circle Jerks, Dead Boys, X, Fear e Sham 69 trabalhavam com produtores, agentes, promoters e empresários que faziam parte do meio musical e supervisionavam as atividades dessas bandas ao colocá-las nos moldes de uma metodologia formalizada e estruturada. Eu via a música punk como um estudante sendo guiado pelos professores, orientadores e tutores – e, no Ensino Superior, por mestres e doutores –, de modo a atingir o status e a habilidade para fazer contribuições duradouras à sociedade. Não havia nada realmente DIY nisso. Se você quisesse contribuir para a edificação do conhecimento utilizável, a marca definitiva da civilização, mesmo que isso significasse invalidar os estimados conhecimentos do passado, a maneira de fazer isso seria por meio de instituições formais, construindo com base nas conquistas anteriores.

Os caras do Circle Jerks estavam entre nossos melhores amigos em 1982. Além de terem dado nossa primeira fita ao *Rodney on the ROQ* para ser transmitida nas ondas do rádio, também nos ofereceram algumas oportunidades de fazer shows, pois nos recomendaram para promoters. Sabíamos que promoters eram a chave para se conseguir shows. Se você conseguisse ser convidado por promoters e provasse que era confiável, além de ter um número decente de fãs, eles te chamariam várias vezes. Um dos primeiros promoters mais notáveis era Gary Tovar, da Goldenvoice Productions. Naquela época, eles começaram a agendar shows para o Bad Religion porque éramos confiáveis e estávamos ansiosos para tocar. Não hesitávamos em entrar na van de Brett, na picape de Jay ou no Mazda de Peter e ir tocar sempre que nos chamavam. A casa de shows preferida da empresa à época era um lugar pequeno e parecido com um armazém chamado Community Center, em Goleta, perto de Santa Barbara. Outras casas importantes nos contratavam como banda de abertura. Tocamos na grande inauguração de um clube chamado Godzilla's, que era para ser o equivalente em San Fernando Valley ao Cuckoo's Nest ou ao Fleetwood. Era especializado em punk rock, divulgando-se como uma espécie de "centro cultural" do gênero, com mesas de sinuca e um bar, e nós tocamos em sua inauguração com o Fear e o China White, em 1982. Como já tínhamos demonstrado ter uma quantidade de seguidores, tocamos lá mais uma vez em 1982, abrindo para o Damned, do Reino Unido. Gary, da Goldenvoice, reconheceu nosso comprometimento e nossa credibilidade, por isso sempre nos tinha em mente quando precisava de uma banda de abertura. Estávamos longe de ser uma banda reconhecida. Mas nossas palavras e ideias começaram a ser ouvidas, graças ao espírito colaborativo de uma comunidade vibrante de entusiastas do punk rock, promoters e bandas amigas. Infelizmente, a "cena" deu uma guinada desagradável.

15.
ENTRANDO NO DESCONHECIDO

TEM UM VÍDEO – UM FILME, NA VERDADE – NO YOUTUBE QUE CONTÉM UM SHOW DO BAD RELIGION NO OLYMPIC AUDITORIUM, EM 1984. PELO VÍDEO, NÃO DÁ PARA PERCEBER QUE SOMOS APENAS O TERCEIRO NOME NO CARTAZ DO EVENTO. EU ESTOU CANTANDO E ESTAMOS TOCANDO COMO SE TODO O PÚBLICO ESTIVESSE LÁ PARA VER APENAS O BAD RELIGION. EM MAIS DE UM SENTIDO, ESTOU NO MEU PRÓPRIO MUNDO, ALHEIO AOS ASPECTOS COMERCIAIS DA COISA TODA, APENAS SATISFEITO COM AS QUALIDADES AGREGADORAS DA MÚSICA, MOTIVADO UNICAMENTE PELA BUSCA INTELECTUAL DA EXPERIÊNCIA CRIATIVA.

Sou dinâmico, otimista e espirituoso, não demonstrando qualquer um dos traços clássicos do punk que os vocalistas anteriores a mim estereotiparam em sua presença de palco, como olhares ameaçadores, arrogância, lições de moral e excesso de autoconfiança. Meu cabelo está comprido; estou usando um boné da Guinness e uma camiseta que diz "*Fuck'em Bucky*". Sem qualquer noção de quem está na plateia – todas aquelas vidas trágicas levadas pela massa de jovens suburbanos desalmados que desperdiçavam suas vidas –, emendo uma música na outra com piadas, sarcasmo e a leveza de um anfitrião de festa. John, meu amigo e colega de faculdade, está sentado ao lado da bateria de Peter no palco – atuando como nosso roadie na prática –, com uma fisionomia que demonstra medo enquanto observa os delinquentes, viciados em drogas, bandidos e maus elementos que continuam a invadir o palco, pogando e pulando sobre a plateia. Ele não faz nada para dissuadi-los. Como ele também está chapado pra caralho, toda a cena é testemunhada como um sonho. Havia pelo menos um homicida portando uma arma no público, como eu viria a descobrir depois, que atirou em um jovem inocente por algum motivo desconhecido após o show. John tinha o direito de se preocupar. Mas meu nervosismo sempre se transformava em comédia. Eu demonstrei isso no *New Wave Theater* quando fui encurralado por Ivers e suas perguntas sobre o significado da minha música. Não tinha preparado nenhuma resposta. Fiquei irritado e assustado quando percebi que ele queria uma resposta intelectual, então simplesmente retornei à minha zona de conforto: o que Bill Murray responderia? "Cai fora, mano! Eu só escrevo as letras!", eu disse. Ivers foi generoso em sua réplica, optando por não revidar e oferecendo um comentário ainda mais engraçado: "Ah, claro, você não escreve os pensamentos!".

O punk tinha se transformado em um monstro em 1984, e eu entretinha esse monstro sem aceitar sua realidade desagradável. Qualquer um dos meus amigos "da cena" que ainda eram punks nessa época estavam viciados em drogas ou bebendo demais. Eu os via ocasionalmente, quando fazíamos shows como o do Olympic Auditorium. Foi fácil me separar desse grupo de antigos amigos porque eles não estavam interessados em nada que eu tinha a oferecer da minha vida cotidiana. Foi uma época em que comecei a me sentir como um profissional do entretenimento – e não um camarada na luta – para as tropas de punk rockers que tinham pouco em comum comigo. Passava meus dias no *campus* da UCLA assistindo a aulas e fazendo novas amizades com colegas que, assim como eu, estavam estudando Biologia e Geologia de Campo. Os resquícios de cultura punk que ainda estavam em mim eram apenas fragmentos musicais que poderiam ser convocados em momentos de meditação ou reflexão criativa para compor novas canções; e o desejo de tocar essas músicas nunca me abandonou.

Greg Hetson, eternamente na cena, continuou em turnê com sua banda, Circle Jerks, durante esse período. Eles estavam se afastando de sua personalidade punk e tomando uma forma mais apática, mesclando heavy metal e rock de andamento médio com um roteiro de turnê que evitava boa parte da decadência da cena no sul da Califórnia. Sempre que eles entravam em hiato, Greg me ligava e dizia: "A gente podia fazer uns shows". Ele conhecia as pessoas que agendavam os shows, a maioria em Hollywood e nas regiões próximas. A vida noturna tinha mudado seu foco da música punk para a nostalgia, resultando em uma percepção falha da cena punk original: uma glorificação da violência, das drogas e dos maus comportamentos em geral. Eu estava disposto a levar o nome Bad Religion a esse público porque acreditava no lado bom da música, embora a banda não contasse com dois de seus integrantes principais durante esse período. Brett e Jay tinham saído e não estavam interessados em tocar. Se não fosse por Greg sempre procurar o que fazer quando os Jerks davam uma pausa, eu provavelmente ficaria o tempo todo na parte oeste e nunca pisaria em Hollywood. Mas não fiquei parado. Eu via potencial na música do Bad Religion e acreditava que havia um bom motivo para ela ser ouvida, apesar de reconhecer que a maioria daqueles imbecis na plateia não estava lá para ouvir boa música. Aqueles shows mal divulgados ainda eram uma verdadeira alternativa ao estilo musical mais popular e comercial da época: o hair metal. Apesar do interesse do público ter diminuído, eu ainda acreditava que o punk tinha muito potencial, pois era o único gênero musical em que a crítica social importava para um público jovem, algo perfeitamente apropriado para intelectuais e pseudoboêmios como eu. Mas o triste fato se mantinha: quase todos os *mosh pits* tinham se transformado em uma bagunça desconexa de ex-atletas bêbados ou acelerados de anfetaminas, batendo ou se jogando uns nos outros de forma aleatória, em uma corrida louca para tentar subir no palco e pular sobre o público, numa cena que só poderia ser descrita como um festival de testosterona insano e descontrolado. As mulheres, na maior parte, evitavam esses shows. Então, tendo em vista essa situação de merda, tinha que haver algum mérito nesses eventos. Eu me motivava com a estranha justaposição do intelectualismo extremo das músicas sobre a imbecilidade bruta e sem sentido da pista. Isso, por si só, já era uma sátira interessante da condição humana.

Eu estava no segundo ano da faculdade, então exercitar a mente e buscar mais shows punk como um experimento filosófico – como se eu fosse um professor na frente de macacos – era um desafio interessante. A música punk, naquele momento, não conseguia se comunicar ou competir com a cena hair metal, muito mais popular e criativa, que florescia em L.A. Ratt, Mötley Crüe, W.A.S.P. e outras estrelas em ascensão tinham músicas e melodias que eram mais fáceis de cantar junto do que qualquer coisa criada pelo punk de L.A. naquela época. Além disso, as bandas de hair metal adotavam o visual "fodão" de seres noturnos espertos, extremamente sexualizados e que abusavam de drogas, marcas registradas dos punk rockers que frequentavam os clubes de Hollywood em anos anteriores. Isso significava que, para os jovens dos subúrbios próximos, a essência da vida noturna continuava em Hollywood. No entanto, sem a postura de confronto adotada pela polícia contra o punk rock, os shows de metal eram uma aposta mais segura. Muitos punk rockers, tanto homens quanto mulheres, enjoaram da violência, do niilismo e do assédio policial que tipificavam suas noites de diversão; deixaram seus próprios cabelos crescerem para entrar em bandas ou participar da farra que era a nova moda da Sunset Strip. Roupas e acessórios que costumavam ser populares entre punks – alfinetes, jaquetas de couro, calças *bondage*, botas com bandanas, correntes e tecidos britânicos – foram descartados, dando vez a um arsenal mais americano de produtos, de acordo com a preferência dos *headbangers*: coletes de couro, faixas na cabeça, Aqua Net (um spray capilar para deixar franjas e topetes rígidos e pomposos), *lip gloss*, luvas com recortes nas articulações ou sem dedos, calças apertadas ou *bodies* de Lycra ou couro sintético, joias falsas e calçados especializados. Parecia divertido e criativo, e eu conseguia entender por que todas as mulheres pareciam emigrar dos shows punk para essas demonstrações mais acolhedoras e coloridas de talento musical. Nossos shows eram desprovidos de frequentadores mais normais; quem comparecia era um grupo das sobras de viciados em anfetaminas e bêbados que queriam machucar alguém, ou a si mesmos. Enquanto isso, perto dali, às vezes na mesma rua, aconteciam shows de metal cujas filas davam a volta na quadra, com fãs que se sentiam energizados de ver uma nova forma de vida noturna, criando ativamente uma visão reimaginada da cena musical de Hollywood.

Seja lá o que essa nova cena fosse, ela carecia de críticas sociais e seus fãs pareciam instáveis; ex-punks apenas seguindo a maré. Que tipo de punk simplesmente deixaria o cabelo crescer e começaria a seguir bandas cujos vocalistas cantam sobre temas tão fúteis quanto ser "rápido demais para amar" ou ter "beleza de matar"? Isso significava que a ética punk, independentemente de sua definição, nunca ressoou de verdade em muitos fãs de música. Eles apenas a abandonaram por completo e começaram a ouvir outra coisa, muito mais alienada, voltada ao pop e adornada por caricaturas bem mais femininas.

Em comparação com o hair metal, o punk era realmente uma alternativa. Ele continuava sendo uma forma diferente de apresentar ideias musicais. Eu achava que ainda era possível continuar a tradição de compor músicas punk. Sentia que valia a pena fazer shows, continuar compondo e, assim, estender a tradição intelectual do Bad Religion, apesar de ser efetivamente música de fundo para um bando de fodidos e arruaceiros. Como uma força seletiva, eu acreditava que a banda ainda atrairia alguns ouvintes mais exigentes. Mas mal sabia que esse número seria tão diminuto nos anos seguintes.

Na virada do Ano-Novo de 1984, não seria um exagero dizer que o Bad Religion tinha perdido seu rumo. No ano anterior, integrantes da banda se distanciaram, pois eu estava na faculdade, passando as noites estudando, lendo e ficando com minha namorada. O trauma da violência punk – seja da polícia arrebentando pessoas para interromper e cancelar shows, seja dos próprios delinquentes da cena – tornou a ida a clubes uma atividade exclusiva dos mais desesperados. Criaturas da noite, viciadas em drogas ou obcecadas por sexo, ainda conseguiam o que queriam em casas de Hollywood como o Cathay de Grande, mas eu precisava estudar para minhas provas e, por sorte, não estava interessado em ficar chapado.

Minha conexão com a cena nessa época ficava a apenas um telefonema de distância. Greg Hetson era um cara da cena que, de alguma forma, tinha conseguido ficar mais popular, mesmo enquanto a relevância da cena encolhia. Sua banda, o Circle Jerks, continuava a expandir sua popularidade, mesmo naquele momento de baixa na cena punk de L.A. Nenhuma banda fez mais pela popularização do punk do sul da Califórnia na primeira metade dos anos 1980 quanto a dele. Eles eram a realeza punk, e seu modelo de negócios para shows era algo que outras bandas tentavam copiar. Quase todas as casas de shows para mil pessoas nos EUA já recebiam o Circle Jerks naquele período. Greg passava semanas seguidas em turnê e voltava para casa com os bolsos cheios de dinheiro. Eu tinha muita inveja. Imaginava se o Bad Religion algum dia faria tanto sucesso. Éramos uma eterna banda de abertura. Nenhum promoter nos levava a sério o suficiente para sermos atração principal. Enquanto isso, o Circle Jerks tratava suas turnês como um negócio, com um baterista que também atuava como contador, um agente cínico, mas sério, e até um advogado para as ocasionais negociações de gravações ou de merchandising. Eu ficava impressionado com o que os Jerks tinham conquistado em uma época na qual a cena de L.A. tinha se transformado em uma seleção mais sombria e oculta de bandas menos populares em bares menos interessantes. Nesse período, o Circle Jerks conseguia tocar em casas de show de verdade, e não em buracos. Seu público parecia estar crescendo, enquanto o nosso continuava a diminuir em tamanho e qualidade.

No ano anterior, 1983, a banda passou por mudanças turbulentas. Brett e eu decidimos compor um álbum com o qual nenhum punk que se respeitasse gostaria de se envolver. Jay se recusou a tocar baixo nele e largou a banda no começo da fase de ensaios. Achamos alguns amigos – músicos, não punks – que estavam dispostos a gravar as canções. Chamamos o disco de *Into the Unknown* e o lançamos em novembro. Era a culminação de todas as influências musicais que Brett e eu amávamos antes de sermos punks. De certa forma, é um verdadeiro "vá se foder" para uma cena em decadência que tinha se voltado para a violência estúpida e atitudes niilistas e misóginas, o oposto das atitudes tolerantes e intelectuais que sentíamos e celebrávamos no cenário anterior. O álbum começava com uma canção esperançosa, "It's Only Over When You Give Up", que expressava a crença de que ainda havia um pouco do espírito da cena antiga sobrevivendo na minha mente. O problema do disco também é o seu maior legado: a música não soava nada como punk. Quando a única forma de atrair fãs de punk à época era adotar uma atitude mais durona e niilista, fomos na direção oposta: mais musical e elaborada, com canções que ressoavam com nossos antigos temas favoritos – filosofia, o meio ambiente e a perspectiva de seres humanos atingirem seu potencial, apesar das previsões negativas.

A verdade sobre a falta de interesse em nosso novo lançamento chegou rápido. Ninguém comprou o disco. Cópias estavam sendo devolvidas por distribuidoras. Além disso, tínhamos conseguido duas noites consecutivas como atração principal no famoso clube noturno Mabuhay Gardens, em São Francisco, uma grande conquista. Nem quando tínhamos lançado o disco anterior, *How Could Hell Be Any Worse?*, que foi bem recebido e vendeu milhares de cópias, nos ofereceram um show como atração principal em São Francisco. Mas agora, como aquele disco anterior continuava a gerar interesse, os agentes do Mabuhay resolveram apostar nos agendando para duas noites. Mal sabiam que éramos agora uma banda completamente diferente. Em vez de uma parede de amplificadores de guitarra e uma bateria destruidora, nossa van levava um sintetizador e dois amigos de infância engomadinhos, prontos para fazer seu primeiro show em um clube punk. Brett e eu ficamos chocados ao descobrir que tinham vendido antecipadamente apenas dois ingressos. Mesmo assim, fizemos o show na primeira noite diante de uma plateia de umas cinquenta pessoas que tinham comprado o ingresso no dia, na esperança de que talvez evitássemos tocar o disco novo. Elas ficaram decepcionadas ao descobrir que os novos músicos não sabiam tocar muitas de nossas músicas antigas, pois só tinham gravado o disco mais recente conosco. A segunda noite foi um pouco melhor, porque tínhamos ensinado os caras a tocar "We're Only Gonna Die" e "Fuck Armageddon", duas de nossas canções punk mais famosas do álbum anterior. Ainda assim, apareceram no máximo sessenta pessoas.

Do ponto de vista de alguém alheio à situação, com o benefício do retrospecto, um observador mais generoso, ou até filosófico, poderia apropriadamente resumir *Into the Unknown* como amadores fazendo uma tentativa juvenil de explorar uma variedade de interpretações estilísticas roubadas de discos de sucesso dos anos 1970. Até as avaliações mais brandas, como a feita por Greg Shaw, presidente da Bomp! Records, quando se recusou a distribuir o disco, diriam que "esse disco está um tanto à frente da direção que a música popular está tomando hoje", prevendo o pós-punk e um som que o R.E.M. viria a aperfeiçoar. A reação mais típica foi resumida em uma resenha publicada pelo fanzine *Maximum Rocknroll*, de São Francisco: "Em direção ao desconhecido e ladeira abaixo!".

A verdade deprimente podia ser vista de longe. Ninguém gostava muito de nosso novo direcionamento. Greg Hetson fez o comentário perfeito, apesar de não estar presente nos shows. "Fodam-se se eles não sabem lidar com uma piada." Eu sentia que era uma aventura musical, e não uma piada, mas lidei com a realidade da impopularidade e me afastei da cena punk, redobrando meus esforços no mundo universitário. Estava mais interessado em expandir minha mente por meio da educação do que tirar férias bioquímicas nas terras de experiências sensoriais viajantes. Embora eu aproveitasse todas as oportunidades de fazer shows sempre que convidavam o Bad Religion, o público estava dizendo que a banda tinha "se vendido" e tentado fazer um disco comercial com sintetizadores e solos de guitarra.

Era uma hora boa para sair de L.A., e a aprovação da minha transferência para a Universidade de Wisconsin chegou no momento perfeito. A faculdade era uma distração importante do mundo punk. Por algum motivo, a maioria dos punk rockers dos tempos iniciais da cena evitava a faculdade. Eu nunca perguntei o motivo, mas a maioria dos meus amigos de L.A. parecia mais interessada em frequentar clubes a aulas. Alguns deles levaram o conceito de "faça você mesmo" longe demais. Acreditavam que você estava se vendendo se dependesse de uma grande instituição de ensino. Ouvi coisas do tipo "a rua é a minha professora" ou "eu aprendi na universidade da porrada". Seja como for, eu nunca tive ambições nobres com meus estudos. Não estava fazendo isso para justificar alguma ideia fajuta de que eu me tornaria melhor do que os outros. Apenas era a próxima coisa a ser feita depois do Ensino Médio. Acho que a coisa mais importante que o estudo me oferecia era fugir da necessidade de um emprego fixo. Uma vez estudando, era fácil conseguir trabalhos no *campus* que me permitissem arcar com minhas despesas enquanto eu me aprofundava na Evolução, um campo de estudo que estava rapidamente se tornando uma filosofia de vida para mim.

No começo do verão de 1984, Jon, meu melhor amigo no fim do Ensino Fundamental, tinha voltado a L.A. após passar o primeiro ano da faculdade em Wisconsin. De todos os meus camaradas de L.A., ele foi o único que visitou o meu estado de origem. Jon me visitou durante minhas férias em Racine e gostou tanto do lugar que, quando chegou a hora, decidiu se matricular na Universidade de Wisconsin. Ele foi aceito e entrou para a equipe atlética da Divisão I da NCAA de lá. Eu fui seu colega de quarto naquele ano, mas pedi para ser transferido para a UCLA e, no verão de 1984, estava de volta a L.A. Ambos precisávamos ter um verão produtivo. Ele se preparou para ser atleta. Eu estudei para aprender Zoologia e Evolução. O punk rock era uma distração eventual quando pediam que o Bad Religion abrisse o show de alguma banda, em alguma casa de shows com nome ridículo que tinha acabado de abrir. Mas, na maior parte do tempo, o punk continuava sendo um lugar mítico na minha mente, que me inspirava a compor canções para uma cena que parecia quase totalmente dissipada.

Quando Jon voltou a L.A. naquele verão, nós nos divertimos como de costume. Seu treinador sugeriu a ele que usasse o *campus* da UCLA para se manter em forma, e eu o acompanhava no trajeto diário até lá. Eu ficava à toa no centro estudantil ou passeava pelas exposições nas bibliotecas quando ele passava pelos degraus do estádio.

Um dia, ao retornarmos da UCLA, no topo da Ventura Freeway na Mulholland Drive, onde toda a planície de San Fernando se estende à sua frente ao cruzar o "morro" de Sepulveda Pass, Jon ouvia o rádio no volume máximo no carro japonês de sua mãe. Os rádios que vinham de fábrica naqueles carros não eram muito bons. Mas Jon, cujo gosto musical sempre esteve alinhado ao meu, deixava o som alto e sintonizado na sua estação favorita.

Em 1984, a KMET estava começando a tocar muito mais rock pesado. Jon proclamou: "Eu amo heavy metal". Ele não era diferente de boa parte dos punk rockers, apesar de não ter ligação com o estilo de vida punk. As pessoas que amavam a música punk tinham perdido interesse nela simplesmente porque, naquele ano, quase não havia lançamentos do gênero. Os pequenos selos musicais, poucos e desunidos, não tinham poder para fazer sua música ser ouvida. As grandes gravadoras se conectavam diretamente com as estações de rádio e estavam difundindo um novo som comercial. Apesar de o "metal" estar no léxico musical há um bom tempo, agora começava a ser vendido em grande escala como "música de bater cabeça".

A KMET sempre se orgulhou de ser uma estação que promovia estilo de vida. Seus DJs acreditavam que o rock era um modo de vida. Em

1984, alguns deles decidiram que o metal, de maneira geral, se encaixava nessa descrição. A maioria das bandas que eles tocavam, como Triumph, Scorpions, Dio e principalmente Quiet Riot, fazia uma mistura de metal mais antigo, clássico e sombrio, cheio de acordes de guitarra, melodias simples, sotaques marcados e sensibilidades britânicas. Mas uma sonoridade mais nova também se destacava: bandas com uma aparência exuberante apresentando baladas focadas em solos de guitarra, à Van Halen, cujos vocalistas cantavam com estilo melódico, emocional. A transição para esse "novo metal" podia ser facilmente resumida ao ouvir o Black Sabbath dos anos 1970 e compará-lo aos discos solo de Ozzy Osbourne no começo dos anos 1980. Houve uma mudança, mas ainda era obviamente metal. No lugar de Tony Iommi, os guitarristas de hard rock passaram a ser influenciados por Eddie Van Halen e Randy Rhoads.

Em 1984, esse som estava em plena ascensão comercial. Ainda existiam pessoas que gostavam de música pesada. Na verdade, o som da música pesada, fosse rock ou punk, não soava de maneira alguma datado. Pelo contrário, as guitarras distorcidas eram o som das rádios FM de rock. O público lotava os auditórios para ouvir música pesada e, às vezes, rápida. Se havia qualquer "estilo de vida" associado à música de bater cabeça, ele era superficial. Ser "mais metal" que o cara ao seu lado parecia um critério ridículo para fomentar um estilo de vida. Mas eu ficava animado com o fato de que músicas com guitarras distorcidas, baterias ensurdecedoras e vozes melódicas e grandiosas eram uma fórmula popular. Independentemente das peculiaridades culturais, eu ainda acreditava que o punk rock estava por viver seu melhor momento.

"Rainbow in The Dark" e "Last in Line", do Dio, e "Bang Your Head", do Quiet Riot, estavam tocando. Jon aumentou o volume. Eu pensei: "Os temas dessas músicas são ridículos". Mas é claro que era divertido ouvir aquilo no rádio enquanto dirigíamos para casa com as janelas abertas e o sol se pondo à nossa frente, retornando de Westwood. Jon estava animado depois de um treino atlético insano, e eu estava cheio de pensamentos profundos após minhas meditações inspiradoras na biblioteca da faculdade.

16.
ACADEMIA E PUNK

TALVEZ SEJA PORQUE NUNCA FUI APRESENTADO ÀS HISTÓRIAS DE ORIGEM DA BÍBLIA, MAS, CONFORME EU LIA MAIS SOBRE EVOLUÇÃO, PARTICULARMENTE SOBRE OS SERES HUMANOS, COMECEI A ENTENDER O MUNDO AO MEU REDOR. HÁ MUITOS ASPECTOS TÉCNICOS NA CIÊNCIA, MAS ELA TAMBÉM DESPERTA UMA PERSPECTIVA MAIS GERAL E AGRADÁVEL DO MUNDO. NENHUM INDIVÍDUO NASCE PARA REALIZAR QUALQUER TIPO DE DESTINO OU PROPÓSITO CÓSMICO. CADA DIA DE SUA VIDA É UM PROCESSO ADAPTATIVO. O AMBIENTE ESTÁ CONSTANTEMENTE MUDANDO, E, PARA OS HUMANOS, ISSO INCLUI O AMBIENTE SOCIAL. PORTANTO, NINGUÉM TEM O DIREITO DE TE JULGAR, POIS VOCÊ ESTÁ, ASSIM COMO TODAS AS PESSOAS, TENTANDO CONSTANTEMENTE FAZER O MELHOR POSSÍVEL COM A SITUAÇÃO QUE LHE FOI ATRIBUÍDA POR FATORES ALÉM DO SEU CONTROLE.

Comecei a perceber que algumas pessoas podiam usar essa filosofia rudimentar para causar danos aos outros e não assumir qualquer responsabilidade pessoal por maus atos. Isso não parecia certo para mim. Tentar prejudicar alguém era uma conclusão insatisfatória. Da mesma forma, não era satisfatório sacrificar minha própria felicidade para tirar outras pessoas de seu sofrimento, como eu faria se embarcasse nos mesmos hábitos dos meus amigos viciados em drogas. Cada um de nós recebe um conjunto ímpar de circunstâncias, e eu me sentia obrigado a tentar fazer o maior bem possível. A origem desse senso de obrigação é um mistério para mim, mas certamente foi influenciada pela forma como meus pais lidavam com as dificuldades de suas vidas.

O estudo da evolução tornou-se uma fonte inesgotável de informações e descobertas que influenciariam profundamente meu desejo de escrever e compartilhar ideias de forma ampla com o mundo. O melhor caminho disponível para mim era a música. Estava convencido de que o estudo e o diálogo intelectual poderiam facilmente se combinar com a música e a composição. Portanto, precisava manter o Bad Religion minimamente ativo enquanto estudava. Eu não via a menor chance de começar um emprego em tempo integral e realizar meus sonhos, então não recusaria qualquer oportunidade de subir ao palco e cantar as músicas que poderiam, na minha opinião, fazer as pessoas usarem sua adaptação humana mais preciosa: suas mentes.

Essa crença em ajudar a humanidade era um objetivo nobre. Na prática, eu não tinha como saber se meus estudos, minhas canções, meus trabalhos de campo, minhas pesquisas ou minhas turnês dariam algum resultado. Mesmo assim, acreditava que, se minhas músicas tivessem uma visão de mundo única, poderiam deixar a banda muito mais interessante. Qualquer um consegue compor uma música popular ou grudenta. Mas esse é o começo, não o fim, de um legado. Para ter um impacto relevante, eu sentia que um artista precisava incorporar uma profundidade holística e consciente em sua obra, encapsulando a jornada de sua vida de modo a levar junto seus fãs em uma experiência comunal. Era um tema bem cabeça para um calouro da faculdade. Mas cheguei a esse nível de perspectiva ao ler sobre Charles Darwin, o pai da Teoria Moderna da Evolução. A vida de Darwin foi repleta de tormento e hesitação porque ele descobriu os fatos da vida, reconheceu suas profundas implicações para a sociedade (especialmente em relação à religião) e ponderou ansiosamente, mas cuidadosamente, se deveria ou não publicar os resultados. Após duas décadas de hesitação, em 1859, ele finalmente lançou seu famoso livro, *A Origem das Espécies*. Essa obra passou a ser conhecida como a principal condenação do criacionismo, e até hoje serve como um desafio científico fundamental para aqueles que desejam favorecer a fé em detrimento dos fatos. A dedicação de Darwin à História Natural me ensinou que a experimentação, a observação e a extrapolação eram buscas permanentes que poderiam formar a perspectiva evolutiva de uma pessoa. Da mesma forma, adotei essa abordagem a longo prazo na minha vida como cantor, e ainda decidi que a composição poderia imitar o processo de experimentação de um cientista.

Alguns experimentos e observações não levam a lugar algum, mas o processo pelo qual são realizados é valioso. O processo ensina o cientista a refinar seu trabalho, aprender com seus erros e criar um experimento melhor na próxima vez. As conclusões são marcadores temporários e maleáveis do progresso, que todos concordam em utilizar apenas até surgirem mais dados, observações melhores ou novas descobertas. Essa perspectiva me manteve focado a longo prazo. A composição também é um processo, e encontrar conceitos interessantes é um desafio criativo. Como a evolução é incompatível com a religião, parecia uma fonte inesgotável de implicações que poderiam andar em paralelo com o antiautoritarismo das canções punk lançadas pelo Bad Religion. Eu não fiquei muito preocupado com o sucesso ou o fracasso de qualquer gravação ou ideia musical. Cada uma era como um experimento, e eu esperava que fosse um longo processo de refinamento musical. Foi essa a motivação que me lançou e me sustentou durante minha odisseia acadêmica.

Em 1983, eu passei a maior parte do verão e todo o outono em Madison, a cidade em que nasci, estudando Zoologia e Geologia na Universidade de Wisconsin. Foi fantástico poder ficar com meus amigos de infância de Racine, a maioria dos quais também estudava na UW à época. Nos encontrávamos todos os dias, pois morávamos no *campus* e comíamos nos refeitórios. Eu tinha um emprego como vendedor de sorvete no famoso Babcock Hall, servindo sundaes e casquinhas do sorvete fabricado no próprio *campus* pela escola agrícola. Para mim, era um emprego dos sonhos. Meu pai nos levava para tomar sorvete no Babcock Hall várias vezes quando éramos crianças, e eu sempre quis ter aquele emprego, pois poderia passar minha vida inteira à base de sorvete e água. Como estudantes sem um tostão, ao trabalharmos lá tínhamos o direito de consumir as caixas de iogurte e/ou queijo *cottage* que tivessem passado da validade, o quanto quiséssemos. Laticínios um dia após o prazo de validade tinham o mesmo gosto dos novos, pelo menos para nós, alunos de segundo ano famintos, e eu compartilhava o máximo possível com meus amigos.

Estar com meus amigos de infância era tremendamente recompensador. Até revivemos a glória de nossos jogos de rua pelo bairro: montamos um time interno de futebol americano e ganhamos o cobiçado campeonato de *flag football* da UW-Madison, em 1983. Mas havia uma lacuna em minha vida criativa. Eu sentia falta de estar no palco com minha banda. Sentia falta do status de ser músico, mesmo que tal status estivesse abalado, pois o Bad Religion era *persona non grata* para muitos punks naquele momento. De certa forma, eu me sentia estranhamente recompensado por meus amigos de Wisconsin gostarem de verdade das canções de *Into the Unknown*, apesar de suas opiniões não significarem nada para as elites do punk que decidiam quais bandas podiam (ou não) tocar nos palcos de Los Angeles. Ainda assim, eu queria mais da minha carreira musical, e sabia que ela não prosperaria no Meio-Oeste. Não desperdicei tempo e pedi transferência para a UCLA no começo do trimestre de inverno, em janeiro de 1984.

Na época, o Olympic Auditorium, no centro de L.A., estava recebendo ativamente bandas punk que conseguissem atrair públicos maiores. A Goldenvoice Productions, sempre em expansão, encontrava-se em ascensão no período e via o Olympic como um local para bandas sérias, como as da Inglaterra, que já encabeçavam turnês mundiais. O UK Subs e o P.I.L. estavam entre os shows mais populares de 1984, mas um público igualmente grande ia ver as únicas duas bandas de L.A. que conseguiam ser atrações principais e lotar o local: o Circle Jerks e o Black Flag. O Circle Jerks recebeu diversas ofertas da Goldenvoice, que o colocou logo ao lado daquelas outras bandas, também como artista principal. Eles talvez fossem a única banda punk de L.A. nessa época que continuava acumulando fãs em nível nacional e atraindo o interesse de promoters de shows regionais. O Circle Jerks era uma banda da qual promoters não precisavam ter medo: eles faziam um estilo de punk mais tranquilo, que ficava mais suave e "popular" a cada disco lançado. Atrair um público mais voltado ao rock resultou em convites a partes do país que não tinham visto uma banda punk de L.A. até então.

Meus estudos na UCLA eram eventualmente interrompidos por um telefonema de Greg Hetson: "Se arrume logo, chame os integrantes da banda! Vamos tocar quarta que vem no Cathay!". Montamos uma formação improvisada que ficou junta por uns dois anos, com o único propósito de fazer esses shows aleatórios que surgiam de vez em quando. Fãs mais novos que tinham perdido a chance de ver a formação original do Bad Religion podiam conferir uma versão ao vivo autêntica de nosso primeiro disco e de nosso EP. Peter tinha ido para outra banda, então pedimos para nosso amigo John, eventual roadie de Peter, tocar bateria; enquanto Tim, amigo de Greg Hetson de South Bay, tocava baixo. Nossos shows eram apenas esporádicos, geralmente aos fins de semana, em casas de show precárias ou quando alguém da Goldenvoice precisava de uma "banda local com nome" para abrir algum show de artista do Reino Unido. Greg Hetson sempre conseguia arranjar uma vaga para nós no Cathay de Grande, em Hollywood. Eles tinham um evento fixo nas quartas à noite, *six-bands-for-a-buck!* ("seis-bandas-por-um-dólar!"). Obviamente, o cachê nem era considerado. Mantínhamos a banda unida por amor. Cantar aquelas músicas e sentir que elas importavam eram minha única motivação.

Em geral, as pessoas que nos viam ao vivo eram céticas, ou cínicas mesmo. Punks queriam letras mais agressivas e músicas mais rápidas, bem como mais raiva, imoralidade e sujeira de seus vocalistas, para que suas preferências fossem distintas do thrash metal mais chamativo e assumidamente elaborado que estava tomando conta dos clubes à época. De modo geral, a cena punk era menor, mais violenta, menos diversa e menos tolerante. Sempre havia a suspeita de que sua banda favorita iria "se vender" devido a um desejo oculto de ficar mais popular. O Bad Religion ficava em cima do muro. Nossas músicas tinham andamentos variados – algumas eram pesadas e arrastadas, como "Drastic Actions"; havia as de tempo médio, como "We're Only Gonna Die" e "In the Night"; e outras eram mais rápidas, como "Damned to Be Free" e "Fuck Armageddon". Mas todas eram melódicas. Rápidas ou lentas, eu sempre infundia melodia na música, em vez de me preocupar com a raiva. Além disso, eu não era do tipo de vocalista que fica dando sermão. Eu não tinha vontade de instigar a plateia a nada. Só cantava de forma apaixonada e focava em acertar as notas. Eu costumava ter devaneios no palco: ficava olhando para aquele bando de machos na minha frente, raivosos, bêbados ou loucos de anfetamina, aproveitando qualquer oportunidade de subir ao palco para atrapalhar o show, roubar o microfone, fazer um passo de ganso ou ir dançar à beirada do palco, para depois pular de volta naquele *mosh pit* disperso. Antes, um punk rocker poderia contar com o apoio de um mar de humanidade em um clube punk lotado quando pulasse do palco; agora, o público estava tão disperso que o *stage dive* provavelmente terminaria com uma batida seca na pista de concreto, porque não haveria ninguém para segurar quem pulasse. Entre as músicas, os clubes ficavam quietos e escuros. Caras sem camisa e sem fôlego, bêbados e desesperados pela próxima batida rápida, que os motivava ainda mais em direção ao colapso. "Cala a boca e toca!" era uma reclamação comum quando eu falava ou apresentava a próxima música. "Mais rápido!" era frequentemente ouvido quando alguém conseguia roubar meu microfone durante uma música lenta. Já que tentávamos manter a plateia entretida, optávamos por um setlist curto, evitando *Into the Unknown* por completo. Corríamos o risco de ser surrados no palco ao meramente mencionar o título para o público raivoso.

Apesar de minha ocupação "diurna" à época ser como estudante da UCLA, eu acreditava em segredo que o Bad Religion era uma emprei-

NOSSAS MÚSICAS TINHAM ANDAMENTOS VARIADOS – ALGUMAS ERAM PESADAS E ARRASTADAS, E OUTRAS ERAM MAIS RÁPIDAS. MAS TODAS ERAM MELÓDICAS. RÁPIDAS OU LENTAS, EU SEMPRE INFUNDIA MELODIA NA MÚSICA, EM VEZ DE ME PREOCUPAR COM A RAIVA. ALÉM DISSO, EU NÃO ERA DO TIPO DE VOCALISTA QUE FICA DANDO SERMÃO. EU NÃO TINHA VONTADE DE INSTIGAR A PLATEIA A NADA. SÓ CANTAVA DE FORMA APAIXONADA E FOCAVA EM ACERTAR AS NOTAS.

tada que valia a pena. Meu cronograma era lotado com aulas, estudos e um novo relacionamento com uma garota de San Diego que eu estava tentando impressionar – minha futura esposa, Greta. Eu não queria que ela me visse cantando para um bando de arruaceiros e viciados em algum galpão imundo, então contei a ela que o Bad Religion tinha tocado no Whisky A Go Go alguns anos atrás. Ela não gostava muito da vida noturna de Hollywood, mas tinha visto vários shows no Whisky.

Infelizmente, uma de suas primeiras experiências me vendo cantar com o Bad Religion não foi nada impressionante. Ocorreu no outono de 1984. Eu cheguei com Greta a alguma danceteria sem nome e sem placa, em um deserto suburbano inexpressivo chamado Sun Valley. Parecia que o lugar já tinha sido barbarizado pela tropa de choque: vitrine quebrada na frente, portas de metal amassadas na lateral, onde as bandas entravam. Quando chegamos lá, nosso baterista, John, já estava chapado, e apresentei-o à minha nova cara-metade. John tinha a habilidade de observar calmamente e fazer comentários hilários, mesmo quando chapado – na verdade, eu nem percebia na época que ele estava usando drogas. Só fiquei sabendo anos depois, quando ele me contou. O público era disperso, majoritariamente masculino e em geral bêbado ou chapado, exibindo mais carrancas que sorrisos. John disse: "Acho que somos a banda de abertura de uma briga de gangues".

Como de costume, não havia comida no camarim, nenhum ambiente para esperar e conversar com outros músicos ou convidados, nada que pudesse ser descrito como uma acomodação confortável. O frio da noite de outono combinava com os frequentadores do local: sombrios, sérios, vestindo couro e encarando uns aos outros, procurando quem estava disposto a brigar enquanto John e eu tentávamos disfarçar nosso desgosto pelo que a cena punk tinha se tornado. Duas bandas esquecíveis tocaram antes de nós, gritando no microfone entre as músicas: "Punks, uni-vos!" e "Vocês não precisam brigar!". Mas era claro que o público só estava interessado em dar porrada assim que a bateria continuava outro exercício fútil de mediocridade rítmica. O palco era alto o suficiente para separar a plateia da banda, mas quem estava no meio do agito prontamente se aproximava dos vocalistas das bandas de abertura, agarrava o microfone e gritava slogans sem sentido (presumivelmente relacionados às gangues) enquanto os bateristas continuavam tocando. Esses slogans levavam a mais violência, e o que as bandas acreditavam ser entusiasmo por sua próxima música inútil era, na verdade, uma briga frenética entre gangues que levava a várias cabeças arrebentadas e caras ensanguentadas.

Quando começamos a tocar, por volta das 21 horas, eu pensei que a violência teria acabado devido a tanto atrito e gente machucada nos shows anteriores. Eu estava errado, mas de alguma forma, provavelmente devido ao status de "autoridade" de Greg Hetson no palco, houve menos tentativas de roubar meu microfone. Devia ter umas 250 pessoas na casa, um número muito pequeno para fazer a pista parecer lotada, mas bom o suficiente para desferirem chutes baixos e socos com o braço inteiro. Todas as músicas que tocávamos eram interrompidas por alguém sendo nocauteado na pista. Passei boa parte do show recuando à lateral da bateria de John para ficar longe do combate físico no centro do palco. Enquanto eu cantava, muitas vezes olhava para Greg – tocando sua guitarra jovialmente, como sempre, fingindo que a violência não importava para ele, o que era uma estratégia útil – com a cara fechada e a testa franzida, como se quisesse dizer: "Que bela cilada você arranjou para nós de novo!". Minha nova namorada ficou enojada, às vezes dizendo: "Vamos embora de uma vez". Apesar de eu concordar com ela, nunca sairia no meio de um show – novamente, eu acreditava, talvez de forma ingênua, que havia algumas pessoas que amavam mesmo o nosso som e mereciam ouvir as músicas que foram lá ouvir. Ainda assim, eu sentia vergonha que o punk havia se tornado uma coisa tão niilista, feia e distante da arte.

Enquanto desmontávamos nosso equipamento para vazar de uma vez daquela casa sem nome após um show quase esquecido, John e eu saímos pela porta dos bastidores e descemos até onde nossos carros estavam estacionados. John percebeu que havia uma umidade escorregadia no chão sujo do beco, refletindo a noite mal iluminada. Não tinha chovido, então não podia ser água. E aí percebemos o que havia acontecido: tanta gente ferida tinha sido carregada para fora da casa, que nós estávamos pisando sobre seus rastros – suas poças de sangue. Levou um bom tempo até eu me sentir seguro o suficiente para levar Greta a outro show. O que costumava ser divertido (sair à noite e agitar nos shows punk) agora tinha se tornado um pesadelo bizarro, com incursões duvidosas em casas escuras tomadas por criaturas abomináveis que vestiam couro e queriam arrebentar os outros. Era simplesmente estressante demais ser punk.

17.
A MANUFATURA DA DISSIDÊNCIA

O PUNK ESTAVA PRONTO PARA SER EXPLORADO. SÓ TINHAM SOBRADO OS MAIS DESESPERADOS E OS EXCÊNTRICOS NA CENA. E ESSES FORAM APROVEITADOS POR PESSOAS QUE NÃO TINHAM INTERESSE EM CONTAR UMA HISTÓRIA MAIS HUMANA OU EMPÁTICA SOBRE OS ASPECTOS MAIS DIGNOS DO GÊNERO. HÁ CARAS QUE ESPERAM A VIDA INTEIRA ATÉ ALGUÉM PERTO DELES BATER AS BOTAS, SÓ PARA DIZER: "ELE NÃO AGUENTOU OS IDIOTAS" – BABACAS CALCULISTAS QUE MEMORIZAM ESSAS FRASES E AS USAM DE FORMA OPORTUNISTA PARA INFLAR SUAS PRÓPRIAS REPUTAÇÕES, SEM DAR O DEVIDO CRÉDITO ÀQUELES QUE VIERAM ANTES. ESSES PARASITAS IGNORANTES AMAM JOGAR MERDA NA PAREDE E VER QUEM SE INTERESSA PELO QUE GRUDOU. FOI ISSO O QUE ACONTECEU NO PRIMEIRO PERÍODO DE DOCUMENTÁRIOS SOBRE A CENA PUNK DO SUL DA CALIFÓRNIA.

Certos promoters e pessoas por trás das cenas começaram a contar histórias sobre o punk, e os consumidores de mídia popular ouviam. Os contadores de histórias estavam surgindo na tentativa de tornar a cena punk um negócio. Na primavera de 1984, meu amigo Phil me convidou para visitar seu estúdio de gravação, o Spinhead Studios, num dia após as aulas. Seu amigo Dave, aspirante a cineasta, sempre aparecia lá, e tinha trazido um vídeo para assistirmos. "Tem um filme novo sendo lançado pela [gravadora] BYO. Dizem que é sobre a cena punk de uns dois anos atrás. Tenho uma cópia aqui!" Assistimos juntos, e os créditos iniciais diziam: *Another State of Mind.* "Legal", eu disse. "Conheço esses caras. Talvez seja sobre algo positivo, e não sobre violência, bandidagem e drogas."

O filme retrata uma turnê nacional dos grupos Social Distortion e Youth Brigade, em 1982. Apesar de suas boas intenções – a banda Youth Brigade narra o documentário todo, intercalando com falas de outros punks de cenas em diferentes cidades da América do Norte –, ele não conseguiu dar aos punks muita esperança de uma visão narrativa intelectual unificada. Na verdade, conforme o filme passava, eu ficava cada vez mais desanimado. Ele começa mostrando uma plateia enorme numa roda-punk enquanto o vocalista do Youth Brigade narra em *off*: "Este filme é sobre música feita por jovens e para jovens" – uma mentira, porque aqueles jovens no filme não estavam pogando ao som do Youth Brigade. Eu já tinha ido a shows do Youth Brigade. Eles não conseguiam atrair um público tão grande. Portanto, primeiro erro. Eu protestei: "Isso aí nem é um show do Youth Brigade, então por que ele está narrando essa primeira cena do filme como se tivesse algo a ver com todos esses garotos reunidos?". Nos dois primeiros minutos, o vocalista-narrador já revelava que algum tipo de missão estava por trás da filmagem falsificada. Ele estava elogiando sua própria "organização", a Better Youth Organization (BYO). "Jesus Cristo!", eu disse. "Esse é um filme publicitário?"

A próxima coisa a chamar minha atenção foi uma entrevista com um de meus heróis: Keith, do Circle Jerks. Eu respeitava Keith imensamente. Ele me inspirava. Keith não era um "garoto" e não compunha músicas para jovens. Ele era coautor e cantor de algumas das músicas punk mais famosas a ser feitas em Los Angeles. Mas você nunca imaginaria que eles nem sabiam quem era Keith. Além de deixarem de mencionar a importância dele para a cena punk de L.A., nem listaram sua afiliação ao Circle Jerks durante as entrevistas ou nos créditos. O filme ficava insistindo que as bandas precisavam "fazer tudo por conta própria" se quisessem ser ouvidas. Mas os documentaristas adotaram a estratégia oposta: eles basicamente pediram a ajuda de outras pessoas para fazer o filme! E fizeram isso sem a intenção de dar créditos a elas. Será que alguém ficaria convencido de que aquilo era um exemplo de uma "juventude melhor" ou dos aspectos "bons" da cena punk? "Isso aqui tá virando um lixo completo", resmunguei.

Além disso, "Better Youth Organization" ["Organização da Juventude Melhor"] soava como algum tipo de bobagem eugenista. Eu estava lendo sobre os perigos de experimentos genéticos e engenharia social nas minhas aulas de Evolução. Um negócio intragável para qualquer pessoa que estudasse um pouco ou tivesse conhecimentos básicos de História. Imaginei que fosse apenas um caso de mau gosto, mas talvez tenha apenas feito vista grossa com base na licença artística. Erro número dois.

Mas o filme finalmente fracassa quando mostra um show lotado com imagens do Circle Jerks e do Bad Religion no palco, mas insere músicas do Youth Brigade sobre a filmagem. Eram, de longe, as sequências mais dramáticas do filme: punk rockers eufóricos dançando ao som de músicas que amavam, tocadas pelo Circle Jerks e pelo Bad Religion. Duas bandas nunca mencionadas no filme! Era incoerente essas imagens virem acompanhadas por canções do Youth Brigade, uma banda que nunca causou tamanho entusiasmo nem reunia tantos punks em seus shows. Isso reduziu o projeto inteiro a uma propaganda falsa, na minha opinião. "Isso é plágio em vídeo!", eu gritei. "Isso existe?", perguntou Phil. Eu não sabia, mas soava correto para mim, e tanto Dave quanto Phil gostaram da minha avaliação.

Eu me lembrava bem desse show não creditado do Bad Religion. Foi um acontecimento incrível. Mais de mil punks, ou pelo menos parecia assim. Fiz uma pausa entre as músicas para dizer à enorme plateia punk: "Vamos trocar de lugar. Todo mundo na pista sobe ao palco, e quando começarmos a próxima música, fazemos o maior *stage dive* do mundo!". (Esse momento aparece no filme, aproximadamente aos 45 minutos.)

Naquela hora, iniciamos a música "We're Only Gonna Die" e o caos tomou conta. Não sabia que tinha alguém filmando, mas fiquei feliz por ter sido gravado, porque foi um daqueles momentos de palco tão satisfatórios que me tiravam o fôlego na juventude. Aquela música foi tocada no *Rodney on the ROQ*, e toda a comunidade punk parecia gostar dela na época daquele show. Infelizmente, quando o filme saiu, em 1984, foi como levar uma rasteira. Além de não sermos creditados no filme, a própria cena punk tinha se degradado e encolhido a uma fração de seu tamanho original. As plateias, que costumavam passar de mil pessoas, agora tinham, em média, umas cem. O legado punk parecia estar morrendo, e esses contadores de história pareciam interessados em apenas aumentar seu próprio valor.

Hoje, sinto o mesmo que na época: se você tenta mostrar como é "boa" a sua comunidade ou organização, deveria pelo menos dar crédito a quem ajudou a construir a cena que você está afirmando ser sua.

Essa experiência já era comum. Nessa época, começou uma tendência de autointitulados "experts" do punk, que tentavam expor sua própria visão da moralidade punk. Como se uma espécie de livro de regras mítico estivesse aguardando um profeta surgir para decifrá-lo e informar seu conteúdo a todos os punks. Assim como deu atenção aos televangelistas e às religiões à moda antiga, a mídia *mainstream* ficou muito contente em exibir esses filósofos adolescentes do punk, e acabou parecendo uma tentativa bizarra de formar uma nova religião. Generalizações exageradas e incertas. Zero provas. "Se você não lutar contra a sociedade, a sociedade vai vencer!" "Você tem que fazer as coisas do seu jeito, porque ninguém na sociedade vai te ajudar." Aquilo acabaria se tornando um passatempo nacional. Quem tivesse a câmera apontada para si poderia declarar praticamente qualquer coisa, e uma certa fração de espectadores acreditaria sem questionar.

Alguns de nós se recusavam a ouvir essas diretrizes falsas e conseguiam identificá-las. Mas outros não sabiam reconhecer a propaganda. Os próprios propagandistas não percebiam que, ao proclamar o que era ou não era punk, reprovavam nos conceitos básicos de autoridade. O pensamento prescritivo minava a própria oratória e perdia o apoio de qualquer pessoa com meio cérebro. Pelo jeito, muitos punks estavam mais do que dispostos a expressar suas crenças e recrutar pessoas com a expectativa de que fossem cegamente seguidos. Infelizmente, a grande massa da população não estava disposta a se esforçar para aprender a pensar. Só queria que alguém lhe dissesse o que pensar. Havia muitas bandas punk que desejavam fãs assim, ou fãs de qualquer tipo. É claro que eu também queria fãs, mas preferia que fosse um microcosmo da sociedade, um microcosmo da universidade, um pessoal esclarecido. Para isso, precisávamos presumir que estávamos tocando para um público inteligente e dar algo que nutrisse sua mente.

Eu não estava interessado em ouvir a respeito das crenças inquestionáveis de meus colegas e, sendo bem sincero, não me importava se eles me consideravam punk ou não. Eu me apeguei à ideia de que a música era o suficiente para expressar um ponto de vista interessante, ou mesmo desafiador. Se isso caísse no gosto dos punks, melhor ainda. Por muitos anos, perdi interesse em dar entrevistas ou compartilhar filosofias superficiais com os fanzines. Adquirir conhecimento, mais do que disseminá-lo, me bastava naquele momento da vida. O Bad Religion estava em um hiato de três anos sem álbuns. Brett e eu não compúnhamos uma única canção punk. Eu estava feliz de aprender a ter opiniões bem-informadas na universidade, restringir meu pensamento, aperfeiçoar meu ceticismo, tentar dar foco às minhas ideias e fazer afirmações apoiadas em dados factuais. Ler os pensadores independentes. Intelectuais. Darwin e Haeckel, A. S. Romer e S. J. Gould, Ernst Mayr e E. O. Wilson, Sagan, Bronowski e Leakey, Chomsky e Hardin, Hesse e Nabokov, Kesey e DeLillo. Visionários. Mestres em suas disciplinas. Eram eles que eu admirava, e suas conquistas nas artes, nas letras e nas ciências eram uma motivação aspiracional para mim.

Estava surgindo um estereótipo do punk como um movimento sem qualquer mérito intelectual. Como se o punk fosse associado a todos os males da sociedade, programas de TV destacavam seus piores aspectos. *The Phil Donahue Show*, o famoso *talk show* diurno, convidava punks desgarrados e jovens oprimidos. *CHiPs*, o mais famoso drama policial do horário nobre, mostrava punks como criminosos. Até o filme *Juventude Decadente*, de Penelope Spheeris, dava mais foco à violência, ao niilismo e à rebeldia adolescente, em vez de tentar achar algum sentido coerente com seu título original [*The Decline of Western Civilization*, ou "O Declínio da Civilização Ocidental"]. Eu assisti ao filme na esperança de ouvir mais músicas ou ver performances de minhas bandas favoritas, mas acabei tendo que aguentar entrevistas com pessoas da cena punk, muitas das quais eu conhecia, sendo exaltadas como se fossem filósofas. Era completamente desprovido de foco intelectual. E, ainda mais decepcionante, as bandas eram retratadas como um show de horrores, e não como uma comunidade artística consolidada por excelente música.

O próximo filme punk feito por Spheeris, *Suburbia*, não era melhor em termos de acrescentar nuances ou interesse geral pela cena punk. Ele apenas capitalizava e apressava a formação de um estereótipo decadente e negativo. Levemente roteirizado, o filme trazia jovens reais da cena punk (e não atores treinados) para atuar em cenas que contavam uma história de jovens sem-teto nos arredores de Los Angeles. Drogas, álcool, desarmonia familiar, pessoas sem rumo e assim por diante. Quando vi aquilo, tive vontade de gritar: "Sim! Entendi! Mas o que o punk tem a ver com isso?". Essas coisas são tão comuns na vida estadunidense, que eu suspeitava que a diretora estava simplesmente explorando os jovens na tela. Fazê-los "interpretarem a si mesmos" em papéis estereotipados era muito triste para mim.

Mas nada me entristeceu mais do que a imagem na tela de André, aquele garoto com a perna de pau com quem Wryebo e eu tínhamos feito amizade na escola em Racine. Toda a sua exuberância juvenil tinha sumido. Agora ele aparecia como um dos personagens do filme, um viciado em drogas e sem rumo sendo explorado por sua deficiência, sob a premissa superficial de enriquecer a história. Ele interpretava a si próprio, mas foi usado como o símbolo de um estereótipo incorreto e reprovável. Apesar de eu ter perdido contato com André há muito tempo, ainda sentia amizade e lealdade por ele, e acreditava que merecia um tratamento melhor. Fizemos amizade ainda pequenos, seguindo as diretrizes de nossa criação acadêmica. Devido ao forte desejo de nossas mães (as administradoras), viramos amigos no espírito dos valores humanistas e compassivos que elas defendiam. O que eu vi na tela era uma violação do humanismo, uma glorificação da vulgaridade.

Sempre achei intrigante o Black Flag ser retratado por Spheeris como uma espécie de culto profundamente filosófico. A verdade é que os punks precisavam fazer uma escolha quando decidiam vê-los ao vivo. Enquanto os policiais ficavam ocupados quebrando o pau do lado de fora da casa de shows, lá dentro havia um absurdismo contraditório, inconsciente e paralelo, perceptível somente aos que conseguiam pensar. Os shows do Black Flag eram sempre protegidos por um esquadrão policial de um homem só – um roadie chamado Mugger, agachado na frente da banda, encarando o público de forma ameaçadora e desafiando qualquer punk a testar sua força, caso tentasse subir ao palco para pular no público. "Não enquanto eu estiver aqui" era a postura desse famoso guarda-costas da cena punk de Los Angeles. Por algum motivo, muitos punks consideravam aceitável levar um soco na cara por tentar subir ao palco em um show do Black Flag. Então, basicamente, se você não estivesse tomando na cabeça nas mãos da polícia do lado de fora, arriscava a tomar na cabeça nas mãos de Mugger do lado de dentro. Nada disso foi abordado em *Juventude Decadente*.

Nenhum trecho desses filmes ou vídeos discutia o punk como um estilo musical ou lírico interessante. Eles fracassaram em abordar o que deixava o punk tão atraente, o que lotava as casas de shows alguns anos atrás, mas agora tinha virado uma luta para preencher pequenos clubes. Eles não davam atenção suficiente à essência do que tornava a cena do sul da Califórnia tão única: a infinidade de bandas que se originaram nos arredores de L.A. e as canções que as tornavam excelentes. A música estava num atoleiro. As bandas pararam de compor boas canções. Assim, começou um período em que pregar sobre a conduta correta na cena punk era mais importante do que sua própria música. O punk entrou numa espécie de hibernação.

18. TRANSIÇÃO INTELECTUAL

QUALQUER JOVEM CONSCIENTE NA IDADE UNIVERSITÁRIA PRECISA DE ESTÍMULOS CEREBRAIS E NOVOS DESAFIOS MENTAIS, CASO QUEIRA EXPANDIR O INTELECTO DURANTE SUA JORNADA DE VIDA. EM 1984, AQUELAS CANÇÕES VELHAS NÃO ME CAUSAVAM O MESMO IMPACTO QUE TINHAM CAUSADO ALGUNS ANOS ANTES. A CENA PUNK EM 1985 NÃO HAVIA PRODUZIDO NENHUMA BANDA NOVA QUE CONTRIBUÍSSE COM MUITO MATERIAL DE QUALIDADE PARA O REPERTÓRIO PUNK, PELO MENOS NÃO QUE EU SOUBESSE. EU ME SENTIA MOTIVADO A ACRESCENTAR ALGO A ESSE REPERTÓRIO, MAS PRECISAVA DE NOVOS TEMAS PARA ALIMENTAR MINHA PERSPECTIVA DE MUNDO, QUE RAPIDAMENTE SE EXPANDIA. ESTAVA INTERESSADO EM COMPOR MÚSICAS QUE PUDESSEM AMPLIAR E ATUALIZAR MINHAS EXPERIÊNCIAS, QUE SE ORIGINAVAM NO TÉDIO ESTAGNADO DO MOMENTO SUBURBANO.

O sul da Califórnia, possivelmente o maior subúrbio do mundo, vivia o auge do seu crescimento populacional. Com mais de 100 mil novos residentes chegando à área metropolitana de L.A. a cada ano, a região recebia gente de todo o tipo. Mas, apesar desses números crescentes, nenhuma matéria-prima intelectual estava sendo acrescentada à cena punk. Portanto, não era surpresa alguma que uma banda novata (na época) como o D.I. tivesse músicas como "Richard Hung Himself" ["Richard se enforcou"]. O niilismo era abundante e tornou-se um sinônimo do punk do sul da Califórnia. Não havia nada no cardápio para servir gerações posteriores de punk rockers.

O tom anti-intelectual do pensamento conservador, tão prevalente nos arredores de L.A., sobretudo em Orange County, valorizava estereótipos, facções, teorias da conspiração, mais combate do que negociação e mais competição do que simbiose. Resumindo: a mentalidade de gangues prosperava nesse ambiente anti-intelectual. O estereótipo do punk como uma comunidade niilista e sem futuro de malfeitores drogados e preguiçosos, com a única intenção de violar leis e destruir bens, tinha chegado ao seu ápice, e a maioria dos shows da época eram lotados de punks que adoravam se encaixar nesse rótulo.

Eu tentava conscientemente ir na direção oposta desses estereótipos. Minha motivação interior sempre me conduzia de volta à composição como uma forma de expressão catártica. O mundo natural, suas leis e seus princípios, e a criatividade incessante dos processos naturais requeriam estudo e inspiravam observações e reflexões. O resultado foi uma lista infindável de temas interessantes para canções.

Minha determinação lentamente se consolidava em uma decisão pessoal de continuar a tradição da banda, mesmo sem contar com Jay e Brett e apesar dos desvios que a cena punk havia tomado. Eu tinha meus próprios desvios para explorar.

Na UCLA, meus instrutores eram geólogos e biólogos de campo que mandavam seus alunos para a natureza, fora da cidade, com a maior frequência possível. Podíamos usar a frota de veículos na garagem, geralmente formada por Suburbans ou vans para 15 passageiros, que nos levavam da sala até as formações rochosas. Para mim, o curso era uma chance de acampar o máximo possível. O estudo de Geologia e Biologia me permitia encontrar exemplos dos livros no campo. Excursões que duravam a semana toda até as montanhas Sierra e Inyo, com o professor Clem Nelson (uma lenda da Geologia na Califórnia); saídas para observar pássaros no pico San Jacinto e em Malibu, com os professores Tom Howell e Martin Cody (lendas da Ornitologia); ou viagens de coleta aos fins de semana nas praias de San Diego, no vale Coachella ou nas cordilheiras Transversais, com os professores Ray Ingersoll e Ted Reed, eram comuns em todos os semestres de meus estudos de Naturalismo.

Uma matéria que durou um semestre inteiro, a Field Biology Quarter (FBQ), dedicada à Biologia de Campo, foi lecionada fora do *campus*, em barracas e locais de camping, coletando dados sobre a distribuição de espécies, as condições ambientais e a identificação de pássaros, cobras, mamíferos, plantas e insetos. A Geologia de Campo era uma série de matérias que ocupavam anos do currículo da graduação. A cada trimestre acadêmico, uma região diferente era escolhida para nós, os alunos, passarmos todo o tempo necessário mapeando, coletando amostras e identificando os diversos minerais e pedras nas áreas remotas e estruturalmente complexas do sul da Califórnia.

Um dos professores de FBQ era Laurie Vitt, um caipira de quarenta e poucos anos, com bigode e cabelo comprido, que tocava violão e amava o mar. Não era o típico engomadinho acadêmico – parecia mais uma versão fodona do Tommy Shaw, do Styx. Laurie passava a maior parte do tempo nas regiões selvagens, identificando e estudando o comportamento de répteis e anfíbios na bacia Amazônica e no sudoeste dos EUA. Em todas as nossas excursões, ele levava seu fiel violão na parte de trás de seu veículo de campo, uma van Econoline dos anos 1970. Muito competente tanto cantando quanto tocando violão, ele perpetuava a mitologia de cantar ao redor da fogueira, além de valorizar minha habilidade como vocalista e meu interesse na música. Laurie gostava de mim, e meio que me tornou seu aprendiz quando íamos a campo juntos. Ele me mostrou como capturar lagartos (sem ferir os animais) e como pegar cobras venenosas. Uma de suas áreas favoritas era o vale Coachella, sobretudo por conta do grande número de partes intocadas que traziam uma grande biota de lagartos, mas também porque as montanhas que cercavam a porção ao sudoeste do vale abrigavam uma espécie particularmente interessante de cobra, uma subespécie da jiboia-rosada (*Lichanura orcutti*).

Laurie gostava de me chamar de "esquisitão", mas era um termo carinhoso, porque ele realmente era um roqueiro que, como eu, achou uma forma de deixar sua vida acadêmica coexistir com a musical. Por ser um cara raiz, ele não gostava muito do punk ou da forma como Neil Young tocava guitarra nem de qualquer coisa que parecesse uma cópia. Ele só valorizava o talento e a curiosidade. Sua filosofia era compartilhada do banco do motorista, se você tivesse a sorte, como eu tive, de andar de carro ao seu lado no caminho até o próximo campo. Ele me disse que lagartos em ambientes selvagens são praticamente o modelo perfeito para todos os estudos sobre animais. Eles até demonstram as características das quais os traços humanos foram derivados e das quais os humanos não se desassociaram com sucesso na evolução. "Aquele lagarto ali, na pedra, está vendo? Ele está fazendo o amplexo (flexões) porque está demonstrando visualmente a todos os outros lagartos próximos que ele é o rei do território. Ele tem acesso a todas as fêmeas nesta área. Quando músicos estão no palco, eles têm a atenção total de todos no auditório. Apenas por sua posição no palco, como o lagarto na pedra, são excepcionais para a população. Humanos não conseguiram se desvencilhar desse fenômeno social básico dos lagartos em suas vidas: não importa que a consciência e a racionalização intelectual tenham evoluído em paralelo, ainda somos essencialmente como lagartos. A posição e o privilégio de ter o melhor território (em nosso caso, o palco de um show de rock) significam ter o maior sucesso evolutivo na vida."

Para além da verdade ou da loucura de seus discursos, eu era influenciado pela habilidade que ele tinha de usar fatos da natureza e aplicá-los a uma filosofia de vida que fosse relevante e satisfatória. Isso forneceu uma base intelectual para mim. O Bad Religion estava começando a ser uma plataforma intelectual reconfortante, que me permitia compartilhar minhas observações do mundo com um público maior. Só era uma pena que as plateias pareciam diminuir, ficar mais niilistas e depender mais das drogas com o passar da década.

Fiquei bem amigo de outros dois estudantes, chamados Jay e Mark. Em uma viagem ao México, nossa turma passou um mês em uma estação de campo no meio do nada, perto de Chamela, no estado de Jalisco. A estação ficava no centro de uma floresta tropical decídua intocada, e cada estudante tinha o objetivo de encontrar um projeto de pesquisa ao explorar as trilhas da floresta e procurar algo interessante. Quase todos os alunos escolheram trabalhar com algum animal diurno ou alguma planta. Pássaros e eufórbios eram projetos comuns e fáceis. Mark escolheu pássaros, Jay escolheu eufórbios. A rotina deles era tranquila: observar ou coletar pela manhã e passar as tardes anotando os dados no laboratório. Mas eu optei por trabalhar com formigas noturnas, um animal social fascinante com muitos comportamentos interessantes a ser observados. Como era o único estudante trabalhando à noite, eu observava as formigas cortadeiras com uma lanterna de cabeça e um caderno na mão, enquanto meus colegas bebiam cerveja e jantavam no refeitório da estação de campo. Isso significava que minhas tardes ficavam livres, então eu passava o tempo com Jay e Mark no laboratório enquanto eles anotavam seus dados.

Nós nos entendemos de imediato, por conta de nossa opinião cínica em relação a quase todos ao nosso redor. Nossos comentários cômicos e irônicos sobre a sociedade, especialmente sobre a vida acadêmica, ajudaram a nos aproximar. Após um longo dia coletando e medindo plantas, Jay frequentemente aumentava o som da caixa portátil do laboratório para tocar suas mixtapes favoritas. Muitas das músicas eram de Neil Young. Eu já tinha ouvido boa parte dessas canções, pois, no fim do Ensino Fundamental, meu amigo Jon tinha um irmão mais velho que tocava violão e cantava Neil Young com um falsete choroso e agudo. Sempre me impressionei pela qualidade daquelas composições, mas qualquer pessoa que tentasse recriá-las no violão soava quase cômica. Jay, Mark e eu cantávamos essas músicas *a cappella*, e sempre acabava em riso quando tentávamos fazer isso com a cara séria. Nós nos cumprimentávamos com um falsete agudo: *"Hello cowgirl in the sand!"*[14] ["Olá, vaqueira na areia!"]. Alguns anos depois, Brett e eu utilizaríamos essa música como modelo para uma ideia de disco novo do Bad Religion.

Ao retornar do trabalho de campo, já em L.A., meu amigo Phil me ligou e perguntou se eu queria gravar umas músicas em seu estúdio recentemente reformado, em North Hollywood (Spinhead Studios). Eu tinha composto umas canções inspiradas por Neil Young, e as gravamos com Phil no baixo. Também pedimos a Greg Hetson que tocasse guitarra. Era uma época em que nós evitávamos a cena punk, que antes costumava ser nosso foco principal. Phil passava a maior parte do tempo construindo seu estúdio de gravação. Eu passava cada vez mais tempo em campo fazendo trabalho acadêmico. Nós dois gostávamos de acampar, por isso ele me acompanhou em algumas excursões geológicas pelo vale Coachella. Ambos andávamos de moto nessa época (era o meu principal transporte na faculdade), e sua Honda 750 era muito mais nova e invejável, com partida eletrônica, que a minha Yamaha 450 batida, com partida a pedal.

Uma das canções do período, "Runnin' Fast", realmente exemplifica minha atitude durante essa fase da minha vida. Sentia como se estivesse tentando "manter distância" do mundo dos meus antigos conhecidos, ainda presos na cena punk. A maioria deles não fez faculdade; em vez disso, eles entraram numa espiral de drogas, álcool ou niilismo que parecia me assombrar com sua presença constante. Se eu quisesse encontrar meus antigos amigos, precisava entrar nesse buraco, ou pelo menos era assim como me sentia. Então eu estava "correndo rápido" ["Runnin' Fast"] daquele mundo. Phil também estudava na UCLA (Matemática e Filosofia), então nos conectamos intelectual e musicalmente. Ele era minha garantia de que nem todos os punks tinham caído naquele poço sem fundo de negatividade. Dave Markey, um amigo de Phil, usou

---

14 Primeiro verso da faixa "Cowgirl in The Sand", de Neil Young. (N. da P.)

"Runnin' Fast" na trilha sonora de um filme que estava fazendo chamado *Desperate Teenage Lovedolls*. Eu não vi o filme quando ficou pronto, mas valorizei o esforço criativo que claramente ainda existia em alguns pontos da cena punk naquela época.

Minha competência como cientista de campo era motivada tanto por meu entusiasmo por sair da cidade e minha vontade de acampar quanto pela curiosidade que eu tinha em geral sobre espécies e fenômenos naturais. Consegui uma boa reputação entre os instrutores e outros alunos como colega de campo fiel e bom observador. Isso me deu inúmeras oportunidades de fazer excursões de campo. Shows em clubes ainda me satisfaziam ocasionalmente, mas eu estava muito mais feliz em fugir da cidade por completo, evitando a banalidade da vida noturna monótona e rasa que povoava nossa cena em 1985.

Em casa, quando não estava estudando, eu passava o tempo compondo. Após algumas conversas com meu velho amigo Brett, descobri que ele estava interessado em gravar outro disco do Bad Religion. Ele disse que não se importava de não tocar nele, mas, por estar construindo um estúdio novo, talvez pudesse participar como engenheiro e produtor. Eu sempre me animava com seu envolvimento e, ao mesmo tempo, queria apoiar sua carreira na produção musical, então aceitei com prazer a oferta para fazer um EP de seis faixas, chamado *Back to the Known*.

Eu tinha composto uma canção que começava assim: "*When everybody dies around you from someone else's gun, it makes you stop and think about the time to come*" ["Quando todo mundo morre ao seu redor pela arma de outra pessoa, você começa a pensar no que está por vir"]. Mudei o tom da música para refletir sobre a raça humana, mas, na verdade, estava comentando sobre as decepções que tive com meus colegas do punk, que não saíam da minha cabeça. A música se chamava "New Leaf" e apenas diz: "*You better turn over a new leaf, because the old one's turning on you*" ["É melhor você virar a página, porque a antiga está se virando contra você"]. Eu provavelmente estava experimentando uma espécie de mantra pessoal nessa época. Era, afinal de contas, uma justificativa para a minha dedicação aos estudos e a busca contínua por uma situação com menos niilismo, abuso de drogas e violência em minha vida, o oposto da típica cena punk. O EP também contém "Along the Way", uma canção sobre a jornada da vida. Talvez seja o mais próximo de uma música religiosa que já cheguei a compor. O último verso detalha uma esperança juvenil de que, em algum ponto da jornada, das moléculas à morte, eu verei novamente meu velho amigo Tommy, que morava perto de mim em Racine, mas tinha morrido inesperadamente enquanto eu fazia um trabalho de campo no Arizona. Tommy acordou um dia para fazer um exame na Universidade de Wisconsin, desligou o alarme e seu coração parou. Ele nem saiu da cama. *My Tommy you are free and you will not follow me, but we'll see each other once more on the path along the way* ["Meu Tommy, você está livre e não me seguirá, mas nos veremos mais uma vez no decorrer da jornada"]. Canções são tão boas em refletir os absurdos, as ironias e as durezas da vida que às vezes perco a capacidade de cantá-las ou recitá-las sem chorar. "Along the Way" não seria a última vez que eu usaria o processo de composição para lidar com uma tragédia pessoal.

Apesar de lançarmos o EP *Back to the Known*, os fãs do Bad Religion ainda eram poucos e dispersos. Os shows que fazíamos ainda tinham uma maioria masculina na plateia, frequentemente bêbada ou chapada. Eram geralmente no meio da semana, então apenas os bebuns e frequentadores de clube profissionais apareciam.

O punk não veio me procurar nessa época. Tenho certeza de que havia muitos jovens ainda apegados a alguma noção ultrapassada do que o punk "deveria ser". Mas eu não era um deles. Naquele momento, eu duvidava que o punk rock formava o cerne de qualquer cena musical vital. Os punks em Hollywood estavam mais interessados na vida noturna, na devassidão e na ideia de um estilo de vida punk do que nas canções ou na criatividade do punk rock. Portanto, de certa forma, o prazer que eu tinha ao cantar e compor novas músicas era a única coisa sustentando a banda. O Bad Religion foi procurar o punk, e não o contrário. As únicas ofertas de shows para a banda apareciam quando Greg Hetson as caçava em diversos bares aleatórios e clubes sujos.

Um dos últimos shows que me lembro de ter feito nessa fase de "procurar o punk" foi em um evento esquisito e improvisado, organizado por algum promoter hippie em um pequeno resort de esqui no Lago Tahoe, na Califórnia, nas alturas da Sierra Nevada. Greg Hetson era amigo do famoso skatista Tony Alva, que tinha uma banda, os Skoundrelz. Tony perguntou a Greg se o Circle Jerks podia fazer um show com eles no Tahoe, pois um promoter local estava tentando levar um pouco da credibilidade do sul da Califórnia à vida noturna daquela comunidade sem graça. Greg Hetson e Tony Alva eram nomes grandes na época, e apesar de a cena punk estar esgotada em Hollywood, ainda mantinha fôlego em lugares que nunca tinham vivido o punk rock. Não havia chance alguma de o Circle Jerks aceitar um show tão arriscado comercialmente; naquela época, a banda tocava como atração principal em diversas cidades do país. Mas Greg sugeriu a Tony que o Bad Religion poderia tocar lá. Embora o promoter já tivesse ouvido falar do Bad Religion, ele não sabia nada sobre a banda, mas aceitou comprar o pacote de duas bandas de Los Angeles, pois tinha o desejo específico de fazer uma ligação entre a cultura punk/skate de L.A. e o sonho de uma vida noturna viável no coração dos resorts de esqui no Lago Tahoe, tudo focado em sua casa de shows. Greg Hetson disse que a oferta era de 500 dólares por um show no sábado à noite, em fevereiro.

Eu estava pronto para um passeio de fim de semana pelo vale Owens, um lugar de onde tinha acabado de retornar após uma viagem de campo de Geologia, alguns meses antes. Eu sempre aceitava oportunidades de viajar pela Highway 395 para ver de perto a formação geológica espetacular e o bioma do deserto de Mojave. Levei os caras em uma van alugada e escolhi todas as minhas paradas favoritas – algumas em estradas de terra panorâmicas para fazer pausas, observar pedras e aproveitar as vistas. Era um dia de inverno majestoso, com uma camada de neve cobrindo os arbustos que se estendiam pelos leques aluviais. As Montanhas Brancas ao leste e a Sierra ao oeste estavam pintadas por uma linha de neve horizontal, perfeitamente reta, na metade da altura até seus cumes, cobertos com a maravilhosa, branca e reluzente assinatura da estação. Aquela linha demarcadora a 1.500 metros de altura ficava mais baixa conforme nos aproximávamos de nosso destino; quando chegamos a Lee Vining, na Califórnia, a terra estava completamente coberta por alguns metros de neve.

O Lago Tahoe ficava a cerca de sete ou oito horas do oeste de Los Angeles, então saímos cedo e chegamos à casa de shows para a passagem de som no fim da tarde, por volta das 19 horas. O local era um edifício moderno de meados do século, com painéis de madeira e uma grande lareira no saguão. Parecia um clássico resort de esqui com restaurante, perfeito para se aquecer após um longo dia descendo a montanha, mas nada apropriado para um show punk. O promoter nos recebeu com a típica saudação: "Caras, que bom vê-los aqui! As portas serão abertas daqui a duas horas, então levem o tempo que precisarem para montar suas coisas e podem ir para o camarim. Eu vou encomendar umas pizzas, e vocês podem tomar umas cervejas no nosso bar aconchegante". E, sem desperdiçar um segundo, ele começou a encher nosso saco: "A pré--venda de ingressos foi meio fraca, mas espero que muita gente compre na hora". Já tínhamos ouvido essa história tantas vezes que sabíamos que o lugar era uma cilada. Ninguém ali, de jeito nenhum, se importava com punk rock nem conhecia os Skoundrelz ou o Bad Religion. Talvez alguns skatistas mais entendidos conhecessem Tony Alva, e talvez uns perdidos de férias no resort já tivessem visto o Circle Jerks, o que poderia atrair algumas pessoas (os flyers do show mencionavam "Greg Hetson, do Circle Jerks" em letras grandes).

Como previsto, apenas um punhado de gente apareceu. O punk rock simplesmente não era popular o suficiente para lugares distantes – como o Lago Tahoe – atraírem um público que sustentasse uma cena de clubes animada. Éramos as cobaias no experimento daquele promoter. Ele achava que poderia trazer bandas de L.A. e São Francisco para shows de fim de semana e lotar a casa. Sua visão estava uns dez anos à frente do tempo. Os resorts de esqui tinham pouquíssimos jovens que curtiam esse tipo de música. A cultura do snowboard e dos X Games ainda não tinha se materializado. Tínhamos chegado muito antes daquela onda. As únicas pessoas que apareceram foram os mesmos tipos deprimentes que iam aos shows em Hollywood. Criaturas sombrias, bêbados e usuários de metanfetamina que curtiam a ideia de música rápida e agressiva, mas não se interessavam pelas canções. Parecia que queriam uma trilha sonora para sua depressão. Ali no Tahoe, no meio da beleza e do espetáculo invernal de florestas gigantes cobertas por neve e picos de granito iluminados pelo luar, as criaturas noturnas deploráveis e deprimentes pareciam ainda mais deslocadas que sob as palmeiras das ruas de Hollywood. Como na Cidade dos Anjos, elas perambulavam, mas em números menores, procurando uma casa de shows e um som ao vivo para foder com tudo, inclusive elas mesmas.

No palco, tive uma performance medíocre. Eles não se importavam; só queriam que John tocasse batidas mais rápidas na bateria e que Greg Hetson aumentasse o volume de sua guitarra distorcida. De qualquer maneira, o palco improvisado dentro daquele salão (que funcionava como restaurante durante o dia) não era acusticamente adaptado. Os monitores de retorno estavam altos demais e muito próximos, então o microfone do vocal principal ficava constantemente dando microfonia. O "cara do som" local corrigiu isso ao diminuir tanto o volume do vocal que a voz ficou enterrada sob o som da caixa e da guitarra, que ecoavam pelo local quase vazio. Minha mente começou a divagar: "Bem, pelo menos a vista hoje na 395 foi espetacular!".

Quando chegou a hora de guardar tudo e voltar para casa, eu precisava "passar o chapéu" (o eufemismo para "ser pago") com o promoter. Disse aos outros caras para colocar todo o equipamento na van o mais rápido que um ser humano conseguisse, pois seria um caso de "pegar a grana e vazar". A essas horas, o promoter já tinha bebido bastante e relatado a péssima notícia da bilheteria: "Arrecadamos muito menos do que eu esperava". ("Nossa, é mesmo?", eu disse a mim mesmo enquanto revirava os olhos.) Ele pegou cerca de 600 dólares e me disse que só tinha recebido aquilo dos ingressos vendidos na hora. "Posso te pagar 200 e completar com o restante quando vocês voltarem aqui com outra banda de L.A., tipo o Circle Jerks ou algo assim?" Naquela hora, eu sabia que ele tinha ganhado dinheiro vendendo drinks no bar e não estava compartilhando essa informação conosco, então perguntei na lata: "O que uma garantia significa para você?". Nos garantiram 500 dólares, e ele estava oferecendo pagar menos da metade disso. E essa "garantia" mal cobria nossas despesas para chegar até lá, o que incluía a van alugada, combustível e um quarto para hospedagem na estrada. O cara estava me oferecendo sua sinceridade bêbada, que não passava de autopiedade moralista e lógica egoísta. "Não vou conseguir criar uma cena musical aqui se eu continuar perdendo dinheiro." Fiz outra pergunta que pareceu realmente desanimá-lo: "Por que eu incentivaria qualquer uma das bandas dos meus amigos a tocar aqui se suas garantias não significam nada?". (Na verdade, Greg Hetson era meu único amigo em uma banda famosa que significava alguma coisa fora de Hollywood, então era uma espécie de blefe.) O promoter começou a chorar e disse: "Você não pode fazer isso comigo! Eu preciso das conexões, cara!". (Acho que ele queria dizer que precisava dos contatos com bandas importantes de L.A.) Eu aproveitei essa oportunidade para pegar 500 dólares da pilha de dinheiro e sair correndo de seu escritório, no exato momento em que Tony e os Skoundrelz estavam chegando para receber sua "garantia". Qualquer que fosse o valor prometido a eles, sei que o cara só tinha cerca de 100 dólares restantes na mesa, e os Skoundrelz estavam muito menos interessados em fazer perguntas retóricas ou lógicas. Os métodos deles eram menos cerebrais do que os meus.

Os caras estavam todos esperando. A van pronta, em ponto-morto e com o aquecedor ligado. O escapamento emanando vapor. A temperatura era de 5 graus negativos do lado de fora, e o estacionamento estava úmido e sujo. Eu saí pela porta dos fundos, entrei na van e disse: "Vamos dar o fora daqui. Peguei nossa grana, mas não sei como ele vai pagar os Skoundrelz". "Aposto que eles vão pegar o dinheiro do bar!", disse Greg Hetson. Ao sairmos do estacionamento, vimos pelo espelho retrovisor uma cena que ficou vividamente gravada em minha memória. O promoter sendo perseguido, do lado de fora de sua própria casa de shows, por algumas pessoas que vieram com os Skoundrelz. Diminuímos a velocidade para poder ver a ação melhor, imaginando o que aconteceria com aquele promoter infeliz. Eu o vi sendo cercado por seus agressores. Ele andava para trás, com as mãos erguidas, balbuciando e implorando: "Caras, vocês não podem fazer isso comigo! Eu estou tentando construir uma cena aqui!". Suas palavras não significavam nada. O pessoal dos Skoundrelz o agarrou como um saco de batatas, ergueu suas pernas para cima – como se fosse chacoalhar seus bolsos até ficarem vazios – e o enfiou de cabeça em um monte de neve. Dirigimos alegres para o corredor escuro da rodovia florestal da Sierra, espiando pelo retrovisor aquela figura contorcida, com duas pernas no ar, fazendo sombras na neve sob o luar.

O fiasco no Tahoe não gerava expectativas positivas para o crescimento e a aceitação do punk enquanto gênero musical. Hoje, relembro essa história e gostaria de ter sido mais generoso. Mas não havia nem cena nem uma comunidade. Só um punhado desunido de donos de clube oportunistas tentando pagar as contas.

A banda passou por diversas mudanças durante esse período. Jay tinha decidido que queria seu posto de volta, então ligou para Tim, que havia assumido o baixo, e falou: "E aí, Tim, acho que vou tocar baixo de agora em diante". Tim respondeu: "Ok, cara, eu só estava guardando o lugar para você". Então recrutamos Lucky, o antigo baterista que tocava com Greg Hetson no Circle Jerks, para assumir por um tempo a posição de John na bateria. Lucky havia recentemente se tornado um advogado, após deixar o Circle Jerks para se formar em Direito. Com essa formação, fizemos uma turnê no meio do inverno pela Costa Leste. Lucky estava acostumado a tocar em uma banda maior, como atração principal, mas essa turnê não tinha nada a ver com o Circle Jerks. Clubes pequenos e sujos, com luz e som péssimos, eram nosso destino na época. Com plateias pequenas e sem destaque na imprensa local, nós definhamos pela estrada em cidades como Richmond, na Virgínia; Norwalk, em Connecticut; Bethesda, em Maryland; e até Boston, em Massachusetts. Tocamos para pouca gente, quase ninguém, em cada clube. Na verdade, simplesmente perdemos o show em Boston, pois chegamos lá às 18 horas e descobrimos que estávamos agendados para uma matinê, no meio da tarde. Os shows eram tão mal organizados, que alguns clubes nem sabiam que estávamos chegando. Um fulano recebeu ligação de um sicrano falando que Greg Hetson, do Circle Jerks, ia chegar na cidade com sua outra banda, o Bad Religion. Não era incomum agendar shows assim, no boca a boca. Sem divulgação e com pouquíssimas regalias (ou funcionários), nós éramos esperados em shows improvisados. Em uma das casas de shows, o Rocket's, em Richmond, um boteco metido a besta com um palco minúsculo na extremidade do balcão, Jay ficava atendendo o telefone, respondendo a questões de pessoas locais que queriam saber se haveria música ao vivo naquela noite. "RRRRRocket's! Posso ajudá-lo?" Quando perguntavam quem tocaria, ele dava algum nome de banda engraçado, e todo mundo explodia de rir. Mas, brincadeiras à parte, não estávamos nos divertindo muito naquela viagem. Era o fim da linha para Lucky, que tinha se rebaixado para tocar nesses shows, após performances muito mais bem-sucedidas e animadoras pelo país inteiro com o Circle Jerks.

Numa época em que o R.E.M tocava como atração principal no Philadelphia Spectrum, uma das principais arenas de show do país, lá estávamos nós atendendo telefones em um bar em Richmond, Virgínia, uma cidade que mal sabia quem éramos. Eu achava o R.E.M. um caso curioso, pois soube aproveitar algo chamado "college rock" ["rock universitário"], que, pelo menos para mim, não soava tão diferente do que tentamos fazer ao gravar *Into the Unknown*, um fracasso reconhecido. A fama deles me deixava perplexo porque eu *estava* na universidade e tinha minha banda, mas nunca entendi a vida no *campus* como uma situação excepcionalmente propícia para apenas um estilo de música. Há muita diversidade ali para formar um gênero musical coerente. Mas eu tinha a noção otimista de que talvez a inteligência na música estivesse se tornando novamente um bem valioso. Essa deve ter sido a fagulha que me fez querer reativar uma relação perdida com Brett, meu parceiro de composição.

Mas os shows ao vivo eram um problema diferente. Do que serve ter boas músicas se você não consegue tocá-las em casas decentes? Os buracos que costumavam receber o cenário punk nesse período não davam a mínima para a apresentação da banda. Greg Hetson costumava dizer: "Em qualquer palco eu consigo agitar!". Essa era a forma como ele lidava com a situação sempre que chegávamos a um lugar com palco improvisado e sem sistema de som. Eu discordava completamente desse ponto de vista. Não éramos uma banda de jazz, caso em que todos os instrumentos poderiam ser ouvidos com ou sem um bom sistema de som. Dependíamos de nossas letras, e, se eu não pudesse ser ouvido, as ideias não seriam compartilhadas e as músicas estariam praticamente mortas para mim. Em um de nossos shows, em St. Louis, por exemplo, o balcão do bar acabava no palco. Eu podia andar um metro e meio e pedir uma cerveja enquanto cantava! Mas não havia um sistema de PA no local. Quando perguntamos como eu poderia ser ouvido sem um som, o dono do clube disse: "Olha, todas as bandas aqui tocam perfeitamente bem usando o amplificador de baixo da casa e virando as caixas de retorno para a plateia. Recebemos o Gang Green na semana passada, e eles não reclamaram. O quê? Vocês são especiais ou algo assim?". Eu não me sentia especial. Mas se "especial" significava não aceitar um padrão tão baixo, então, sim, eu era especial. O público punk merecia uma qualidade de produção musical tão boa quanto a de qualquer outro tipo de música, mas frequentemente havia uma atitude do tipo "é APENAS punk"; ou seja, equipamentos decentes não eram necessários. Muitas casas de show e promoters tinham essa abordagem, e eu me sentia sem poder para mudar essas atitudes.

TRANSIÇÃO INTELECTUAL

O que então não estava claro para mim, e que talvez nenhum de nós percebia, era que só havia um caminho para sair da rotina deprimente de tocar em barzinhos e ficar atendendo telefones. Precisávamos de um agente que pudesse estabelecer e comunicar nossos padrões altos a promoters de verdade, que só lidassem com casas de shows que levassem a produção e a apresentação a sério. A falta de um agente era a principal coisa que nos separava de nossos colegas que faziam turnês mais bem-sucedidas, como o Circle Jerks e o Black Flag. Dependíamos da divulgação boca a boca, algo que, naquela cena punk em decadência, não ajudava muito. Se não fossem nossos amigos da Goldenvoice e outros promoters regionais, não receberíamos qualquer oferta; mesmo com amigos influentes, o número de convites que recebíamos ainda era limitado e um tanto arbitrário. Greg Hetson fez amizade com promoters em outras regiões dos EUA durante as turnês do Circle Jerks, sempre mencionando que sua outra banda, o Bad Religion, deveria ser considerada para tocar. Mas essas menções costumavam ser repassadas a outras casas de shows menos consolidadas e promoters cujas ofertas nos colocavam em botecos sem qualquer divulgação, longe de casa. Raramente conseguíamos shows em casas decentes onde o Circle Jerks tinha tocado, e, quando isso acontecia, como no City Gardens, em Nova Jersey, ou talvez no Living Room, em Rhode Island, acabava sendo um enorme tédio. Não éramos o Circle Jerks. Além disso, os flyers geralmente diziam "Bad Religion, com a participação de Greg Hetson, do Circle Jerks", o que talvez explicasse nosso público pateticamente pequeno. Os fãs queriam ver os Jerks, não o projeto paralelo de seu guitarrista.

Mas assim continuamos, sem agente, por um longo período em que esperávamos o telefone tocar. Nos dois anos seguintes, sempre que a Goldenvoice precisava de uma boa banda de abertura, que tivesse uma quantidade razoável de fãs, conseguisse vender alguns ingressos e fosse apropriada para se misturar com o thrash ou metal ou gótico das atrações principais que estavam em turnê na época, chamavam o Bad Religion. Ali começou um fluxo contínuo de shows, de poucos em poucos meses, no Fender's Ballroom, em Long Beach, ou em outras casas da Goldenvoice nos arredores de Los Angeles. Lentamente, no decorrer dos dois anos seguintes, o público começou a mudar.

No outono de 1987, o Bad Religion recebeu algumas ligações aleatórias de promoters perguntando se gostaríamos de tocar como banda de abertura. O velho e fiel Fender's Ballroom tinha agendado um show do Shattered Faith. Chegamos lá para fazer a abertura e tínhamos mais fãs do que eu esperava. Foi empolgante. Apesar da gangue Suicidal, que frequentava o Fender's e causava tumulto com muitas pessoas que iam ver os shows, a violência chegou a diminuir quando subimos ao palco, porque vários membros da gangue eram fãs do Bad Religion. Também foi empolgante o fato de que parecíamos atrair mais mulheres a esses shows, apesar da presença da gangue, o que eu considerei um sinal de rejuvenescimento e de um apelo mais amplo.

Mas nunca pensei muito na amplitude que esse apelo poderia ter. Se havia limites ao apelo do Bad Religion, eu estava disposto a testá-los. Eu não ligava muito para quais bandas tocariam conosco, desde que os palcos tivessem um bom equipamento de som. Talvez o melhor exemplo dessa situação tenha sido uma oferta que a Goldenvoice fez em novembro de 1987: eles queriam que a gente dividisse o palco com o Dramarama, uma banda do começo do rock alternativo que tinha subido nas paradas em L.A. graças a uma forte presença na rádio KROQ. Como precisava de uma banda de abertura atrativa, a Goldenvoice nos colocou no lineup do evento cerca de uma semana antes de acontecer. Não me lembro de nenhuma divulgação avisando que tocaríamos, mas, para a surpresa de todos, o boca a boca se espalhou rapidamente e tivemos uma grande presença de nossos fãs. Até muitos dos milhares de fãs do Dramarama pararam para prestar atenção em nossas músicas grudentas e agitadas. O show deixou os promoters com uma impressão positiva, lembrando-os de algo que Gary Tovar, o fundador da Goldenvoice, tinha dito: "Nunca subestimem o Bad Religion". E provou que não apenas conseguíamos trazer nossos próprios fãs para clubes como o Fender's, mas que também podíamos atrair gente para palcos maiores, de casas mais famosas.

Um dia, logo após meu retorno de uma expedição na Bolívia, Brett foi até meu novo apartamento em Brentwood, onde Greta e eu estávamos morando juntos. Ele havia ficado sóbrio recentemente e retornado à banda para um show em São Francisco. Brett estava gravando muito e aperfeiçoando suas habilidades como engenheiro de som, então tinha todas as ferramentas necessárias para fazer um novo disco em seu estúdio, o Westbeach Recorders.

Naquela tarde, enquanto passávamos um tempo em Brentwood, começamos a discutir a possibilidade de gravar novamente com a banda inteira. Sabíamos bem que a estação de rádio que costumava tocar nossas músicas, a KROQ, nem tinha mais um programa de punk. O *Rodney on the ROQ* estava tocando muita coisa com um som mais influenciado pelo garage rock dos anos 1960, trazendo bandas como o Redd Kross, que ainda fazia discos que soavam como surf music barulhenta, e tentando convencer os ouvintes de que aquele som estava "acontecendo". Mas não estava. A música popular da época na KROQ era o pop voltado para clubes e a música dançante de bandas como Depeche Mode, Erasure, Smiths e INXS, ou bandas do começo do rock alternativo, como R.E.M., U2 e Dramarama. Nossa motivação não era provocada, de maneira alguma, pela possibilidade de termos sucesso na rádio naquele momento.

Mas sentíamos que era possível criar algo muito melhor do que nossas gravações anteriores, e esse era um objetivo alcançável. Exploramos uns sons no meu violão, mas acabei tocando uns covers de Neil Young. Quando toquei "Cowgirl in The Sand", Brett afirmou: "Essa troca de acordes é foda". Então usamos aquela primeira progressão de notas na canção, uma simples mudança do Lá menor para o Fá suspenso, para começar o que se tornaria material para um disco inteiro, registrando nossas perspectivas sobre o mundo e as atitudes à época. A música se tornou a faixa-título de nosso álbum *Suffer*. Assim começou o período mais prolífico de composições na história do Bad Religion.

19.
O CAMINHO ATÉ SUFFER

O OESTE DE LOS ANGELES É GLAMOUROSO PARA QUEM É DE FORA, MAS MORAR LÁ PODE SER BEM MONÓTONO, CONGESTIONADO E NADA MOTIVADOR. MESMO ASSIM, O AROMA SAZONAL E PENETRANTE DAS FLORES DE JASMIM EM CADA SAGUÃO DE PRÉDIO HABITACIONAL DESSA PARTE DA CIDADE FICA PARA SEMPRE COM VOCÊ. É A REDOLÊNCIA GEOGRÁFICA EM SEU AUGE. A PLANTA DE JASMIM VEM DO LESTE. O OESTE DE LOS ANGELES É REPLETO DE INTRIGAS DO LESTE. NA VERDADE, ISSO INFLUENCIA O PENSAMENTO DE MUITAS PESSOAS QUE VIVEM A POUCOS QUILÔMETROS DA FAIXA LITORÂNEA DO PACÍFICO. EM 1987, EU ESTAVA A APENAS 4,5 QUILÔMETROS DO OCEANO. COM UMA CURTA PEDALADA PELA SAN VICENTE BOULEVARD, SAINDO DO MEU APARTAMENTO, EU JÁ PODERIA CHEGAR À PRAIA, EMBORA GERALMENTE SÓ PEDALASSE AO LONGO DELA, NUNCA PARANDO PARA MEDITAR OU SENTIR A BRISA MARÍTIMA PASSAR POR MIM.

Minha namorada e futura esposa, Greta, bem como nossos melhores amigos da UCLA, Jerry e Inga, nunca tinham morado a mais do que alguns quilômetros da praia durante toda a vida. Apesar de terem crescido em tradicionais lares cristãos americanos, viver tão perto da praia, na costa do Pacífico, parecia ter um efeito profundo em suas visões de mundo. Eles, assim como tantos outros no sul da Califórnia, tinham sua própria mescla de valores cristãos e noções populares de antigas religiões asiáticas. O Paraíso significava felicidade na Terra, assim como a eternidade. Ele poderia ser encontrado ao andar pela praia. A reencarnação era algo possível, então havia um respeito pela vida marinha já que, algum dia, poderia ser você ali. Banquinhas de "comida saudável" servindo brotos, shakes de proteína e todos os tipos de ervas asiáticas eram altamente respeitadas. Aceitava-se a meditação como um substituto preferível para as típicas orações e rituais ocidentais. No geral, tentar viver com leveza na Terra se misturava de forma agradável com a realidade da superpopulação e da expansão urbana que L.A. simbolizava para o mundo todo. Todos os ingredientes necessários para uma religião ruim. Material perfeito para crias músicas!

Eu comecei a pós-graduação em 1987, quando morava com Greta, que era a nossa provedora. Ela tinha o melhor emprego para alguém que gostava de praia: era garçonete em uma casa de carnes excessivamente cara chamada Chart House, no coração de Westwood – nossa "cidade universitária", ao lado do *campus*. Era uma franquia de seis ou oito restaurantes, todos próximos a alguma marina. Um deles ficava em Malibu, outro em San Diego, outro em Sausalito, e esse, perto da UCLA, era o mais longe do litoral – a cerca de sete quilômetros da praia. Apesar dessa distância, era "O" lugar para alguém estar se gostasse da vida na praia. Surfistas, jogadores de vôlei, pescadores, salva-vidas, projetistas de resorts, iatistas e todos aqueles com estilos de vida de ricos e famosos iam ao Chart House de Westwood para uma parada noturna e comer um prato *surf and turf*. Com horário de churrasco no início da noite, havia tempo de sobra após a refeição para interagir no calor agradável do ambiente amadeirado de coquetéis, onde garçonetes atraentes em vestidos com estampas havaianas serviam todos os tipos de drinks tropicais que você pudesse imaginar. O bar era a verdadeira atração e ficava aberto até tarde da noite. O som constante de baladas de new wave e soft rock saía dos alto-falantes acoplados. A trilha sonora era uma mistura de *Clube dos Cinco* e "Margaritaville".[15] As garçonetes de coquetel ga-

---

15 Lançada por Jimmy Buffett em 1977, a canção se inspirou no coquetel margarita e relata, em sua letra, sobre uma temporada em um resort de praia. (N. da P.)

nhavam mais dinheiro, pois conseguiam servir um fluxo constante de bebidas superfaturadas durante uma jornada de trabalho de oito horas. As que serviam comida ganhavam gorjetas maiores, mas o horário de maior movimento durava apenas algumas horas, aproximadamente das 17 às 21 horas. Em ambos os casos, uma garçonete não tinha dificuldade alguma em ganhar centenas de dólares a cada turno.

Fui pressionado a "arranjar um emprego" por minha futura esposa. Eu estava contente de trabalhar como engenheiro de som em meio período, mas isso rendia menos de 400 dólares por mês. Greta conseguia ganhar isso em um fim de semana. Então ela me indicou para uma vaga de iniciante no Chart House: atendente do buffet de saladas. Eu gostava de dar risadas com as garçonetes na cozinha quando havia intervalos no meio da constante confusão de servir comes e bebes. Mas, no geral, aquele não era o meu lugar. Eu não cresci na praia. Não surfava. Eu estudava a ciência das praias – a geologia das costas, a biologia do mar –, mas não tinha a ver com o estilo de vida. Apenas vestia o uniforme de camisa havaiana, deixava o buffet de saladas apresentável e reabastecia os rabanetes, mas, na maior parte do tempo, eu só conversava com as pessoas. Perguntava aos clientes como eles estavam naquela noite. Conheci algumas personalidades famosas de Hollywood que frequentavam o local, como David Crosby, que encontrei no buffet de saladas. "Como vai, Sr. Crosby?" Ele tinha acabado de sair da prisão e respondeu: "Sou o cara mais feliz deste lado do Texas!".

Meu superior no restaurante implorava para que eu me esforçasse mais. "Greg, você tem que manter o cobre do buffet brilhando, caso alguém derrame molho *ranch*." "Greg, se você mostrar um pouquinho de iniciativa, podemos te promover para o salão, onde você trabalhará com as garçonetes e ganhará algumas gorjetas." Cara, eles realmente não me entendiam. Eu só estava lá para mostrar o mínimo de iniciativa possível, apenas para manter meu relacionamento em pé. Greta disse que só moraríamos juntos se eu tivesse um emprego. Era justo. Eu valorizava mais nosso relacionamento do que "subir" na carreira de garçom profissional. Mas uma coisa que eu valorizava muito era conhecer pessoas diferentes de mim. Todas as garçonetes, algumas das quais eram as melhores amigas de Greta, eram amigáveis e interessantes. Muitas desejavam ter carreiras como modelo ou atriz. Mesmo tendo um estilo meio hippie, eu gostava de comparar nossas visões de mundo. Era tudo na brincadeira, e nossas conversas me ensinaram que elas não tinham a mínima ideia do que havia acontecido a apenas alguns quilômetros dali durante a última década (a cena punk de Hollywood). Gente praieira assim nunca passava muito tempo livre em shows punk. Mas, nessa fase da minha vida, eu não tinha problema algum com isso. De qualquer forma, pelo que eu sabia, não havia muito estímulo intelectual em Hollywood em 1987.

Jerry, meu amigo da UCLA, também trabalhava no Chart House, e sua namorada, Inga, era a gerente. Jerry estudava comportamento humano. Uma espécie de antropólogo, ele conhecia o estilo de vida do litoral californiano melhor do que qualquer pessoa, mas era igualmente crítico e defensor de todos que o praticavam. Jerry costumava se divertir com a observação de que a maior parte dessas pessoas tinha a mente mais superficial de todas. A maioria dos praieiros, em sua opinião, era privada de qualquer tipo de conhecimento, pois tinha passado toda a vida a menos de um quilômetro do mar. Del Mar e La Jolla – cidades litorâneas da Califórnia, de onde Jerry veio – representavam os fins da Terra: o verdadeiro paraíso, onde todo mundo no planeta sonhava em morar. Aqueles que viviam lá estavam bem cientes de sua situação idílica, então acreditavam que não havia nada mais a conquistar ou desejar. Para eles, a vida era apenas um passatempo, mais um pôr do sol espetacular, mais um dia com ondas perfeitas, mais uma bebida antes de dormir. Seu raciocínio tinha o efeito de amaciar o intelecto, ou pelo menos era nisso que Jerry acreditava. "Por que ir a qualquer outro lugar quando todo mundo gostaria de estar aqui?" Felizmente, esse absurdismo nunca contagiou Jerry, que sempre estava disposto a encarar uma aventura.

Jerry, o supremo filósofo involuntário da cultura litorânea do sul da Califórnia, era alguém que eu admirava e podia contar como amigo, alguém que compartilhava minha busca inquisitiva por um sentido naquela sociedade dissipada e esgotada. Alguns anos mais velho que eu, Jerry também foi à UCLA para buscar mais respostas. Ao estudar e praticar arte, ilustração, pintura e desenho, Jerry passava o tempo refletindo sobre as contradições do mundo e demonstrando-as em sua arte. Jerry sempre foi um dos primeiros a adotar atividades aventureiras na Califórnia: novos designs de pranchas de surf, skates e, futuramente, até Segways. Nos aproximamos graças ao mountain biking.

Morar no oeste de Los Angeles significava que você podia andar de bicicleta em qualquer lugar. Eu morava a cerca de três quilômetros do *campus*. Ia de bicicleta todo dia, e amarrava meus livros em seu bagageiro. Aos fins de semana, Jerry e eu passávamos o dia fazendo trilhas ou apenas passeávamos ao longo da praia, entre nossos apartamentos. A diversão e a velocidade não paravam quando as namoradas estavam conosco. Fosse trabalhando como um quarteto no Chart House durante o mesmo turno, fazendo piqueniques na praia, jogando vôlei em Marina del Rey ou fazendo trilha em Sierra, a vida estava se tornando cada vez mais doméstica, rotineira e estável. Nada nesse estilo de vida era minimamente punk. Mas meu desejo inquietante de comentar sobre os absurdos da vida não diminuía.

Quando Jerry e Inga se casaram, escolheram para a cerimônia o lugar que todos os espiritualistas "alternativos" escolhiam no sul da Califórnia: o Self-Realization Fellowship.[16] Com sua sede em Encinitas, perto de San Diego, o templo ornamentado da organização ficava no alto de um penhasco, com vista para uma praia conhecida pelos surfistas locais como Swami's. Um templo-satélite localizado perto de Malibu oferecia acesso mais fácil a Deus, pois ficava mais próximo das celebridades

---

16 Organização religiosa que divulga os ensinamentos do guru indiano Paramahansa Yogananda. (N. da P.)

pseudoespirituais que adoravam publicidade. Jerry e Inga elegeram o templo em Malibu para sua cerimônia. O lugar é tipicamente new age, com muitas flores de lótus e espelhos d'água. O cheiro de jasmim pairava por toda parte, enquanto o som das ondas a distância acrescentava sensações visuais e auditivas tranquilizantes. Eles fizeram votos matrimoniais tipicamente ocidentais, apesar dos apetrechos orientais.

Não deixei de reparar que há algo extremamente atraente para muitos sul-californianos espirituais na ideia de que você pode criar seu próprio relacionamento pessoal com Deus, sem toda a doutrina e as restrições de religiões convencionais. Meus amigos em Wisconsin eram, em sua maior parte, completamente seculares. Eles não consideravam a espiritualidade algo a ser buscado na vida. Mas Jerry, Inga, Greta e até Brett, de certa forma, todos californianos espertos, se interessavam por misturar um estilo de vida secular com alguns aspectos do budismo e do hinduísmo, como a meditação transcendental. Tanto o budismo quanto o hinduísmo enfatizavam a importância da meditação, e essas filosofias orientais se infiltraram na cultura californiana.

Meus amigos igualmente ateus de Wisconsin nunca repararam no espiritualismo alternativo. Mesmo assim, isso servia como um tópico filosófico interessante para Jerry e eu discutirmos extensamente de vez em quando, sobretudo na fase logo antes de sua cerimônia de casamento no templo da Self-Realization Fellowship.

"Paz e felicidade permanentes" é o que a Self-Realization Fellowship promovia. Isso poderia ser atingido pela meditação, e Deus poderia ser encontrado por meio da autodescoberta. Esse tipo de prática new age não existia no Cinturão da Ferrugem dos EUA. Mas, na Califórnia, estava por toda parte. Foi algo que chegou com os hippies, como uma filosofia popular, e floresceu por lá.

Se alguém realmente quiser encontrar Deus, que faça o que quiser. Mas sempre achei que era um verdadeiro luxo poder pensar dessa forma, uma condição de alguém com a vida muito privilegiada. O tipo de vida que alguém provavelmente teria se morasse a poucos quilômetros do litoral californiano. Os jovens que cresceram no Cinturão da Ferrugem, cujas famílias trabalhavam em fábricas, não tinham a liberdade de meditar ou sentar-se com as pernas cruzadas na areia e observar o pôr do sol. Seus pais precisavam trabalhar longas jornadas. Eles aprendiam a encontrar Deus nos panfletos doutrinários da escola dominical ou nos livros didáticos sobre a Bíblia. Os mais sortudos eram jovens como eu, que não precisavam frequentar a escola dominical. Não havia problema algum em acreditarmos que Deus não existia. Então eu nunca pensei que uma vida fácil na praia fosse mais próxima de Deus do que uma vida difícil na tundra congelada.

Ironicamente, para um cara que nunca saiu daquele pedaço de terra na Costa Oeste dos EUA, a arte de Jerry sempre teve temas mundanos e realistas. Sua filosofia também era assim. Nunca havia animais espirituais do mar nem mitos de Poseidon, demônios leviatânicos ou magia polinésia em nenhuma de suas obras. Porém, assim como tantos sul-californianos, ele se sentia paralisado ao imaginar uma aventura muito distante do oceano ou ao pensar na vida em algum lugar sem praia. Terras mais ao interior serviam apenas para visitas curtas e inspiracionais, como a um parque nacional ou, talvez, um oásis no deserto com palmeiras, mas nunca para uma residência permanente. Era natural, portanto, que ele refletisse sobre o tormento e a tortura que deviam permear a juventude sul-californiana que vivia em bairros longe da praia. Quando se tratava de sofrimento, sua visão de mundo era inspirada pelo budismo, e ele falava comigo como se fosse um profeta.

Em uma tarde ensolarada, enquanto passávamos um tempo na sacada do apartamento que ele dividia com Inga, em Santa Monica, Jerry disse: "A vida é só uma série de momentos. Você se lembra de apenas alguns deles, mas os extrapola, transformando-os em toda uma experiência de infância. Se você enfrenta alguns momentos extremamente traumáticos, já esquece todos os bons". O que ele disse fazia muito sentido. Sugeri um bom paralelo, mais próximo dos meus interesses. "Sim, você está certo. Ou seja, há algumas canções que nos lembramos por toda a nossa vida. Não apenas as letras, mas as melodias com as quais são associadas. Há partes do meu cérebro que guardam para sempre algumas letras e melodias, apesar de décadas de novas músicas, imagens, experiências e emoções sendo acrescentadas o tempo todo. Posso me esquecer da maioria desses novos itens, mas sempre tem aquela música que continua intacta!"

Jerry aprendeu que os budistas dão muita ênfase ao sofrimento. Ele me disse: "O sofrimento é o resultado do estresse físico e da dor causada pela vida mundana do dia a dia. Todo mundo sofre, todo dia". Achei essa ideia adequada para uma visão de mundo evolutiva, algo que eu poderia adotar. Não éramos gênios desenvolvendo alguma doutrina para utilizar como ópio para atrair um culto de seguidores, mas nossas ideias evoluiriam e se mesclariam perfeitamente com as reflexões potentes que meus colegas de banda e eu tínhamos discutido com o passar dos anos.

Contei a Jerry que recentemente tinha composto com Brett uma canção chamada "Suffer". Não era exatamente uma música sobre o budismo, mas Jerry logo se interessou pelas insinuações religiosas do conceito. Iríamos gravar no estúdio de Brett, todos os dias da semana seguinte, e falei a Jerry que eu visualizava o conceito de sofrimento como uma boa capa de disco. "Talvez você possa ilustrar uma capa para nosso álbum, Jerry." Conversamos durante a noite, e ele teve algumas ideias para a capa.

Na primavera de 1988, durante as sessões de gravação do que se tornaria nosso álbum *Suffer*, a banda e eu discutimos ideias e temas para as canções. Como sempre, houve muita galhofa e piadas, descendo a um nível infantil. "Imagine só", eu disse. "O que poderia simbolizar mais o sofrimento do homem moderno do que ir ao dentista? A gente pode pedir para um artista desenhar a cadeira odontológica mais realista possível, como a imagem central do sofrimento humano." O realismo dental deu início à uma série de ideias absurdas, que levaram Brett a acrescentar alguns versos à uma música criada por Greg Hetson, com um título comicamente imbecil: "When Man First Hit Man" ["Quando o Homem Bateu no Homem Pela Primeira Vez"]:

When Man first hit Man, he hit him with a rock,
he hit him 'cuz another man was trying to touch his cock.
When Man first hit Man, he hit him with a stick,
he hit him 'cuz another man was trying to touch his dick.
When Man first hit Man, he hit him with a stone,
he hit him 'cuz another man was trying to touch his bone.

["Quando o Homem bateu no Homem pela primeira vez, foi com uma rocha,
Ele bateu porque outro homem tentou encostar no seu pinto.
Quando o Homem bateu no Homem pela primeira vez, foi com um pau,
Ele bateu porque outro homem tentou encostar no seu pau.
Quando o Homem bateu no Homem pela primeira vez, foi com uma pedra,
Ele bateu porque outro homem tentou encostar na sua pica."]

E assim as sessões de gravação continuaram. Perdemos muito tempo criando canções e letras que não apareceriam em nenhum disco. Durante essa fase, não conseguimos decidir um conceito visual para a capa do álbum. Na verdade, além da capa de nosso primeiro EP (com a ideia do logo criada por Brett) e da capa do primeiro LP (ideia minha), todos os discos seguintes tiveram capas criadas por artistas de fora da banda, inspirados por conceitos de músicas que Brett e eu lhes apresentamos. A imagem do "*suffer-boy*" de Jerry logo se tornaria icônica.

Após terminarmos de gravar, eu mal podia esperar para juntar Jerry e Brett, porque os dois eram meus amigos, mas com passados bem diferentes, e ambos compartilhavam interesses profundamente filosóficos. As ideias das letras do disco eram um verdadeiro reflexo da opinião que Brett e eu tínhamos sobre uma mistura de conceitos filosóficos, incluindo biologia evolutiva, ideologia marxista, capitalismo e fanatismo religioso. Eu estava ansioso para ver as ilustrações que Jerry poderia acrescentar a essa combinação, com suas tendências budistas e seu olhar crítico sobre a sociedade. Depois de ouvir algumas versões iniciais das músicas, e antes mesmo de ser formalmente recrutado como nosso artista, Jerry começou a trabalhar por conta própria, criando rascunhos.

"Suffer" foi uma das primeiras músicas que Jerry abordou. Ele não era exatamente fã da música punk, mas gostava das letras e aprovava a integridade artística do som. Assim como todos nós, Jerry percebia que era um álbum sério, que poderia fazer muitas pessoas refletirem, caso escutassem o material com atenção. Mas, acima de tudo, ele adorava a sintonia de "Suffer" com sua filosofia budista. Ele fez o esboço de um garoto de uns 12 anos fincando os pés no chão em protesto e com os punhos fechados ao lado do corpo, como se houvesse um vento forte tentando derrubá-lo. Eu não tinha certeza de onde Jerry queria chegar com esse conceito, mas seus rascunhos do garoto pareciam convincentes. Como se fosse um skatista sul-californiano sendo expulso do estacionamento de uma loja, algo assim. Alguns dias depois, Jerry me mostrou a nova versão do rascunho. Ele acrescentou um cenário que lembrava qualquer um daqueles milhares de bairros idênticos, localizados nas áreas planas e distantes da praia do sul da Califórnia, muito similar ao nosso próprio bairro, Canoga Park. Ali eu comecei a ver o que ele queria dizer. O garoto está em primeiro plano, puto com sua vizinhança.

Mas o elemento-chave da ilustração veio alguns dias depois, quando Jerry uniu suas tendências filosóficas e influências budistas ao que ele entendia ser a realidade mundana do estilo de vida sul-californiano. Jerry acrescentou uma chama ardente saindo da cabeça do garoto. Aquilo representava o sofrimento que une a famosa imagem da autoimolação de um monge budista (em protesto à repressão católica feita contra os budistas do Vietnã do Sul, em 1963) à tendência da época, de protestos do skate e do punk rock contra a complacência da vida nos subúrbios. Essa justaposição absurdamente interessante deu à imagem de Jerry um significado filosófico mais profundo e resumiu, de modo bem conciso, o fato de que o Bad Religion ia além de um arquétipo de uma cena punk ultrapassada; estávamos seguindo a busca por uma agenda de inspiração como alternativa ao pensamento religioso tradicional. Era a capa de disco perfeita para um Bad Religion rejuvenescido. A chama alegórica do sofrimento se tornou uma imagem tão relevante quanto se poderia desejar para uma capa punk, em toda a história do gênero. O "*suffer-boy*" se tornaria uma tatuagem popular para punk rockers no mundo todo. Quando Brett viu a ilustração, ele encomendou a Jerry uma versão em pintura para a capa do disco. A imagem viria a passar por incontáveis reproduções, em tatuagens, skates, revistas e capas de fanzines. O lançamento do álbum estava marcado para setembro de 1988.

Na primeira metade daquele ano, fizemos shows todos os meses no sul da Califórnia e em regiões próximas, além de algumas datas no Arizona e em São Francisco. Quando retornamos a locais onde já havíamos tocado, como o Fender's Ballroom, em Long Beach, ficou claro que nosso público estava crescendo. Tocamos músicas novas de *Suffer*, apesar de ninguém na plateia ainda ter acesso ao disco. Tanto garotos do thrash metal quanto punks da praia estavam aparecendo nos shows, e essa mistura de culturas era oportunamente complementada pela presença de mulheres, que sem dúvida ajudaram a neutralizar a violência que permeou os shows de punk rock durante os últimos anos. Eram shows com muitas rodas de pogo, mas o público parecia estar mais interessado na música e menos em se machucar. Canções mais lentas, como "Drastic Actions", de nosso primeiro EP, e "What Can You Do?" tinham andamentos ótimos para dançar, e as melodias eram contagiantes. Começamos a construir nossa reputação como banda melódica, porém pesada, com vários vocais de apoio fazendo "oohs" e "aahs".

Em julho do mesmo ano, a banda precisou fazer uma pausa para conciliar com meu trabalho acadêmico. Fui ao Colorado para realizar estratigrafia e coletar fósseis nos Montes Sangre de Cristo, o local que eu tinha escolhido para meu mestrado em Geologia. Essa localização remota foi aprovada pelos meus mentores de Paleontologia, Peter Vaughn e Everett C. Olson. Passei o mês acampando com meu orientador, Ted Reed, coletando fósseis e mapeando a estratigrafia acima da linha das árvores. Era um local até então não documentado de alguns dos fósseis vertebrados mais antigos da Terra, e Ted e eu estávamos lá para encontrar evidências de suas condições ambientais. Atendendo aos pedidos do meu orientador e apelando à minha atitude de desafiar o "ponto de vista predominante", meu projeto buscou lançar luz sobre uma hipótese impopular, porém difícil de ser ignorada, a respeito da origem dos vertebrados. A sabedoria tradicional ditava que os vertebrados tinham se originado no oceano. Ted e eu descobrimos que as rochas sedimentares dos Montes Sangre de Cristo eram depósitos deltaicos e de praia que possuíam pequenos canais alimentadores com detritos e grãos de areia de origem terrestre. É ali que os fósseis vertebrados foram encontrados, nos sedimentos terrestres. Não se encontravam em depósitos marinhos. Concluí que os primeiros vertebrados eram criaturas de água-doce. Meu relatório publicado foi amplamente ignorado. Mas as evidências persistem.

Ser punk me ensinou a não desanimar com a falta de entusiasmo dos outros com meu trabalho. Havia, e ainda há, uma convicção quase mitológica na comunidade paleontológica de que a vida vertebrada deve ter se originado no oceano, pois todas as outras formas de vida animal se originaram dali. Essa narrativa permeia todas as descobertas e é utilizada como ponto de partida no desenvolvimento de qualquer descoberta de fósseis vertebrados aquáticos. Desafiar essa noção não era nada popular, e uma forma garantida de ser rejeitado no campo da Paleontologia. Embora houvesse um precedente – um dos paleontólogos mais prestigiados do século 20, A. S. Romer, de Harvard, defendia a origem em água-doce com base na fisiologia dos rins –, meu trabalho foi examinado negativamente após sua publicação.

Isso não me incomodou muito. Na verdade, a falta de reconhecimento pode ser uma ótima motivadora quando você acredita no valor de seu trabalho. Eu sabia que podia contar com a ciência e, como todos os meus orientadores aprovaram a tese, minha confiança na conclusão se reforçou e continua firme até hoje. A falta de reconhecimento de outros colegas da ciência parecia ter muito em comum com a falta de crédito atribuída ao Bad Religion na época. Pouca gente acreditava na banda, mas, conforme o punk rock lentamente começava a ressurgir, muitos reconheceriam *Suffer* como uma contribuição significativa ao gênero.

A ADMINISTRADORA. Minha mãe, também conhecida como Marcella Graffin (*ao centro*), com sua equipe, fotografada no auge de sua carreira como decana do departamento de Habilidades de Aprendizagem na Universidade de Wisconsin-Milwaukee, em 1976. Em agosto daquele ano, ela aceitou um cargo na UCLA, inaugurando o capítulo californiano da história da nossa família.

O PROFESSOR UNIVERSITÁRIO. Meu pai, também conhecido como Walter Graffin (*de paletó e gravata*), conduzindo o autor Norman Mailer pelo campus da Universidade de Wisconsin-Parkside. Meu pai recebia palestrantes no departamento de Língua Inglesa, onde lecionou e atuou como coordenador durante toda a sua carreira acadêmica.

O HOMEM QUE SERIA O PADRASTO.
Chuck, um multi-instrumentista extremamente talentoso que tocava jazz: uma noite num clube noturno com minha mãe, em Milwaukee, por volta de 1975.

Praticando com o saxofone em seu apartamento, em Milwaukee, por volta de 1974.

No papel de padrasto comigo (*à esquerda*), minha mãe e meu irmão, Grant (*à direita*), no Colorado, durante nossa

LAKE BLUFF SCHOOL
PARENT TEACHER ASSOCIATION
SHOREWOOD, WISCONSIN, 53211

May 14, 1976

Dear Mrs. Graffin,

The Lake Bluff PTA is pleased to inform you that your son Greg has been granted $50.00 in scholarship funds to be used toward attending music camp this summer.

Mrs. Jane Perkins, Lake Bluff vocal music teacher, made a recommendation to the PTA board based on Greg's talent and potential in music, and the PTA felt that they would like to help in furthering his development through music camp.

We hope that Greg will enjoy his camp experience.

Very truly yours,

Joan Spector
Secretary, Lake Bluff PTA

A PRIMEIRA PROVA DE MINHA APTIDÃO PARA O SHOW BUSINESS. Uma carta da coordenação da minha escola. [*A parte principal da carta diz: "Cara Sra. Graffin. A APM de Lake Bluff tem o prazer de informar que seu filho Greg recebeu uma bolsa escolar no valor de 50 dólares, que será utilizada para estudar em uma escola de música durante as férias de verão. A Sra. Jane Perkins, professora de canto da Lake Bluff, fez uma recomendação ao conselho da APM com base no talento de Greg e seu potencial para a música, e a APM considerou ajudar a aprofundar seu desenvolvimento por meio de uma escola de música. Esperamos que Greg aproveite sua experiência de aprendizado. Sinceramente, Joan Spector, Secretária, APM Lake Bluff"*]

Os "Fab Four". Posando com os amigos Jeff (*em pé, à esquerda*), Frankie (*em pé, à direita*) e Danny (*ajoelhado, à esquerda*), no palco da Lake Bluff Elementary, em Shorewood (Milwaukee), Wisconsin.

Fazendo uma coreografia para a música "Boogie Fever", dos Sylvers, uma canção disco que chegou à primeira posição das paradas em 1976.

CORAL. Workshop musical de verão. Meu irmão e eu (*o sexto e o sétimo à esquerda da partitura, com cortes de cabelo estilo "Príncipe Valente"*) sendo instruídos pelo regente do coral durante um ensaio, nos preparando para uma apresentação na Universidade de Wisconsin-Madison, em 1976.

ENTRE PROFESSORES, #1. As crianças com seus deuses/pais em um restaurante grego em Racine, 1977. Da esquerda para a direita: Meu pai, Wryebo, Peter Martin, Tommy, Grant, Dan Zielinski e eu.

DUAS CASAS, MUNDOS SEPARADOS. Nosso humilde lar na Woodlake Avenue, em Canoga Park, Califórnia, para onde nos mudamos com minha mãe, em 1976.

Nosso humilde lar na Saint Clair Street, em Racine, Wisconsin, "a casa do meu pai", que se tornou nosso lar em 1968 e ainda cumpre a função original de ser a residência de nossa família (aqui retratada em uma pintura do artista Patrick King).

O HELL HOLE. Por trás das fachadas agradáveis das ruas no bairro de San Fernando Valley, havia um labirinto aparentemente infinito de vielas nada amigáveis, ladeadas por paredes de quase dois metros de altura feitas de ripas de madeira e blocos de concreto, abrigando inúmeras garagens para dois carros. A garagem da minha mãe, mostrada aqui à esquerda, tornou-se o espaço de ensaio do Bad Religion. Carinhosamente apelidado de Hell Hole, não tinha janelas nem proteção contra o implacável sol da Califórnia.

PUNKS EM NOVA YORK. Eu (*à esquerda*) com meu irmão, Grant (*ao centro*), e nosso amigo Wryebo (*à direita*) em uma viagem à cidade de Nova York com meu pai, no verão de 1980. Antes de começar a cantar, eu já tinha estabelecido um "look punk" discreto, que continuaria usando no início do Bad Religion, dois meses depois, em Los Angeles.

PUNKS EM L.A. Curtindo com o vocalista Keith Morris (*segurando a lata de cerveja*) em uma festa de fraternidade de faculdade, na USC, onde o Circle Jerks e o Bad Religion foram convidados a tocar, em novembro de 1980. *Foto: Gary Leonard*

Um ensaio fotográfico improvisado com a banda (no mesmo evento da foto anterior). Da esquerda para a direita: eu, Jay Ziskrout, Brett Gurewitz e Jay Bentley na cozinha de uma fraternidade, na USC. *Foto: Gary Leonard*

Eu (*abaixo, à direita*) e Jay (*pendurado e quase caindo, de costas para a câmera, com a camisa listrada*) com nossos amigos reunidos no Hell Hole, durante um ensaio do Bad Religion, em uma foto para um pôster publicado por Brian e Nikki Tucker, fotógrafos do *Fer Youz*, em 1981. *Foto: Brian e Nikki Tucker (Fer Youz)*

NO PALCO DO WHISKY A GO GO, 1982. Enquanto eu aprendia a liderar uma banda, minha jaqueta de couro servia como uma espécie de escudo e eu sempre usava um relógio de pulso, como pode ser visto na próxima foto. O que não está tão visível, no meu punho direito, é um broche de latão da National Honor Society, um adorno acadêmico que roubei do meu pai (eu ainda não tinha conquistado esse título).

AFASTANDO-ME DE TUDO. MANTENDO DISTÂNCIA DA "CENA". TRABALHOS DE CAMPO, EXPLORAÇÕES E PESQUISAS COM MEUS COLEGAS DE FACULDADE ENRIQUECERAM MINHA VISÃO DE MUNDO E MEU PROCESSO DE COMPOSIÇÃO. Logo após o lançamento de nosso desastroso álbum *Into The Unknown*, fui a uma estação de campo remota, em Chamela, no México, em 1984: aqui estou (*de costas para a câmera*) jogando vôlei com Mark (*saltando*) e Jay (*atrás dele*), meus amigos da Biologia.

Mochilando pela parte leste da Sierra, com o artista Jerry Mahoney e minha namorada, Greta, em 1986.

Fazendo trilha pelo Parque Nacional Glacier, um mês antes de embarcar na turnê do disco *Suffer*, em 1988.

DE VOLTA A INDIANA. Bem, não exatamente. Quando os irmãos Hoosier se reuniam, nós cantávamos músicas antigas e eu aprendia a acompanhá-los. Aqui, estamos na casa da minha mãe, em Virgínia, durante uma reunião familiar de Dia de Ação de Graças, em 1991. Da esquerda para a direita: minha mãe, tio Stanley e eu.

ÔNIBUS DE TURNÊ, BANDA E FAMÍLIA, EUROPA, 1993. Nossas turnês europeias eram uma mistura de punks, familiares, roadies, caminhões e ônibus. Nessa foto, de 1993, vemos uma típica junção de personagens bem rodados: Howard Menzies (*empresário de turnê, o quarto a partir da esquerda*), Greg Hetson (*ao lado dele*), a família Graffin com o bebê Graham (*ao centro, de roupa clara*), Brett e Gina (*atrás de nós*) e Bobby Schayer segurando o bebê Max (*apontando, à direita*).

FUTEBOL COM A BANDA E A EQUIPE, HAMBURGO, 1994. Um dia de folga da turnê, em 1994, para uma "pelada" entre camaradas em Hamburgo, Alemanha. O time da banda (*de branco*) era composto por mim (*em pé, quinto da esquerda para a direita*), Jay (*na fileira de trás, de boné e óculos*), Brett (*em pé, próximo ao centro, de óculos*), Greg Hetson (*ajoelhado, de óculos*) e o "técnico" Howard Menzies (*à extrema direita, de camisa listrada e óculos*). Nosso adversário era um grupo ferozmente competitivo de roadies e músicos alemães (*de camisas escuras*), incluindo nosso amigo e futuro agente, Jens Geiger (*em pé, à esquerda*).

ENTRE PROFESSORES, #2. Formatura do meu mestrado em Ciências na UCLA, em março de 1990, com minha comissão de orientação: Peter Vaughn, paleontólogo (*à direita*), Ted Reed, sedimentologista (*de bigode*), e Gerhard Oertel, petrologista (*à esquerda*).

Eu, meu pai e meu orientador de Ph.D., Will Provine, historiador de ciências (*à esquerda*), na comemoração do meu doutorado, em Ithaca, 2002.

OS CARAS NO ENSAIO, 2001. No processo de acreditar. Brett e eu estávamos compondo juntos novamente, e a banda parecia reenergizada em 2001. Aqui estamos no estúdio de ensaio, em Hollywood, antes de um novo baterista entrar na banda, trabalhando nas músicas que se tornariam o disco *The Process of Belief*. Da esquerda para a direita: Jay, Brett, eu e Brian. *Foto: Lisa Johnson*

A BANDA E A EQUIPE. Banda e equipe se reúnem após gravar um show transmitido na internet, no Roxy Theater, em Hollywood, Califórnia, em abril de 2021. Na foto, da esquerda para a direita (*primeira fileira*): Tess Herrera, Christina White, Jay Bentley, Dave Gibney, Mike Dimkich, eu, Brian Baker, Gavin Caswell e Rick Marino; (*segunda fileira*) Ron Kimball, Greg Stocks e Jamie Miller. *Foto: Caroline Jaecks*

20.
MUDANÇA

CONTRAÍ O "SAGRADO" MATRIMÔNIO EM AGOSTO DE 1988, EM UMA IGREJA BEM PRÓXIMA DE ONDE AS ONDAS BATEM NAS ROCHAS, EM DEL MAR, NA CALIFÓRNIA. GRETA E EU MORÁVAMOS EM UM APARTAMENTO DE UM QUARTO EM BRENTWOOD, PERTO DO *CAMPUS* DA UCLA, E FAZÍAMOS TUDO JUNTOS. NOSSOS FINS DE SEMANA ERAM REPLETOS DE ATIVIDADES POUCO MEMORÁVEIS, COMO IR AO CINEMA, ENCONTRAR NOSSOS AMIGOS JERRY E INGA, TRABALHAR NO CHART HOUSE E, ÀS VEZES, DESCER ATÉ A PRAIA COM MINHA MOTO YAMAHA. COISAS TÍPICAS DE CASAIS JOVENS. EM ALGUNS FINS DE SEMANA ROLAVAM SHOWS DO BAD RELIGION; NO ENTANTO, COMO MEU MESTRADO EXIGIA MUITA DEDICAÇÃO, A BANDA NÃO VIAJOU TANTO NESSE ANO. MAS NOSSA CONDIÇÃO SEDENTÁRIA ESTAVA PRESTES A MUDAR.

A capela em que fizemos nosso casamento tinha vista para o mar. Todos os meus colegas de banda estavam lá. Alguns dos meus amigos de Wisconsin também compareceram. Foi a primeira vez que meus amigos de infância do Meio-Oeste interagiram com meus amigos de L.A., um grupo do qual eles só tinham ouvido falar em histórias. Greta e eu recebemos de todos eles uma bela despedida na estação de trem em Del Mar, de onde partimos para nossa lua de mel. Pegamos o trem até Montana e ficamos em uma pousada no Parque Nacional Glacier. Em uma de nossas caminhadas diurnas pelo parque, dei a notícia a ela: "Em breve, quando voltarmos para casa, eu e os caras vamos sair em turnê pelos

EUA. Estamos muito animados com o som de *Suffer* e temos cerca de 25 shows marcados!". Não sei o que estava passando pela minha cabeça ao dar aquela notícia durante a lua de mel. Eu certamente estava encantado com a magia do momento – estar ao ar livre e cercado por algumas das montanhas mais lindas do mundo –, e talvez estivesse um pouquinho alterado pela altitude. Bom, digamos que meu entusiasmo foi rapidamente cortado pelas reclamações dela. Greta fez o melhor possível para expressar seu descontentamento enquanto continha a indignação, e, obviamente, minha incapacidade de me concentrar apenas em nós dois durante a lua de mel deve ter sido um porre. Mas até ali, naquela trilha, eu estava tomado por meu entusiasmo avassalador pelo Bad Religion. Começamos a discutir. Retornamos à pousada, ambos descontentes. Eu sairia em turnê logo depois da lua de mel. Apenas algumas semanas após o dia da cerimônia, já deveria estar claro que o casamento estava fadado ao fracasso, mas acrescentamos alguns capítulos felizes a ele antes de seu término.

Suffer foi lançado em setembro, logo após retornarmos de nossa lua de mel. Já tínhamos feito alguns shows pequenos e bem-sucedidos em Hollywood, incluindo um como atração principal no Stardust Ballroom, na Sunset Boulevard, duas noites antes de meus votos de casamento, e estavam lotados. Em 1988, nossos shows ficavam maiores e mais diversificados no sul da Califórnia. A chegada de fãs que também curtiam crossover e thrash metal certamente causava um efeito positivo. Aquela era uma cena que citava bandas punk como influência, mas repelia a maioria da violência e do niilismo da cena punk. Ao rejeitar os componentes de estilo de vida, o thrash metal passou a focar mais a música. As escolhas de vestuário e os cortes de cabelo eram mais básicos, um sinal de que fãs de thrash metal prestavam menos atenção nesses elementos da moda do que os punks. Ou, talvez, o caso era que a cena thrash metal se interessava menos por couro e *spikes*, pulseiras e bandanas, ou quaisquer acessórios associados à estética de brigão de rua do passado. A música em si era o estilo de vida e, punk ou não, servia perfeitamente para mim.

MUDANÇA

As pessoas reagiam bem ao nosso novo disco. *Suffer* nos deu toda a energia de que necessitávamos para acreditarmos em nós mesmos. Tínhamos certeza de que esse entusiasmo se espalharia por outras cidades. Em Los Angeles, não era segredo que já tínhamos criado uma nova base de fãs no decorrer dos últimos dois anos, graças aos constantes shows que fazíamos no Cathay de Grande, às datas como atração de abertura na área metropolitana de L.A. e ao fato de que éramos confiáveis o suficiente para promoters nos chamarem com mais frequência. Também não era nada mal ainda termos um número considerável de fãs originais que nos seguiam desde a cena antiga. Eles se somavam aos fãs de thrash metal que agora começavam a se interessar por nós. Além disso, agora tínhamos uma obra-prima sonora (ou pelo menos acreditávamos nisso) para compartilhar com o mundo todo.

Mas talvez o elemento mais importante para mim era que Brett acreditava o suficiente no disco para apoiá-lo por completo. Assim que voltei da lua de mel, Brett ligou para mim e disse: "Cara, vamos viajar pelos EUA para tocar punk rock!". Não tínhamos um agente de shows na época. Quase todos os shows eram agendados por uma rede informal de conhecidos ou amigos de Greg Hetson, que fazia o melhor possível para atender ligações e reservar datas para nossas futuras apresentações. Alguns donos de clubes ligavam para Brett porque ele tinha um escritório em seu estúdio de gravação, que servia simultaneamente como quartel-general da banda e do selo. Brett não hesitou em mandar para eles materiais promocionais de *Suffer*, assim como uma foto da banda. Mas não havia um planejamento nacional de divulgação nem um acordo por escrito com qualquer casa de show. Apenas começamos uma turnê para tocar em uma série de clubes que estavam reservando datas para nós. Ficou implícito que teríamos de negociar com os promoters todas as noites para receber nosso dinheiro. E, por sinal, em algumas noites não receberíamos um tostão.

O hype genuíno que sentimos nos shows pelo sul da Califórnia não se espalhou para outras cidades do país. Nossa primeira parada foi em

Houston, a quarta maior cidade dos EUA à época, e havia menos que 50 pessoas vendo o show. Em Chicago, a segunda maior cidade do país, tocamos em um bar famoso em frente ao Wrigley Field, o Cubby Bear. Apareceram, quem sabe, umas 25 pessoas. Um número ainda menor compareceu na noite anterior, em St. Louis. Apesar dos flyers feitos pelos donos dos clubes, dizendo "com a participação de Greg Hetson, do Circle Jerks", era claro que agendar um show do Bad Religion, "direto de Los Angeles", não significava muito naquelas grandes áreas metropolitanas.

Para agravar a situação, o disco ainda não estava nas lojas. Havia pouca, ou nenhuma, coordenação entre o distribuidor dos discos e as datas da turnê. Nossos shows ocorreram semanas antes de *Suffer* ficar disponível em várias cidades, e não levávamos discos para ser vendidos nos shows nessa época. As conexões de Brett com os distribuidores de discos espalhados pelo país eram bem recentes. Apesar de a Epitaph Records já ser um selo há anos, ainda estava nos primeiros estágios de sua tentativa de assinar contratos com novas bandas e distribuir mais do que apenas discos do Bad Religion. Havia garantias de que, quando chegássemos a Nova York, veríamos *Suffer* em lojas de discos.

Em 18 de setembro de 1988, finalmente chegamos à Big Apple. No caminho, tocamos em uma discoteca em Rochester, no estado de Nova York, e passamos pela floresta da região de Finger Lakes. Fiquei encantado com as colinas e os vales verdejantes infindáveis, todos sincronizados pelas estradas sinuosas e marcados por vilas coloniais. Eu pensei: "Esta região tem tudo – vida selvagem, floresta e cascatas, tudo a poucos quilômetros de várias regiões metropolitanas". Eu nem suspeitava que me mudaria para lá em alguns anos para morar perto da Universidade Cornell.

O CBGB, em Nova York, conseguiu nos animar. Além de ser uma casa lendária, tinha aquela "vibe" de importância, tanto para músicos quanto para fãs. Era um lugar que transcendia o tempo e persistia por todas as mudanças na música underground no decorrer das décadas.

Por fora, parecia um buraco imundo; por dentro, não era muito melhor, especialmente a área apertada – quase uma cela provisória – em que as bandas esperavam antes de subir ao pequeno palco. As paredes e o teto eram pretos, mas cobertos de flyers antigos, tinta velha, pichações novas ou pedaços secos da comida servida na noite anterior. Mesmo assim, a aura de importância emanava da decoração asquerosa. Era o mesmo clube frequentado pelos Ramones e onde fizeram sua estreia, assim como o Blondie, o Dead Boys, o Talking Heads, o Devo e Johnny Thunders. Isso fazia aquele ponto da turnê parecer receptivo, até reconfortante, em uma odisseia até então caótica, na qual precisávamos implorar para receber trocados de promoters e donos de clubes que não davam a mínima para quem era o Bad Religion. Fomos escalados com algumas outras bandas de hardcore de Nova York, em uma típica "matinê" de domingo, e o lugar estava lotado. Era um sentimento familiar: olhar para um público muito similar ao que víamos em L.A., uma porção de punks misturada com garotos do thrash metal e uma parcela saudável de mulheres. Fiquei animado de ver umas camisetas da "turnê *Suffer*" do Bad Religion à venda em uma mesa de merchandising improvisada no canto da casa. Com a renda extra, eu esperava dar um upgrade no nosso orçamento de hospedagem, quem sabe pagando dois quartos por noite em vez de nos empilharmos todos em um só.

No fim das contas, a turnê foi um fracasso financeiro. Minha esposa não ficou nada feliz ao descobrir que eu trouxe comigo uma fatura de cartão de crédito de quase 2 mil dólares, resultado de várias despesas que acumulei durante a turnê. Por sorte, eu ganhava um salário decente como monitor na faculdade, ensinando Anatomia Comparada a estudantes de Medicina, para que pudéssemos pagar nossas contas. Outra fonte de renda veio de uma enxurrada de ofertas para fazer turnês e shows regionais perto do sul da Califórnia. Esses convites nunca pararam, e 1989 e 1990 foram anos em que o interesse pela banda teve um aumento considerável. Ao mesmo tempo, minha carreira acadêmica dava um passo adiante.

No ano seguinte, eu equilibrei cuidadosamente meu emprego lecionando, que nos sustentava, com um cronograma cada vez mais extenso de turnês. As viagens eram curtas e quase sempre se limitavam à nossa região. Elas rendiam um bom dinheiro extra, mas eu não queria sacrificar a renda previsível e estável das aulas, então continuamos a excursionar com base no calendário acadêmico. Nossa primeira turnê na Europa aconteceu durante as férias escolares de 1989, e, em vez de uma fatura do cartão de crédito, voltei para casa com o equivalente a 3 mil dólares em moedas estrangeiras. Comecei a acreditar que fazer shows poderia render um salário tão confiável quanto a renda acadêmica. Mesmo assim, me inscrevi e fui aceito em um programa de doutorado do outro lado do continente: na Universidade Cornell, em Ithaca, Nova York.

Em 23 de julho de 1990, o Bad Religion encerrou sua segunda turnê europeia, em Berlim. Com alguns milhares de dólares no banco, retornei a L.A., vendi minha moto, embalei meus pertences e os coloquei na nossa Dodge Ramcharger. Dentro de uma semana, Greta e eu nos despedimos de nosso apartamento em Brentwood e começamos uma jornada pelo país para um futuro desconhecido.

A rodovia Interstate 10 era o caminho que me levava para longe de Los Angeles, em direção ao próximo capítulo da minha vida. Ela passa diretamente pelo meio do vale Coachella, o paraíso geológico onde nós, estudantes dessa área, passamos tantos fins de semana e viagens de campo explorando, martelando e pegando amostras dos afloramentos ao longo da falha de San Andreas. Eu havia chegado à Califórnia pela primeira vez exatamente 14 anos antes, no mesmo mês. E agora estava partindo, dizendo "adeus por enquanto"; subindo rumo ao leste a suave escarpa que se ergue do chão do deserto ao longo de uma superestrada, construída reta feito uma flecha; passando por Chiriaco Summit; raspando a divisa com o Arizona para ver um horizonte se abrir por completo; acenando para todos os jovens que, desafiadoramente, revertem seu curso e vão contra a corrente da história, do oeste para o leste. Naquele dia, o vale Coachella – com seus pomares de tâmaras e frutas cítricas tremendo por conta do constante vento carregado de poeira, além das solitárias palmeiras-leque da Califórnia – acenava uma despedida no espelho retrovisor. O Bad Religion tinha crescido e ganhado notoriedade internacional. A ficha ainda estava caindo para mim. Eu tinha a opção de ficar onde estava, talvez conquistar um Ph.D. na UCLA e melhorar minha reputação local como cantor-cientista. Mas, quando passamos sobre o rio Colorado, uma sensação eufórica tomou conta de mim. Sentir que você está indo a um lugar desconhecido, e ser desconhecido nesse novo local, era muito revigorante. Eu estava prestes a começar um programa de Ph.D. em Zoologia para estudar Paleontologia na Cornell. O Departamento de Geologia da UCLA, por mais prestigioso que fosse, focava mais a indústria do petróleo e menos o meu interesse real, a história da vida. A região de L.A. por si só, tipificada pela geologia que eu sentia que já tinha dominado, representava uma identidade que eu estava ansioso para deixar para trás; na minha opinião, deu o que tinha que dar.

21.
SUBINDO O NÍVEL

UMA NOVA VIDA EM NOVA YORK, 1990. SE ISSO ERA PUNK, VOCÊ NÃO DESCOBRIRIA AO VER O ESTILO DE VIDA QUE EU ESTAVA PRESTES A ADOTAR. EU ME DIRIGI A ITHACA, A CIDADEZINHA RURAL MAIS ILUMINADA DOS EUA (SE VOCÊ ACREDITAR NA PUBLICAÇÃO PROGRESSISTA *UTNE READER*, QUE ELEGEU A CIDADE NESSA CATEGORIA). AO REDOR DELA HÁ FAZENDAS, FLORESTAS, DESFILADEIROS ROCHOSOS E LAGOS. CENTENAS DE QUILÔMETROS QUADRADOS DE PAISAGENS VERDEJANTES EM UMA COLCHA DE RETALHOS DE VIDA SELVAGEM PERMEADA POR TRILHAS EM INÚMEROS PARQUES ESTADUAIS E UMA FLORESTA NACIONAL, CRIANDO UM VERDADEIRO PARAÍSO PARA QUALQUER NATURALISTA OU ENTUSIASTA DE ATIVIDADES AO AR LIVRE. O *CAMPUS* ERA TÃO REMOTO (A RODOVIA INTERESTADUAL MAIS PRÓXIMA FICAVA A CERCA DE TRINTA QUILÔMETROS DALI) E A BELEZA NATURAL AO REDOR ERAM TÃO ESTRANHAS À ESTÉTICA DO PUNK ROCK QUANTO PODERIAM SER.

De certa forma, era a antítese do mundo que eu tinha acabado de deixar para trás em Los Angeles. Era a costa direita do país em oposição à esquerda. Fui me estabelecer numa das regiões mais remotas do estado mais populoso do leste; seus incontáveis vilarejos, como Ithaca, tinham mudado pouco desde o século 19. Como alguém conseguiria abandonar o brilho e o glamour de L.A. para viver ali? A Universidade Cornell era o motivo da minha traição. Ao ser aceito em seu programa de Ph.D., passei pouco tempo refletindo sobre emigrar da terra da minha amada cena punk. Garanti à banda que nosso cronograma de gravações e turnês não seria afetado e me comprometi a usar transporte aéreo sempre que necessário, caso eles precisassem de mim. Naquele ano, 1990, nossas turnês focavam tanto a Europa quanto a Costa Leste e o Meio-Oeste dos EUA. Do meu ponto de vista, minha localização geográfica não importava muito. Na verdade, para as turnês europeias, era mais conveniente atravessar o oceano Atlântico saindo de Nova York do que partindo do LAX. Como o quartel-general da banda e da Epitaph ficava em L.A., eu sentia que podia fazer meus trabalhos acadêmicos em qualquer parte – de fato, meu trabalho de campo era feito no Colorado e em Wyoming – enquanto Brett e os caras continuavam suas atividades diárias em Los Angeles.

Tínhamos um disco para sair, *Against The Grain*. Ao contrário do que ocorreu em 1982, quando todos ajudamos a embalar, escrever textos para a gravadora e entregar discos pessoalmente nas lojas, eu não me envolvi com qualquer parte do processo de fabricação ou marketing desse álbum novo. Então minha presença não era mais necessária para nenhuma etapa do trabalho feito no lançamento de discos subsequentes. No entanto, meu alcance e meu impacto seriam sentidos onde os discos fossem ouvidos, e isso me levou a perceber que meu local físico era menos importante de maneira geral. Isso me rejuvenesceu.

Longe do brilho e da "dureza" da outra Nova York – a área metropolitana de cinco bairros, onde o Bad Religion já tinha feito progresso ao tocar no CBGB –, Ithaca representava mais um lugar de escape do que uma mudança para uma nova cena musical. É um local para pessoas jovens e sérias, e a maioria delas frequenta a Cornell ou sua irmã mais nova no lado oposto da cidade, a Ithaca College, que ficou conhecida graças a um de seus professores, Rod Serling, como uma das melhores faculdades para aprender sobre escrita e radiodifusão. A Cornell também tinha suas personalidades famosas. Fiquei feliz de saber que, décadas atrás, o astrônomo Carl Sagan tinha uma rotina normal de viagens até o outro lado do país, em Los Angeles, para gravar sua bem-sucedida série televisiva *Cosmos*. Suas estadias alternadas entre a Califórnia e Ithaca continuaram mesmo após eu chegar, pois Sagan equilibrava um cronograma de palestras na Cornell com reuniões de produção em Hollywood para o filme que estava fazendo, *Contato*. Ali eu não era ninguém, só mais um estudante ensinando Anatomia Comparada e várias matérias de Zoologia. É provável que meus colegas de universidade não se importassem com minha reputação mundial como vocalista e compositor, mas, assim como Sagan, eu continuava envolvido em minha atividade extracurricular: fazer turnês por toda parte. Isso nunca atiçou a curiosidade do povo da cidade, o que me servia bem.

As oportunidades começaram a surgir com mais frequência. Eu mal tinha começado minha nova rotina de pesquisa e ensino quando o telefone tocou. "Temos umas oportunidades de shows como atração principal no Iguanas e em algum teatro de North Hollywood, depois uns shows mais ao norte. Quando você estará disponível?" Era Andy, um amigo de Greg Hetson e agente de shows bem-sucedido do Circle Jerks. Geralmente ele me ligava com um tom cínico e desdenhoso, algo do tipo: "Sei que você está ocupado tentando virar cientista ou algo assim, mas temos ofertas de verdade para considerar". Por sorte, os caras da banda não eram assim. Eles aparentemente me davam todo o espaço necessário para seguir minha carreira acadêmica. Muitas vezes, demonstravam seu apoio de forma engraçada. Por exemplo, quando tocávamos em casas de show com um púlpito, eles o colocavam no meio do palco, como se o vocalista estivesse se preparando para uma palestra. Eu brincava junto e entrava no papel. Outras vezes, eles me ligavam no meio da tarde e perguntavam "Ei, Greg, qual é a diferença entre um inseto e um aracnídeo?", ou faziam algum outro quiz de zoologia ou nomenclaturas. Eu respondia: "Seus otários, ambos são artrópodes! Vocês estão comparando um subfilo com uma família!". Sempre nos divertíamos com essas interações.

Mas nada desse humor vinha de Andy. Ele queria meu compromisso total e inabalável – e merece crédito, pois, caso fizéssemos tudo do seu jeito, aumentaríamos muito a renda do Bad Religion. No entanto, de acordo com Andy, com meus interesses externos se intrometendo a todo momento, sempre seríamos prejudicados. O único motivo pelo qual ele aceitou agendar shows do Bad Religion era por sua associação com Greg Hetson, que estava ocupado, como sempre, com o Circle Jerks. Assim, além de Andy não gostar da minha falta de compromisso em tempo integral com seus planos de turnê, ele ficava irritado porque Greg Hetson deixaria de fazer um show do Circle Jerks se agendasse uma data para o Bad Religion.

Nessa fase, a única pausa na vida acadêmica em que eu podia me dedicar às turnês era entre os semestres. Imediatamente após o Natal daquele ano, fui até L.A. para encontrar a banda, em 27 de dezembro, e fizemos um breve ensaio para tirar a poeira. No dia seguinte, fomos a Tijuana, no México, para tocar na ilustre casa de shows Iguanas. Esse lugar, frio e sem lei, era aquecido todas as noites pelo calor humano de incontáveis fãs de música e festeiros dos dois lados da fronteira. Mais do que uma casa focada em apenas um gênero musical, o Iguanas era um destino excitante da vida noturna. Você se sentia exposto ao ambiente local – não era completamente ao ar livre, mas lá sempre havia uma brisa entrando. Tinha um sistema de som excelente e uma pista de concreto cercada por balcões relativamente baixos, sempre lotados de gente tentando pular no palco ou se jogar no *mosh pit* agitado logo abaixo. Nossos shows por lá sempre foram caóticos e divertidos. E com a estreia de nossas novas músicas naquela noite, todo mundo estava cheio de expectativas. O show foi perfeito.

Nossa apresentação seguinte era no El Portal Theater, em North Hollywood. Seria o show de lançamento de nosso tão aguardado disco nos EUA, e o teatro tinha vendido antecipadamente todos os mil ingressos disponíveis. Eu pulei a passagem de som e perdi a banda de abertura, o Pennywise. Chegando lá atrasado, vi caminhões de bombeiro, viaturas policiais e uma multidão do lado de fora. Será que tinham saído do teatro? Assim que passei pelo letreiro da casa e virei à esquerda, me dirigindo à entrada dos artistas, vi as vitrines enormes de um prédio vizinho sendo quebradas por alguns integrantes do público. "O velho voltou a ser novo", pensei. No estacionamento dos fundos, onde havia uma "estação de carga e descarga" improvisada, um de nossos roadies me informou: "O Pennywise tocou, mas o NOFX não pôde tocar. O corpo de bombeiros interditou o show". Respondi: "Bem, então acho que não precisam de mim aqui". Imediatamente dirigi de volta para Del Mar, onde tinha deixado minha esposa, na casa de sua mãe. Cheguei lá a tempo de ver o noticiário das onze. Fiquei bem surpreso ao descobrir que o evento tinha sido promovido a uma rebelião! Imagino que, depois que saí de lá, a situação piorou muito, com carros sendo tombados e propriedades sendo danificadas. Tudo porque não puderam ver o Bad Religion tocar. Ainda mais surpreendente, a CNN decidiu noticiar que "a banda de heavy metal Bad Religion" causou uma rebelião em um de seus shows. Uau! Agora éramos alvos de sensacionalismo. Eu sentia que esse tipo de notícia era muito negativo para a humanidade. Com a chegada do ciclo de notícias de 24 horas, ficou mais fácil do que nunca concretizar a previsão de Andy Warhol, que disse que todo mundo seria famoso por 15 minutos. Mas também diluía a noção pública do que era importante e do que não era. Esse evento, a rebelião em North Hollywood, não era importante em escala nacional, apesar de a CNN elevar o nível da situação e noticiá-la em horário nobre no dia seguinte. Era mais interessante como uma matéria local envolvendo um promoter que tinha vendido ingressos demais em uma casa com lugares marcados, sem espaço para fazer roda de pogo, e um proprietário que não tinha ideia do que uma plateia punk rock era capaz de fazer.

Todos os ingressos vendidos continuariam válidos, anunciou a Goldenvoice, responsável pelo show, acrescentando que outra apresentação seria marcada no Whisky a Go Go. O problema é que eles não contataram o Bad Religion para saber se estaríamos disponíveis para essa outra data. Por azar, no dia em que eles queriam remarcar o show eu estaria de volta ao meu outro emprego, na Cornell. Isso deu a Brett uma oportunidade de treinar suas habilidades de negociador e, ao mesmo tempo, elevar o status do Bad Religion a algo mais importante do que meros queridinhos por um dia do ciclo de notícias de 24 horas. Como já havia mil ingressos vendidos para ver o Bad Religion, tanto o promoter quanto a banda deveriam trabalhar juntos, apesar de ser a Goldenvoice, e não o Bad Religion, que deveria devolver o dinheiro dos ingressos. Mas por que não trabalharmos juntos nisso? Como o show esgotou na pré-venda, e como tínhamos um novo disco ganhando muita popularidade, Brett acreditou que era possível vender mais do que mil ingressos, pois não era apenas uma apresentação remarcada devido à "rebelião", mas o show de lançamento de *Against The Grain*. Brett definiu que a banda só tocaria se a Goldenvoice reservasse o Hollywood Palladium para nós. Não estávamos interessados em tocar em qualquer outra casa de L.A. Já tínhamos ajudado a Goldenvoice quando ela precisava de uma banda de abertura "local" com fãs o suficiente para colaborar na venda de ingressos de shows fracos do Dramarama. Mas o que realmente queríamos era que a Goldenvoice acreditasse que o Bad Religion era uma grande atração principal em sua cidade natal. Era a nossa chance de provar isso aos promoters e a nós mesmos. A Goldenvoice concordou com relutância. O show foi remarcado para 1º de fevereiro, e anunciamos o evento gravando propagandas para o rádio, que foram veiculadas na KROQ durante a semana, começando na véspera de Ano--Novo. Os ingressos do Palladium se esgotaram em dois dias. Além dos mil ingressos vendidos para o show cancelado no El Portal Theater, em North Hollywood, vendemos mais 2.500 ingressos – um total de 3.500 pessoas lotando o Hollywood Palladium.

Após dois shows bem-sucedidos em Seattle e Victoria, na Columbia Britânica, voei de volta a Ithaca, para começar meu segundo semestre, no fim de janeiro de 1991. Eu provavelmente estava fedendo a formol por ensinar Anatomia Comparada quando peguei outro avião, uma se-mana depois, para voltar a L.A. Chegava a hora da maior e mais satis-fatória conquista no palco de nossas vidas: ser a atração principal no Hollywood Palladium.

22.
EUROPA

ESTAR EM TURNÊ SEMPRE TRAZIA UMA SENSAÇÃO DE SEMIPROFISSIONALISMO. QUERO DIZER, É CLARO, DESDE 1982 RECEBÍAMOS ALGUM DINHEIRO PARA TOCAR, 250 DÓLARES AQUI E ALI, QUEM SABE 500 OU MIL POR SHOWS MAIORES, ENTÃO ÉRAMOS, LITERALMENTE, UMA BANDA PROFISSIONAL. MAS NÃO POSSO DIZER QUE ÉRAMOS ORGANIZADOS AO PONTO DE NOS SENTIRMOS UMA "ORGANIZAÇÃO PROFISSIONAL". ÉRAMOS UM GRUPO INFORMAL DE AMIGOS E CONHECIDOS QUE, PRINCIPALMENTE POR MEIO DE REFERÊNCIAS PESSOAIS, RECEBIA CONVITES PARA FAZER SHOWS POR TODO O CONTINENTE E ATÉ DO OUTRO LADO DO OCEANO.

Nossas primeiras turnês na Europa foram, para dizer o mínimo, apostas estratégicas. Sem empresário e sem contratos com promoters, comprávamos nossas próprias passagens de avião e levávamos o equipamento em vans dirigidas por roadies locais (que "recebiam em dobro", pois eram pagos tanto pelo serviço quanto pelo aluguel de seus veículos). Em alguns casos, simplesmente encontrávamos esses caras pela primeira vez quando eles nos recebiam no aeroporto. A maioria dos planos era feita por telefone. Nossa confiança vinha apenas do fato de a pessoa do outro lado da linha ter conseguido agendar outros shows de punk rock em sua região. Não tínhamos ideia de quanto seria a renda total, mas ainda assim seguíamos um itinerário fornecido por autointitulados agentes de shows; caras da nossa idade que eram ambiciosos o suficiente para viajar conosco e negociar por nós após cada show.

Nos EUA, em 1990, nosso agente de shows se chamava Andy. Em vez de integrantes da banda atendendo ligações de vários conhecidos ou promoters de uma cidade ou outra, agora as coisas tinham ficado mais organizadas. A partir daquele momento, todas as ligações passariam por um representante (Andy), que tinha um escritório de verdade e trabalhava com um *cast* de várias bandas. Shows de punk rock ainda atraíam pouca gente em comparação aos de metal. Andy, que também representava diversos grupos de metal, tinha um grau moderado de influência e, como a maioria dos agentes da época, fazia as bandas punks sentirem que era uma espécie de privilégio quando as incluía em seu *cast* ou atendia suas ligações. (De fato, o Bad Religion foi propositadamente deixado de fora de sua lista divulgada à época.) Em geral, sua atitude com o Bad Religion poderia ser resumida da seguinte forma: "Vejam, rapazes, só estou fazendo isso como um favor para o Gingles" (apelido que ele deu para Greg Hetson).

Muitos dos shows locais que Andy agendava para nós não eram diferentes daqueles que poderíamos ter marcado por conta própria. Em 1990, já tínhamos conquistado um público forte e previsível no sul da Califórnia, no Arizona e em Las Vegas. A maioria dos promoters nos conhecia pessoalmente e podia contatar qualquer integrante da banda por telefone. Eram as regiões nas quais mais vendíamos ingressos, e tocávamos em casas de show de tamanho equivalente a teatros. Ao contratarmos um agente, estávamos cedendo 10% de nossa renda para sua comissão, apenas pela formalidade da representação. Mas essa despesa foi compensada pelo fato de que Andy tinha contato com vários promoters em outras regiões, que talvez estivessem dispostos a se arriscar e levar o Bad Religion a casas de shows reconhecidas, longe de nossa terra natal, onde nunca tínhamos tocado. Alguns desses lugares, apesar de sua "legitimidade", ainda eram gerenciados por promoters duvidosos que davam garantias de valor baixo para as bandas e com os quais era necessário negociar ao fim de cada noite, após calcularem a renda da bilheteria.

Além de o Bad Religion funcionar sem um agente durante a maioria de sua primeira década, mesmo depois de contratarmos Andy ainda éramos apenas os integrantes da banda e um roadie, que também trabalhava como técnico de som e "coletava" nosso pagamento após os shows. Lidar com promoters naquela época era quase tão desmoralizante quanto lidar com agentes hesitantes. Eles te faziam sentir como se fizessem um favor por deixá-lo tocar em sua casa de shows. Muitas vezes, Andy agendava um show em algum lugar – digamos, no Nordeste dos EUA – onde outra de suas bandas – digamos, o Testament – tinha acabado de tocar um mês antes. O promoter daquela casa deixava bem claro: "Olha, caras, só estou fazendo isso como um favor para Andy Somers (que, por sua vez, só estava fazendo um favor para Gingles) porque tivemos muito sucesso no mês passado com o Testament". Essa era a típica conversa fiada na hora de pagar a banda. Na maioria dos casos, era a introdução para a próxima coisa que saía da boca do promoter: "Caras, vocês podem me dar um tempo? Não vendemos tantos ingressos quanto esperávamos. Pagarei metade do que tínhamos acordado, mas, na PRÓXIMA vez que Andy me ligar, vou aumentar consideravelmente minha proposta". Ah, os bons tempos. Acabávamos aceitando qualquer coisa que os promoters nos oferecessem, porque havia mais um show em outra cidade no dia seguinte.

Liguei para Andy para reclamar do tratamento que recebemos de alguns promoters sem escrúpulos. "Andy, só estão nos pagando metade do que você disse que eles tinham concordado em pagar!" Ele sempre defendia os promoters. "Greg, todos os meus contratos incluem 15% de lucro garantido para a casa. Por que meus promoters deveriam perder dinheiro com algum show?" MEUS PROMOTERS? Eu soube, naquele momento, quem Andy estava favorecendo. Sendo bem justo, ele estava lidando com promoters regionais que contavam com muitas outras bandas, em geral mais lucrativas, e o Bad Religion ainda

NOSSAS PRIMEIRAS TURNÊS NA EUROPA FORAM, PARA DIZER O MÍNIMO, APOSTAS ESTRATÉGICAS. SEM EMPRESÁRIO E SEM CONTRATOS COM PROMOTERS, COMPRÁVAMOS NOSSAS PRÓPRIAS PASSAGENS DE AVIÃO E LEVÁVAMOS O EQUIPAMENTO EM VANS DIRIGIDAS POR ROADIES LOCAIS (QUE "RECEBIAM EM DOBRO", POIS ERAM PAGOS TANTO PELO SERVIÇO QUANTO PELO ALUGUEL DE SEUS VEÍCULOS). EM ALGUNS CASOS, SIMPLESMENTE ENCONTRÁVAMOS ESSES CARAS PELA PRIMEIRA VEZ QUANDO ELES NOS RECEBIAM NO AEROPORTO.

não havia se estabelecido nesses mercados. Portanto, se eu fosse mais experiente naquela época, entenderia melhor o que Andy estava insinuando. Mas, naquele momento, levei para o lado pessoal. Ele estava nos jogando aos leões, para lidarmos com promoters acostumados a lotar suas casas com os outros artistas agenciados pelo Andy. O Bad Religion podia ter um público decepcionante fora de sua região natal, e esses promoters não tinham interesse em ajudar a aumentar esse número de fãs em sua localidade. Apesar dessa incompatibilidade e dos níveis variáveis de sucessos e perdas financeiras, o fato de Andy associar o Bad Religion a promoters e casas de thrash metal pelos EUA nos levou a alguns lugares e públicos novos.

O ano de 1989 foi marcado pela nossa primeira turnê na Europa, e lá realmente estávamos por conta própria. O único ponto em comum com nossas turnês nos EUA era um cara chamado Doug, que fazia parte da cena da Nova Inglaterra, mas tinha amigos punks na Europa. Ele tinha nos visto tocando um ano antes, no Anthrax, um clube de thrash metal em Connecticut, e nos abordou após o show. Um homem de aspecto infantil, como um terrier de pelo curto, acompanhado de um ajudante de sobretudo que bebia Robitussin[17] direto do frasco, Doug se apresentou. "E aí, sou o Doug, esse é o Johnny. Fazemos shows. Cês já têm um disco, né?", ele perguntou. "Vô ligar pros meus amigos na Oropa que fazem umas turnê lá. Falo com cês depois." Mas já estávamos voltando à Califórnia, pensando em um show de cada vez, e ele virou uma memória distante por meses.

Ao ver um itinerário impresso, um sonho inatingível parece mais realista, algo que merece o esforço. Após cerca de meio ano de silêncio, Doug entrou em contato conosco. Ele nos enviou um fax mostrando 19 cidades diferentes na Europa, com clubes, datas e propostas de garantias financeiras para apresentações do Bad Religion planejadas para agosto

---

17 Um tipo de xarope para tosse e congestão. (N. da P.)

de 1989. Após o fax, veio um telefonema. "Cês tão prontos pro verão oropeu do Bad Religion?"

Eu sempre quis ir à Europa, então a simples ideia de ter uma viagem com tudo pago para visitar lugares românticos como Pisa, Berlim, Amsterdã e Viena já era muito interessante. Ainda assim, não tínhamos nenhum tipo de administração profissional de turnês, nem empresário, nem contador ou agente de viagens. Tirávamos nossas dúvidas entre nós mesmos. Quem fosse mais experiente em relação a algum assunto era consultado. Brett tinha mais experiência em negócios, mas não queria fazer a contabilidade da turnê. Ele me ensinou a registrar a receita e as despesas de cada dia que passávamos na estrada. Eu tinha habilidades organizacionais e cadernos, além de ser expert em fazer registros graças ao meu trabalho de campo em locais remotos. Portanto, tornei-me automaticamente o contador da turnê. Eu dedicava uma página do caderno a cada cidade. Após os shows, inseria o rendimento – de vendas de camisetas, nossa porcentagem da bilheteria e quaisquer bônus – e detalhava nossas despesas do dia (comida, combustível, hospedagem e assim por diante). Greg Hetson era quem mais tinha experiência com turnês, então mantinha o "fluxo de caixa" em uma bolsa esportiva (o dinheiro acumulado no decorrer da turnê que cobriria as despesas). Naquela época, havia uma moeda diferente em cada lugar que tocávamos. Chegávamos a tocar em quatro países diferentes em quatro dias, então a bolsa de dinheiro virava um caleidoscópio de notas soltas.

Além dos shows, Brett tinha outros interesses ao visitar a Europa naquele ano. Nossa primeira turnê europeia foi marcada pelo lançamento de *Suffer* no continente, e ele estava motivado a fazer o disco ser ouvido por distribuidores e conversar sobre a possibilidade de licenciar o catálogo da Epitaph (que aumentava rapidamente) do outro lado do Atlântico. Eu também tinha interesses que iam além das performances da turnê. Apesar de a música ser uma parte importante da minha vida, eu não podia ignorar as possibilidades de trabalho acadêmico. Fui à Europa animado para visitar alguns dos melhores museus de História

Natural do mundo. Eu almejava construir uma rede de correspondência com alguns paleontólogos europeus famosos. E assim, com base apenas naquele itinerário enviado por fax, fomos à Europa para nossa primeira turnê fora da América do Norte.

Quase não havia precedentes entre nossos colegas para o que tentamos fazer. Antes de nós, o Black Flag fez uma turnê pela Alemanha, assim como o Dead Kennedys. Mas foram turnês curtas e regionais, e eles não nos consideravam próximos, então não aprendemos nada com eles. O NOFX chegou à Europa antes de nós, mas seus organizadores de turnê eram diferentes e não compartilharam muitas informações. Além de alguns conselhos vagos sobre viagem internacional fornecidos por Greg Hetson (que tinha visitado o continente em uma viagem no Ensino Médio), não sabíamos nada sobre como fazer uma turnê europeia. É claro que inúmeras bandas comerciais e populares dos EUA já tinham feito turnês pela Europa antes de nós. Mas, em geral, eram artistas de grandes gravadoras ou ligados a agências de eventos multinacionais. Nós estávamos "improvisando".

Descobrimos a logística durante a própria viagem. Na verdade, só contávamos com aquela folha de papel do fax. Nosso itinerário incluía apenas um hotel, apesar de haver 19 shows em 19 cidades. Alguém ao menos considerou onde dormiríamos em cada noite? Tais perguntas não nos dissuadiram de nossa ansiedade para desbravar o Velho Continente. Além disso, não tínhamos ideia de como seria o público punk rock europeu. Não havíamos sequer conhecido um punk da Europa. Não sabíamos como eles pensavam nem contra o que se rebelavam. Como iríamos nos identificar com eles? Essas dúvidas sociais complexas eram as principais preocupações na minha mente. Eu queria causar uma impressão positiva em todos os lugares por onde passássemos.

O itinerário dizia que, após pousarmos no aeroporto Schiphol, em Amsterdã, deveríamos ir a uma pensão (um hotel de uma estrela) perto de Leidseplein (um bairro jovem em Amsterdã). Lá encontraríamos Doug, nosso agente de shows/empresário de turnê americano que tínhamos conhecido em Connecticut.

Antes de Doug chegar, descemos da van que tinha nos buscado no aeroporto e fomos recepcionados pelo proprietário da pensão. "Olá, Bed Rrrreligion!", ele disse com um inglês quase perfeito. "Nossa, devemos ser famosos aqui", pensei. Na verdade, não era resultado de fama, mas de uma hospitalidade em geral. Enquanto éramos sempre recebidos com desprezo ou desconfiança nos hotéis baratos dos EUA, nossa primeira interação com um europeu desconhecido foi cordial e animada. "Sentem-se aqui no pátio enquanto prrreparramos seus quartos. Aceite esta água como um drrrink de boas-vindas." Foi meu primeiro gole de Spa, a água com gás tão comum na Holanda, mas indisponível em outras partes do mundo naquela época.

Naquele mesmo dia, fizemos a passagem de som em nossa primeira casa de shows da turnê, um clube famoso chamado Melkweg. O que mais me chocou foi que os funcionários do local pareciam realmente gostar de nos ver em seu estabelecimento. No backstage, tínhamos bebidas de qualidade, além de chuveiros, caso alguém quisesse tomar banho antes ou depois do show. Mais importante ainda: o sistema de som na área para o público era incrível, e o sistema de retorno no palco era igualmente avançado. A qualidade da experiência musical era obviamente uma prioridade para eles, e esse foi o fator que mais me motivou. Isso me deu vontade de fazer um bom show, pois eu acreditava que a casa era adequada para receber a música da banda. Era o exato oposto dos incontáveis bares em que tocamos nos EUA, onde a experiência da plateia na pista era terciária e a qualidade do som era secundária. A preocupação primária dos responsáveis pela casa era apenas o estoque de bebidas alcoólicas no bar.

As passagens de som tinham se tornado uma parte importante de nossa rotina diária. Para mim, só serviam para reduzir a ansiedade em relação ao local do show, descobrir se ele teria um palco decente e algum tipo de sistema de som que permitisse a minha voz ser ouvida no meio da bateria e das guitarras. Às vezes, o técnico de som nos recebia com uma pergunta: "Quer dizer que vocês não viajam com um sistema de

PA?". Sem um empresário nem qualquer pessoa para "antecipar" o show (ligar um tempo antes e revisar detalhes técnicos), costumávamos usar apenas o que o lugar oferecia. Raramente, em alguns clubes famosos, encontrávamos um "técnico de som da casa" que trabalhava lá e estava disposto a nos ajudar. No geral, pode-se dizer que, nos primeiros anos de shows do Bad Religion nos EUA (como uma banda totalmente independente, com pouca organização e sem empresário), ficamos cara a cara com funcionários céticos e mal-humorados em quase todos os lugares em que tocamos. Eu frequentemente me sentia como se estivesse os incomodando, atrapalhando sua noite ou ameaçando sua autoridade, só por pedir permissão para usar o sistema de iluminação da casa durante o show. Não era incomum que nos pedissem para pagar uma taxa caso quiséssemos que alguém fizesse a iluminação durante o show. Como não tínhamos dinheiro para isso, tocávamos no escuro, com apenas algumas luzes coloridas aleatórias acesas. Em muitos casos, os clubes tinham um holofote central, para o vocalista e solos de guitarra, mas se recusavam a ligá-lo, a não ser que recebessem outra taxa (a taxa de holofote, ou algum outro nome estúpido do tipo).

Esse tipo de mentalidade gananciosa e ranzinza é uma doença particularmente americana. É basicamente como dizer: "Você não é ninguém se não tiver dinheiro para pagar". Ou, de forma mais analítica: "Para ser visto como importante, você precisa pagar". Essa doença se agravou e fez surgir outra tendência da qual ouvi falar no fim dos anos 1980 e durante todos os anos 1990, apesar de o Bad Religion nunca fazer parte dela: pagar para tocar. Muitos artistas eram bem financiados por grandes gravadoras e usavam um tanto dessas contas bancárias gordas para pagar taxas generosas a promoters de clubes ou proprietários de casas, só para poder usar seus palcos e suas produções para shows. Para eles, era apenas dinheiro – os funcionários precisavam ser pagos. E não se esqueça de que as casas já conseguiam um lucro enorme com as vendas de álcool, e até uma banda razoavelmente popular conseguia vender ingressos o suficiente para cobrir a maioria dos custos operacionais de uma noite. Pagar para tocar colocava a casa como um elemento mais importante do que a banda. Para mim, era um tratamento desrespeitoso de artistas, que também sacaneava os frequentadores. O público pagante deveria receber o melhor valor de produção possível em qualquer casa.

Geralmente, quando você ouve bandas falando sobre fazer turnês europeias, elas contam as dificuldades – os idiomas diferentes, a adaptação a expectativas sociais novas e esquisitas, a escassez de comida prática e barata, moedas incompreensíveis, o desconforto dos hotéis baratos e assim por diante. Acrescente a isso os típicos estorvos de estar na estrada por semanas – a fadiga da viagem, banheiros estranhos, nunca ter roupa lavada –, e tudo acaba soando absolutamente infeliz e solitário. Mas algo peculiar aconteceu na nossa primeira turnê pela Europa: descobrimos a humanidade que existe na indústria do entretenimento.

Ao viajar pela Europa, passamos por uma rotina contínua de tratamento que, na minha opinião, colocava o artista na posição correta das prioridades. Ou seja, no PRIMEIRO lugar. Na Europa, uma casa de shows não é considerada válida se não tiver um bom sistema de som. A plateia paga para ouvir uma banda, portanto, seria impensável chamar um estabelecimento de casa de shows ou clube se não tivesse nele um som de qualidade.

As passagens de som tornaram-se um prazer, pois eram uma expressão acolhedora das melhores qualidades das casas – bons sistemas de som, acomodações adequadas nos bastidores (como um chuveiro limpo e uma área comum para refeições) e um intérprete que falava inglês atuando como gerente de palco, assistente ou consultor técnico. Essas coisas eram comuns na Europa, apesar de as casas serem tão pequenas quanto as que nos recebiam nos EUA. Ou seja, a banda não era mais importante na Europa do que em nossa terra, mas os clubes nos faziam sentir como se fôssemos. Na verdade, era um reflexo da atitude gerada pelo pensamento europeu – na hierarquia de importância, sempre colocavam a classe dos músicos acima da casa de shows. E isso era perfeito para mim. Na Europa, não importava se você estava tocando em um clube sem nome ou em uma sala de concertos lendária: você esperava ser tratado como qualquer outro músico. Desde que fosse contratado para tocar naquela noite, podia esperar som e iluminação de qualidade, comida no camarim e um lugar decente para se limpar após o show. E nós prosperamos naquele ambiente, porque nossas intenções combinavam com as da casa. Ambos queríamos a mesma coisa. No Bad Religion, os vocais precisam ser ouvidos. Eu sentia que a casa se importava com isso e estava disposta a nos ajudar a cumprir essa missão.

Mas seria exagero dizer que foi um mar de rosas. Apesar de estarmos animados por receber um tratamento tão bom, havia alguns preconceitos que precisávamos desconstruir. Por exemplo, eles basicamente presumiam que todas as bandas punk eram veganas. Não tenho certeza de onde isso veio, mas suponho que o veganismo era visto como uma espécie de rebeldia contra a cozinha europeia na época. A carne era essencial na dieta europeia. O vegetarianismo, no geral, era praticado por muitos "outsiders" do movimento pós-hippie que ainda habitavam a cultura popular. Era menos sobre a culinária e mais sobre um símbolo ativo de protesto. Em vários países da Europa, as casas costumavam nos oferecer arroz e algum prato à base de tomate para comermos nos bastidores. Esse prato ficou conhecido por nós como *Reis mit Scheisse* (traduzindo: arroz com merda), e era difícil informar à cozinha que não éramos veganos sem receber olhares bem decepcionados.

Muitos dos shows foram absurdamente quentes, apesar do clima fresco da Europa. Embora as casas e seus funcionários parecessem se importar muito com a qualidade técnica do show, assim como os detalhes da comida servida, os shows seguiram um padrão que se mantém até hoje em turnês europeias: um desdém geral por sistemas de ar-condicionado. O som era bom, a iluminação era decente, a cerveja era abundante e as plateias até cantavam junto, mas o calor e o suor dentro dessas casas faziam as vigas começarem a pingar condensação. Os microfones enchiam de umidade e faziam minha voz soar como se eu estivesse com um travesseiro na frente. Esse cenário se repetiu todas as noites, por uma semana inteira, quando tocamos na Alemanha. A primeira frase em outro idioma que aprendi foi "Öffnen die *Fenster!*" (Abram as janelas!), que eu repetia para o púbico até todos começarem a protestar.

Aquelas plateias alemãs, com uma empolgação sem limites e o conhecimento prévio de nossas músicas, nos fizeram atingir nosso potencial máximo. Ficou claro que a Europa seria um ponto focal em nosso futuro, e não uma parte secundária das turnês.

A humanidade em nossas letras teve ressonância com a personificação da busca pelo conhecimento que parece estar no DNA dos europeus, especialmente daqueles que se consideram punks. De fato, na Europa não é um ato rebelde aceitar muitos dos princípios do conhecimento humanista, como o ateísmo, a contracepção, o naturalismo científico e o igualitarismo. Essas tendências liberais tornaram-se normas de estilo de vida para a maioria da população da Europa ocidental desde a Segunda Guerra Mundial. A queda do fascismo e, antes disso, a dissolução de monarquias e impérios baseados na primogenitura – tudo conquistado por meio de conflitos e sangue derramado, por gerações, pelos cidadãos europeus – resultaram em uma sociedade mais "aberta", na qual a tolerância civilizada se tornou normal. Os cidadãos geralmente acreditavam que tolerar pontos de vista opostos era melhor que derramar mais sangue. Essa tendência de pensamento veio junto com a formação de governos altamente formalizados, trazendo debates parlamentares atuando como em um teatro de conflito para criar novas leis. Parte da legislação incluía criar um rigor acadêmico rígido e desafiador para todas as crianças em idade escolar.

Foi sob esse tipo de engenharia social densa que a maioria dos punks da Europa ocidental dos anos 1980 cresceram. Eles entendiam implicitamente que fazer as perguntas corretas era o primeiro passo para fazer qualquer tipo de mudança social. O punk, para quem estava na Europa ocidental, era uma celebração musical dos pensadores livres, um lugar para lutar contra as normas caretas da moda e se sentir livre para ter uma filosofia própria. Existia uma expectativa tácita de que um punk deveria viver sua vida de forma consciente, pensando em como melhorar a sociedade para todos, e não apenas para alguns privilegiados. O Bad Religion parecia ter nascido pronto para prosperar nesse tipo de ambiente social.

Nos primeiros anos de turnês europeias, era comum tocar em edifícios públicos readaptados, resquícios de uma era passada. Alguns eram prédios de escritórios, nos centros das cidades, que conseguiram de alguma forma escapar das bombas dos Aliados durante a Segunda Guerra Mundial. A Europa está cheia de cidades que foram basicamente demolidas e reconstruídas em seguida. Um dos atributos mais notáveis desses lugares – qualquer pessoa com o mínimo interesse em Arquitetura percebe isso – é a preponderância de construções básicas, porém altamente funcionais, nos centros urbanos. A guerra destruiu tanto da arquitetura original da Europa ocidental que é incomum ver um centro urbano original, ainda intacto. Um exemplo de centro reconstruído é o de Bruxelas. Toda a sua área central é repleta de grandes prédios de três andares, com fachadas simples, que ocupam quadras inteiras. Eles foram erguidos durante o período de reconstrução após a guerra. Centros comerciais e edifícios administrativos do governo também se mesclam de modo homogêneo, formando um ambiente arquitetônico geralmente blasé. O Plano Marshall forneceu fundos para reconstruir os centros dessas cidades, e a maioria das obras aconteceu rapidamente, com construções mais eficientes, mas sem distinções arquitetônicas. Hoje, tendo em vista apenas a arquitetura, é difícil saber se você está no meio de uma cidade importante da Alemanha, como Düsseldorf, ou em partes de Berlim, ou em um ambiente cultural completamente diferente, como Milão, na Itália. Todos esses lugares, e centenas de outros como eles, compartilham uma continuidade arquitetônica, porque as construções pós-guerra parecem todas iguais.

É claro que há algumas exceções notáveis. Uma marca registrada da cultura europeia é o centro urbano, e a maioria das casas em que tocávamos ficava nessas áreas. Bruxelas fez um esforço enorme para remontar os destroços de sua praça no centro (conhecida como Grand Place), que foi bombardeada durante a guerra, e as construções foram restauradas para criar um senso de orgulho municipal e recriar o caráter antigo da cidade, para ser aproveitado por todos os visitantes. Alguns dos emblemas mais característicos de certos centros urbanos eram as catedrais. Assim como a Grand Place em Bruxelas, muitas foram bombardeadas por completo. A Igreja Católica ajudou com seu próprio capital para auxiliar municípios que já recebiam dinheiro do Plano Marshall, e as quadras de lojas e outros estabelecimentos começaram lentamente a recuperar seu visual gótico original. Isso pode ser visto em cidades como Viena, Munique e Colônia, todas as quais visitamos naquela primeira turnê. Ironicamente, fui atraído de imediato por esses edifícios religiosos magníficos durante a primeira turnê com o Bad Religion no continente.

Hamburgo também reconstruiu seu centro urbano, o que incluía um prédio público, ou *rathskeller* (também conhecido como "prédio do povo" ou salão municipal), que era um local central para festivais da cidade e eventos públicos. Nosso primeiro show em Hamburgo aconteceu na mesma rua desse lugar, em uma casa de shows financiada pelo governo, chamada Kulturfabrik (Fábrica de Cultura). Foi lá que eu percebi um princípio central da Europa moderna: a arquitetura podia não ter detalhes desnecessários, mas era mais do que compensada pelo investimento em humanidade.

É maravilhoso quando um governo não fica sobrecarregado com os custos de uma força policial global em nome da democracia. Após a Segunda Guerra Mundial, a maioria dos que receberam dinheiro do Plano Marshall teve de concordar que seus governos não criariam uma força militar para além de propósitos defensivos. Aliviados dos bilhões de dólares necessários para manter um complexo militar-industrial, os países da Europa ocidental podiam redirecionar o dinheiro dos impostos. Em alguns casos, esse dinheiro foi gasto reconstruindo e planejando novos centros urbanos. Em outros, foi reinvestido no povo, criando fundos que poderiam ser usados para melhorar a sociedade e, em alguns casos, ajudar os jovens a seguir seus interesses.

Eu fiquei muito impressionado com a concentração de envolvimento cívico em casas de shows de punk rock durante aquela primeira turnê europeia. Nunca tínhamos sentido tanto apoio em nenhuma cidade dos EUA. A Kulturfabrik, por exemplo, foi criada como uma espécie de cooperativa entre a administração da cidade e alguns empreendedores locais, como punks, artistas e aspirantes a promoters. Em quase todas as cidades da Europa ocidental havia dinheiro disponível para as artes. Isso incluía atrações musicais. Além disso, havia fundos disponíveis para "centros de atividades para a juventude" por toda a Europa. Em Hamburgo, os punk rockers bem organizados que promoveram aquele primeiro show do Bad Religion tinham solicitado apoio financeiro municipal e usaram os fundos para realizar eventos em sua recém-criada fábrica de cultura.

Nosso show foi o maior do ano na Kulturfabrik. O palco ficava de frente para um auditório onde cabiam aproximadamente oitocentos punks apertados como sardinhas enlatadas. Acima, havia uma sacada de cada lado da casa onde cerca de trezentas outras pessoas podiam se espremer, protegidas por um parapeito sobre o qual podiam ver as cabeças dos punks pogando na pista. Estava terrivelmente quente, mas o som era bom e até havia um segundo microfone, que eu utilizei após o primeiro ficar cheio de água na metade do show.

Após a apresentação, nos deram as chaves para uma pensão onde três quartos tinham sido reservados para passarmos a noite. Com tudo pago pela cidade, os promoters nos garantiram que os funcionários noturnos nos deixariam entrar tarde e que nenhuma conta seria cobrada no checkout. Ficamos bem desconfiados daquele tratamento vantajoso. Nada do tipo acontece no nosso país, jamais. Após os shows nos EUA, você precisa se virar para achar um lugar para dormir, comer, tomar banho e ir logo para a próxima cidade. Mas, na Europa, os responsáveis pelo show nos trataram com respeito e gentileza. Todas as contas foram pagas. Os promoters se importavam e tentaram ajudar aqueles trovadores viajantes cansados. Também recebemos uma porcentagem generosa da bilheteria. O que está acontecendo aqui? Morremos e fomos para o céu comuna? A exploração e o roubo na estrada – duas marcas registradas da indústria do entretenimento estadunidense – pareciam não ter lugar ali.

Já a logística da turnê, sobretudo no que diz respeito a ir de uma cidade para outra, não foi tão fácil para nós. Recebemos uma van Volkswagen emprestada de uma das bandas que nos acompanharam nessa primeira turnê. A van contava com três fileiras de assentos, não tinha aquecedor e deixava água entrar quando chovia (o que aconteceu diariamente por quase metade da turnê). Estávamos em nove pessoas – cinco integrantes da banda, duas pessoas da equipe e um agente de turnê, além do motorista – e colocávamos o equipamento no pequeno espaço para carga atrás do terceiro assento. A cada dia, a chuva passava pela vedação das janelas e se acumulava no piso da van. O chão era impermeável, então poças d'água de cinco centímetros de profundidade encharcavam nossos sapatos e equipamentos.

Estávamos o tempo todo ensopados, espremidos e irritados durante as longas jornadas pela estrada. Sem aquecimento dentro da van, não havia forma de se secar ou espantar o frio. Para nos livrarmos do acúmulo de água, inventamos uma técnica. O motorista achava alguma rua paralela deserta, acelerava um pouco e nos dava um sinal: "Se segurem!". Então ele freava com tudo, com as portas abertas, e virava de leve o volante, para fazer a van se inclinar um pouco. A água acumulada escorria até a frente, batia como uma onda contra a divisória do motor e saía pelas portas laterais. Isso foi divertido por uns dois dias, mas o clima chuvoso, as temperaturas frias durante o dia e o desconforto da van continuaram a nos atormentar durante as três semanas da turnê.

A noite após Hamburgo foi em outra cidade, Bremen, em mais uma construção reaproveitada, mas fomos apoiados financeiramente pelo mesmo tipo de programa público de Hamburgo. Sustentada pelo Youth

Culture Bureau [Gabinete de Cultura Jovem] da cidade, a casa de shows se chamava Schlachthof, que em alemão significa "matadouro". Como na época em que o local realmente era um matadouro, a casa era financiada por impostos municipais. O ambiente principal no qual os shows aconteciam era uma espécie de pavilhão de estoque, onde os animais eram reunidos antes de entrarem nos currais de abate e processamento. A banda tocava no palco onde os animais costumavam ser exibidos para acionistas antes de serem abatidos sem cerimônia. Os camarins nos bastidores eram as salas de corte! Parecia algum tipo de humor ácido alemão, mas vamos lá, não ligue para os detalhes, tudo está sendo pago com financiamento público! Com uma equipe completa de técnicos para cuidar do som e operar uma iluminação requintada durante a apresentação, o matadouro de Bremen acabou sendo mais um show ótimo e lotado.

Ouvimos dizer que esses edifícios abandonados do período pré-guerra eram chamados de "*squats*" ["ocupações"], e que alguns punks chamados de "*street punks*" (foragidos sem-teto) escolhiam viver nesses lugares. A ideia romântica de morar e trabalhar em um *squat* foi testada por completo durante aquelas turnês. Alguns salões abandonados eram usados como casas de shows. Geralmente ilegais, esses lugares inutilizados na Europa que permitiam shows punk não eram estritamente *squats*. Os governos municipais sabiam dessas construções e presume-se que os haviam inspecionado. Para os promoters locais utilizarem um espaço, o lugar precisava ser aprovado de acordo com os códigos municipais de construções. Portanto, chamar uma casa de shows de *squat* era na verdade uma hipérbole punk.

No entanto, havia construções abandonadas que se encaixavam no conceito de *squat* em quase todas as cidades que visitamos na Europa ocidental. Resquícios da era pré-guerra, às vezes eram prédios comerciais completamente intactos feitos de pedra ou tijolo, com seus materiais antigos e duráveis, portas enormes de madeira maciça serrada, molduras ao redor das janelas, rodapés e cornijas ainda alinhados. Do lado de fora, uma bela alvenaria, talvez um pouco suja e malcuidada, ainda sustentava fachadas robustas e imponentes que se erguiam para cima, suportando telhados elaborados, muitas vezes em mau estado. Apesar dos buracos e das telhas faltando nos telhados, além de algumas janelas quebradas nos sótãos com mansardas, esses edifícios, em geral, continuavam tão utilizáveis quanto eram em seus tempos áureos. Assim como os tornados destruindo cidades do Meio-Oeste no passado, eliminando fileiras inteiras de casas enquanto deixavam outras intactas, os bombardeios dos Aliados não acertaram algumas dessas estruturas. Elas permaneceram de pé durante décadas de manutenção adiada, aparentemente esquecidas. Após temporadas de lenta degradação, alguns cidadãos boêmios ou punk rockers descobriram seus encantos e começaram a utilizá-las por conta dos benefícios limitados que ofereciam. Livres e ilegais para ser habitadas, essas construções passavam a ser verdadeiros "*squats*".

No nosso caso, os promoters geralmente sugeriam que fôssemos a uma "*after party*" em um desses locais. A cada noite ouvíamos algum punk amigável, porém insistente, implorando: "Nós fazer festa e relaxar. Você também gostar dormir aqui, é uma *schlaff haus* [dormitório]". Podia ser em Bielefeld, Kassel, Essen, Hannover ou qualquer outra cidade alemã em que tocamos naquelas primeiras turnês. Como éramos uma banda punk de Los Angeles visitando o país sem conhecer o idioma ou a geografia do lugar, nossa única escolha era seguir nossos guias locais para onde quer que nos levassem. Geralmente exausto e faminto após os shows, eu aceitava a promessa mais próxima de garantir um rango, uma cama e uma coberta.

Cercados de farristas noturnos, entrávamos naqueles abrigos esquecidos. Algumas pessoas de nosso grupo renovavam as energias ingerindo as bebidas locais, fumando ou provando outras substâncias energizantes em suas antessalas pouco iluminadas. Havia vários tipos de personagens que se apropriavam desses locais de festa. Alguns eram hippies velhos, vestidos como uma espécie de mago, com barbas compridas e usando *lederhosen*[18] gastas, suspensórios e camisas de gabardine para trabalho. Completando o visual com chapéus pontudos, mochilas e bengalas, eram uma categoria de andarilhos que perambulavam de cidade em cidade, achando prédios abandonados para renová-los temporariamente com mobília usada, lanternas a pilha e fogareiros a querosene. Muitas vezes condecorados com certificados oficiais de suas profissões, eles eram verdadeiros artesãos com habilidades que podiam utilizar, caso necessário. Mas, na maior parte do tempo, eles amavam o estilo de vida boêmio, e os shows punk eram o lugar perfeito para praticá-lo. Nós chamávamos esses tipos de "Gandalfs", e, em pequenos números, eles se tornaram um elemento fixo da cena punk pela Europa.

Também encontramos outros tipos excêntricos. Martin e Kollek eram estudantes de cinema, dedicados à viagem e à aventura que uma turnê punk podia fornecer. Noites de bebedeira e a acomodação gratuita dos *squats* mereciam ser filmadas, e eles deixavam suas câmeras portáteis rodando durante a nossa primeira turnê por lá, em 1989. Eles lançaram um documentário, *Along The Way*, que exemplifica os altos níveis de integridade artística que se esperava de estudantes europeus. O visual e o som são autênticos e cativantes. Apesar de não terem fundos para produzir o filme, perguntaram se podiam seguir a turnê. Demos acesso completo a todos os privilégios que nos ofereciam, quaisquer que fossem. Eles nos seguiram com seu próprio carro e motivação criativa de sobra.

Uma noite, a festa continuou até o amanhecer em um *squat* de uma cidade pequena, talvez Leonberg. A construção ficava logo em frente à casa de shows, e não era exatamente uma casa, mas um prédio habitacional de dois andares com apartamentos de um quarto em cada andar. As salas se estendiam por um longo corredor central que saía de um grande saguão de entrada, como um lobby. A iluminação era fraca, aparentemente de luzes de emergência, funcionando com baterias. Nosso

---

18 Calça curta feita de couro, geralmente indo até o joelho. É um traje típico da região da Bavária, na Alemanha. (N. da P.)

anfitrião apontou para a escadaria. "Lá vocês encontrar banheiro." Ele era amigo de Martin e Kollek. Eles estavam animados de receber uma banda internacional. Sentíamos como se fôssemos embaixadores da boa vontade dos EUA. Não importava se a acomodação era desconfortável ou se o *Reis-mit-Scheisse* servido era nojento, sentíamos uma estranha obrigação de honrar essa hospitalidade. Mas eu estava ficando de saco cheio do nosso responsável pelo som, Rudy, que quebrou violentamente uma garrafa cheia no estacionamento. "Becks???!!! Que merda, isso aqui tem para vender em L.A.!!!" Mas, no geral, fomos educados e tentamos aceitar as oferendas de bom grado.

Enquanto a festa continuava com tudo no andar de baixo, com gritaria, músicas no som portátil e garrafas de vidro sendo quebradas nas paredes do corredor de entrada, eu não tinha energia para interações sociais e não bebia, então não provei a cerveja morna local. Só precisava me hidratar, o que ali infelizmente era impossível, pois esses prédios abandonados não tinham água corrente. Os integrantes da banda e eu passamos pela multidão da festa e achamos a escadaria até o segundo andar. Ao ver que um dos quartos estava silencioso e escuro, tirei uma pequena lanterna de bolso da mochila. O quarto tinha dois sofás velhos de couro sintético com alguns buracos no revestimento, uma cadeira reclinável de tecido com descanso para os pés e um par de cobertores e edredons dobrados em uma prateleira. Testei e aprovei o cheiro de tudo. Tinha até um tapete grande no chão. "Este deve ser o quarto para a banda", eu disse, então entramos e nos deitamos para dormir. Quando eu apaguei a lanterna de bolso, o quarto ficou completamente escuro de novo. Reconheci os roncos de Jay dormindo por perto e os de Brett na outra direção. Conversamos um pouco no escuro enquanto os outros iam pegando no sono; primeiro Peter, depois Greg Hetson.

Eu não conseguia dormir. Lá estávamos nós, passando pela série de shows mais bem-sucedidos e esgotados de nossa carreira de oito anos. No entanto, estávamos em uma terra estranha, dormindo em uma ocupação ilegal, de alguma forma confiantes de que estávamos expandindo a missão do conhecimento punk, quando, na verdade, éramos nós que recebíamos a adulação de uma cena punk muito mais esclarecida do que a nossa. Essa ironia agradável quase me fez dormir, mas algo me dizia que eu precisava pegar a lanterna de novo.

Quando a liguei, fiquei horrorizado ao ver Kollek – com seu cabelo preto ensebado, o rosto prussiano fantasmagoricamente branco, as bochechas coradas e um olhar confuso, parecendo um Sid Vicious gordinho – me encarando com jeito de louco a menos de um metro de mim. Coloquei a luz diretamente em seu rosto, o que, estranhamente, não o fez fechar os olhos. Ele tinha uma garrafa de cerveja grande na mão e a ergueu em minha direção, mostrando o rótulo, como se fosse relatar com orgulho a causa de sua condição ensandecida. Mas ele apenas me encarou, sem falar nada. Era como aquela brincadeira de criança, Bloody Mary [Maria Sangrenta], em que você fica no escuro na frente de um espelho e repete *bloody Mary, full of grace* ["Maria sangrenta, cheia de graça"], até uma aparição da Virgem surgir como um brilho fantasmagórico, encarando de volta de dentro do espelho. Tentei ficar calmo e disse: "Ei, cara, o que está acontecendo?". Isso acordou os outros, mas Kollek não respondeu. Ele lentamente tomou outro gole de sua cerveja e voltou, embriagado e cambaleando, até o corredor.

Dentro de algumas horas, já em sono profundo, fomos acordados por gritos no corredor. A raiva alemã se traduziu em berros assustadores dos punks, enquanto policiais mais velhos pareciam repreendê-los calmamente. De repente, escutei um barulho alto em nossa porta. Ao invadir o quarto, um policial à paisana disse: "Bom dia, coletivamente". Isso nos confundiu muito, porque, além de ser uma coisa estranha para se dizer, a voz dele era igualzinha à de John Cleese, do *Monty Python* (muitas das escolas alemãs ensinavam inglês com sotaque britânico). A princípio, não me lembrei em que país eu estava. "*Polizei*", ele anunciou, e então: "Passaportes, por favor". Estávamos tão grogues de sono, além da preocupação de sermos acordados por outros convidados bêbados da festa, que tivemos dificuldade em encontrar nossos documentos de viagem. Não precisamos explicar muito; o policial alemão falou por nós. "Vocês trabalhar com esse cara que dizer ser promoter?" Sim, acenamos com a cabeça. "Vocês saber que esse cara estar em *squat* ilegal?" Respondi que não. "O show ontem à noite, tudo bem, sem problema, mas vocês não poder ficar aqui. Então, precisar ir!" E foi isso. Tínhamos violado a lei em outro país, mas a pena era menos do que um tapinha na mão.

Em vez de arrebentar cabeças e mostrar quem é mais forte, como fazia a polícia de Los Angeles ao confrontar punks em frente a casas de show, esses policiais só estavam fazendo uma manutenção em sua comunidade. Uma varredura em prédios com potencial para serem *squats* para garantir que nenhum viciado indigente ou criminoso estivesse com moradia fixa por lá. Novamente, encontramos uma humanidade mais cuidadosa na Europa do que em nosso próprio país.

O sol já tinha nascido quando colocamos a bagagem na van, e a típica chuva de fim de verão fez parecer que era outono. Frios e úmidos, fomos até a próxima cidade para encontrar mais personagens curiosos e continuar aquele ritmo de tocar em uma cidade diferente a cada dia da turnê.

Um dos prédios de *squat* mais interessantes ficava em Berlim. Foi ocupado por um expatriado com dupla cidadania chamado David, que rapidamente se tornou nosso amigo. Com uma estatura baixa e proporcional, como um kickboxer, David sempre mantinha a cabeça erguida, com o cabelo bem curto e um olhar eternamente aventureiro. Como tantos outros punks alemães, ele vestia uma jaqueta de couro, mas tinha uma aparência externa que equilibrava negócios e moda.

Apesar de ele ser alguns anos mais velho, David e eu nos entendemos de cara. Ele cresceu em São Francisco e foi a Berlim no fim dos anos 1970, viajando constantemente da casa de familiares na Bay Area da Califórnia para a de parentes na Alemanha. Ele falava alemão e inglês fluentemente. Era casado com Petra, uma mulher de Berlim. Os dois moravam juntos naquele prédio em Kreuzberg, a seção da cidade que fazia fronteira com a Alemanha Oriental, bem próximo do Checkpoint Charlie, o famoso portão que separava o mundo soviético do ocidente.

David e Petra se interessaram pelo meu histórico acadêmico. Eles responderam a todas as minhas dúvidas curiosas sobre Berlim, os museus, a arquitetura, as diferenças entre a vida na RDA e nos vários bairros da Berlim Ocidental. Tanto David quanto Petra eram enciclopédias de informações para alguém que visitava o país pela primeira vez, oferecendo respostas para tudo: onde conseguir a melhor comida, onde ficavam os bares mais legais e como atravessar para o lado oriental (o que nós fizemos) e não sentir medo dos soldados vigiando o Muro de Berlim. Aqueles jovens soldados soviéticos pareciam mal-encarados, mas estavam tão ansiosos quanto os jovens do ocidente para ver o muro cair. Rumores dessa possibilidade já estavam se espalhando durante nossa viagem, no verão de 1989.

O apartamento ocupado de David e Petra, no terceiro andar de um prédio pré-guerra, lembrava os lofts industriais do distrito SoHo, em Nova York. Com teto alto, grandes cômodos abertos com amplas molduras de madeira e detalhes feitos à mão por toda a parte, era um apartamento de vários quartos, espaçoso e convidativo, ainda que a escadaria da entrada já tivesse passado um pouco do prazo de validade e que os corredores na área principal fossem escuros e cavernosos. Ao entrar na área em que eles viviam, dava para ver uma boa mobília, acomodações confortáveis, uma cozinha nova e todos os eletrodomésticos esperados em qualquer lar moderno. "David, achava que você morava num *squat*", eu comentei. Ele respondeu: "Sim, eu consegui fazer um acordo com a cidade. E se eu melhorar este espaço e morar aqui por um tempo, me torno dono dele". Fiquei impressionado com a determinação do casal para incrementar um recurso descartado, porém utilizável. Isso demonstrava visão, e era algo que eu admirava. Para mim, ficou claro que eles eram empreendedores que pensavam no futuro. Isso ficou ainda mais evidente quando, perto do fim de nossa visita, David mencionou que deveríamos fazer uma parceria com sua empresa de turismo, Destiny Tourbooking, para organizar uma turnê ainda mais longa pela Europa no ano seguinte.

David se tornou nosso agente e empresário de turnê na Europa pelos próximos dois anos. A Europa estava se tornando um local para turnês anuais do Bad Religion. Uma turnê de verão se encaixava perfeitamente no meu calendário acadêmico. Eu sempre conseguia seis ou oito semanas livres para me dedicar a uma turnê de shows a cada verão, e a banda recebia ofertas melhores de promoters da Europa do que costumávamos receber nos EUA. Assim, atravessávamos o oceano todos os anos, de modo tão previsível quanto as migrações anuais de pássaros.

A turnê inaugural com David também dependia de uma van, assim como a nossa primeira visita, em 1989. O motorista se chamava Kuxer, um sujeito geralmente teimoso, mas inteligente. Suas palavras favoritas em inglês eram "*I don't give a FUCK!*" ["Estou pouco me FODENDO!"]. Expressando uma forma alemã de sarcasmo, nunca nos ofendemos com seus desabafos engraçados, e ele acabou sendo um integrante espirituoso e hábil da equipe. Seu veículo era uma grande van amarelada a diesel, sem janelas, com um compartimento de carga montado sobre o chassi de quase dois metros de altura, portas traseiras duplas e uma cabine com banco único. O motorista e outras duas pessoas podiam ficar na frente, mas três integrantes da banda e dois da equipe precisavam achar espaço no compartimento de carga. Eu gostava de viajar na frente o máximo possível e colecionava mapas de postos de gasolina ao longo da *autobahn*. Jay costumava achar um espaço longo e plano perto das caixas de som, ao fundo, para esticar seu corpo comprido. Brett e nosso novo baterista, Bobby, descobriram formas espertas de empilhar malas ou amplificadores para criar assentos improvisados onde eles e os outros podiam se sentar durante as longas viagens. Era um sistema perigosíssimo, mas não nos importávamos. Qualquer método que levasse nosso equipamento e nossos corpos à próxima casa de shows já bastava.

Mas o desconforto começou a nos desgastar. Decidimos trocar de lugares com frequência, para que todo mundo tivesse a chance de ficar um pouco na frente, mas na verdade, como Jay demonstrou, era mais confortável ficar deitado no chão, como se a pessoa fosse uma caixa de equipamento. Era um veículo de trabalho, projetado para carregar mobília ou caixas pela cidade. Não foi feito para transportar seres humanos pelo país na *autobahn*, nem estava equipado para oferecer qualquer tipo de refúgio dos sacolejos e das dificuldades de longas viagens.

A segurança do equipamento era sempre uma de nossas últimas preocupações. É claro que não havia cintos de segurança nem uma forma apropriada de amarrar o equipamento musical pesado. Se Kuxer precisasse desviar rapidamente para um lado, por qualquer motivo que fosse, os que estavam no fundo da van esticavam os braços apressadamente para agarrar as caixas, para evitar que tombassem sobre nós.

Um dia, ficamos presos em um engarrafamento na *autobahn*, em ritmo lento, andando e parando o tempo todo por mais de uma hora. A cada vez que Kuxer freava ou acelerava, os passageiros no fundo tinham que ficar atentos e proteger o equipamento. Foi tedioso, desconfortável e ridículo! Então, do nada, veio uma batida alta nas portas traseiras da van. Eu estava sentado na frente e minha cabeça deu um solavanco. "Puta merda!", Kuxer disse. "Alguém bateu em nós!" Imediatamente ouvi Brett gritando: "Aaai, meu pulso, que merda!". Jay também estava no fundo, dizendo: "Que porra está acontecendo aí?". Kuxer encostou a van, saiu e começou a inspecionar a situação. Um caminhão enorme tinha se enfiado na traseira da van. Embora ele não estivesse andando rápido, apenas seguindo o ritmo lento do congestionamento, bateu com tanta força na van que causou uma breve e violenta colisão. Jay ficou abalado, mas suas pernas estavam esticadas no piso e o impacto apenas o deslizou um pouco para o fundo. Bobby e Greg Hetson estavam sentados, e as caixas tombaram sobre eles.

A van ficou amassada, mas ainda andava, e os caras tiveram alguns hematomas leves. O punho de Brett ficou ferido e inchado, mas era do lado direito e não nos dedos que usava para tocar as cordas, então ele apenas o enfaixou e lidou com a dor durante o restante da turnê. Após essa experiência, não queríamos mais saber de turnês em vans.

Em 1991, David disse: "Ei, tenho um amigo chamado Martin, que é motorista de ônibus. Talvez ele consiga um ônibus para nós!". Naquela época, você precisava ser cuidadoso ao tomar uma decisão tão prudente para sua segurança e seu bem-estar. Nos EUA, uma van era o modo de transporte estabelecido para as bandas punk. Por qualquer motivo, veículos maiores, mais seguros ou tecnologicamente mais avançados eram vistos como apropriados apenas para bandas comerciais ou celebridades, ou para artistas que só queriam posar de importantes. A qualquer custo, os punks eram tacitamente pressionados a evitar essas armadilhas. Mas tínhamos passado por dois anos de experiências ruins, evitando catástrofes em potencial em vans na *autobahn*, então estávamos prontos para mudar. Que lugar melhor para fazer essa mudança prática do que a Europa? Punks europeus não pareciam nos julgar pelas decisões práticas que fazíamos, mesmo se roubadas assim parecessem ostentação.

Como esperado, quando pousamos no aeroporto de Berlim para o início de nossa turnê em 1991, Martin e David nos encontraram com um ônibus de turnê com sessenta assentos. Estávamos animados para entrar no veículo enorme e encontrar assentos reclináveis revestidos com *plush*, um banheiro e espaço de sobra para nossa equipe de nove pessoas se esticar. Além disso, a bagagem e o equipamento estariam fora de nosso campo de visão, armazenados de modo seguro em compartimentos na parte inferior do veículo. Ainda longe de ser luxuoso, era um ônibus de turismo reaproveitado fora de temporada, no verão, para o trabalho paralelo de Martin. Seu trabalho normal era levar aposentados em viagens de esqui pelos Alpes durante o inverno. No verão, como o ônibus estava ocioso, aproveitamos para dar a Martin uma chance de ganhar algum dinheiro. Foi uma decisão prática e boa pra todo mundo. E nunca mais fizemos turnê de van.

Em pouco tempo, nosso grupo de viajantes cresceu. Tínhamos espaço de sobra no ônibus, e por isso levamos junto dois superfãs do Reino Unido, Mark e Dylan, que nos conheceram na Alemanha e disseram que planejavam seguir a turnê inteira. Respondemos: "Podem subir! Vamos transportar vocês e ainda dar passes de backstage!". Além disso, meu camarada Wryebo – que tinha acabado de se formar em cinema na Universidade de Wisconsin – viajou conosco durante toda a turnê. Ele levou sua câmera e filmou todos os shows. Vários amigos, groupies e outros músicos se juntaram a nós durante a turnê europeia de 1991. Até meu irmão, Grant, viajou no ônibus durante um período. A cada noite tínhamos shows esgotados; apesar de ainda não termos um empresário, sabíamos comandar aquele navio apertado.

Mas era perceptível que o navio estava entrando em águas conturbadas. Começamos a tocar em casas de shows por onde muitas bandas maiores passavam, e as ofertas não paravam de chegar. Se quiséssemos, poderíamos facilmente tocar todas as noites do ano em cidades pela Europa e pelos EUA. Eu comecei a me preocupar com o equilíbrio entre minha carreira musical e minha vida acadêmica. Precisava achar uma forma de manter um pé em cada lado. Não seria uma transição rápida nem uma tarefa fácil. Tornou-se um malabarismo que precisei fazer a vida toda.

23.
DE DIY A EMPREENDIMENTO COLABORATIVO

APÓS AQUELA TURNÊ NO VERÃO DE 1991, VOLTEI AOS EUA COM MUITAS IDEIAS. RETORNEI DIRETO À MINHA PESQUISA ACADÊMICA E ÀS MINHAS AULAS, PASSANDO AS NOITES COMPONDO MÚSICAS E TENDO A VIDA DE UM ESTUDANTE DE PH.D. CASADO. GRETA DEU À LUZ NOSSO FILHO, GRAHAM, EM JANEIRO DE 1992.

Eu passava os dias no *campus* e à noite aproveitava a tranquilidade doméstica. Minha renda com as turnês já era suficiente para bancar nosso estilo de vida modesto. Não havia grandes extravagâncias, mas tínhamos algum dinheiro no banco e Greta decidiu largar seu emprego de professora para virar mãe em tempo integral. Isso foi perfeito para mim, porque eu só podia ser pai em casa em meio período, tendo em vista as turnês que planejávamos fazer. O ensino e a pesquisa ocupavam a maior parte da minha produtividade diária durante o ano letivo. Eu queria ter uma vida relativamente "normal" para a família, se é que é possível considerar a criação acadêmica que eu tive como "normal".

Fora da universidade, no entanto, eu começava a ficar um tanto conhecido para muitos compositores e outras pessoas da indústria do entretenimento como um compositor e cantor de punk rock esquisitão, notável pelas melodias e harmonias interessantes do Bad Religion, mas

O SELO DE BRETT, A EPITAPH, CRESCIA RAPIDAMENTE; COM ELE NO COMANDO E JAY TRABALHANDO NO DEPARTAMENTO DE ENVIOS, PERCEBIAM O AUMENTO DA IMPORTÂNCIA DO BAD RELIGION EM PRIMEIRA MÃO, PORQUE MUITOS DISCOS ESTAVAM SAINDO DO DEPÓSITO. ELES SE PREPARAVAM PARA ENVIAR 100 MIL UNIDADES DE NOSSO NOVO ÁLBUM, *GENERATOR*. HAVIA VÁRIAS BANDAS DE ROCK EM GRANDES GRAVADORAS QUE NÃO CONSEGUIAM VENDER TANTO.

também como um acadêmico fazendo seu Ph.D. A música vinha tão naturalmente para mim que não me exigia tanto esforço. Na época, eu considerava o trabalho acadêmico meu principal foco de atenção. Exigia mais concentração e pensamentos mais desafiadores.

Para me distrair dos estudos, comprei meu primeiro piano de cauda nessa época. Ed, um professor de canto da cidade, tinha uma loja de pianos onde ele restaurava equipamentos antigos. Em suas viagens anuais à Europa, ele encontrou pianos da era de Mozart e outros itens avariados e trouxe-os para casa, para serem reformados. Sua loja também tinha muitos outros instrumentos vintage. Ed me vendeu um piano americano de cauda para salão, construído mais ou menos quando eu nasci e restaurado. Ainda não era uma antiguidade, mas era um instrumento de qualidade. Um Knabe, feito de nogueira. Usei esse piano para criar "Struck a Nerve", comemorando o nascimento de meu primeiro filho. Eu podia brincar nele por horas, tocando progressões de acordes e melodias.

No *campus*, eu passava muito tempo no laboratório de aulas com espécimes e dissecações. Mas não conseguia ignorar a experiência da última turnê europeia: as plateias estavam ficando muito maiores, e não havia limite para o potencial crescimento da banda.

Cheguei à conclusão de que, para acelerar o crescimento da banda, precisávamos de ajuda. Apreciávamos a ideia do DIY (faça você mesmo) e ainda poderíamos nos apegar a esse ideal e decidir tudo por conta própria, mas também contratando outros profissionais para nos ajudar em nossa causa. Brett sentia o mesmo. Ele também via nosso potencial crescendo de outras formas, pois, assim como Jay, ele também estava no marco zero, em Los Angeles, enquanto eu vivia do outro lado do continente, na Cornell. O selo de Brett, a Epitaph, crescia rapidamente; com ele no comando e Jay trabalhando no departamento de envios, percebiam o aumento da importância do Bad Religion em primeira mão, porque muitos discos estavam saindo do depósito. Eles se preparavam para enviar 100 mil unidades de nosso novo álbum, *Generator*. Havia várias bandas de rock em grandes gravadoras que não conseguiam vender tanto. Quando chegou a hora de pensar em nossa próxima turnê europeia, todos concordamos que deveríamos contratar uma agência de eventos para administrar as turnês, em vez de continuar pela rota DIY com nosso amigo David. Já tínhamos conquistado bastante por conta própria, e David era um bom agente de eventos e empresário de turnê, mas sua operação era limitada. Além disso, sentíamos que era muito importante causar impacto no Reino Unido, e David tinha poucos contatos por lá.

Quase todos os profissionais que consultamos sugeriram a mesma coisa: "Vocês deveriam procurar uma agência de eventos no Reino Unido". "Mas não somos tão grandes no Reino Unido; somos uma banda muito mais importante na Alemanha", respondemos. "Ainda assim, os artistas e as bandas mais importantes dos EUA usam empresas britânicas para agendar suas turnês por todo o continente europeu." Andy, nosso inconstante agente de eventos nos EUA, fez algumas ligações para nós e logo contatamos a Prestige International, uma agência de Londres que trabalhava com a banda The Police, além de outros artistas internacionais importantes. Eles nos indicaram um agente chamado Rob, que soou muito agradável ao telefone e nos prometeu conseguir bons shows no Reino Unido, garantindo nossa trajetória ascendente pelo continente.

A agência também nos forneceu um empresário de turnê, algo igualmente importante para o planejamento geral. Comecei a receber ligações da agência logo após a contratarmos. Howard, um homem com forte sotaque do norte de Londres, estava na linha. "Alô, quem fala é o Greg, certo? Aqui é Howard Menzies, seu novo empresário de turnê. Que maravilhoso te conhecer pelo telefone." "Nossa", eu pensei. Que formal, que profissional! Howard me tratou com respeito, o que me chocou de verdade. Eu não estava acostumado a falar sobre turnês punk com qualquer nível de formalidade. Howard foi o primeiro profissional da indústria musical que parecia preocupado em fazer o trabalho corretamente. Em vez de soberba, ele demonstrava um zelo pela colaboração e pelo esforço mútuo para fazer uma turnê bem-sucedida.

Não haveria mais faxes de uma folha só que apenas listavam cidades e datas. Howard seguiu a prática da agência e emitiu livretos de turnê com todos os detalhes anotados. Cada cidade tinha uma página própria, com informações dos hotéis já reservados, os endereços das casas em que tocaríamos e suas respectivas capacidades. As distâncias de viagem e os horários de partida também estavam anotados. As páginas anteriores eram uma espécie de índice, com uma delas resumindo todas as datas e as cidades e listando os funcionários da turnê, incluindo a equipe da agência e seus respectivos telefones, além dos representantes dos promoters que nos receberiam nas diversas cidades. Howard até incluiu uma lista de regras, basicamente um código de conduta, que ele esperava que todos na turnê seguissem. Dizia o seguinte:

"Um Guia para Levar uma Bela Facada!"
ou
"Um Pouco de Respeito e Senso Comum Deixam a Vida de Todo Mundo Agradável"

1. Cada pessoa é responsável pelo pagamento de seus próprios itens extras no hotel. Ser reincidente em não pagar extras pode resultar em uma bela facada!

2. Há nove pessoas na equipe e cinco pessoas na banda. Se uma delas se atrasar, é uma falta de consideração com todos os outros. Se você se atrasar, terá cinco minutos de tolerância e serão cobrados 50 pence por cada minuto que passar disso.

3. Por favor, garanta sua chegada bem antes do horário do show, para que ele possa começar pontualmente. Caso não o faça, você será esfaqueado.

4. Por favor, sempre mantenha sua credencial com você. Nunca a entregue para ninguém, nem para groupies experientes! Se você chegar sem ela, será esfaqueado.

5. É importante relembrar à banda e à equipe que reclamações e choramingos constantes sobre qualquer probleminha são dispensáveis e acabam com o clima. Se for um problema do trabalho ou administrativo, o empresário de turnê lidará com isso. Se for uma pessoa causando o problema, ela será esfaqueada.

6. Lembre-se: se qualquer coisa der errado, não é minha culpa!

Além de todas as suas habilidades organizacionais e sua sabedoria em administrar turnês, Howard ainda tinha um bom senso de humor britânico. Nenhum integrante da banda levou o "Guia" muito a sério. Mas era uma forma leve de alertar as pessoas quanto aos diversos elementos que tornam uma turnê bem-sucedida, e eu me senti bem de ter uma série de expectativas claramente anotadas naqueles eficazes livretos de turnê.

Por semanas antes de nosso primeiro show em Londres, falamos ao telefone regularmente. Howard conheceu a banda, pois passou bastante tempo conversando e fazendo perguntas. Para mim, foi o começo da intrusão das obrigações profissionais. Um homem com sotaque britânico ligava para mim, na minha casa, para pedir minha atenção e discutir detalhes e planos a respeito de eventos em lugares distantes e que ainda demorariam meses a acontecer. Contratos estavam sendo redigidos com expectativas, exigências e pontos a ser considerados. Era um pouco intimidador, pois eu me via como um estudante e acadêmico. Talvez como um artista, mas não do tipo que se preocupa com negócios, de maneira alguma. Mas também era muito empolgante.

Eu me convenci de que precisávamos nos cercar de profissionais que não fossem necessariamente punks, porque os punks eram nossos colegas e iam aprendendo por experiência, assim como nós aprendíamos e desenvolvíamos nossas habilidades ao navegar pela indústria musical. Se quiséssemos evoluir nossa situação e que nos levassem mais a sério – e não como "só mais uma banda punk" –, precisávamos mostrar que merecíamos mais atenção na esfera da música pop e da indústria musical. Eu não sabia se meu palpite estava certo ou errado, mas o meu jeito de pensar se alinhava perfeitamente com minha experiência universitária. Nas universidades, um aluno é conduzido em sua vida acadêmica por uma série de relações com orientadores experientes. Começa no primeiro ano da faculdade. Todos os alunos recebem algum tipo de orientador para seu principal campo de estudo e geralmente se reúnem com ele no decorrer dos anos, até se formarem. Se o objetivo é conseguir o diploma universitário, o relacionamento com o orientador costuma se encerrar na formatura. Mas há conquistas acadêmicas mais avançadas: mestrado, doutorado, pós-doc, palestrante, professor assistente, professor associado, professor em tempo integral, laureado com o Nobel (bem, você entendeu). Em todas as etapas dessa jornada, os estudantes devem se cercar de pessoas boas e com ideias compatíveis, que vão interagir e colaborar para incentivar mutuamente o desenvolvimento intelectual de seus alunos. Esse é o único tipo de progresso que conheço. Minhas ideias, naturalmente, foram influenciadas por minha própria experiência acadêmica e são uma extensão da forma como minha família estruturou a U. Graffin. Mas, nesse momento, eu estava preocupado porque não havia um mentor ou nenhum profissional com mais experiência para guiar a banda até "o próximo nível".

Com essa confissão, deve ficar claro por que eu estava tão ansioso para ter profissionais de fora ajudando a conduzir o grande navio real *Bad Religion* a seu próximo destino. Nós, os integrantes da banda, concordávamos que queríamos ser levados a sério como uma força musical, mas não chegamos a discutir um método para chegar lá. Nossas reuniões eram informais e geralmente discutíamos alguma questão particular da turnê, como: "Deveríamos levar essa banda ou aquela outra banda para abrir os shows?" ou "Deveríamos usar esta ilustração ou aquela imagem para o fundo do palco?". Brett e eu ainda nos comprometíamos com a abordagem intelectual unificada de nossas composições. Apesar de eu saber que Brett pensava muito em divulgar e vender discos, para mim ele era um parceiro de composição, um igual em nível intelectual, e me agradava o nosso relacionamento parecer ter esse foco. Comecei a sentir que a banda tinha vida própria e estava se desenvolvendo, como um organismo em crescimento. Eu fazia parte do cérebro, mas o organismo tinha sua própria ontogenia. Iria crescer tão rapidamente e até o tamanho que seu ambiente permitisse. Meu trabalho era fazer as ideias continuarem e deixá-las o mais interessantes possível. Eu acreditava que cercar a banda com uma equipe de apoio mais profissional ajudaria a cumprir essa missão. Pessoas com mais experiência, e não nossos colegas e amigos da cena punk, eram como orientadores confiáveis para mim.

Infelizmente, nem todo mundo na indústria do entretenimento se encaixa tão bem. Às vezes, tudo dá certo e você recebe bons conselhos. Mas o problema da indústria musical é que ninguém sabe dizer como sua banda ou sua próxima música será recebida em um ambiente tão dinâmico de gostos e preferências do público. Só porque um agente teve sucesso no passado com outra banda, por exemplo, não significa que ele pode conseguir o mesmo êxito para sua banda.

Na mesma época em que Howard começou a trabalhar conosco, ele teve que interagir com Rob, nosso novo agente no Reino Unido. Um inglês alto com sotaque similar ao de Richard Branson, Rob vestia roupas esportivas e foi muito bem-sucedido ao agenciar algumas das bandas mais famosas da Prestige. Sua principal conquista foi descobrir o Duran Duran e agendá-los para tocar no Marquee Club, em Londres. Quando soubemos que Rob trabalharia conosco, pensamos: "Uau! Ele agenciou o Duran Duran, então deve saber algumas coisas sobre como ajudar uma banda a ganhar popularidade".

Mas, para a minha surpresa, a indústria musical não era como a minha experiência acadêmica. O que funciona para o Duran Duran não é fácil de ser replicado para todas as bandas. A expertise de Rob, na época, só serviria para outra banda de gênero semelhante ao do Duran Duran. Trabalhar com o Bad Religion era como pegar um aluno de Física e colocá-lo sob a orientação de um professor de Antropologia Cultural. É claro que o aluno pode ser esperto, mas não receberia o treinamento necessário para se destacar em Antropologia Cultural, então precisaria ter muito treinamento intensivo para se acostumar a outra área de estudo.

Na primeira vez que Rob tentou colocar o Bad Religion para tocar para um público maior, o tiro saiu pela culatra. Ele nos colocou em um festival de metal na Dinamarca, mas nenhuma das bandas era compatível conosco. Naquela época, os festivais eram muito mais xenofóbicos do que hoje. Festivais de metal só queriam bandas de metal. O Bad Religion não era bem-vindo, e as coisas não deram muito certo. Nossa quantidade considerável de fãs na Dinamarca não compareceu ao festival; consequentemente, perdemos uma ótima oportunidade de estrear nosso novo álbum, *Generator*, para eles. Obviamente, esse relacionamento com Rob – um figurão da indústria, mas que não entendia nosso público – acabou logo.

Howard continuou e foi sábio ao reconhecer que estava um tanto desatualizado com a cultura punk europeia. Sempre disposto a ouvir pessoas espertas da cena que demonstrassem interesse no Bad Religion, ele conheceu Jens, um cara da Alemanha. Jens acompanhava o Bad Religion enquanto terminava seu bacharelado em Economia em uma das instituições mais importantes para contabilidade de seu país. A principal característica de Jens era que ele parecia sempre curioso para observar e aprender sobre turnês de rock. Por ser casado com uma mulher alemã da realeza do rock, a irmã dos irmãos Schenker (dos Scorpions e do UFO), Howard entendia a cultura do país e os dois formavam uma ótima dupla. Jens instruiu Howard a respeito da cena punk alemã, e Howard ensinou a Jens as nuances de administrar uma turnê.

Jens era ótimo com contabilidade e detalhes orçamentários. Ele se ofereceu para fazer parte da nossa turnê de graça, sem salário, apenas para ganhar experiência. Howard apreciou seu entusiasmo e adorou a ideia de não ter que lidar com os detalhes de uma planilha (ele não usava nem computador). Foi acordado que Jens ficaria conosco durante toda a turnê. Os dois formavam uma ótima equipe, e logo fizemos amizade. Jens podia negociar com os promoters alemães no lugar de Howard, além de fazer pedidos em restaurantes, em sua língua nativa.

Com Jens cuidando da parte financeira e da contabilidade da turnê; Howard nos agenciando, adiantando detalhes dos shows, lendo orçamentos e tudo mais; Brett gravando discos e fazendo acordos de distribuição; e eu fazendo trabalho acadêmico durante meu doutorado, era de se presumir que estávamos em alguma missão evangélica para formar uma faculdade itinerante ou uma nova religião. De fato, nós éramos parte de uma iniciativa punk em crescimento, mas longe dos palcos fazíamos coisas que não tinham nada a ver com o punk. Era algum tipo de crise de identidade? Estávamos traindo o nosso propósito filosófico? Cedendo, em vez de resistir às expectativas da "sociedade"? Não. Como indivíduos, seguíamos a nossa "vocação" e as determinações de nossa consciência pessoal, as mesmas coisas que nos tornaram punks lá no começo. Pessoalmente, eu sentia como se estivesse rompendo as barreiras do que esperavam de mim, e isso progrediu constantemente, para cima e além, por meio do espírito do Bad Religion.

24.
O VENDIDO

VENDIDO. TRAIDOR DO "MOVIMENTO". EM 1993, EU JÁ ESTAVA ASSOCIADO AO PUNK HÁ QUASE 15 ANOS E, APESAR DE PARTICIPAR DELE ATIVAMENTE, AINDA NÃO CONSEGUIA DEFINIR COM EXATIDÃO OS TRAÇOS DISTINTIVOS DO GÊNERO. AINDA EM PROCESSO EVOLUTIVO, O BAD RELIGION EXIBIA UM TEMA MUSICAL E IDEOLÓGICO CONSTANTE. SEM DARMOS FOCO À QUESTÃO COMERCIAL, MESMO ASSIM MERGULHAMOS DE CABEÇA EM UM MAR DE JULGAMENTO E FISCALIZAÇÃO NUNCA VISTO ATÉ ENTÃO.

"Vendido" virou uma palavra usada com frequência por fãs de punk rock, compositores e colegas da cena. Era a maior crítica, sugerindo dissonância entre o sentimento dos fãs e as intenções secretas dos integrantes da banda. Por um lado, eu achava bom que o público estivesse engajado, uma indicação esperançosa de que talvez o punk rock ajudasse seus ouvintes a usar o cérebro e questionar a sociedade. Infelizmente, por outro lado, as acusações de "vendido" eram jogadas tão rápida e aleatoriamente que logo levaram à revelação de que a maioria dos fãs de punk não era diferente do cidadão comum, hipercrítica das pessoas que ela mesma tinha colocado em um pedestal por conta de alguma virtude imaginada ou ideal arbitrário. Foi uma percepção do comportamento humano que eu testemunhei diversas vezes. Os críticos mais veementes estão, na verdade, projetando uma insegurança, revelando transgressões secretas de seu próprio comportamento. Se você quer entender a pessoa apontando o dedo, apenas imagine o dedo virado no outro sentido, apontado para seu próprio subconsciente.

O mundo tinha ficado comercial demais. Shopping centers estavam no auge. Todo mundo, exceto os militantes mais fervorosos, comprava itens fabricados em condições de exploração provenientes de locais distantes, feitos por pessoas totalmente desconectadas daqueles que os consumiriam. Bens de estilo de vida relacionados à música e ao merchandising de bandas também estavam à venda nos mesmos shoppings que ofereciam roupas de grife, joias de luxo, salões de beleza e mobília para o lar. Apesar de muitos fãs de música comprarem em shoppings, eles ainda queriam fazer uma exceção para suas bandas favoritas, como se existissem em algum lugar fora de todo esse comercialismo grosseiro. Em casa, eles assistiam à MTV e idealizavam seus cantores favoritos. A pureza ética dessas bandas passou a ser profundamente fiscalizada.

As percepções, frequentemente errôneas, podiam ser manchadas com facilidade por reputações e boatos, muitas vezes publicados em fanzines ou espalhados no boca a boca. Uma reclamação comum podia ser: "A banda de fulano tocou em um clube comercial, portanto tem intenções secretas de ficar mais famosa e cobrar mais caro por seus ingressos, para ganhar mais dinheiro!". O que significava, no fim das contas, que a banda tinha se "vendido". Se um herói ou uma banda se livrasse de seu papel estritamente delimitado, não era mais visto como alguém que realizava suas intenções puras de outrora.

Em meados dos anos 1990, muitos dos fãs tinham perdido por completo as encarnações anteriores da cena. Eles eram informados por uma narrativa romântica, porém imprecisa, do punk do fim dos anos 1970 e do começo dos anos 1980: que lutava contra o governo, que protestava contra a violência policial, que havia batalhões unificados de pessoas socialmente conscientes, com credibilidade de rua, engajadas no "faça você mesmo". Tudo para defender uma mal definida "causa", sem se preocupar com o sustento ou com ter um teto sobre a cabeça.

Mas os ramos do alcance do punk estavam se estendendo até o entretenimento popular e corporativo. Nosso envolvimento nesse processo veio das próprias relações que tínhamos com outras bandas e indivíduos. O Green Day abriu nossos shows em sua primeira turnê nacional. E eles já estavam vendendo centenas de milhares de cópias do disco que os lançaria à estratosfera. Uma das bandas de maior sucesso comercial da história, o Green Day logo teria um lugar fixo nos canais de TV e nas estações de rádio comerciais do país. Gore Verbinski, da banda Little Kings, contratada pela Epitaph Records, dirigiu nossos primeiros clipes que foram vistos na MTV, especificamente "American Jesus", que estreou no programa *120 Minutes,* em outubro de 1993. Nunca discutimos as aspirações comerciais de nosso amigo Gore. Suas ideias combinavam com as nossas e colaboramos como artistas. Quem poderia prever que ele se tornaria um dos diretores de Hollywood mais bem-sucedidos comercialmente de todos os tempos? Eddie Vedder, que cantou comigo no álbum *Recipe for Hate*, de 1993, já estava entrando para a realeza do rock, desfrutando de um enorme sucesso comercial com sua banda, Pearl Jam. O Offspring, também nossos colegas na Epitaph, tornou-se uma das bandas independentes de maior êxito comercial de todos os tempos. Por todos os lados, estávamos cercados de histórias de sucesso de músicos criados ouvindo música punk e que rapidamente ganhavam notoriedade popular.

Até bandas que eram vistas como restritas ao universo do "faça você mesmo", como o Fugazi, estavam publicamente se associando a estrelas de motivação comercial, como Michael Stipe, do R.E.M. O Fugazi conseguiu manter sua mística ao recusar todas as oportunidades de fazer clipes (exceto por um "documentário" lançado pela própria banda, no qual explicam suas ideias). Mas tais medidas não faziam nada para desacelerar a percepção óbvia e em rápido crescimento de que o punk era uma forma comercial válida de música nos EUA. Mais discos estavam sendo vendidos, mais espectadores colocavam música para ver na TV e ingressos para shows ao vivo estavam vendendo mais do que nunca. Todos os gêneros musicais passaram por um crescimento nos anos 1990, e o punk rock entrou nesse bolo.

Lidar com esse crescimento de visibilidade foi constrangedor para mim. Minhas entrevistas dessa época revelam um estudante de Ph.D. de aparência comum, subitamente colocado na frente das câmeras e respondendo a perguntas sobre o estado da cena, ou sobre como me sentia com o sucesso comercial do punk. Eu queria dizer: "Olha, quando não estou no palco, estou ocupado compondo, estudando ou cuidando dos meus filhos. Não tenho ideia do que está acontecendo nos clubes". Mas, em vez disso, eu tentava entrar na brincadeira. Por meio de entrevistas, a MTV e outros canais de TV davam aos fãs um acesso sem precedentes a seus cantores e compositores favoritos. Todos fingiam ser algo que não eram, escondendo suas identidades reais, parecendo autoconfiantes, tentando compensar o medo de que qualquer coisa que dissessem poderia ser usada contra eles no tribunal da opinião pública. De alguma forma, eu tinha silenciosa e tranquilamente me transformado – de um fã de música na roda de pogo ao foco da atenção. Ah, como eu queria apenas tocar nossa música e não ter que responder a perguntas de algum entrevistador mal-informado. Mas estávamos entrando em um mundo novo, no qual centenas de milhares de dólares e milhões de fãs agora estavam em jogo.

Toda uma geração de fãs tinha perdido a chance de ver Minor Threat, Rites of Spring, Black Flag, Dead Kennedys, Circle Jerks, Fear, Misfits e outros do gênero nos anos 1980. Nenhuma dessas bandas de conteúdo político ainda fazia discos punk em 1993. O Bad Religion esteve lá o tempo todo, lançando um disco após o outro. A próspera cena musical de novos fãs esperava que qualquer um ligado à cena punk de 1980 já tivesse transformado suas opiniões ferrenhas em filosofias sociais bem-acabadas. As expectativas eram altas.

Mas eu não tinha opiniões ferrenhas a oferecer. Eu não estava comprometido com nenhuma narrativa especial para manter a credibilidade punk. Alguns músicos tiveram um segundo round: Ian MacKaye teve seus ingressos de cinco dólares; Johnny Rotten criticou a censura, enquanto sua banda, o P.I.L., fazia música pop que não tinha nada a ser censurado; e tanto Henry Rollins como Glenn Danzig, ambos com bandas novas, tinham imagens visivelmente agressivas, dobrando a aposta no estilo punk durão, que ninguém ousaria desafiar. Todas essas fofocas noticiáveis eram consumidas pelos espectadores da MTV. Era como se o punk rock finalmente fosse reconhecido pela grande mídia como um gênero com algo importante a ser dito, mas os porta-vozes que escolheram retratar representavam apenas as qualidades mais superficiais do começo da cena punk. Uma espécie de Eclesiastes dos tempos modernos. Nada de novo sob o sol. Na maioria dos casos, a publicidade elevada focava algum detalhe fútil, como preços de ingressos ou custos envolvidos em produções de palco, ou era sobre agressão, aquele velho e recorrente estereótipo, vindo de algum mal social pouco definido. Toda a riqueza da experiência punk, originada no repertório do início dos anos 1980, parecia irrelevante para essa nova geração da MTV.

Havia pouco mérito intelectual no que eles estavam dispostos a acreditar. Autoproclamados "artistas" diziam em entrevistas: "Em vez de ficarmos populares, acabamos com a banda". Então, puf! O Operation Ivy já era. Por quê? Eles ficariam bons demais? Respeitados demais? Aquilo era alguma nova forma de protesto musical radical? "Nos separamos porque ficou claro que ficaríamos populares demais." Ninguém com mais de dois neurônios deveria acreditar em um protesto de nível tão baixo. Você não tem como saber a popularidade que "teria" conquistado se não mantiver a banda na ativa para descobrir! Mesmo assim, os fãs pareciam aceitar isso, e os jornalistas musicais aplaudiam e validavam a ação como uma estratégia legítima para manter a credibilidade punk. "Olha aqui", comecei a discutir sozinho com um artigo de revista, "se você não quer ser popular, então por que sobe ao palco? É muito fácil ser impopular!" Para mim, tudo aquilo parecia uma explicação rasa e improvisada para um gênero musical passando por uma crise de meia-

-idade. Os jornalistas musicais e os fãs precisavam saber qual era o propósito renovado do punk!

Eu tinha pouco a oferecer sobre esse tema. Os propósitos mais imediatos em minha vida eram continuar minha formação, ajudar minha família e seguir com o Bad Religion – um prato cheio! No fim das contas, eu estava prestes a cumprir as missões subconscientes da U. Graffin. O estilo de vida estereotipado do punk não tinha utilidade em nenhuma dessas áreas de minha existência. Ainda assim, se você definir o punk como uma jornada à margem do *mainstream*, então, conforme o punk se tornava popular, eu continuava me encaixando na definição. Meu estilo de vida atípico me servia bem, porque satisfazia minha crença de que o punk nunca deveria ser medido por nenhum teste objetivo para determinar sua inclusão – ele era marcado pela ideia de que o livro não pode ser julgado apenas pela capa. Eu adotava o atípico por completo. Tinha certeza de que essa máxima me tornava enigmático demais para ter um marketing fácil, elusivo demais para jornalistas musicais me utilizarem em algum artigo enche-linguiça e difícil demais para muitos fãs de punk me acolherem como um messias. Mas eu estava convencido de que as composições que criava com Brett, assim como a música do Bad Religion, falavam por si só. Então não me importava se a imprensa musical emergente da época me via como um porta-voz do punk ou não.

24A. ABSTINÊNCIA

Meu desejo de me afastar da publicidade crescente do punk começou a me afetar nessa época. Eu queria ficar na solidão da natureza, fazer trilhas, estudar afloramentos e ecossistemas, fazer anotações e fotos sem qualquer pessoa por perto, apenas inundando meus sentidos com o estímulo do ambiente ao meu redor. Comecei a querer estar longe da confusão e da disfunção da metrópole, cada vez mais. Esse desejo era, pelo que já li, semelhante a uma experiência religiosa, em que os devaneios podem te deixar perto de um estado de transe, beirando o obsessivo. Com base nas minhas experiências em expedições anteriores, eu tinha vontade de voltar e coletar mais dados em áreas selvagens que já havia visitado. Às vezes, eu idealizava planos para expedições, consultava minha coleção cada vez maior de mapas e planejava aventuras de semanas inteiras nas montanhas do oeste dos EUA, no Alasca ou na bacia Amazônica. Enquanto a popularidade da banda continuava a crescer, eu sentia cada vez mais necessidade de fugir da pressão de ter que lidar com isso. Tanto os jornalistas quanto os fãs queriam nos entender. Por que levou tanto tempo para o Bad Religion ficar tão popular? Qual é o significado do punk na atualidade? Ter esse estilo de vida independente é coerente com fazer um doutorado excessivamente privilegiado? Todas essas perguntas impossíveis de responder me deixavam constantemente na defensiva. Eu não conseguia satisfazer os jornalistas nem os fãs de punk com respostas suficientes.

Pouco tempo após me mudar para Ithaca, eu participei do *Fresh Air*, na NPR, com Terry Gross. Todos os meus amigos do doutorado e os orientadores acadêmicos ouviam esse programa. Era importante para eles. Mas nenhum dos meus amigos punks dava a mínima para isso. A única coisa específica da minha história que a entrevistadora se deu ao trabalho de mencionar foi o fato de que eu era um punk rocker fazendo doutorado, estudando a origem dos vertebrados. Talvez fosse interessante para biólogos, mas confuso e desagradável para a maioria dos ouvintes. As notícias sobre o punk que apareciam na mídia hegemônica nos anos 1990, reforçadas por programas de TV que entrevistavam antigos punks, não eram diferentes dos estereótipos estabelecidos em meados e fim dos anos 1980. Se você fosse das ruas, durão, desprivilegiado, viciado em drogas, malvado e morasse em seu carro – tudo aquilo que eu não era –, então poderia ser usado como um exemplo digno do punk. Não havia mais a noção de que a habilidade musical ou a proeza para compor talvez merecesse mais divulgação. É como se os jornalistas musicais não conseguissem mais apreciar a música, então eles apenas escreviam sobre os acessórios, a moda, a política, os estereótipos. Eu não estava disposto a virar um símbolo público do gênero, e por mim tudo bem. Isso significava duas coisas: (1) eu poderia me concentrar mais na música e deixá-la falar por mim; e (2) eu poderia ter um estilo de vida que me servisse bem e fosse natural, sem ficar obcecado com minha persona pública.

Brett costumava brincar que eu só me sentia confortável me vestindo como um estudante de pós-graduação fazendo trabalho de campo. Na verdade, essa afirmação era mais fidedigna do que ele imaginava. Meu "estilo" era despretensioso, envolvia botas de caminhada leves, bermudas cargo e camisas com bolso. Roupas funcionais que logo foram adotadas por muitos no mundo do grunge como moda de preferência. Não estou sugerindo que inventei o estilo deles. Mas eu gostava de "me camuflar", e não de "me destacar" com uma jaqueta de couro, cabelo tingido e botas de combate. Essas coisas eram divertidas para um jovem do Ensino Médio que quisesse atrair olhares e confrontos em L.A. Mas agora eu estava mais a fim de evitar as armadilhas da moda, preferindo anunciar minha presença por meio das minhas composições.

24B. AS DUAS CULTURAS

O conceito de profetas da justiça, com visões supremas do que era bom ou ruim para o punk, por si só era ridículo para mim. Se havia um gênero musical que desafiava uma definição convencional, era o punk. Brett sofria pressão de editores de fanzines que esperavam detoná-lo, desmascará-lo por ser um hipócrita. "Como você pode compor músicas sobre os males do capitalismo e ganhar dinheiro com elas? Como pode criar um selo musical que é, por si só, uma corporação? Isso não é punk!" Mas absurdos semelhantes emanavam de outros figurões do punk, que tentavam proteger seus próprios negócios ao denunciar os males da "música corporativa" (seja lá o que isso significasse) como algo inerentemente maléfico ao "modo punk" de pensar (seja lá o que isso significasse). "Não estamos aqui para te entreter" era uma atitude comum entre os "pensadores" da geração pós-punk[19]. Minha atitude era exatamente a oposta: eu estava lá APENAS para entreter o público. Se não fosse por ele, por que eu sairia em turnê?

Havia uma separação notável de culturas em jogo. Por um lado, havia os punks do início dos anos 1980, que podemos chamar de segunda onda do punk. Esse grupo agora tinha uma perspectiva enrijecida, acreditando que o punk deveria ser sobre a raiva e a desilusão com a sociedade. Por outro lado, havia punks como nós, que já tinham ido além dessa mentalidade inflexível. Enquanto os primeiros acreditavam em prescrições rígidas para o estilo de vida punk, nós buscávamos um clima mais abrangente e inclusivo para o gênero.

Em 1993, após um show em Chicago, Jay e eu fomos abordados do lado de fora da casa por um punk raivoso. "Bela van, babacas!" Estupidamente, eu entrei no papo e respondi: "Isso não é uma van, é um ônibus de turnê, seu idiota!". O cara estava pronto para brigar comigo e com Jay, por termos tocado em uma "casa de shows comercial" (o Vic Theater) e por sermos levados pelo país em um ônibus de turnê. Ele nos acusava de trair a cultura punk!

Como eu era um estudante de pós-graduação, inserido no mundo do debate intelectual, ao sair daquela situação me lembrei do ensaio "As Duas Culturas", de C. P. Snow, sobre ciência e literatura. C. P. Snow escreveu[20]: "Não ter lido *Guerra e Paz*... é não ter sido educado, bem como

---

19 *Consulte o artigo que Eric Brace escreveu para o* Washington Post, *"Punk Lives! Washington's Fugazi Claims It's Just a Band. So Why Do So Many Kids Think It's God?", de 1º de agosto de 1993.* (N. do A.)

20 *Consulte "The Two Cultures", de C. P. Snow, na* New Statesmen, *reimpressa em 2 de janeiro de 2013.* (N. do A.)

é não ter uma noção da Segunda Lei da Termodinâmica". Ou seja, o fato de um cientista estar totalmente envolvido com a literatura científica não lhe dá primazia sobre aqueles que estão envolvidos com estudos sociais ou ficção literária. O etnocentrismo nos impede de julgar qualquer cultura como inferior, porque nossos valores derivam apenas de nossa própria cultura. De acordo com Snow, "há benefícios que podem ser obtidos ao ouvir homens inteligentes, totalmente removidos da cena literária e despreocupados com quem está por dentro ou por fora".

A divisão profunda entre a cultura punk e todas as outras foi arbitrária e criada pelos homens. Alguns punks se mostravam profundamente interessados em manter essas divisões intransponíveis. Eu sempre acreditei, assim como C. P. Snow sugeriu, que o encurtamento dessas distâncias e a eliminação dessa mentalidade de "teste de autenticidade" do gênero poderiam trazer muitos benefícios. A cultura punk, no meu ponto de vista, sempre dependeu do rompimento das regras estabelecidas, então achava estranho ouvir de críticos que tínhamos, de alguma forma, fracassado ao não sermos previsivelmente punks o suficiente. Mesmo assim, era inevitável. Se os seus shows estivessem lotados e os seus discos fossem populares, ou até se você tomasse decisões práticas sobre turnês, porém dispendiosas, estaria sujeito a acusações de ter se vendido!

Evitar as armadilhas de ser rotulado como um vendido não era tão difícil para mim. Eu morava em uma pequena cidade no norte do estado de Nova York. Enquanto isso, em Los Angeles, Brett e Jay precisavam lidar com mais escrutínio diário. Eles viviam no olho do furacão. Os editores de fanzines tinham acesso fácil, pois Brett e Jay ficavam todo dia na sede da Epitaph, com um novo escritório e um depósito adjacente na Santa Monica Boulevard. Se alguém telefonava para a Epitaph, era atendido por um dos dois. Jay recebia as perguntas e falava até esquentar a orelha de quem ligasse. Até fãs de punk rock podiam passar pela Epitaph a qualquer momento e visitar seus integrantes favoritos da banda, e as bandas conseguiam entregar suas fitas demo mais recentes diretamente para Brett. Além de Brett contratar algumas bandas, ele, Jay e outros punk rockers passavam o tempo livre juntos no escritório e no depósito. A cena sempre foi muito informal.

A letra escarlate "V" (ou seja, o rótulo de "vendido") podia manchar irreparavelmente a reputação de Brett e da Epitaph. Se as bandas pensassem que ele não era autêntico e não tinha compromisso, isso poderia atrapalhar sua habilidade de contratar bandas novas. Ele estava comprometido com a missão de estruturar a Epitaph, assim como eu estava com meus próprios objetivos, então a integridade era muito importante para nós. Para mim, isso envolvia cantar e compor. Eu acreditava que a música é para todos e que não há limite para quem pode ouvir algo ou não. Não me dava ao trabalho de debater sobre quem o "público-alvo" deveria ser. Sinceramente, eu nem ligava se algumas pessoas protestassem que minhas músicas não eram punk o suficiente. Brett era um pouco mais resguardado em entrevistas nessa época. Ele começou a receber pedidos para falar tanto da Epitaph quanto do Bad Religion. Sua abordagem nas duas frentes – uma como compositor e guitarrista, outra como chefão de um selo – foi mantida por anos, mas ali vivia seu momento mais intenso. Chegaríamos ao ponto em que Brett não conseguiria mais equilibrar seus dois trabalhos.

24C. VENDER-SE

No verão de 1993, o Bad Religion chegou a um acordo com a Atlantic Records para gravar quatro discos nos anos seguintes. Assinar as cópias de execução do novo contrato de gravação significava que não teríamos mais uma relação profissional ativa com a Epitaph Records. Para muitos da comunidade punk, tínhamos oficialmente nos vendido, e isso era a cereja do bolo. Mas eu não me sentia dessa forma. Virar um "vendido" nem passava pela minha cabeça na primeira metade de 1993. Eu estava ocupado me adaptando a um novo estilo de vida, pois tinha acabado de comprar uma linda casa colonial de tijolinhos, relativamente perto do *campus*, com uma grande sala de TV, uma sala de estar para o novo piano, um porão amplo o suficiente para acomodar uma bateria e um console de gravação de 32 canais, uma garagem com duas vagas e um estúdio logo acima. Eu não poderia estar mais animado com o ato de fazer música.

A família, ainda em crescimento, tinha espaço de sobra para se ocupar enquanto eu podia fugir para o porão ou para a sala do piano para compor novas músicas. Fazia tempo que eu sonhava em ter uma "base" onde pudesse cuidar da minha família e produzir música, como Frank Zappa fazia em seu famoso complexo de estúdio e domicílio, o Utility Muffin Research Kitchen, em Los Angeles. O problema era que em L.A. os valores imobiliários eram elevados demais para eu conseguir realizar tal sonho. Mas, no norte do estado de Nova York, era uma meta atingível. Com o dinheiro que economizei ao longo de anos em turnê e os royalties que recebia da Epitaph, consegui comprar uma casa e montar um estúdio caseiro.

Brett provavelmente tinha suas ideias particulares sobre o Bad Religion na época, mas ele não compartilhava todas comigo. De fato, não nos comunicávamos sobre a maioria das decisões de negócios nesse período. Mas tínhamos um relacionamento bem próximo como artistas. Ele não confiava em mais ninguém para mostrar suas músicas, tampouco consultava outras pessoas a respeito de conceitos, e eu me sentia da mesma maneira com ele quando chegava a hora de propor minhas ideias para canções novas. Tínhamos uma comunicação intensa durante a fase de demos, gravávamos esboços em nossos Portastudios, compartilhávamos fitas um com o outro e elaborávamos o conteúdo de um álbum antes de ser apresentado aos outros integrantes da banda. Então era o Brett artista que falava comigo e respeitava minhas opiniões sobre composições e arranjos. No entanto, em parte por conta da minha falta de interesse em relações públicas, e ainda mais pelo meu desinteresse

NO VERÃO DE 1993, O BAD RELIGION CHEGOU A UM ACORDO COM A ATLANTIC RECORDS PARA GRAVAR QUATRO DISCOS NOS ANOS SEGUINTES. ASSINAR AS CÓPIAS DE EXECUÇÃO DO NOVO CONTRATO DE GRAVAÇÃO SIGNIFICAVA QUE NÃO TERÍAMOS MAIS UMA RELAÇÃO PROFISSIONAL ATIVA COM A EPITAPH RECORDS. PARA MUITOS DA COMUNIDADE PUNK, TÍNHAMOS OFICIALMENTE NOS VENDIDO, E ISSO ERA A CEREJA DO BOLO. MAS EU NÃO ME SENTIA DESSA FORMA.

nos negócios (a parte de vendas e marketing), Brett passava muito mais tempo falando PARA mim sobre estratégias de negócio, com menos participação minha. Eu valorizava isso. Ele era de uma família que lidava com negócios. Eu era de uma família acadêmica. Ele tinha a experiência, e era por isso que eu respeitava suas decisões.

Se Brett dizia que eu precisava assinar algo, como todos os contratos de gravação que ele emitiu para nossos discos na Epitaph, eu apenas assinava. Eu não buscava "aconselhamento externo" nem questionava sua honestidade. Não sei nem se cheguei a ler os contratos. Se Brett dizia "Vamos fazer deste jeito", eu concordava, pois confiava nele para essas coisas. Assim como ele confiava em mim para melodias, harmonias e arranjos. Geralmente, se eu dizia "Vou cantar deste jeito", ele respondia que tudo bem. Crescemos juntos, e esse sempre tinha sido nosso estilo de confiança mútua. Não havia uma ideia em minha mente, nem precedentes em minha experiência, para sugerir uma mudança na forma como sempre trabalhamos juntos.

Portanto, no que dizia respeito a formalidades de negócios, eu nunca discuti ou discordei dos contratos com a Epitaph que Brett pediu que todos nós assinássemos. De fato, até 1993, a banda nem tinha um advogado. Não havia nenhuma negociação. Então, quando chegou a hora de assinar o documento com a Atlantic Records, eu não faria isso sem a aprovação tácita de Brett, que também já tinha assinado. Tempos mais tarde, ele expressou arrependimento e até disse publicamente que fez aquilo "apenas pelo dinheiro", o que eu sabia que era papo furado, pois era menos dinheiro do que recebíamos com a Epitaph. Mas ele precisava dizer algo, porque a polícia punk, os jornalistas musicais e os leitores de fanzines queriam saber como ele, o autor de algumas das melhores músicas punk e dono do melhor selo punk, poderia se vender para uma corporação daquele jeito.

Meus próprios conflitos estavam se acumulando. Pela primeira vez na vida, eu precisava pensar em sustentar outras pessoas: uma esposa, uma criança e mais outra a caminho, além de manter um teto sobre nossas cabeças e comida na mesa. Eu começava a temer a pior parte da vida acadêmica: trabalhar feito um louco com a cabeça enfiada em livros, caçando alguma verdade preciosa e oculta a fim de escrever um artigo acadêmico para alguma publicação arcana, lida somente pelos poucos outros sociopatas reclusos que compõem "o campo", apenas para subir um pequeno degrau na escada da subvalorização, tudo a serviço da universidade. De vez em quando, te deixam sair da toca para cumprimentar os administradores e os sêniores do corpo docente em suas desconfortáveis confraternizações e reuniões de comitê semanais, contentes ao ouvir que você está modificando sua pesquisa para melhor se adequar às necessidades administrativas da universidade – o sinal de que você está disposto a "entrar no jogo". E, se você avançar o suficiente nessa trilha do fracasso, eles nomearão uma construção da universidade em sua homenagem, onde talvez coloquem uma foto sua na parede, que ficará ignorada e empoeirada por gerações, até algum empreiteiro de reforma perceber o artefato e enfiá-lo no arquivo, onde ficará pela eternidade. Enquanto isso, você desfruta do privilégio de ser financeiramente mimado com um pagamento garantido que não vai além do mínimo necessário, e luta por migalhas de recompensas e por uma bela aposentadoria enquanto é acometido pelos adjetivos mais desdenhosos da vida moderna: babaca, erudito, liberal, professor de informação inútil, intelectual de torre de marfim.

Com pensamentos tão pessimistas em mente, eu também estava particularmente inquieto com a música enquanto negócio. As conquistas no mundo do entretenimento podiam ser tão modestas quando as acadêmicas. Você podia passar meses ou anos obcecado pelo conteúdo e pelo contexto de seu próximo álbum, compondo canções inteiras com melodias e progressões de acordes, tocando-as centenas de vezes apenas para jogar o projeto inteiro fora e começar de novo, do zero, simplesmente porque sentiu uma odiosa falta de confiança em si próprio. Você pode acertar tudo no disco seguinte: compor músicas excelentes, gravar resultados sonoros interessantes e cativantes no estúdio, conseguir uma divulgação e uma "colocação" qualificadas do "produto", fazer turnês bem-sucedidas pelo mundo e, mesmo assim, voltar para casa com vendas modestas, decepções profissionais e o escrutínio do mercado e dos críticos. Enquanto isso, os custos pessoais são altos: longas ausências da família enquanto você viaja pelo mundo, levando consigo exaustão, má nutrição, sono insuficiente, saúde precária e extremos de estresse psiquiátrico a cada noite que sobe ao palco.

Na balança, o mundo do entretenimento parecia mais abertamente honesto que o acadêmico. Verdade seja dita, na indústria musical não há garantias. Se você dedicar sua vida à música, as recompensas podem ser astronômicas – dinheiro, fama, respeito –, mas apenas se tiver sorte. Portanto, pelo menos você sabe que está apostando, e, se você for bom, poderá influenciar o sistema e aumentar as chances de sucesso ao fazer um bom trabalho.

Enquanto isso, na academia, você sente a desonestidade. Tudo é criado para dar a ilusão de que HÁ garantias. Desde que execute todas as tarefas perfeitamente e passe pelos obstáculos certos, você será promovido a algum nível novo de expertise, com respeito e recompensa monetária razoável. No entanto, depois da pós-graduação, matricular--se é muito mais moroso. Você pode ter todos aqueles pré-requisitos e ainda assim estagnar, nunca alcançando as alturas que até então pareciam garantidas. Se algum colega ou orientador vingativo julgar o seu trabalho como insuficiente, você ficará eternamente vagando pelo porão de sua área, sempre caçando emprego em uma faculdade ou um laboratório que pague melhor.

Descobri uma forma de ser verdadeiro comigo mesmo, que é o único antídoto contra a ideia de se vender. Em vez de abandonar a vida acadêmica por completo, eu continuaria meus estudos. Eu simplesmente não conseguia desistir da academia, pois assim estaria rejeitando uma parte de mim, do meu desenvolvimento intelectual e da tradição da minha família. Mas também não podia continuar por lá em tempo integral. A música exigia cada vez mais do meu tempo. Manter um cronograma ativo em cada área era uma hipótese intimidadora, mas eu estava disposto a tentar a façanha. Seria uma aventura. Se eu ia conseguir mantê-la, só o tempo diria.

Ficava cada vez mais claro que eu não conseguiria dar à minha banda qualquer tipo de moda que virasse notícia ou atitude descolada. Eu me sentiria desconfortável só de tentar isso. O *Washington Post* publicou uma resenha de destaque em sua seção de Arte & Entretenimento, que se referia a mim como alguém "bonzinho demais para liderar uma banda tão raivosa". Raiva, angústia, descontentamento. Eram as palavras da época usadas para caracterizar o punk rock, palavras que estavam lá desde o começo, nos anos 1970. Mas então, em 1993, os rostos do punk tinham mudado. No lugar de cabelos espetados e com cores doidas ou de alfinetes na bochecha, à Sid e Johnny, você tinha uma gama mais diversa de vocalistas. Alguns, como Tim Armstrong, do Rancid, ainda se vestiam como se estivessem em 1979 e espetavam o cabelo. Fat Mike, do NOFX, parecia um pouco comigo, mas seu cabelo descolorido ou tingido, suas sobrancelhas escuras e suas camisetas sem manga eram algo que eu usaria no palco do Country Club ou do Starwood, só que dez anos antes. Eu não iria me aventurar de volta àqueles dias de roupas surradas só pelo look. Outro estilo era o de Bryan "Dexter" Holland, do Offspring, e de Billie Joe Armstrong, do Green Day. Esses caras tinham a juventude e o charme de um adolescente que mora na mesma quadra que você, no subúrbio, e anda de skate na sua calçada. Você quer se irritar com ele, mas ele é bonitinho e inocente demais. Então você deixa ele andar de skate ali e espera que tenha um bom futuro em outro lugar. Eu sei que já era um "velho" nesse mundo de caras novas. Além disso, nunca andei de skate ou surfei, então não me encaixava mesmo. As imagens dos novos líderes de banda à época, ou os looks que ganhavam mais atenção, eram desses punks jovens ou dos mais alternativos – o cantor pensativo, ameaçador, talvez até insano, possivelmente ocultando uma doença mental séria, tão repleto de raiva que sempre canta de cara amarrada. Esse tipo de líder foi simbolizado por Kurt Cobain, do Nirvana, que afirmou naquele ano: "Sou um cara muito mais feliz do que muita gente acha"[21]. A *Rolling Stone* o colocou na capa e falou sobre como "as raízes de sua angústia, tanto públicas quanto pessoais, são muito mais profundas". Estava tudo lá, impresso nas páginas em minhas mãos: o jornalista musical agindo em conjunto com o ícone do rock, consolidando uma nova narrativa e novos horizontes para o apelo de um vocalista, graças à "massa de fãs pseudopunks do Nirvana". Ian MacKaye, do Fugazi, também tinha esse apelo, tão constantemente insatisfeito e decepcionado com a sociedade que vê-lo sorrindo para o público seria tão incomum quanto ver uma luz colorida em seus shows. E também havia o estilo de Trent Reznor, do Nine Inch Nails, que foi retratado na capa da *Alternative Press* com o antigo ditado punk "*Anger Is an Energy*" ["A raiva é uma energia"]. Calmo e de aparência "normal", mas profundamente misterioso, Reznor criava músicas que eram quebra-cabeças psicológicos para o público decifrar de onde vinha aquela tempestade psíquica.

Não, eu não me encaixaria facilmente em nenhum desses modelos que se materializavam em meus contemporâneos. Eu sentia que já tinha passado da minha melhor fase e não estava a fim de ser parte do frenesi causado pelos novos estereótipos em que esses vocalistas se encaixavam, todos destinados a ter sucesso comercial imenso, personificando uma narrativa punk que jornalistas já anunciavam há uma geração. Ser "único", uma peça diferente que não se encaixaria em alguma parte do *mainstream*, não seria o bastante nesse mundo em que jornalistas, gravadoras e veículos de mídia estavam determinados a tirar o punk e seus derivados do armário e colocá-los em plena disposição para o consumo em massa. Agora, eles queriam dor psíquica, raiva ou irritação incessante com a burrice da sociedade, ou até uma versão mais palatável, leve e

---

21 *David Fricke, "Kurt Cobain, The Rolling Stone Interview: Success Doesn't Suck. Our man in Nirvana rages on (and on) about stardom, fatherhood, his feud with Pearl Jam, the…"*, Rolling Stone, *27 de janeiro de 1994.* (N. do A.)

juvenil na forma de um comentário sobre a insipidez da cultura consumista dos EUA. Que irônico!

É isso o que os vocalistas que recebiam toda a atenção da imprensa vendiam. Mas eu não sentia raiva e não conseguia fingir que estava sentindo quando me apresentava no palco. Eu era um pai e um acadêmico, assim como meus pais foram antes de mim. Como essa verdade poderia ser transposta? Comecei a me preocupar por não ser importante.

No íntimo, eu me preocupava por estarmos perdendo algum tipo de competição, por não conseguir manter o Bad Religion sob os holofotes de toda essa nova adoração pela cultura punk. A música do Bad Religion não tratava de raiva ou insatisfação, como tantos jornalistas incorretamente presumiam. Era uma reflexão sobre um sistema de crenças. Um sistema no qual a verdade só pode ser encontrada por meio de observações, explorações e verificações. A mídia estava transformando antigos punks em deuses, portanto eu não acreditava que o caráter do punk se encontrava em sintonia com as coisas que eu tinha a dizer. Apesar de minhas preocupações, eu me concentrei naquilo que podia controlar: entregar a mensagem de nossas letras da forma mais musical que o gênero permitisse. O objetivo principal era alcançar o maior número possível de pessoas. Eu sentia que essa era uma posição incontestável, merecedora de consideração em todas as decisões de negócios envolvendo a banda.

25.
A LEGITIMIDADE FORMAL DA INDÚSTRIA MUSICAL

SE VOCÊ FOSSE DESCREVER A ESTRUTURA EMPRESARIAL DO BAD RELIGION ANTES DE 1992, NÃO SERIA INCORRETO DIZER QUE ERA UMA "BOLHA AMORFA". NO FILME *A BOLHA ASSASSINA*, DE 1958, UM ORGANISMO AMEBOIDE CRESCE SEM QUALQUER PROPÓSITO CENTRALIZADO OU DIREÇÃO.

A bolha simplesmente segue oportunidades, ficando maior conforme encontra mais e mais humanos pelo caminho. Embora estivesse crescendo rapidamente, o Bad Religion não teve ajuda de um profissional administrativo na primeira década de atividade. Fazíamos shows, gravávamos discos e saíamos em turnês apenas com base nos esforços e acordos entre os integrantes da banda. Brett e eu sempre compúnhamos e nos tornamos uma ótima dupla criativa. Greg Hetson e Jay Bentley tinham muitas amizades nas cenas punk de Orange County e Los Angeles, e continuaram participando delas enquanto eu fazia faculdade e Brett estudava engenharia de som. Muitos de nossos primeiros shows eram oportunidades para nos juntarmos a outras bandas que conhecíamos e fazer contato com os promoters regionais. Seguíamos as oportunidades que apareciam sem saber claramente para onde elas iriam. A primeira contratação administrativa "profissional" que fizemos foi um agente de turnê, em 1988.

Em 1992, Brett sugeriu que seria benéfico contratar um gerente de negócios. A banda estava começando a acumular royalties consideráveis com os discos e nem tinha contrato social ou conta bancária! Nossa busca por um gerente empresarial durou mais do que o esperado e, no começo de 1993, contratamos um contador chamado Steven, que ajudou a nos tornar uma entidade financeira mais legítima. A outra banda de Greg Hetson, o Circle Jerks, era representada por uma empresa de gestão, havia assinado um contrato com a I.R.S. Records e, mais importante, tinha contratado um escritório de advocacia especializado em entretenimento para negociar todos os contratos. Graças a uma dica de Greg Hetson, nos reunimos com um advogado chamado Eric, cuja empresa também representava o Circle Jerks e o Red Hot Chili Peppers à época. Eric se deu bem comigo. Brett, assim como os outros caras, gostava da ideia de a banda ser representada por alguém que não fosse a pessoa emitindo os contratos de gravação. Todos ficamos satisfeitos quando Eric concordou em revisar nossos contratos, mas o aspecto mais importante de nossa associação não dizia respeito aos contratos anteriores, mas sim ao que seria feito para o disco seguinte.

Eric conversou conosco, separadamente, sobre suas opiniões dos prós e dos contras de sair da Epitaph. Brett, como era tanto um integrante da banda como o dono do selo, tinha suas próprias ideias sobre o tema, mas não as compartilhou. Eu achava que todos nós estávamos de acordo, que concordaríamos sobre o que seria melhor para a banda. Entretanto, a negociação nunca chegou a uma conclusão – deixamos várias discussões em aberto e coisas para refletirmos enquanto fazíamos as malas e partíamos para uma turnê pela Europa.

Estávamos todos na estrada em junho de 1993, começando a turnê de verão pela Finlândia e passando dois meses viajando por dez países. De alguma forma, enquanto Brett estava tocando comigo e os outros integrantes no palco do Paradiso, em Amsterdã, em 4 de junho, ele supervisionava o lançamento de nosso álbum *Recipe for Hate* pela Epitaph, nos EUA.

A Epitaph Records tinha diversos funcionários nessa época, mas seu chefe geralmente estava em turnê quando chegava a hora de lançar discos novos nas lojas. Eu costumava vê-lo no seu quarto de hotel, com o laptop desajeitadamente ligado a um receptor de telefone fixo, transmitindo dados com um som estridente pelo fone de ouvido. Ele me chamava: "Cara, olha só! Essa é minha tela de monitoramento". Isso foi antes de celulares existirem, e a maioria dos hotéis de preço médio e qualidade básica tinha telefones fixos com discagem, mas sem linhas de dados. Brett conseguia acompanhar cronogramas, vendas, marketing e todos os itens necessários para os negócios em Los Angeles, mesmo quando estávamos a milhares de quilômetros de distância e fazendo shows todas as noites.

O selo havia crescido constantemente desde 1991, quando alcançou um marco notável que poucas outras gravadoras independentes conseguiam: produzir 100 mil "unidades", ou seja, cópias de um disco. Naquele ano, o Bad Religion lançou *Against The Grain*, que teve 100 mil unidades enviadas às lojas. No ano seguinte, gravamos *Generator* e também enviamos 100 mil unidades. Quando *Recipe for Hate* foi lançado, em 1993, a Epitaph estava ocupada lançando outras bandas de sucesso que Brett tinha contratado, como NOFX, Offspring, Rancid e Pennywise. De fato, aquela pequena operação que tinha começado conosco, quatro integrantes da banda, inserindo 3 mil discos do Bad Religion em capas cobertas com plásticos customizados doados pela PolyPac (a empresa de plásticos do pai de Brett), tinha crescido e se tornado um selo de verdade, que enviou mais de 1 milhão de unidades para as lojas em 1993. Brett foi o capitão daquele projeto caseiro que evoluiu até virar uma potência independente.

Durante esse período, não me preocupei com os mecanismos internos do lado empresarial do selo. Eu acreditava que Brett fazia o que era melhor para a nossa banda, mas também reconhecia que as outras bandas que ele contratava estavam exigindo mais de sua atenção. A única preocupação que não saía da minha cabeça era a percepção de que outras bandas do selo pareciam tirar a atenção do Bad Religion. Eu sabia que

Brett tinha começado a expandir seu império com a Epitaph Records, pois abriu um escritório na Europa e contratou funcionários de marketing, distribuição, rádio e relações públicas para o selo. Até onde eu sabia, eram todos competentes e com disposição para trabalhar. Mas também desconfiava do que poderia acontecer se outra banda do selo começasse a vender a maioria dos discos da gravadora. Eu temia que não seríamos mais o foco principal do selo que fundamos. Para remediar esse medo, comecei a fantasiar que as empresas de mídia gigantes, como a Warner Brothers, a RCA ou a Sony, tinham contas bancárias tão gordas que conseguiriam dispor de um número quase infinito de funcionários, com exclusividade, para trabalhar em um novo disco do Bad Religion.

No decorrer da turnê pela Europa, *Recipe for Hate* continuava chamando a atenção nos EUA. Liguei para meu velho amigo da faculdade, Mark, que tinha acabado de concluir seu Ph.D. e estava partindo para uma carreira nas Ciências Ambientais. "E aí, Mark? Parabéns pela conclusão! Ou devo te chamar de doutor agora? Hahahahaha." Mark começou a trabalhar no Heal The Bay, um projeto ambiental sem fins lucrativos em Santa Monica, e seu irmão, Jonathan (que ficaria famoso por ser o único crítico gastronômico a ganhar um prêmio Pulitzer), estava escrevendo para o *L.A. Times*. "Caaara", Mark disse, "Jon está escrevendo uma resenha de seu disco novo". Eu mal podia acreditar. O *L.A. Times* finalmente tinha decidido nos cobrir. Foi uma grande surpresa para mim, porque até então já havíamos aparecido em quase todas as publicações semanais e revistas de música mensais da região de Los Angeles, mas o *L.A. Times*, o jornal mais respeitado de nossa cidade, mal tinha nos mencionado.

O artigo de Jonathan trazia o título "PC Punkers Take Opposite Tacks"[22] ["Punks politicamente corretos tomam rumos opostos"]. No texto, ele mencionava as duas bandas que considerava "o alfa e o ômega"

---

22 Jonathan Gold, *"PC Punkers Take Opposite Tacks"*, Los Angeles Times, *25 de julho de 1993*. (N. do A.)

do rock 'n' roll underground: Bad Religion e Fugazi. Eu apreciei como Jonathan entendeu as diferenças entre nossas bandas. Ele me conhecia da época de faculdade, quando eu passava o tempo com Mark, mas não acho que isso tenha enviesado sua avaliação de alto nível sobre o caráter único de cada banda. Enquanto o Fugazi representava "o que surge na mente de todos os jovens fãs de rock quando o termo 'politicamente correto' é mencionado", ele via o Bad Religion como algo diferente. Afinal de contas, nós tínhamos gravado, em 1992, um disco de sete polegadas com uma declamação de Noam Chomsky, o principal intelectual dos EUA, e Jonathan mencionou esse fato no artigo. Na minha perspectiva, em outras palavras, ser politicamente correto não era tão importante para o Bad Religion quanto o intelectualismo acadêmico. O artigo ainda mencionava as distinções entre a nossa música e a deles.

O som do Fugazi, típico de Washington, D.C., com gritos que se contorciam em "latidos ao estilo Henry Rollins", era distinto das minhas "melodias folk pegajosas" que "soavam comerciais, intencionalmente ou não". Eu estava perfeitamente contente em soar comercial e muito satisfeito por Jonathan se dar ao trabalho de contrastar o que ele via em duas situações: o que a cena punk de D.C. tinha se tornado, e o que eu esperava poder estabelecer como uma versão madura da cena punk de L.A. Ele deu aos dois álbuns uma nota "boa", com três estrelas, uma abaixo da mais alta, "excelente", ou quatro estrelas.

Quase todas as revistas importantes sobre música tinham dado atenção ao nosso álbum, mas o artigo no *L.A. Times* renovou esse interesse e retomou as discussões com Eric, nosso advogado, que acompanhava de longe o nosso progresso. "Ei, Greg", ele disse ao telefone um dia, em agosto de 1993, "eu gostaria que você se encontrasse com alguém da Atlantic Records em Nova York. Danny Goldberg acabou de assumir como presidente lá e deseja te ver na semana que vem. Nesta semana ele está aqui em Los Angeles e vai se reunir com os outros caras."

Para mim, era fácil dar uma "passadinha" pela Big Apple. Na verdade, foi um dos principais motivos que me levaram a morar no estado de

Nova York. Há certos benefícios em nunca estar longe da maior cidade do mundo. De manhã, podíamos acordar e decidir que queríamos ver um show na Broadway à noite, ou visitar qualquer um dos melhores museus que existem na cidade, passando uma tarde cheia de cultura. Ainda assim, morávamos longe o suficiente para nem sentir o caos, a desordem, a sujeira e a angústia que tipificam a vida na cidade grande. No interior do estado, é fácil achar um lugar tranquilo, mas também é fácil fazer negócios na capital financeira mundial se você não se importar com o trajeto de quatro horas até a cidade.

Em uma sexta-feira, em agosto de 1993, fiz exatamente isto: acordei, viajei até a cidade de Nova York e cheguei ao centro de Manhattan por volta das 10h30 da manhã. Após parar meu Pontiac em um estacionamento, andei em meio aos arranha-céus brilhantes e teatros icônicos até chegar ao marco zero do entretenimento corporativo dos EUA: o Rockefeller Center. Passei alguns minutos absorvendo a agitação de sua praça central, observando as reuniões de almoço dos executivos engravatados e acompanhando profissionais estressados por toda parte enquanto marchavam como formiguinhas até seus escritórios lá no alto. Toda a cena parecia emitir uma atmosfera barulhenta, talvez das bilhões de sinapses hiperativas nos cérebros frenéticos de nova-iorquinos correndo entre escritórios, pulando de um trem para o outro e desviando de carros na rua. No meio desse turbilhão de humanidade, eu estava sozinho. Sem amigos ou familiares por perto. A coreografia onírica de todas essas pessoas, ocupadas demais para parar e cumprimentar, oferecer um sorriso ou se importar com quem estavam contornando na calçada, reforçava um sentimento de desconexão. Ali estávamos, no lugar mais densamente populoso do mundo, e ainda assim tantas pessoas como eu apenas flutuavam, indo a destinos separados.

Perdido em devaneios, meus pensamentos chegaram a um lugar familiar: as velhas trilhas sonoras da época dos meus pais. Cantarolei saudosamente para mim mesmo "The Boxer" e "The Only Living Boy in New York", do album *Bridge Over Troubled Water*, de Simon &

Garfunkel. A primeira falava de um garoto sozinho, que havia deixado o lar e a família, enquanto a segunda era sobre um melhor amigo, parceiro de composição, em um lugar distante. O meu "Tom" (Brett) estava em L.A., e isso fez cair a ficha sobre a distância entre nós, assim como a nossa crescente divisão de trabalhos (ele gerenciando o selo; eu com os estudos). Trazendo ainda mais melancolia, meu outro "Tom" (Tommy, do meu antigo bairro), o nome que aparece na terceira estrofe da minha canção "Along The Way", já tinha falecido há quase uma década, o que me fez sentir ainda mais distante da minha infância naquela cena fantástica e onírica da Big Apple.

Meu pai me ensinou tudo o que havia de interessante nessa cidade. Ele tinha me levado até lá na minha infância e, depois, na pré-adolescência. Tinha também todos os livros imagináveis sobre arquitetura, cultura e literatura que falavam de Nova York. Mas agora eu tinha meus próprios negócios por lá, e a tocha do amor por NY foi passada a mim. Se o Bad Religion assinasse o contrato com a Atlantic Records, eu seria o embaixador da banda na Costa Leste e o rosto amigável para a gravadora. Afinal de contas, eu morava nos arredores da metrópole. O nome dela estava na minha carteira de motorista.

Eu relembrava a imensidão urbana de L.A. e considerava Nova York mais viável, de alguma forma. É mais fácil sair da cidade. L.A. não acaba nunca. "*L.A. is a great big freeway*" ["L.A. é uma rodovia gigante"] já era verdade quando Dionne Warwick cantou esse verso em 1968. Levava horas para sair daquele lugar e estar realmente fora da cidade. Em L.A., você sempre está cercado de um mar de gente. Em Nova York, é possível chegar a uma floresta silenciosa a apenas uma ou duas horas de distância do centro de Manhattan. A densidade populacional é esmagadora, mas ela decresce rapidamente a cada quilômetro que você avança ao sair da cidade. Essa sensação de fuga fácil era reconfortante e sempre me manteve à vontade no caos de Manhattan. Se eu me sentisse preso na cidade, sem fácil acesso à válvula de escape que é a ponte George Washington, estaria perdido. Lembrei-me da paz e da tranquilidade que senti ao dirigir de L.A. para o estado de Nova York, onde me estabeleci em sua "paisagem intermediária", um meio-termo entre a selva urbana e a natureza. A sensação de paz e tranquilidade do ambiente natural, com florestas, lagos, riachos e trilhas, tornou-se um bálsamo reparador que ativou minha criatividade, ajudou em meus estudos meditativos e equilibrou meus exercícios vocais.

Ver aquela cena no Rockefeller Plaza me deu um senso de gratidão, pois fiquei feliz por não ter que aguentar aquilo todo dia. Mas também senti muita animação ao ver toda aquela agitação. Poder participar daquilo, mesmo de longe, era uma possibilidade que me caberia bem. Cruzei a praça cercada por um conjunto de arranha-céus *art déco* e cheguei a uma parede de vidro ampla, com duas portas giratórias no centro. Acima, as palavras "Time Warner Building". Era a entrada para a história do entretenimento!

Não é necessário pensar muito para entender por que eu seria seduzido por tudo aquilo. As maiores influências musicais da minha vida antes do punk passaram por aqueles corredores. A base da minha personalidade criativa foi formada por música criada e distribuída a partir dali. Bandas da Atlantic como Yes, Emerson, Lake & Palmer, Genesis e King Crimson eram tocadas com frequência no porão de Jeff, quando sonhávamos em ser rock stars. Eu sabia cantar todas as letras daqueles discos. Além disso, a playlist infinita que minha mãe colocava com Roberta Flack e Donny Hathaway fez o divórcio parecer mais palatável. Todos esses artistas vinham dessa gravadora. O distinto logo da Atlantic Records no rótulo vermelho reluzente, girando em sentido horário no toca-discos enquanto músicas reconfortantes e familiares preenchiam o ambiente, representava uma parte misteriosa, formativa e profundamente importante da minha autoimagem. E lá estava aquele logo: gravado nas portas de vidro do lobby dos elevadores, bem diante de mim.

Eu pisava no mesmo saguão de entrada que os artistas que criaram boa parte da trilha sonora da minha vida. Eles andaram por aqueles corredores assim como eu estava fazendo agora, indo a reuniões para discutir visões criativas e novos projetos com pessoas vestindo ternos, capazes de mexer os pauzinhos e fazer aqueles sonhos virarem realidade. Eu fui vestido como o estudante que eu era. Com camisa de colarinho, mas sem gravata, e enfiado em minha calça jeans 501 e num par de sapatos de couro Red Wing.

Cheguei a um balcão grande e fui abruptamente recebido por uma mulher bem-vestida, com trajes de negócios, que perguntou de modo firme: "Quem você veio ver?". "Sou Greg Graffin, estou aqui para ver Danny Goldberg", respondi sério, sem minha típica simpatia. "Por favor, sente-se, e alguém vai te atender em um momento." Após alguns minutos, um assistente chegou e me levou até seu escritório.

Quando o conheci, ele pareceu tão casual e tranquilo quanto poderia ser. Não fosse por seu uniforme corporativo, imagino que Danny ficaria confortável usando jeans, assim como eu. Falamos sobre composições. "Sabe, uma base feita de palavras e ideias é a única coisa sobre a qual civilizações são construídas", ele disse. Eu gostei muito de sua análise informal. Isso mostrava que ele via o entretenimento como uma das bases da sociedade – bem em linha com a U. Graffin. Cantar era algo natural para mim. Mas escrever e criar novas ideias para canções era algo que tanto Brett quanto eu levávamos muito a sério. Danny tinha assumido esse emprego corporativo após construir um império do gerenciamento, a Gold Mountain. Ele era o empresário do Nirvana e falava muito sobre Kurt Cobain, como ele era um gênio e tudo mais. Eu disse a ele que nunca tinha encontrado Cobain, mas que tocamos na maioria das mesmas casas de shows que o Nirvana na Europa. Achei essa conversa interessante, mas estava mais interessado no que a maior gravadora do mundo à época poderia fazer pelo Bad Religion.

Pouco tempo depois, Kim e Mike, dois novos colegas de Danny, juntaram-se a nós no escritório. Mike era um antigo fanzineiro que tinha embarcado em uma nova carreira como especialista de Artistas e Repertório (A&R). Eram pessoas da minha idade e vestidas como eu: nada corporativo ou pretensioso, apenas amigável e similar aos seus iguais.

Kim logo comentou que tinha se formado na faculdade de Ithaca, então contamos umas piadas sobre o povo da cidade e sua feira de produtores, e isso ajudou a quebrar o gelo. Mike apenas falou sobre ter nos visto em uma casa de shows de Nova Jersey, chamada City Gardens, e citou nomes de bandas obscuras da cena punk. Na minha cabeça, eu esperava que Mike entendesse que eu desejava me manter bem longe daquelas casas de show sujas e bandas punk obscuras. Eu achava que o Bad Religion merecia tocar em teatros e casas maiores, e esse foi um motivo pelo qual acreditava que estar em uma grande gravadora, com seus recursos quase ilimitados de marketing e distribuição, poderia ser o próximo passo lógico.

Após conversarmos por cerca de meia hora, almoçarmos uns sanduíches no escritório de Danny e encontrarmos algumas outras pessoas dos andares de baixo, concluímos nossa reunião. Todos foram agradáveis e demonstraram entusiasmo pelo Bad Religion. Danny levantou-se para andar comigo até o lobby de elevadores e viu o presidente do conselho da Atlantic no corredor. "Sr. Ertegun, este é Greg Graffin. Ele é o vocalista do Bad Religion, uma banda com a qual estamos muito animados." Eu tinha quase certeza de que Ahmet Ertegun nunca tinha ouvido falar de mim ou da banda, mas o seu "Ah, como você está?", no mesmo momento em que foi rapidamente levado a compromissos mais importantes, continua sendo um daqueles parênteses memoráveis dos eventos importantes de minha vida. Danny também tinha negócios mais importantes, pois era o presidente da gravadora, então saí de lá inseguro, sem saber se algo surgiria do interesse demonstrado por mim e pela banda.

Deixei o Time Warner Building e fui direto para casa. Enquanto dirigia, imaginava se Danny Goldberg causou um efeito positivo nos outros caras quando os encontrou em Los Angeles. Eu sabia que Brett admirava muito o sucesso do Nirvana, então talvez ele confiasse em Danny Goldberg para comandar nosso navio pelas águas incertas do sucesso comercial. Ele provavelmente entenderia que nossa qualidade mais valiosa era a credibilidade enquanto banda punk, e certamente nos ajudaria a mantê-la se assinássemos o contrato com a Atlantic. Qualquer que fosse o caso, eu não conseguia ficar muito animado com nenhuma possibilidade até chegar em casa e conversar com os caras pelo telefone.

Mas essa conversa não aconteceu. Em vez disso, no começo daquela noite, recebi uma ligação de nosso advogado, Eric, que tinha sido contatado por Danny Goldberg. Eric disse: "Bem, a reunião foi ótima, pelo que ouvi". "É, acho que sim", respondi. "Eric, os outros caras disseram algo?" "Sim, eles topam." "Sério?" Eu nem acreditava que estava acontecendo tão rápido. Antes mesmo de eu conseguir falar com o restante da banda, um contrato tinha sido enviado por fax com os nomes de Brett, Jay, Bobby e Greg Hetson, esperando para ser assinado. Liguei para cada um deles e perguntei: "Vamos nessa?". Todos disseram: "Claro!".

Talvez tenham ocorrido muitas reflexões pessoais, reuniões a portas fechadas e ligações entre as pessoas na Costa Oeste das quais eu não participei. Mas duvido disso. A situação do crescimento da banda e o aumento de interesse em toda a indústria criou um vazio de comunicação interno. É de se esperar que, conforme uma banda fica mais famosa, aumente o número de reuniões e ligações coletivas entre os integrantes. Mas não foi o caso. Agora, havia cada vez mais ligações individuais para um integrante ou outro, e não éramos bons em resumir essas conversas para quem não tinha participado. Não me lembro de qualquer telefonema ou reunião estratégica com meus colegas de banda a respeito dos prós e dos contras de assinar com a Atlantic Records. Só me lembro de dizer a Eric que, se Brett assinasse, eu também assinaria.

É claro que, em menos de uma semana após a ida a Nova York, com praticamente um mês até começarmos a turnê pelos EUA divulgando *Recipe for Hate*, toda a banda já tinha assinado o contrato. Nossos quatro discos seguintes seriam feitos sob a direção da Atlantic Records. Era óbvio que não queríamos ser dirigidos artisticamente, e as discussões antes de assinarmos haviam deixado claro que não aceitaríamos nenhuma restrição à nossa liberdade artística. Só queríamos um acordo justo e um esforço considerável por parte da gravadora para colocar nossas músicas no rádio e distribuir nossos discos de forma mais ampla. Em troca, Eric negociou um adiantamento de gravação modesto (um valor quase igual ao que já ganhávamos na Epitaph) e uma das melhores taxas de royalties que a Atlantic já tinha pagado (também quase igual à que Brett pagava a sua própria banda e/ou a ele próprio).

Minha vida estava prestes a mudar drasticamente. Por ironia, isso não tinha relação direta com assinar um contrato com uma grande gravadora. Eu sentia que estava muito próximo da vida que sempre quis. Uma vida digna das minhas aspirações. Um doutorado na Ivy League, uma vida familiar estável, uma casa agradável para retornar ao fim do dia e uma banda levada a sério no mundo da música profissional. Entretanto, cada um desses itens se tornaria um "quase, mas não exatamente" dentro dos próximos 12 meses.

26.
AJUSTES E TENSÕES

DECISÕES PROFISSIONAIS DIFÍCEIS SERIAM A REGRA DA PRÓXIMA FASE DA MINHA VIDA. EU DIGO "DIFÍCEIS" PARA DAR A IDEIA DE QUE AS ESCOLHAS EXIGIAM REFLEXÕES PROFUNDAS. NÃO PARECIAM DECISÕES PARTICULARMENTE DOLOROSAS A PRINCÍPIO, MAS SIM ESCOLHAS PRÁTICAS QUE LEVARIAM A ALTERAÇÕES DO TRAJETO DA VIDA, TENDO EVENTUAIS RAMIFICAÇÕES E ALGUMAS CURVAS INESPERADAS.

Certas decisões eram fáceis. Conseguíamos comprar uma casa maior? Sim, apenas com o dinheiro das minhas turnês já poderíamos comprar uma casa grande de tijolos, com quatro quartos, em um bairro tranquilo relativamente perto do *campus*. Isso parecia uma decisão óbvia, porque Greta e eu tínhamos o pequeno Graham correndo por toda parte e Ella estava a caminho. Sem discussões, só uma rápida assinatura no contrato de hipoteca e pronto, nos mudamos para um lugar melhor.

Outras decisões eram mais difíceis. Eu conseguiria continuar trabalhando em tempo integral nas minhas obrigações acadêmicas? Eu nem tinha me inscrito para uma vaga de professor assistente no outono de 1993, pois sabia que minha turnê coincidiria bastante com o calendário do semestre. Mas algo a mais precisava ser abordado. Como eu era um músico profissional contratado por uma grande gravadora, precisava reconhecer que minha nova obrigação exigiria uma mudança de prioridades. Por anos, equilibrei meus trabalhos como acadêmico e músico. Eu tinha um certo dom para a música, era algo fácil para mim, mas precisava me esforçar mais na hora de estudar. Os talentos que desenvolvi ao fazer pesquisas e trabalhos de campo, assim como minhas habilidades gerais para observar a natureza, tinham sido aprimorados gradualmente durante a faculdade e a pós-graduação. De repente, as demandas de uma família em crescimento, combinadas com uma obrigação profissional mais séria com a Atlantic Records, significavam que algo precisava ceder. Era preciso considerar abrir mão da academia, uma decisão com implicações preocupantes e profundas.

Às vezes, a academia é acusada de ser uma "rede de meninos velhos". Esse termo está ultrapassado. Hoje, é mais apropriado chamá-la de uma "rede de favoritismo", independentemente de seu gênero ou da sua afiliação. Essa crítica tem como base a ideia de que seus méritos e suas conquistas na academia são concedidos a você pelas pessoas de seu campo. Se você conseguir fazer contato com gente mais poderosa na sua área de expertise, terá mais chances de evoluir e atingir um status mais elevado. Ou seja, é um sistema criticado por ser inerentemente injusto.

A indústria musical pode ser criticada de maneira semelhante. Muitos dizem que, no entretenimento, "o que importa é quem indica". A lenda de "Hollywood e Vine", duas vias em L.A. que se cruzam no marco zero da Cidade das Ilusões, está muito presente no imaginário coletivo por conta das "descobertas" feitas no balcão de refeições onde também ficava a Schwab's Pharmacy, uma farmácia na Sunset Boulevard. Magnatas do cinema e aspirantes a atores costumavam frequentar o local. A descoberta mais famosa é, obviamente, de uma era passada, quando Lana Turner matou aula para ir até lá e pedir um lanche. Ela foi notada por um publicitário chamado Wilkerson, que a apresentou a um agente chamado Marx (Zeppo), e o resto entrou para a história de Hollywood. Ela se tornou uma estrela internacional. A ideia de que a indústria do entretenimento depende de uma rede de amigos e conhecidos ainda permanece intacta. Se você for talentoso, atraente ou especial de qualquer forma, suas oportunidades para achar um público receptivo aumentam drasticamente caso se aproxime das pessoas certas. Se decidir não fazer isso, você é um "ninguém".

Essas ideias nunca desapareceram da minha consciência. Pequenas rachaduras de dúvida começaram a surgir em minha mente. Eu me preocupava com a possibilidade de ser um "ninguém" na música e também na academia. Para me tranquilizar, fiz um inventário pessoal. Eu sabia que estava em boa companhia para meus trabalhos acadêmicos. Atuava em uma das melhores universidades, com estudiosos altamente respeitados no campo, e meu trabalho era único e avaliado positivamente. De fato, eu tinha me inscrito e sido aprovado para ser financiado pela National Academy of Sciences pelos próximos três anos, e assim ter acesso a alguns dos suprimentos caros de microscopia necessários para meu projeto. Todas as peças da minha vida acadêmica pareciam estar no lugar, firmes e funcionando.

Eu também tinha uma rede satisfatória de afiliações musicais. Colegas de banda talentosos e dedicados, um agente na Europa e outro nos EUA, um novo empresário e um advogado especialista em entretenimento nos EUA. Todos pareciam preparados e dispostos a usar suas habilidades e seus contatos para colocar meu talento para funcionar. Era gratificante sentir que eles dependiam de mim para alcançarmos nossos próximos objetivos, quem sabe uma turnê mundial e um álbum nas paradas. Parecia que ambos os lados da minha vida se complementavam de modo igual. Largar um para favorecer o outro poderia trazer um drástico desequilíbrio.

Preparei minha vida para ser uma constante jornada filosófica, como um rio correndo por uma grande planície enlameada, cuja foz deságua no oceano do conhecimento. Seu delta tem como fonte uma paisagem imaginativa, onde os fragmentos de verdade vindos da música e da ciência se combinam uniformemente com a força criativa do rio. Apesar dessa visão quase religiosa do objetivo da minha vida, preocupações mais práticas surgiram para forçar minhas decisões.

Pela primeira vez na existência da banda, eu não consegui dividir os meses do ano de forma a acomodar com igualdade os calendários acadêmico e de turnê. A *Recipe for Hate Tour*, divulgando o álbum de mesmo nome, ocupava todo o semestre de outono. Foi com muito pesar que precisei me reunir com o comitê acadêmico e informá-lo que precisaria tirar uma licença. Aquele semestre, assim como todo o ano seguinte, já estava comprometido com a música.

O comitê aceitou o adiamento, concedeu minha "licença" e desejou-me boa sorte. Eu ainda retornaria para concluir meu Ph.D., mas nunca teria esse mesmo grupo de orientadores novamente. Eram especialistas em Anatomia e Fisiologia. Eu estava deixando de lado meu estudo sobre os ossos dos primeiros vertebrados. Tinha feito um bom progresso nessa pesquisa nos últimos quatro anos, viajando ao Colorado e a Wyoming para coletar fósseis sempre que a banda não estava em turnê. No *campus*, eu estudava a estrutura microscópica da minha coleção de fósseis, lixando-os até obter seções finas, criando fotomicrografias e comparando-as a outros tecidos no microscópio eletrônico. Fui muito elogiado por meu trabalho com microscopia eletrônica, o que foi recompensador. Mas, por ora, eu precisava considerar se essa recompensa, a longo prazo, supriria qualquer uma das necessidades práticas da minha vida, que ficava cada vez mais complicada.

Fiz um cálculo pessoal e decidi que as mudanças na indústria musical aconteciam muito mais rapidamente do que na ciência. Quando falamos sobre música, gêneros novos ou subculturas podem surgir e sumir por completo em questão de anos. Já a ciência muda vagarosamente. Tornar-se um expert nela é um esforço que leva a vida toda. A área na qual foquei meus estudos, os primeiros vertebrados, estava repleta de controvérsias que não receberam qualquer atenção por mais de meio século. Minhas contribuições podiam esperar. Mas o que não podia esperar era o interesse pelo Bad Religion, em rápido crescimento. Só havia uma pessoa que poderia satisfazer esse interesse enquanto vocalista, e era eu.

Agora, em vez de fazer malabarismo com os meses no calendário, eu provavelmente dedicaria anos à música antes de voltar a trabalhar em meu Ph.D. Essa foi minha resolução.

Escolher focar a música trouxe suas próprias preocupações, e a maioria delas tinha a ver com meu relacionamento com Brett, que estava produzindo bandas que contratava, muitas das quais com vocalistas mais visivelmente punks do que eu. Eu não tinha certeza sobre o direcionamento criativo de Brett, mas me preocupava por ele estar favorecendo um cantor mais abertamente punk, como Tim Armstrong, do Rancid; Fat Mike, do NOFX; ou Jim Lindberg, do Pennywise; bandas com as quais ele trabalhava bastante e tinha contratado pela Epitaph. Eu queria que todo o foco de Brett estivesse em nossas canções. Isso é meramente lógico, e explica por que senti um certo alívio quando assinamos o contrato com a Atlantic Records. Para mim, isso significava que Brett e eu poderíamos ser compositores, até coprodutores de nosso trabalho, sem ter conflitos de interesse no marketing e na venda de nosso material. Deixaríamos alguém de fora cuidar disso. Eu projetei minhas esperanças em Brett, e presumi que ele também sentia algum alívio por sua própria banda poder "sair do caminho" das bandas mais jovens em seu selo. Nunca discutimos nada disso no meio de toda a confusão que estava acontecendo, e talvez fosse apenas um sonho de minha parte. Mas isso explica o que se passava pela minha cabeça na época.

Tinha outra coisa que precisávamos fazer antes de sair em turnê. Conforme sugerido por nosso advogado, Eric, foi decidido que funcionaríamos melhor se contratássemos um empresário para gerir a banda. Brett e eu nunca tínhamos lidado com esse tipo de gestão para a banda antes. Após anos compondo, desenvolvemos uma espécie de direção artística. Tentativa e erro. Algumas ideias eram melhores que outras, e algumas músicas viraram as favoritas dos fãs, o que nos levou a refinar essas ideias. Nunca consultamos terceiros a respeito de canções. Nossas composições eram apenas nossas. Ainda assim, apesar dessa independência, nós dois e os outros caras da banda concordamos que seria útil ter uma pessoa disponível para negociar e comunicar todos os aspectos dos negócios. A coordenação entre nossos agentes, advogado, gestor de negócios e empresário de turnê era algo crucial e tinha se tornado um emprego em tempo integral.

Eric fez uma lista de alguns possíveis empresários, e todos eles já tinham demonstrado interesse na possibilidade de trabalhar com o Bad Religion. Dentre eles, apenas dois nos interessavam. Um deles era o novo empresário do Nirvana, John Silva. John tinha trabalhado na empresa de gestão de Danny Goldberg, a Gold Mountain. O Nirvana já era grande na época e estava prestes a ficar ainda maior no decorrer do ano. Essa associação com outra banda de sucesso parecia se encaixar bem com o tipo de reputação de alto nível que buscávamos ter. Embora o portfólio de John bastasse para garantir a vaga, era irônico que, individualmente, todos pensávamos em um ponto negativo dele: "Como esse cara conseguiria tempo o suficiente para cuidar de toda a nossa agenda se ele já está lotado de trabalho com o Nirvana?".

O outro cara que nos interessou foi Danny Heaps. Ele não parecia estar tão ocupado quanto John Silva. Parecia mais pé no chão, e nos entendemos bem com ele. Ele usava a expressão "sendo bem sincero" com uma certa frequência. Sinceridade é algo bom, e ficamos impressionados por alguém falar conosco como se não fôssemos idiotas. Além disso, Danny tinha um portfólio interessante, tendo trabalhado com Johnny Rotten (ou Lydon, na época) no P.I.L. e empresariando Robbie Robertson, da The Band. Danny também nos impressionou por ser um dos fundadores do New Music Seminar, uma espécie de festival que reunia magnatas da indústria musical e artistas. Essa conquista demonstrava que ele entendia a importância de manter a credibilidade artística na indústria, algo que julgávamos essencial para nosso sucesso. Então decidimos contratar Danny Heaps na hora. Eu saí da reunião feliz por termos um novo empresário. Pela primeira vez, receberíamos conselhos profissionais. Não que precisássemos aceitá-los, mas ainda era melhor tê-los do que especular e tentar adivinhar as coisas, como era no passado.

Eu estava entrando em um período no qual me associaria com profissionais da indústria musical, algo completamente novo para mim.

Apesar dessa novidade, tinha um sentimento de familiaridade. A indústria musical parecia ter uma estrutura pouco rígida, como a universidade, cuja hierarquia e cujo ambiente social sempre foram parte da minha vida. Parecia uma instituição substituta.

Em todos os níveis da indústria musical, parecia haver uma posição análoga na academia. O empresário, Danny Heaps, era como um novo orientador acadêmico para mim. O presidente da gravadora, Danny Goldberg, era como um reitor ou um vice-reitor, que só precisava ser consultado ocasionalmente, enquanto supervisionava o progresso de longe. Os vários executivos escalados para realizar as diversas atividades do Bad Religion – Kim Kaiman, a gerente de projetos, Vicki Germaise, a executiva de marketing, e outros – eram como chefes de departamento da universidade. A estrutura dessa nova jornada profissional parecia bem confortável, e todas as pessoas eram acolhedoras e abertas a se encontrar comigo, sempre que eu precisasse.

No entanto, a primeira coisa que percebi foi que fazer reuniões com executivos da música tinha um clima diferente. Profissionais acadêmicos e da indústria musical tinham regras parecidas de formalidade, cortesias similares. Por exemplo, você não chegaria malvestido ao escritório de qualquer uma dessas pessoas, ou demonstrando não conhecer o assunto a ser discutido. As reuniões sempre tinham propósitos, para discutir "as questões em pauta"; poderiam ser as turnês bem-sucedidas do Bad Religion no noroeste do Pacífico por um lado ou, por outro, no caso dos cientistas, observações de campo sobre a última vez que você visitou os depósitos de fósseis do Colorado. Tanto profissionais da academia quanto da indústria musical me recebiam com um estilo de conversa agradável. Mas sentia um pouco mais de tensão nas salas de conferência das gravadoras do que nas universidades. Eu atribuía isso ao fato de que os empregos vêm e vão com frequência nas empresas de entretenimento, então ficar resguardado perto dos "artistas" é uma forma de preservar um bom status. Imagine todos os cantores, compositores e líderes de banda sensíveis, egoístas e megalomaníacos que se ofendem porque não gostam do que alguém diz sobre suas ideias musicais. Depois, coloque-os em uma reunião de marketing com as pessoas que são responsáveis por vender seus discos. Qualquer um que fale alguma palavra cética pode ser isolado e excluído do projeto na presença do artista sensível. Portanto, uma cultura de concordância educada e julgamento reservado parecia ser a regra sempre que eu visitava o pessoal da Atlantic Records. Porém, uma coisa que parecia ter um consenso genuíno era o entusiasmo explícito com nossa turnê que estava por vir.

A *Recipe for Hate Tour* de 1993 foi uma série inesquecível de shows, quase todos esgotados de antemão. Não era apenas com o Bad Religion: tínhamos um "convidado especial" na turnê, o Green Day, que estava aparecendo nas manchetes e atraindo olhares. Ambas as bandas tinham assinado contratos com grandes gravadoras naquele ano, e o primeiro disco deles com a Warner Brothers, *Dookie*, já estava começando a estourar. O veículo de turnê do Green Day era um micro-ônibus adaptado, dirigido pelo pai de um dos integrantes da banda. Nos divertimos muito naquela turnê. Houve uma forte camaradagem entre os músicos. Frequentemente jogávamos futebol americano nas paradas na estrada. Uma vez, dei um passe um pouco além do que nosso roadie conseguia alcançar e a bola atingiu a janela de passageiro da van da banda de abertura, o Seaweed. Eu me senti mal, mas eles levaram a pior. Eles não conseguiam mais fechar a janela, e estava muito frio naquele mês de outubro! Concordei em pagar o conserto, e a turnê continuou.

Após passar por trinta grandes cidades nos EUA (e mais três no Canadá), em casas de shows icônicas como o Roseland Ballroom, em Nova York; o Hollywood Palladium, em Los Angeles; o Riviera Theater, em Chicago; e o Warfield, em São Francisco, acabamos no infame clube noturno Iguanas, em Tijuana, no México, com duas noites esgotadas e caóticas. Finalmente chegava a hora de encerrar a turnê. E que lugar melhor do que o Havaí para isso? Tocamos duas noites em um clube em Honolulu chamado Pink's Garage, e todos pagamos passagens para nossas famílias se divertirem na praia, onde ficamos por alguns dias após os shows. Sem arrependimentos de ter pausado minha carreira acadêmica por um tempo, e com os benefícios indiretos de estar em turnê começando a se estabelecer. Considerei o maior privilégio do mundo poder sustentar minha família com a renda das turnês e, além disso, poder pagar para ela me visitar em destinos fantásticos como o Havaí. No entanto, eu estava no meu mundinho: o estresse de viajar com crianças pequenas, planejar seus cronogramas pré-escolares e encontros para brincar com outras crianças, além de dar à família um senso de rotina – nada disso me ocorreu. Por mais romântico que aquilo parecesse, turnês quase sempre acabavam causando um desgaste em nossos relacionamentos familiares, mais do que aparentava nos álbuns de fotos.

Mas a turnê não acabou ali. Ainda tínhamos alguns shows a fazer na região de L.A., mas dali a aproximadamente um mês. O primeiro foi um marco importante para nós: o show acústico de Natal da KROQ. Esse evento anual, realizado no Universal Amphitheater, uma das casas de shows mais importantes de L.A. à época, era patrocinado pela mesma estação de rádio que tocou nossa música pela primeira vez, mais de uma década antes. A KROQ era o lar do *Rodney on the ROQ*, nosso antigo programa de rádio favorito. A emissora tinha se tornado uma das estações mais importantes dos EUA. Sua programação era uma referência para outras estações de rock por todo o país, uma espécie de termômetro de bandas novas surgindo de seus gêneros nichados e obtendo mais popularidade. O convite para tocar no seu evento anual de Natal era como um batismo. Isso anunciava ao mercado nacional das rádios: "Esta banda aqui tem a nossa bênção, soa bem na rádio e será considerada importante daqui em diante". Naquela época, nossa música "Struck a Nerve" estava em constante rotação. Como éramos uma banda punk, perguntamos se podíamos tocar tanto essa música quanto o resto do show usando os instrumentos elétricos, e não acústicos. Não tínhamos um arranjo bom para tocá-la só com instrumentos acústicos. Para a nossa surpresa, eles concordaram. Assim começou uma nova tradição, na qual as bandas fazem shows com instrumentos elétricos: agora, o evento se chama Almost Acoustic Christmas [Natal Quase Acústico].

Cerca de um mês após a apresentação na KROQ, fizemos uma série de shows em janeiro de 1994, atravessando o país, do sul da Califórnia até Nova Jersey. Os dois primeiros shows aconteceram em auditórios de *campi* universitários na Califórnia, na Fresno State e na UC Irvine.

Foi então que conhecemos Michele, que se tornaria nosso contato empresarial do dia a dia. Como era amigável e entusiasmada, fiz a ela minha típica primeira pergunta: "Onde você fez faculdade?". Quando ela disse "UC San Diego", eu pensei: "Ótimo! Ela entenderá minhas peculiaridades e meu apego sentimental à universidade". Ela sabia que eu estudava na Cornell, mas não mencionei de imediato que estava de licença. "Então, vi vocês tocarem no Iguanas alguns anos atrás, quando eu ainda estudava", ela disse. "Ótimo!", pensei. Outro ponto positivo. Ela já foi aos nossos shows e entende o nosso público, além de provavelmente saber um bom tanto sobre a cena de onde viemos. Michele agregava muito, porque era bem sensível às necessidades de manter nossa credibilidade independente e o seu ótimo senso de humor era essencial para nós.

Agora, com Michele e Danny trabalhando juntos para gerir a banda, Eric atuando como nosso especialista jurídico e Steven lidando com a parte financeira, parecia haver uma sinergia perfeita com Jens e Howard organizando as turnês. Parecia que tínhamos um time que poderia nos levar a coisas maiores e melhores. Era como se a banda, a equipe, a gravadora e os conselheiros profissionais fossem um carro V8 em plenas condições, já rodando no piloto automático.

Ainda assim, cada integrante da banda tinha suas próprias noções do que estava acontecendo conosco, de como a situação ia se desdobrando e de quais fatores eram mais importantes para o nosso sucesso. Sem falar uns com os outros, apenas presumimos, como uma família faz, que todos éramos igualmente motivados a atingir os mesmos objetivos. Brett, Jay, Greg Hetson e eu estávamos no mesmo barco. Todos tínhamos famílias com crianças pequenas, que eram prioridade em nossa vida, então havia um entendimento tácito de que o Bad Religion não podia passar o ano inteiro em turnê. Isso me deixou otimista, pois achava que conseguiria estar presente para a minha família. Não havia motivo para acreditar que esse sentimento otimista de equilíbrio sustentável não poderia continuar por um longo tempo.

Foi a primeira vez em 12 anos que minhas atividades diárias não giravam em torno do calendário semestral da universidade. No inverno de 1994, passei um tempo bem caseiro aproveitando o ritmo da vida familiar. Foi uma época tranquila, sem um cronograma urgente além da ansiedade pela segunda criança, que chegaria em março. Graham já tinha dois anos e sua irmã, Ella, chegaria a qualquer momento. Ela nasceu durante uma nevasca recorde, em um hospital a dezesseis quilômetros de casa. As estradas tinham sido interditadas pelo departamento de rodovias devido a uma brutal tempestade.

No entanto, eu tinha acabado de comprar um novo Chevrolet Suburban com o dinheiro que recebi de royalties e turnês. Ao ligar a tração nas quatro rodas daquele Suburban, mesmo com a neve caindo ao redor, consegui chegar ao hospital e pude levar minha esposa e minha filha de volta para casa. Um sentimento enorme de satisfação tomou conta de mim naquela noite, não apenas por estar seguro e confortável com minha nova garotinha, mas também por conseguir ser um provedor para ela, seu irmão e sua mãe. Em momentos assim, todos os sacrifícios de fazer turnês e todas as distrações da vida pública longe de casa pareciam valer a pena. Era como se tivesse conquistado algo que eu cheguei a julgar inalcançável: uma casa recém-construída, paga com meu próprio dinheiro, obtido da fonte menos convencional possível. A casa que o punk construiu era um sonho para muitos, uma obra colonial de quatro quartos, feita inteiramente de tijolos vermelhos Watsontown. Cercada em três direções por florestas de árvores densas – pinheiros-brancos, carvalhos e nogueiras – que cantavam a canção do inverno em noites de ventania como aquela. Com uma lareira acolhedora crepitando na sala de estar, Ella dormiu nos braços de sua mãe e Graham se ajeitou ao meu lado assistindo a *Jurassic Park* em nosso videocassete – éramos a própria imagem de um lar seguro. Minha mãe também estava lá, preparando sua famosa comida de Indiana na cozinha novinha em folha. Era um momento a ser desfrutado. Um momento de confiança que só os ventos gelados da dúvida poderiam abalar.

27.
O DESMORONAMENTO

27A. STRANGER THAN FICTION

Era hora de escrever um novo capítulo. Os custos da educação na U. Graffin iriam subir em algum momento. O corpo estudantil estava crescendo. Duas novas criancinhas agora precisavam ser doutrinadas na tradição única de nossa família. O que sabíamos sobre criar crianças em uma família do entretenimento? Tivemos gerações de professores antes de nós, líderes na igreja, acadêmicos, maquinistas, fazendeiros, todos capazes e com determinações do século 20. Antes disso, homens alistados no Exército da União. Tudo resultou em sabedoria perdida, graças a famílias separadas, rejeição à religião e às tradições antigas dos avós. Agora, a geração *millennial* estava chegando, e eu precisaria saber alguma coisa sobre criar crianças com habilidades, capazes de se sustentar, algo que nunca antes foi experimentado em nossa família. Um novo tipo de paternidade. Em nenhuma parte da árvore genealógica de nossa família encontramos pessoas do entretenimento, da arte ou da vida pública, e era isso o que eu estava me tornando. Ninguém me avisou sobre o custo que isso poderia ter nos relacionamentos domésticos. Na verdade, poucas semanas após o nascimento de Ella, eu já estava deixando minha casa.

Brett e eu concordamos que tínhamos composto algumas das melhores músicas de nossa carreira. E em bom tempo, porque estávamos agendados para começar a gravar em Los Angeles em abril de 1994. Após várias conversas com Brett e os outros integrantes, concordamos que Andy Wallace era a nossa escolha principal para produzir o disco que marcaria nossa estreia em uma grande gravadora. Particularmente, eu era fã do trabalho de Andy com o Slayer no disco *Seasons in The Abyss*, mas Brett preferia sua produção no álbum autointitulado do Rage Against The Machine, que ele considerava um dos melhores trabalhos de mixagem da história do rock. Nunca longe de nossos pensamentos estava o sucesso imenso do Nirvana, cuja notoriedade adoraríamos alcançar. Como tínhamos duas pessoas essenciais de sua equipe trabalhando conosco – Danny Goldberg (o empresário deles) como presidente da gravadora e Andy Wallace (engenheiro de mixagem no álbum deles) como nosso guru no estúdio –, parecia uma combinação promissora.

Não era preciso ser um gênio da lógica para perceber que Brett estava se desdobrando demais. A Epitaph causava furor, fazia um sucesso enorme na indústria musical. Era o grande assunto da cidade. Da Cidade das Ilusões, no caso. Uma cidade na qual eu optei por não morar mais. Brett comandava um império cada vez maior, que logo triunfaria como o melhor selo independente do planeta. Eu aplaudia, incentivava e ficava orgulhoso de suas conquistas. Mas também sabia que, em algum momento, algo acabaria cedendo. Ele não conseguiria continuar fazendo turnês naquele ritmo e comandar o selo de forma adequada se permanecesse contratando, produzindo e dirigindo as carreiras de outras bandas, além de tentar estar no Bad Religion em tempo integral.

Embora eu me preocupasse com o custo pessoal que essas coisas poderiam ter para ele, nunca conversei com Brett sobre os conflitos de sua vida. Nunca tivemos esse tipo de intimidade em nossa relação. Nenhum dos caras na banda tinha. Todos tínhamos problemas pessoais, mas, apesar disso, os negócios da banda pareciam sempre dar certo, desde quando ela começou, no Ensino Médio. Portanto, mesmo com todos os caras lutando contra vícios nessa época, eu nem suspeitava que essas dificuldades afetariam os negócios da banda.

Isso pode soar irônico, mas as questões pessoais não eram o problema. O que parecia ser uma nuvem escura sobre nós, só esperando para desabar, era a atividade profissional de Brett, pois ele estava se esforçando demais para ser integrante da banda em tempo integral. E, no entanto, o que seria da banda sem ele? Sua atenção aos detalhes da Epitaph e o crescimento do *cast* do selo me deixavam inseguro quanto à minha importância no futuro e no sucesso de Brett.

O Bad Religion não precisava me questionar sobre o meu comprometimento; era óbvio, pois optei por dar uma pausa na minha carreira acadêmica. Eu jamais o faria escolher, mas, ao mesmo tempo, sabia que Brett chegaria a um ponto em que ele precisaria se comprometer com uma coisa ou outra: a banda ou o selo. Então tive minhas dúvidas sobre a direção do grupo quando entramos no estúdio em 1994 para gravar *Stranger than Fiction*.

Andy Wallace gostou das demos que Brett e eu tínhamos gravado. Nosso novo responsável por A&R na Atlantic, Mike, organizou um jantar em Nova Jersey onde pudemos conhecer Andy, meses antes das sessões de gravação. Andy era o melhor profissional de mixagem da época e seu cronograma estava lotado, mas ele abriu um espaço de seis semanas para gravar conosco na primavera de 1994. O jantar foi uma formalidade do tipo "vamos nos conhecer melhor". Andy podia ter 40 ou 70 anos, era impossível saber ao certo. A sabedoria não tem idade, e era isso o que mais importava para mim. Ele era claramente um mestre, e eu estava animado por contar com seus ouvidos. Expliquei como Brett e eu sempre concordávamos que o compositor da música teria a decisão final sobre o arranjo. Mas agora, com Andy no projeto, abriríamos mão dessa condição e deixaríamos nosso novo e respeitado produtor tomar a decisão final. Mas, no fim das contas, Andy não forçava para fazer valer suas opiniões nem era sincero ao ponto de nos incomodar. Parecia que ele respeitava nossas opiniões tanto quanto respeitávamos as dele.

Em abril de 1994, entramos no Rumbo Recorders, em nosso antigo território – Canoga Park, Califórnia. A parte externa, de aparência simples, era típica de qualquer estúdio. Em geral, os lugares em L.A. que abrigam equipamentos de produção caros e tecnologicamente sofisticados tendem a parecer meio feios do lado de fora. O Rumbo era assim, um galpão de um andar e novecentos metros quadrados que ficava na Saticoy Street, uma das vias mais modestas que cruzavam San Fernando Valley de leste a oeste. Estendendo-se pelo centro dessa área urbana, no seu lado oeste, a Saticoy era um endereço pouco notável. Apenas mais um entre os incontáveis corredores residenciais no Valley, uma alcova de mais de um milhão de casas dispostas em lotes de mil metros quadrados, espalhadas de modo uniforme por quadras idênticas, como um tabuleiro de xadrez infinito, interrompido por eventuais shopping centers, postos de gasolina ou parques. A menos que você soubesse o endereço, passaria direto pelo Rumbo sem percebê-lo. Ao procurar por ele, mal lembraria que alguém no telefone disse para ficar de olho em uma fachada de cor escura, com acabamento, painéis de vidro e uma porta de escritório de vidro dando as boas-vindas ao Rumbo Recorders. Primeiro, seria necessário ser autorizado a entrar no pequeno estacionamento em frente à construção, porque o cercado de arame ao redor de todo o complexo tinha um portão eletrônico. O cercado dava ao local uma aparência altamente utilitária e, ao mesmo tempo, um caráter de importância no coração monótono da região da classe trabalhadora de Los Angeles. Para nós, no entanto, era um ambiente muito familiar. Ficava a cerca de dez quilômetros do Hell Hole, onde passamos boa parte da juventude ensaiando na garagem da minha mãe.

O Rumbo era especial por dois motivos. Primeiro, porque tinha o equipamento que Andy preferia. Ele já havia gravado lá antes e conhecia bem os ambientes, o que significava que tinha adquirido experiência ao trabalhar com outras bandas usando os consoles SSL 4000 do Rumbo. Também seria o equipamento preferido nos álbuns seguintes do Bad Religion, porém em estúdios diferentes e com outros engenheiros e profissionais de mixagem. A outra coisa interessante do Rumbo era que o local foi construído e projetado pela pessoa menos punk que alguém poderia imaginar: Daryl Dragon, também conhecido como o Captain da dupla Captain & Tennille, que tinha seu próprio programa semanal de variedades na TV quando eu era garoto. Muitas vezes, Daryl estava em seu escritório durante nossas sessões. Cuidando dos negócios, mantendo-se ocupado, organizando o pagamento de seus funcionários – qualquer que fosse a atividade, ele não parecia se incomodar com os tipos que passavam em frente à porta aberta de seu escritório. Eu passei por lá uma vez e me apresentei. Ele usava óculos escuros (as luzes do escritório não eram tão fortes assim, não é?) e tinha a mesma aparência que eu lembrava ter visto na TV. Ele me viu como apenas mais um cliente, e disse: "Prazer em te conhecer, Greg", e voltou aos seus documentos. Ao longo dos anos, ele deve ter passado por conversas semelhantes com outros clientes que gravaram lá, como Ozzy Osbourne, Axl Rose, David Lee Roth, Ronnie James Dio, Gene Simmons e Tom Petty. Apesar de Captain ter construído seu estúdio para gravar o pop suave e inofensivo que fazia com Toni Tennille, ele certamente tinha o equipamento perfeito para fazer uns discos de rock bem foda. Todos esperávamos que o nosso fosse um desses.

O lugar era confortável, com uma grande área contendo mesas de sinuca onde os integrantes da banda podiam passar um tempo com seus convidados. Ao lado desse cômodo ficava uma cozinha completa e uma sala de TV um pouco menor, com um sofá e uma poltrona bem macia, para um momento mais solitário ou discussões mais silenciosas. Passamos muito tempo vendo hóquei na TV e praticando esse mesmo esporte (com patins) no estacionamento, quase todos os dias. Era um ambiente de trabalho relativamente previsível e produtivo, com uma boa rotina diária.

Andy e eu nos hospedamos no mesmo hotel, o Westwood Marquis, que ficava em frente à minha antiga *alma mater*, a UCLA. Em razão dessa proximidade com os laboratórios onde eu costumava ensinar Anatomia Comparativa, me senti em casa. Nos dias de folga, eu perambulava pelo *campus* e passeava pelas ruas de Westwood pensando nos incontáveis eventos que aconteceram ali e mudaram minha vida. Conhecer Greta, que me forçou a conseguir um emprego no Chart House, onde conheci Jerry e Inga. O *campus*, onde tinha conversas sem-fim com meus mentores, Peter Vaughn, Ted Reed, Everett C. Olson e Clem Nelson, e encontrava meus amigos Jay e Mark na plataforma de embarque e desembarque do departamento de Geologia para sair com os Suburbans da universidade pela área selvagem da Califórnia, em viagens de campo que duravam semanas. Minha vida era tão diferente agora.

Um dia, fiz um desvio. Em vez de ir diretamente ao estúdio, almocei com a nova equipe de empresários da banda, Michele e Danny, no escritório em Beverly Hills onde ficava sua empresa, a Addis Wechsler. A distância curta a partir da UCLA, ao longo da Wilshire Boulevard, incluía uma passagem pelo distrito financeiro da indústria do entretenimento, a Century City. Com seus altos edifícios de vidro, cheios de contadores e gestores financeiros vestindo ternos, é fácil perceber de imediato um clima que mistura Wall Street e Nações Unidas, como na famosa Avenue of the Stars. Isso era excitante para mim, porque eu costumava andar de bicicleta na frente desses edifícios aos fins de semana, quando ainda era estudante, mas nunca imaginei que teria um motivo para entrar em um daqueles templos da riqueza material. Eu estava certo de que os acadêmicos tinham seus *campi* e as estrelas de Hollywood tinham os deles, e que nunca se misturavam. Mas nesse dia, quando fui visitar o escritório dos meus novos empresários, refutei minha própria teoria.

A Addis Wechsler não era um local muito grande ou extravagante, mas tinha todo o charme de um império midiático de Hollywood. O prédio de três andares, cercado de palmeiras, tinha um saguão enorme com portas de vidros grandes por onde entrei. A mobília elegante e as paredes cor de salmão pareciam resquícios dos anos 1980. Pôsteres e materiais promocionais estavam à mostra. Um filme de sucesso tinha sido recentemente produzido ali – *O Jogador*, dirigido por Robert Altman, um dos meus diretores favoritos.

O filme de Altman era uma sátira parodiando a atitude grotescamente gananciosa que tinha tomado conta da indústria cinematográfica. Ele criticava os filmes feitos em Hollywood por sua tendência de se contentar apenas com o lucro, e não com a integridade ou a ambição artística. Produções fáceis e sem risco, com base em obras já estabelecidas, estavam se tornando o padrão-ouro no lugar de obras-primas artisticamente motivadas, com roteiros inteligentes, tais quais os sucessos de bilheteria dos anos 1970. Hollywood também vivia um momento interessante, assim como a indústria musical, na qual o "faça você mesmo" havia sido substituído por interferências corporativas. Martin Scorsese afirmou que uma era tinha acabado: a era em que os diretores tinham a liberdade de supervisionar pessoalmente todos os elementos artísticos do filme. Robert Altman – que havia tirado uma década de folga do cinema – ressuscitou essa tradição de colocar a mão na massa quando fez *O Jogador* para a Addis Wechsler, recuperando a integridade artística para o cinema com o ato de satirizar a ganância corporativa da indústria. Como disse o escritor Alex Simon, Altman era um "rebelde eclético", uma descrição adequada de como eu me sentia nessa época. Eu me sentia em casa por ter confiado minha carreira musical aos gestores da mesma empresa que apostou em Robert Altman. *O Jogador* ressoava com aquilo que parecia estar acontecendo na indústria da música punk (uma indústria menor, embora mais relevante, num aspecto pessoal). Muitas bandas sem personalidade estavam ganhando bastante dinheiro no punk. Mas eu queria expandir os limites do que era aceitável no gênero. E tinha certeza de que meus novos empresários pensavam da mesma forma.

Mais tarde, naquele mesmo dia, voltei ao estúdio, onde Andy Wallace estava ocupado gravando *overdubs* para algumas faixas de Brett. Cheguei por volta das 17 horas e encontrei nosso baterista, Bobby, andando nervoso pelo lounge de entrada. Ele tinha colocado um prato de sua bateria na mesa de sinuca e me disse: "Bem, aí está!". "Aí está O QUE, Bobby?", perguntei. "Aí está o motivo para eu ficar aqui, andando para lá e para cá, dois dias depois de ter terminado a gravação da bateria." Bobby já havia gravado suas partes de bateria para o disco inteiro e estava praticamente dispensado de passar mais tempo no estúdio. Nenhum de nós gostava muito de ver *overdubs* sendo gravados, mas precisávamos ficar de sobreaviso para tocar algo, caso necessário. Bobby geralmente gostava de ficar por perto, mas, naquela noite, precisou cancelar um jantar porque Andy Wallace e Brett disseram que ele tinha um último *overdub* para gravar. "Brett quer que eu acrescente um pequeno toque em 'Infected', mas estão ocupados gravando outra coisa agora", ele disse, triste.

Havia outro convidado esperando naquela tarde, assistindo à TV na pequena sala perto do lounge. Era Lint, do Operation Ivy. Bobby disse "Lint está aqui", enquanto me mostrava o vocalista de moicano. Lint, também conhecido como Tim Armstrong, apresentou-se para mim de uma forma muito cordial e falou, do nada: "Você é meu vocalista favorito". "Sério?", perguntei. "Muito obrigado." Não confessei isso na hora, mas, até aquele momento, eu nunca o tinha ouvido cantar absolutamente nada. Ele estava lá para gravar vocais extras em "Television", uma música que Brett compôs sobre o tubo de raios catódicos de feixe de elétrons. Andy Wallace e Brett produziram seu vocal enquanto Bobby e eu esperávamos no lounge. Acabou levando quatro horas, e Bobby finalmente entrou para gravar sua parte por volta das 22 horas.

Com suas gentis palavras de apreciação, Lint me fez sentir bem. Sempre me senti honrado quando outros vocalistas punk admiravam a minha voz. Eu nunca tentei soar "punk", só acabou saindo assim. O cineasta Dave Markey uma vez disse: "Graffin tem a voz hardcore 'clássica'". Não conseguia entender muito bem o que isso significava, porque um "som" geralmente é criado pelo vocalista ou pelo produtor com a intenção de alcançar algo maior do que a simples voz falada. Divas se referem a suas vozes como instrumentos, o que significa que elas as usam de formas musicais que não são aptas para meros mortais. Sempre tentei apresentar as letras como uma mensagem clara, e cantar sempre foi tão natural para mim quanto falar. Com base na atenção que Andy Wallace deu à gravação dos meus vocais, e no número de takes que fiz para cada faixa, ficou claro que minha voz natural e seu timbre mais estridente ainda seriam o som característico do Bad Religion nesse disco.

O produto final, composto de 15 canções e três "faixas bônus", foi mixado e masterizado algumas semanas após o fim da gravação. O lançamento de *Stranger than Fiction* só seria em 6 de setembro de 1994, o que significava que eu podia ter um raro prazer: férias de verão com a família.

27B. VIDA DOMÉSTICA, DESAVENÇA ARTÍSTICA

Estar em casa no verão, em vez de viajando em turnê, era um raro privilégio. Mesmo assim, houve muitas entrevistas, ligações para o escritório em casa e faxes para escrever e responder nos intervalos entre idas ao mercado, encontros com outros casais que tinham filhos e visitas de avós e amigos que vinham passar um tempo com nossa família em crescimento. Viagens ocasionais à cidade de Nova York faziam parte da rotina. De uma hora para outra, eu dirigia até a cidade para dar uma entrevista ao *120 Minutes* da MTV ou encontrar com publicitários, gerentes de produção ou funcionários do marketing da Atlantic Records, para falar sobre o lançamento do disco que estava para acontecer. Geralmente era só algo divertido, para sair de casa durante o dia, fazer um almoço ao estilo "executivo" em Nova York e sentir o entusiasmo que cercava o álbum. Era um lançamento muito aguardado, chamando bastante a atenção da imprensa e da indústria musical em geral.

Em casa, pouco se discutia sobre minha vida profissional. Greta e eu não falávamos sobre o futuro. Ela vivia ocupada com a educação diária das crianças. Eu chegava e brincava um pouco com elas, às vezes assistia a um filme da Disney (em uma fita VHS) comendo pipoca e tal, mas sempre podia retornar à sala de música quando essas coisas ficassem muito tediosas. Eu me entedio facilmente, mas a música é uma ótima amiga, porque faz parecer que estou trabalhando duro, talvez compondo uma nova canção, quando, na verdade, estou apenas matando o tédio.

A vida dos sonhos que eu pensava estar criando para minha família sempre foi uma prioridade em minha mente. A verdade é que todos os integrantes da banda estavam se dedicando às suas famílias. É quase como se a única coisa que tivéssemos em comum fosse nosso desejo de deixar nossas famílias felizes, como se não houvesse nada mais importante do que isso. O problema é que, quando você é um músico profissional, algumas dificuldades inerentes à situação exigem arranjos familiares pouco convencionais. Tivemos que aprender isso do jeito mais difícil. Não sabíamos à época, mas tudo o que tentávamos construir estava sobre uma base instável que, com o tempo, desmoronaria.

A noção romântica de um artista incansavelmente indo atrás de sua paixão, sua loucura obsessiva, sua busca solitária e dedicada para erradicar o mal de sua vida pela raiz, nem que isso acabasse com todas as suas relações, não é um relato apropriado de minha vida. Ainda assim, eu não conseguia fugir da verdade: eu tinha uma missão inconsciente a cumprir. Como muitos estadunidenses, sentia-me silenciosamente desesperado por algum ideal que tinha sido infundido em meu subconsciente. A atratividade do punk, como uma forma de arte, tinha que se encaixar nesse ideal, ou eu me sentiria um farsante. De onde vinha essa inspiração artística, enraizada e intelectual? Em parte, era devido às expectativas tácitas da U. Graffin.

Quando era estudante universitário na UCLA, fiz um curso chamado História Intelectual dos Estados Unidos. Ele mudou a minha vida. Foi onde conheci Greta, minha primeira esposa. Mas, além disso, ele cristalizou minha autoconsciência como artista. O curso me ensinou que a estética é o resultado de tradições de estilo de vida, algumas das quais com histórias surpreendentemente profundas.

O conceito da "paisagem intermediária" foi apresentado nesse curso, que tinha como fonte obras de Nathaniel Hawthorne, Ralph Waldo Emerson, Henry David Thoreau e Thomas Jefferson. Tudo isso era inserido de forma organizada na narrativa pelo principal livro adotado no curso, uma tese de Leo Marx chamada *The Machine in the Garden*. Acabei me interessando por *Notes on The State of Virginia*, de Thomas Jefferson, e também gostei de Henry David Thoreau, cujas descrições sugestivas das florestas do leste me lembravam das ótimas viagens de férias que fizemos em Door County, no Wisconsin, na minha juventude.

O ritmo do curso era excepcionalmente relevante para mim, porque o Bad Religion já tinha se tornado uma grande busca intelectual quando entrei na faculdade. O que influenciava os americanos? Esse era um tópico abundante para críticas, desconstruções e paródias. Era matéria-prima para composições punk. Conteúdo infinito para fazer música. Mas tampouco conseguia me afastar da conexão emocional que criei durante as leituras nas aulas. Ou seja, não foi apenas um curso pragmático; ele teve uma ressonância emocional que foi auxiliada pelas ótimas palestras do professor convidado, John King. Havia algo na paisagem intermediária que me ligava a alguma coisa maior do que eu.

De acordo com Leo Marx (professor do MIT e, a propósito, sem parentesco com o Karl Marx do comunismo), a experiência estadunidense pode ser compreendida como uma longa série de ideias, que foi inicialmente introduzida pelos primeiros escritores de literatura americana. Você pode se ver como uma "pessoa urbana" ou, quem sabe, como um "garoto do interior". Mas essas percepções não são únicas. Elas foram criadas por narrativas e mitos, que são partes indeléveis de nossa cultura.

O conceito de "rural" como uma paisagem ideal remete a um período anterior à literatura clássica, muito distante, no Império Romano, antes do tempo de nosso calendário cristão. Virgílio era um poeta nessa época e descreveu uma experiência sublime na natureza como "pastoral". Com o passar das eras, as descrições pastorais na literatura e na música formaram conceitos culturais que persistiram e se fortaleceram com o tempo.

Hawthorne descreve o cenário natural ideal em "Sleepy Hollow", uma passagem de sua obra *American Notebooks*, de 1844, que retrata detalhadamente cada evento, como ventos suaves, a luz do sol cintilando e o que se encontra no chão da floresta. Mas, de repente, surge do nada um apito estridente de locomotiva – é a entrada rude da máquina na terra. A locomotiva é uma imagem sugestiva que já foi retratada incansavelmente na arte americana, em canções, obras literárias, filmes e o que mais você imaginar. Leo Marx sugeriu que o motivo dessa sentimentalidade, dessa sensação de ser americano, vem de uma tensão simultânea entre dois polos emocionais: (1) o forte desejo de romantizar o cenário rural – parte de nossa profunda conexão cultural com histórias que vêm da época de Virgílio e da civilização romana; e (2) uma dedicação quase religiosa à crença na tecnologia e na industrialização – o mal necessário para aprimorar e "domar" o cenário selvagem e pastoral.

A pequena fazenda familiar é a maior realização da vida humana, de acordo com Thomas Jefferson, mas ela requer interferências tecnológicas para funcionar. Até o século 20, isso era exemplificado pela locomotiva trazendo uma carga ou pelos "moinhos sombrios e satânicos" produzindo itens de consumo (conforme descrito por William Blake, em 1808). Hoje, é uma caminhonete. Essas ferramentas da humanidade permitiram que todos os produtos fabricados na cidade também fossem utilizados no cenário rural. A máquina, então, foi vista como uma parte essencial do progresso estadunidense. Séculos atrás, possivelmente em 1831, esse ponto de vista era generalizado no pensamento americano[23]. Naquele ano, um ensaio de grande repercussão fez alegações que soavam modernas à época e são

---

23 *Consulte* The Machine in the Garden: Technology and the Pastoral Ideal in America, *de Leo Marx (Nova York: Oxford University Press, 2000), 182-185.* (N. do A.)

adotadas até hoje: "O progresso intelectual só pode surgir do tempo de lazer, quando o homem estiver livre da estafa" e "Nações com o maior número construído de máquinas que economizam trabalho são as que mais farão progresso intelectual". Além disso, "máquinas deverão realizar todas as tarefas que causam estafa no homem..."[24] Isso demonstra que uma narrativa cultural de interferência industrial já faz parte do estilo de vida estadunidense desde o princípio.

A tensão nunca diminuiu. Americanos ainda não entendem como a tecnologia pode interagir pacificamente com nossa outra obsessão, a natureza.

Não seria exagero sugerir que as mesmas forças influenciam as idealizações sobre o subúrbio. Subúrbios são criações que se projetam para fora da paisagem intermediária ideal. Como Leo Marx definiu, um impulso humano atemporal está retratado nos personagens principais da literatura, para efetuar uma "reconciliação entre as forças da civilização e da natureza"[25]. Finalmente, com o punk rock americano, chegamos a um ponto em que esse ideal foi rejeitado. Com o punk se tornando um elemento fixo dos subúrbios estadunidenses, pela primeira vez na história a paisagem intermediária foi identificada como uma mentira e rejeitada, dando vez a um novo ideal, ainda a ser criado, para a identidade americana. O punk estava na linha de frente desse movimento e, possivelmente, com imagens como a do *"suffer-boy"*, ajudou a moldar essa estética. A maioria dos punks era atraída pelo urbano, tendência comum a qualquer cidadão médio americano no século 20. Mas eu me esquivei conscientemente do encanto da vida urbana e aceitei a interferência tecnológica na paisagem pastoral. A natureza se tornou o meu foco, em oposição à inquietude social, às desavenças urbanas ou a qualquer um dos temas mais típicos do punk.

---

24 Consulte *"Defense of Mechanical Philosophy (1831)"*, *de Timothy Walker*, North American Review, *33 (junho de 1831): 122.* (N. do A.)

25 *Consulte* The Machine in the Garden, *de Leo Marx, 35.* (N. do A.)

Essas eram as motivações intelectuais obstinadas e abrangentes que influenciavam minhas composições, conduzidas por minhas perspectivas analíticas, e que persuadiam minhas escolhas de estilo de vida.

Uma boa parte do meu trabalho foi destinada a explorar a falsa narrativa da paisagem intermediária – pois fui levado a Los Angeles como passageiro – e o desejo de me afastar dela.

27C. O TELEFONEMA

Em junho de 1994, recebi um telefonema devastador que seria o primeiro de três golpes que quase me derrubariam nos próximos 14 meses. Era Brett, que ligava para o telefone da minha sala de estar. "Ei, Greg, acabei de sair da banda." "O quê?", eu perguntei, incrédulo, enquanto saía da sala com o telefone sem fio na mão, indo para um lugar mais privado. "Por que você sairia da banda agora?", indaguei. "Jay e eu acabamos de brigar e estou cansado das merdas que ele fala. Não aguento mais", ele disse. Isso parecia estranho para mim, porque todos brigamos no decorrer dos anos – brigas criativas, debates intelectuais e até ressentimentos reprimidos. Aliás, até me lembro de ter dado um tapa em Jay em um posto de gasolina durante uma turnê, porque ele achava que conseguia abastecer o tanque melhor do que eu! Então todos tivemos pequenas desavenças com o passar das décadas, mas, dessa vez, era diferente. Eu precisava processar o breve telefonema, mas estava distraído. Na verdade, os meus pais estavam me visitando, vendo a nova neta pela primeira vez. A casa tinha um clima de celebração, e eu precisava manter essa alegria. Mas essa notícia foi difícil de ouvir. O telefonema continuou por cerca de 15 minutos, durante os quais eu perguntei o que poderia ser feito para reparar o problema. No entanto, Brett nem chegou a dizer

"Ou eu ou ele", o que indicava que ele realmente não tinha mais intenção de continuar no Bad Religion. "Brett, preciso te ligar de novo mais tarde. Mas, por favor, pense a respeito disso, ok?"

Assim que desliguei e voltei para a sala de estar, onde todos estavam reunidos, o telefone tocou novamente. Subi mais uma vez ao lugar privado. "Alô?" Era o nosso empresário, Danny. "Que droga", ele disse, como se um castelo de cartas fosse cuidadosamente construído sobre uma mesa de cozinha e alguém abrisse a janela, deixando o ar entrar e derrubar tudo. Sua voz e entonação pareciam dizer: "Tudo está perdido...". Isso me deixou pouco otimista. O cara que trouxemos a bordo como empresário, o cara que conduzia tão habilidosamente as comunicações de nossa organização e que, junto de Michele, acrescentava um tom tão animado à atitude da banda, agora soava como o repórter do desastre do Hindenburg. "Eu tentei convencer Brett a não fazer isso, mas ele parece determinado a sair da banda", ele contou. "Bem, você vai ter que lidar com isso, Danny." "Ok, volte lá e curta sua família, entraremos em contato."

Após o jantar, todos os meus familiares se recolheram para seus quartos. Contei a Greta sobre o telefonema, e ela apenas me olhou com uma expressão de decepção. Interpretei isso como: "Não tenho fé em você. Mais uma bela bagunça que essa banda nos arranjou". Basicamente, senti uma carga a mais de culpa e responsabilidade para fazer a situação como um todo dar certo. Acabei me sentindo responsável, apesar de a dificuldade claramente não ter sido criada por mim.

Tarde da noite, enquanto todos dormiam, escapei para o estúdio em cima da garagem. Tive tempo para pensar sobre a gravidade e a importância do telefonema. Sem dúvida, era um momento de mudança. Refleti sobre outro telefonema interurbano que tive com Brett, anos atrás, em 1983. Naquela época, eu morava em Wisconsin, fazendo faculdade na UW-Madison, e a Epitaph ainda não era um selo de verdade. Brett fez outra revelação durante aquela ligação, mas tinha um ar mais animado e esperançoso. "Cara, como meio que começamos esse selo na sala de estar de sua mãe e no Hell Hole, assim como na casa dos meus pais, só queria estabelecer quais são meus objetivos, e espero que você não se importe. Já que você está na faculdade agora, eu gostaria de administrar o selo como achar melhor. Tudo bem por você?" Basicamente, Brett me informava que iria iniciar uma missão construtiva, criando um selo a partir de nossa banda. Respondi: "É claro, vá em frente!". Eu queria que o Bad Religion continuasse viável mesmo com a minha distância, na faculdade. Pensava que, enquanto Brett continuasse interessado em buscar formas de melhorar o selo, o Bad Religion sempre se beneficiaria. Então me mantive ocupado com os estudos, e ele continuou se ocupando com o selo. Era uma sensação boa.

Mas essa nova ligação tinha um tom mais sério. Sair da banda significava a desconstrução de nossa parceria. Eu sentia uma tristeza, pois nossa amizade não giraria mais em torno de sua faceta mais recompensadora: compor, produzir e tocar juntos as músicas do Bad Religion. Além disso, nessa ocasião, Brett não estava apenas saindo da banda: como já tínhamos assinado o contrato com a Atlantic Records, então não estávamos mais em seu selo. Era como se ele recomeçasse do zero. O Bad Religion tinha ficado para trás, e entendi que "eu" também tinha ficado.

Brett disse algo durante essa última ligação que soava como uma tentativa de incentivo. "Cara, não se preocupe, só continue fazendo o que já faz. Lembre-se, o Van Halen ficou MAIS famoso quando David Lee Roth saiu da banda. E ELE era o vocalista!" Essas palavras me impactaram naquele momento, e percebi que ele aprovava implicitamente que eu continuasse a banda sem ele. Isso significava que eu teria que redobrar meus esforços para ser o líder e, agora, o principal compositor. A voz do Bad Religion, minha voz, era o que as pessoas esperavam nos discos e no palco. De imediato, precisávamos encontrar um guitarrista para tocar as partes de Brett na turnê que se aproximava. Já tínhamos um disco pronto, cujo lançamento seria em breve e, dentro de dois meses, iniciaríamos uma turnê mundial para divulgá-lo.

Brett, Danny Heaps e toda a banda concordaram que não faríamos nenhum anúncio ou grande campanha publicitária com a saída de Brett. De fato, a maioria da publicidade nessa época se concentrou no esforço mútuo para impulsionar as vendas de ingressos para um festival de verão, no qual o Bad Religion era uma das atrações principais. O festival ocorreria em 29 de julho, no Hollywood Palladium, e Brett estaria no palco conosco. O motivo para essa situação esquisita (Brett sairia da banda, mas faria esse último show) era porque o evento seria o Epitaph Summer Nationals, uma celebração do sucesso do selo.

Reunindo 3,5 mil fãs de punk, esse festival foi um dos primeiros eventos de verão do nosso gênero. Ele deu visibilidade a diversas bandas da Epitaph: Pennywise, Rancid, NOFX e, é claro, Bad Religion. Achei que não tinha muito sentido fazer esse show, pois o fundador do selo havia decidido sair da banda que motivou sua criação. Afinal de contas, meu maior apoio ao selo sempre foi em razão da amizade que eu tinha com Brett. Mas, ao tirar Brett da equação, sem dúvida a minha motivação ficava menor. Eu defendia a banda. E como o Bad Religion já tinha lotado um show no Palladium por conta própria, sem todo o alarde ao redor do selo nem o apoio de outras bandas da Epitaph, acreditei que a nossa inclusão no evento faria mais pelas outras bandas do que por nós. Certamente não parecia uma celebração.

Minha atitude esnobe não afetou a minha performance. Todos nós mantivemos o profissionalismo e tocamos com vontade. Brett mal falou conosco, e lembro que saí da casa de shows logo após a nossa apresentação terminar, sem me despedir dele. Esse foi o começo do meu esforço para evitar confrontar relações interpessoais desconfortáveis entre os integrantes da banda, tudo no interesse de seguir em frente e enfrentar os desafios por vir.

O principal desafio seria a percepção do público. Ao vivo, no palco, ainda seríamos capazes de impressionar, desde que achássemos um guitarrista à altura para substituí-lo. Mas também tínhamos que lidar com o alvoroço dos jornalistas musicais e fãs de punk mais críticos, ansiosos para sensacionalizar a saída de Brett como um efeito colateral de nossa recente troca de um selo independente (do qual Brett era dono, e todos sabiam disso) por uma grande gravadora. Assim, só nos restava fechar a boca no que dizia respeito às questões "privadas" interpessoais – a briga interna – e dar foco a coisas mais construtivas, como a turnê que começaria em breve e o rápido anúncio de um substituto de peso para nosso bem-sucedido, porém recentemente afastado, chefe de selo e guitarrista.

Isso funcionou como tática de relações públicas. Mas, no íntimo, eu tinha medos mais internalizados. Brett e eu havíamos nos tornado uma equipe compositora de respeito. Com isso, quero dizer que éramos uma dupla musical que contribuía com partes iguais de ideias escritas, melodias, arranjos e conceitos de produção para o conteúdo de um disco. Equipes compositoras são uma raridade na música, e ainda mais raras no punk. Havia muitos exemplos de duplas formadas por "um guitarrista e um vocalista" no punk, mas geralmente eles não contribuíam de modo igual nas composições. O estereótipo de sucesso no rock 'n' roll geralmente incluía um "gênio" da composição (o guitarrista) e outro das melodias (o vocalista). Era o caso de Johnny Thunders e David Johansen (New York Dolls), Ron Asheton e Iggy Pop (The Stooges), Johnny Marr e Morrissey (The Smiths), John Doe e Exene Cervenka (X), Chris Stein e Debbie Harry (Blondie) ou Cheetah Chrome e Stiv Bators (Dead Boys). Até entre nossos colegas – como Rikk Agnew e Tony Cadena (Adolescents), ou Lucky Lehrer e Greg Hetson com Keith Morris nos vocais (Circle Jerks) – existiam provas de que a divisão do trabalho era a norma no punk rock, em vez de uma dupla de compositores. Também havia muitos exemplos de "gênios" individuais no punk e no grunge, que não eram vistos principalmente como guitarristas, mas como cantores e compositores que também usavam a guitarra. Pense em Elvis Costello, Kurt Cobain ou David Byrne, por exemplo. Mas o Bad Religion era único ao ter dois compositores principais, cada um contribuindo com aproximadamente metade das canções. Eu precisava me livrar do medo de perder 50%

da minha equipe compositora, dobrar os esforços para criar músicas novas e esperar encontrar um substituto adequado para tocar guitarra.

A melhor coisa que podíamos fazer para lutar contra essa percepção, colocando uma aparência positiva em uma situação negativa, era encontrar um guitarrista lendário para preencher a ausência de Brett. Jay e Greg Hetson entraram em ação imediatamente, ligando para sua ampla rede de amigos de outras bandas, para ver se algum deles teria interesse em substituir Brett. O Bad Religion estava prestes a entrar no período de trabalho mais intenso de sua existência. Passaríamos mais tempo juntos do que em qualquer outra época. Apesar de termos nos afastado um pouco, os integrantes da banda praticamente haviam crescido juntos, então conhecíamos nossas manias e nossos interesses em comum. Esse novo membro substituto deveria ser um camaleão, inteligente o suficiente para participar com facilidade de discussões tão variadas quanto: os interesses de Jay em motos e baixos; os interesses de Greg Hetson em culinária asiática em cidades europeias; ou os meus próprios interesses na natureza humana e na história americana. Além disso, ele precisaria ser esperto, engraçado e um guitarrista fodão. É uma lista de exigências bem extensa para preencher uma vaga. Mas, de alguma forma, a única pessoa que conseguiria se encaixar em todos esses requisitos, e ainda acrescentar muito conteúdo por conta própria, estava trabalhando em um estúdio de ensaio em Hollywood à época. Seu nome era Brian Baker.

27D. BRIAN, A SOLUÇÃO

Os caras conheciam Brian por seu lendário status como integrante fundador do Minor Threat, uma banda que fez alguns shows com o Circle Jerks. Com sua outra banda, o Dag Nasty, Brian teve a oportunidade de conhecer Brett quando ele produziu um disco do grupo para a Epitaph, chamado *Four on The Floor*. Eu não conhecia Brian, nem sabia de sua existência, até estar em um telefonema coletivo com os integrantes da banda. "Ele é meio que uma vadia do rock", disse Greg Hetson, o que significava que ele tocava em muitas bandas diferentes. De fato, Brian estava em uma banda de rock chamada Junkyard até o momento em que foi trabalhar no estúdio de ensaio. Mas eu confiava na avaliação que Greg e Jay fizeram de suas incríveis habilidades na guitarra. Eles eram, afinal, os mais conectados a músicos da cena de Los Angeles. Greg Hetson frequentemente confraternizava com Brian em clubes e bares de Hollywood. Jay, que também toca guitarra, me contou: "Ele consegue fazer muito mais na guitarra do que Brett".

Assim, com base em nada mais do que o entusiasmo de meus colegas, sem qualquer conexão pessoal com ele nem familiaridade com suas habilidades, juntei-me a Greg Hetson em uma chamada coletiva para receber Brian na banda. "Quando você pode me visitar?", perguntei, sabendo que havia muito a ser feito para deixar Brian afiado. Ele tinha concordado em assumir os backing vocals que costumavam ser as partes de Brett no palco. Eu mal sabia que, à época, ele não era tão bom em cantar quanto havia dito para os outros caras. Brian respondeu: "Após ensaiarmos um pouco aqui em L.A. e eu me familiarizar com as músicas, vou até sua casa em Nova York para treinar os vocais".

Julho era um mês que eu tinha planejado passar tranquilamente em casa, brincando com Ella e Graham, aproveitando o jardim e plantando novas árvores. Nossa casa sempre estava cheia de crianças, trazidas para brincar por seus pais, e atividades típicas de famílias jovens. Brian, um solteirão urbano, veio nos visitar e foi logo jogado no ritmo de um estilo de vida diferente. Acordar cedo, afazeres ao ar livre, idas ao mercado de produtores locais, jardinagem e passeios pela natureza eram a anátema de um cara da cena noturna de L.A. como Brian. Mas eram a norma em nossa casa. Mesmo assim, ele levou tudo na esportiva, e as crianças gostaram de ter uma companhia nova.

Brian e eu passamos cerca de duas semanas juntos, repassando canções e treinando vocais. Suas partes não eram difíceis, em geral apenas "oohs" e "aahs". Ele comprou a missão que tínhamos de ser melhores do que nunca, porque sabíamos que alguns punks céticos, muitos dos quais nos chamavam de vendidos, torciam pelo nosso fracasso. Alguns criaram um fã-clubezinho próprio, cujo lema era *"No Brett, no set"* ["Sem Brett, sem show"]. Com Brett fora da banda, eles duvidavam que conseguiríamos manter nossa credibilidade. É claro que essa opinião era de uma minoria. Mas, se pudéssemos convencer até os céticos mais ferrenhos, então os outros obviamente também se contentariam. Uma vez que esses órfãos percebessem que "é o Brian Baker que está ali", suas críticas referentes à credibilidade seriam canceladas de imediato. Sua sonoridade (uma das mais reconhecíveis em todo o punk) e seu virtuosismo fariam o resto do trabalho. Ele complementava nossas canções e se mesclava perfeitamente com nosso estilo, e o público logo poderia conferir uma performance muito aprimorada do Bad Religion.

Durante a nossa rotina diária de aprender músicas, ensaiar vocais e ouvir discos do Bad Religion, Brian e eu assistimos a uma transmissão importante na TV. O Woodstock '94, festival comemorativo de 25 anos do original, estava acontecendo a cerca de 250 quilômetros da minha sala de estar. Estávamos ocupados e distraídos demais para dirigir até o caótico festival, mas assistimos com interesse, porque vários de nossos contemporâneos e amigos tocariam naquele palco. Colocamos na TV por dois dias seguidos. Brian e eu nos revezávamos em nossas pausas, indo até o andar de baixo para ver se alguma banda interessante iria tocar. Vimos Trent Reznor e o Green Day cobertos de lama, o Jackyl coberto de sangue, e nada daquilo foi particularmente bom. Mas ficamos muito impressionados com a plateia gigantesca presente no local. Não tinha nada a ver com a cultura hippie que se reuniu para o evento de 1969. O público de 1994 era formado por fãs de grunge, thrash e punk que poderiam muito bem ser vistos em um show do Bad Religion. Observamos aquilo com a sensação de que o Bad Religion poderia crescer e expandir seu status. Não havia nada de intimidante em nenhuma das bandas que vimos. Sabíamos que éramos tão bons quanto qualquer uma delas, ou até melhores. Na época, muitos daqueles artistas já tinham reconhecido o Bad Religion ou o Minor Threat (antiga banda de Brian) como influências. Isso nos animou, pois concluímos: "Deveríamos estar naquele maldito palco!". Ver o punk rock apresentado a uma plateia de festival deu a Brian uma boa noção de como seria tocar com o Bad Religion, pois o primeiro show dele com a banda, apenas cinco semanas depois, seria diante de 30 mil pessoas num festival em Colônia, na Alemanha, chamado Bizarre Festival.

O pontapé inicial de nossa nova turnê para promover o lançamento altamente divulgado de *Stranger than Fiction*, nosso primeiro disco em uma grande gravadora, aconteceu na Europa, e não nos EUA. Apesar de o disco ainda estar a semanas de sua data de lançamento oficial, o Bizarre Festival serviu para mostrar algumas músicas novas do álbum. Brian tocou impecavelmente e provou que, tanto em palcos grandes quanto em pequenos, ele era o cara certo para preencher a ausência de Brett. Mal sabia eu que, antes de subirmos ao palco, alguém tinha cochichado no ouvido de Brian que o próprio Brett estaria assistindo ao show na cabine de som, no meio das 30 mil pessoas. Nem isso pareceu afetar a confiança de Brian durante a performance: tudo ocorreu sem o menor problema.

A *Stranger than Fiction Tour* teve um início bem-sucedido e seria a nossa turnê de maior arrecadação até o momento. Devido à sagacidade jurídica de nosso advogado, Eric, a Atlantic Records nos administrava apenas na América do Norte, mas no restante do mundo estaríamos no selo Sony Music. A Sony tinha escritórios e times regionais em todos os países do mundo. A todo lugar que íamos, nos acostumamos a ver nossos álbuns amplamente promovidos, em vitrines de lojas, nas principais áreas comerciais de cidades tão diversas quanto Estocolmo, Berlim, Milão e Barcelona. Graças à Sony, tínhamos um apoio financeiro e de divulgação que nos permitiu levar a turnê ao Japão e à Austrália, e expandiram nosso marketing e nossa publicidade de uma maneira que tornaria possível levar o Bad Religion ao Brasil, à Argentina e ao Chile.

27E. AVERSÃO A DIVÓRCIO

Apesar do sucesso global da banda, outras partes da minha vida estavam desmoronando. Após colocar meu trabalho acadêmico na geladeira, parei de dar o devido valor à minha família. Sempre que chegava em casa após uma turnê, eu esperava ser recebido como um herói por minha esposa. Já para ela, o processo era uma adaptação ao fato de ter mais uma pessoa na casa. Enquanto eu estava longe, era preciso implementar uma rotina sem a minha presença, então voltar para casa era uma mudança abrupta para nós dois. Eu não levava em consideração que, durante minhas viagens, ela precisava manter a vida familiar em dia com as rotinas das crianças, os encontros com outras crianças, as compras e assim por diante. Apesar de termos dinheiro para manter uma babá em tempo integral, minha esposa não queria isso, e eu respeitava seus desejos. Nessa situação, com minha cabeça na lua, ocupada com os rigores e as recompensas de ser um músico em turnê, e com ela em casa, cuidando de dois filhos, vivendo o caos causado pelas crianças pequenas, monitorando o playground, recebendo pais de outras crianças que visitavam e tendo que lidar com os eternos dramas da pré-escola, não é difícil entender os estresses que nos separavam e puxavam a família em direções opostas.

Eu queria incluir a família em meu estilo de vida de turnê. Já havíamos tentado isso no passado. Em uma turnê pela Europa, em 1993, Brett e eu alugamos nosso próprio ônibus de turnê e levamos as famílias conosco, além de amigos como "babás". Para mim, estávamos nos divertindo muito. Mas acabou que a diversão foi efêmera. Para nossa família, a alegria de ver as cidades mais românticas da Europa enquanto morava em um ônibus de turnê tinha seu custo: uma constante vigilância para cuidar das crianças em terras estrangeiras e ambientes desconhecidos. É claro, era ótimo estar em Paris e Frankfurt, mas achar fraldas, comida de bebê e todas as necessidades rotineiras para cuidar de uma criança se tornou cansativo após cerca de uma semana. Seis semanas assim foi simplesmente uma tortura.

Então não seríamos como em *A Família Dó-Ré-Mi*. Os projetos de estúdio em Hollywood ou Nova York e as incontáveis viagens a Londres, Berlim, Frankfurt, Los Angeles ou Chicago, para eventos promocionais de imprensa, shows ou festivais, sempre preenchiam o calendário. Ainda assim, eu acreditava que era possível equilibrar a demanda extenuante das viagens constantes ao contratar uma babá e inserir um bom tempo de férias entre as sequências da turnê. Mas não deu certo.

Quando retornei da Europa, no verão de 1994, comecei a perceber uma distância se formando em casa. Não em relação às crianças – elas sempre grudavam em mim feito carrapatos quando eu voltava para casa após uma turnê. Era um afastamento entre mim e minha esposa. Isso ficou mais perceptível quando os amigos do casal começaram a entender mais do que eu sobre a vida diária em minha casa, pois eu passava muito tempo longe. De certa forma, sentia-me um estranho em minha própria família, e isso me causou um estresse imenso. Divergências viravam brigas sem resolução que nunca mais eram discutidas. E logo já era preciso sair para a próxima sequência de shows da turnê. Então eu queria aproveitar todos os segundos que pudesse com as crianças em casa, fazer jantares todas as noites, assistir a muitos filmes da Disney e tomar sorvete. Mas como poderíamos ter discussões conjugais sérias no meio disso tudo?

A perna americana da turnê tinha sido separada em dois trechos, começando em Norfolk, Virgínia. A primeira parte acabou seis semanas depois, no sul da Califórnia. Todos os shows tiveram ingressos esgotados. Michele, da equipe de gestão, viajou conosco e reconheceu que muitas expectativas estavam sendo colocadas sobre mim. Com a saída de Brett, eu precisava responder a muitas perguntas da imprensa sobre ir para uma grande gravadora. Michele enfatizou que nosso sucesso falava por si só e orientou os publicitários da Atlantic Records a criar uma campanha que ignorasse as críticas da "polícia punk", com foco total no enorme sucesso da turnê. Senti que estávamos no caminho certo para deixar para trás o sabor amargo da saída de Brett.

Assim começou uma rotina de quase um ano e meio de turnês mundiais ininterruptas, que só terminaria no verão de 1995. Quando cheguei em casa, encontrei meu casamento em frangalhos. Greta anunciou que havia "outra pessoa", e eu entrei em pânico. Estive tão ocupado remendando a rachadura causada pela saída de Brett – reconstruindo a confiança dos fãs, profissionais e colegas de banda, pois todos contavam comigo –, que não me preocupei com a segurança e a estabilidade emocional de minha própria família. Os anos em que os filhos estão na pré--escola são uma época muito frágil para a família. Não para as crianças, ironicamente, mas para os pais. As mães precisam de muito apoio. Os pais precisam de muito incentivo. Essas coisas básicas estavam faltando, e eu não conseguia oferecer a minha parcela.

Eu me senti um fracasso. A parte mais dolorosa para mim era a possibilidade de meus filhos terem que sofrer com as mesmas merdas que eu lembrava tão vividamente da minha própria infância: ter os dois pais como adversários, com vidas separadas, em que um não ajudava o outro a estabelecer um ponto em comum para a família; uma universidade com dois *campi*, dois conjuntos de expectativas. O pânico que me acometeu foi tão sério que eu busquei, pela primeira vez na vida, um terapeuta. Greta concordou em fazer terapia de casal comigo, o que foi um vislumbre de esperança suficiente para me tirar do meu desespero e me fazer continuar a trabalhar com a banda.

Comecei a compor músicas sobre minhas próprias dificuldades, mas decidi camuflá-las como diatribes sociais. "A Walk", "Parallel" e "Punk Rock Song" eram todas sobre males sociais que podiam muito bem ter descrito meus sentimentos de insegurança com a família. "Drunk Sincerity" e "Them and Us" retratavam a minha decepção com os relacionamentos humanos. Uma canção chamada "The Gray Race" descrevia como o mundo necessita de decisões "preto no branco", mas a experiência humana não é digital – ela floresce graças aos tons de cinza entre os opostos. Tantas coisas na vida, como estar (ou não) em um relacionamento ou casamento, são vistas como um caso de tudo ou nada, mas, na verdade, todos os compromissos têm seus vacilos de vez em quando, assemelhando-se a uma verdadeira "zona cinzenta" das emoções humanas. O momento decisivo para a minha nova atitude, após eu concluir que o casamento tinha acabado (mesmo com meus contínuos esforços insignificantes na terapia de casal), foi resumido em "Cease", que refletia uma perspectiva estranhamente positiva a partir do reconhecimento de que os relacionamentos, assim como a própria vida, devem acabar em algum momento.

No decorrer de tudo isso, continuei demonstrando ânimo em casa. Fingia interesse sempre que Ella dizia "papai, olha só!", mesmo que fosse pela centésima vez. Jogava bola com Graham no gramado e levava as crianças e seus amigos para tomar sorvete quase todo dia. Mas, por dentro, eu sabia que estava apenas prolongando a inevitável dissolução do casamento, o que iria, por sua vez, destruir toda a estabilidade que eu trabalhava tão duro para manter.

Profissionalmente, eu me sentia responsável por todos os fãs que esperavam boas composições e ideias envolventes em canções do Bad Religion. Na ausência de Brett, eu não podia deixar o próximo disco ser menos interessante que os anteriores. Compor sem ele foi um trabalho solitário, e comecei a desejar uma inspiração externa.

Com nosso casamento abalado, Greta e eu levamos as crianças para tirar férias na praia, em Montauk, uma cidade na extremidade leste de Long Island. Foi uma viagem bem íntima, sem aviso prévio. Eu achava que isso talvez ajudasse a restabelecer os laços e reunir a família, mas, na verdade, foi a nossa última viagem juntos. Havia distância entre os pais, mas as crianças, como só tinham por volta de três e um ano, eram jovens demais para reconhecer a fria realidade.

Sem tempo para lamentar, nossa viagem foi abruptamente encurtada, porque Danny e Michele fizeram planos para que eu encontrasse o produtor Ric Ocasek em Nova York. "Leve suas demos", eles disseram. "Ele gostaria de ouvir o que você tem feito."

Ric representava uma fase da minha infância, que ocorreu no meu antigo bairro, em Wisconsin. Antes de ser punk, eu reunia meus amigos ao redor do aparelho de som no escritório do meu pai, usando raquetes de tênis para imitar guitarras e abridores de cartas para imitar microfones, e cantávamos acompanhando os dois primeiros álbuns do The Cars. Sem ter ideia de que um dia cantaria em um microfone de verdade, eu interpretava Ric, e Wryebo fazia o papel de Benjamin Orr. Tommy, nosso vizinho, era idêntico a Greg Hawkes, e seu primo Dave fazia um bom Elliot Easton. Eu adorava aquelas músicas, que se tornaram a trilha sonora de nosso verão de 1978. Vimos os Cars ao vivo naquele ano, na Milwaukee Arena. Agora, quase 20 anos depois, seu compositor e cantor queria ouvir minhas canções. Era surreal.

Greta e as crianças foram comigo visitar a casa de Ric, em Nova York. Ric tinha um filho pequeno, quase da mesma idade de Graham, que pareceu feliz por ter outra criança para brincar naquele dia. A esposa de Ric, Paulina, era uma supermodelo e foi amável e gentil, convidando Greta e as crianças para passear com ela e seu menino pelo Central Park, enquanto Ric e eu ficamos ouvindo as músicas. Mesmo na presença de uma lenda da moda, Greta agiu de forma tranquila e natural. Sua facilidade para estar na companhia de supermodelos foi aprimorada na Chart House, onde ela aprendeu a ser garçonete das estrelas ao lado de sua amiga e colega de trabalho, Mariska Hargitay, que se tornaria uma atriz famosa. Greta e Mariska se conectaram por causa da ascendência húngara das duas. Paulina também tinha aquele toque do Leste Europeu. Greta e Paulina pareciam duas beldades passeando pelo parque com seus pequenos.

O MOMENTO DECISIVO PARA A MINHA NOVA ATITUDE, APÓS EU CONCLUIR QUE O CASAMENTO TINHA ACABADO (MESMO COM MEUS CONTÍNUOS ESFORÇOS INSIGNIFICANTES NA TERAPIA DE CASAL), FOI RESUMIDO EM "CEASE", QUE REFLETIA UMA PERSPECTIVA ESTRANHAMENTE POSITIVA A PARTIR DO RECONHECIMENTO DE QUE OS RELACIONAMENTOS, ASSIM COMO A PRÓPRIA VIDA, DEVEM ACABAR EM ALGUM MOMENTO.

Um dos meus primeiros objetivos era deixar Ric ciente de que, caso trabalhássemos juntos, eu precisaria voltar a Ithaca uma vez por semana para fazer a sessão de terapia de casal. Isso era um fardo considerável sobre a minha criatividade: precisar conduzir a dissolução do meu casamento ao mesmo tempo que gravava o álbum mais importante da minha carreira. Ric disse que isso não seria problema algum, que abriríamos esse espaço em nosso cronograma. Com seu estilo sempre animado, ele me encorajou, garantindo: "Você vai superar isso, você é um artista!".

Ao retornarmos para casa, não falamos muito sobre o futuro de nosso casamento em crise. Greta e eu mantivemos uma distância cordial um do outro, sempre distraídos pelos vários visitantes e hóspedes em casa. Isso, somado às constantes visitas de pais locais que levavam os filhos para brincar com os nossos, manteve a casa como um centro festivo de atividade para as crianças. Brian veio nos visitar, pois recentemente tinha saído de Los Angeles e voltado para a área de Washington, D.C. Ele parecia animado para viajar pela Interstate 81 e ouvir umas músicas novas. Antes de começarmos a gravar, ele chegou um pouco cansado da viagem. Greta perguntou-lhe: "Posso te servir alguma coisa?". "Um Maker's Mark com Coca seria muito bom", ele respondeu. Eu nem sabia o que isso significava; soava como algum tipo de gíria para mim. Eu era totalmente ingênuo quanto a bebidas alcoólicas e nunca prestei atenção no que as pessoas pediam no bar quando trabalhávamos no restaurante. Mas Greta, na época da faculdade, trabalhava eventualmente como garçonete de bar. Imagine a minha surpresa quando ela voltou da cozinha com a bebida que Brian tinha pedido. Eu nem tinha ideia de que havia álcool destilado em casa! Todos demos risada. A risada era essencial para a minha sanidade. Qualquer pessoa que visitasse nossa casa trazia sua própria alegria ao ambiente, mesmo sabendo muito bem que nosso casamento estava se despedaçando.

Ninguém era mais animado do que meu amigo David, da Califórnia. David morava numa casa ao lado do Hell Hole, em Canoga Park, quando a banda começou. Os pais dele imediatamente nos receberam no bairro quando nos mudamos para L.A. Em uma metrópole gigante, onde os vizinhos muitas vezes nem falam uns com os outros, o destino foi gentil conosco ao criarmos nosso novo lar. Os pais de David fizeram amizade com minha mãe e Chuck logo após nossa mudança. David e eu começamos a brincar juntos, e eu cuidava de sua irmã menor, Stephanie. Eu colocava todo tipo de música da minha pequena coleção de discos e tocava piano para entretê-lo quando ele ficava entediado. Quando o Bad Religion montou sua bateria pela primeira vez na garagem da minha mãe, David não conseguiu conter sua curiosidade e se intrometeu por lá após o ensaio, para bater nos tambores laranja translúcidos de Jay.

Embora nossas famílias ainda fossem próximas, David e eu tínhamos perdido contato por alguns anos. Retomamos nossa amizade, e descobri que ele tinha estudado cítara, viajado à Índia e estava interessado em todo tipo de música. Sua experiência abrangente e seu senso de humor sombrio, como o meu, significavam que sempre tínhamos pegadinhas e piadas prontas um para o outro, o que nos mantinha constantemente entretidos perante os absurdos da vida. David achava motivo para rir de quase tudo, mesmo nas situações mais difíceis.

David me visitou no meio da minha discórdia conjugal. Coloquei algumas das minhas demos para ele ouvir. "Essa aqui soa como uma canção de David Bowie, mas depois de usar metanfetamina", ele disse. Depois de um minuto rindo, toquei os acordes de "Drunk Sincerity" no teclado, mas reduzi o andamento pela metade e cantei com a minha melhor imitação do Bowie dos anos 1980. Após gargalhar no chão do estúdio por alguns minutos, pegamos os microfones e plugamos os instrumentos para gravar uma versão em 16 canais de "Drunk Sincerity", com bateria, sintetizador e sons extravagantes na guitarra. Apesar de termos gravado apenas para nos divertir, a música era boa demais para ser arquivada. David decidiu que precisávamos apresentá-la ao responsável por A&R na Atlantic Records. Liguei para ele e disse: "Mike! Você não vai acreditar quem eu encontrei quando passei na casa do Ric Ocasek.

David Bowie!". Ele logo se interessou. "Você também não vai acreditar nisso. Ele gostou da minha canção 'Drunk Sincerity', e eu o convenci a cantar na minha demo!" Mike já estava nas nuvens. "Aaaah, incrível! Envie a demo para mim, imediatamente. Isso pode virar algo grande."

Alguns dias depois, Mike retornou minha ligação após ter ouvido a gravação. Coloquei-o no viva-voz, para que David pudesse ouvir a conversa. "David", eu sussurrei, "acho que ele acreditou mesmo!". Como a demo estava repleta de *reverb*, *delay* e outros efeitos, minha imitação de Bowie soava crível. Mike disse: "Vou apresentar o material em nossa próxima reunião de A&R. Você consegue entrar em contato com Bowie novamente, caso optemos por tornar essa canção um single?". Em meio a nossas risadas disfarçadas, não conseguíamos pensar em uma forma de levar essa pegadinha ao próximo nível. "Que droga! Esqueci de pedir o telefone dele." "Tudo bem, nossa equipe pode entrar em contato com o pessoal dele, e faremos dar certo", respondeu Mike.

Ao desligar o telefone, gargalhamos até chorar de tanto rir. "Você consegue imaginar? Neste exato momento, nossa fita demo está sendo apresentada em uma sala cheia de executivos da indústria musical, que vão tentar contatar a equipe de David Bowie, para perguntar a respeito de uma música que ele nunca cantou, gravada em um estúdio onde ele nunca pôs os pés!" Era só uma brincadeira. Mais ou menos um mês depois, encontrei Mike em Nova York, e perguntei a ele sobre a demo. Ele apenas sorriu e disse: "Babaca".

Em outra ocasião, nessa mesma época, Brian me visitou novamente. E juntos criamos um plano para formar uma espécie de camaradagem com outra banda que tinha sua base nas proximidades de Ithaca. Era o Manowar, uma banda de metal com uma presença de palco "exagerada". Eles se autoproclamavam "os reis do metal". O Manowar conseguia combinar cavaleiros medievais e música pesada, criando uma estética única, de forma que seus fãs chamavam a banda de "true metal" ["metal de verdade"]. Achamos isso divertido e imaginamos se conseguiríamos fazer amizade ao visitar seu espaço de ensaio, em Auburn, Nova York.

O DESMORONAMENTO

Meu amigo Alex, proprietário do estúdio Pyramid Sound, em Ithaca, sabia onde eles ensaiavam e nos deu o endereço. Mas Brian comentou que não podíamos chegar de mãos abanando. Tínhamos que levar algum tipo de oferenda pela amizade. Por sorte, logo iríamos à Inglaterra para um evento de imprensa. Em solo inglês, nós participaríamos de um *talk show* da rádio BBC com o vocalista do Iron Maiden, Bruce Dickinson. Qualquer fã de metal teria dificuldade para decidir quem eram os verdadeiros reis do metal: Iron Maiden ou Manowar. Então Brian e eu pensamos: que presente melhor para o Manowar do que algo apropriadamente medieval e digno do metal, direto da Inglaterra? Eu sugeri: "Brian, vamos comprar um pergaminho branco e pedir para o Bruce Dickinson escrever uma mensagem positiva para nossos amigos de Nova York, o Manowar; um gesto de paz entre as duas facções rivais do metal verdadeiro". David Bragger, cuja banda de metal favorita era o Iron Maiden, nos contou que Bruce Dickinson era um grande fã de esgrima. "Perfeito!", respondeu Brian. "Vamos pedir para ele escrever uma mensagem que tenha a ver com isso. Soa medieval."

Após a entrevista, Bruce foi muito gentil e conversou conosco sobre o que planejávamos fazer. Brian e eu tínhamos uma cerimônia elaborada em mente. "Bruce", eu disse, "você poderia assinar este pergaminho de marfim com uma mensagem positiva para nossos amigos do Manowar, que estão do outro lado do grande oceano, em Nova York?" Naquele instante, Brian apareceu com uma vela e a acendeu, enquanto eu observava a assinatura. Reparei que a mensagem dizia: "*Dear Manowar, Have an Epee Day!, signed Bruce Dickinson*"[26]. Imediatamente dobramos o papel em um quadrado pequeno e o colocamos em uma caixinha de joias dourada, que tínhamos comprado em uma loja de antiguidades. A caixa foi selada com pingos de cera da vela e colocada dentro do bolso com zíper da minha jaqueta de couro.

---

26 A *epee* é um dos três tipos de espadas utilizadas na esgrima. Sua pronúncia pode soar similar à palavra *happy*, portanto, "*Have an epee day*" pode soar como "Tenha um dia feliz". (N. do T.)

Voltamos a Nova York com a caixinha de joias dourada. Mas faltava um último detalhe. Brian sentia que não poderíamos simplesmente aparecer e oferecer um presente tão especial, personalizado e simbólico sem a vestimenta correta. Roupas típicas do metal não seriam o suficiente. Brian queria algo a mais. Após refletir muito, ele concluiu que alugar uma armadura seria o gesto perfeito para dar nosso presente aos "reis do metal". Somente com essa formalidade cumpriríamos nossa missão.

Infelizmente, não havia lojas de aluguel no norte do estado de Nova York que servissem entusiastas da época dos Cavaleiros da Távola Redonda, e não tínhamos mais tempo para dedicar à nossa missão de amizade. Até hoje, a caixinha está lá, lacrada, exposta em uma caixa de vidro numa prateleira da minha biblioteca.

No meio de toda essa diversão, uma calamidade entrava em ebulição na nossa movimentada casa. Meu casamento exigia atenção, mas ficou em segundo plano por conta de todos os telefonemas com empresários, agentes e funcionários da gravadora, além da gravação de demos e sessões no estúdio. Ser produtivo e brincar com amigos me impedia de lidar com meus problemas conjugais.

Por volta dessa época, Bill Silva, um promoter e empresário de San Diego, perguntou se eu podia produzir uma de suas novas bandas, o Unwritten Law. Na mesma linha melódica do Bad Religion, o Unwritten Law também era de San Diego e estava vivendo seu auge na emergente cena de pop punk. A política da banda não me interessava tanto quanto sua abordagem melódica e seu potencial pop. Ainda assim, com tudo o que estava acontecendo em minha vida durante aquele fim de verão de 1995, não havia chance alguma de eu viajar até San Diego para produzi-los. Por sorte, tínhamos um ótimo estúdio ali mesmo em Ithaca, o Pyramid Sound. Ele contava com um console Neve e foi o local de algumas gravações famosas no decorrer dos anos, incluindo álbuns do Anthrax, do Testament e do Agnostic Front.

O Unwritten Law era uma daquelas bandas que deixavam muitos punk rockers perguntando: "O que tem de punk nessa banda?". Eles faziam uma mistura de estilos. O vocalista, Scott, tinha uma voz rouca e melódica como a minha. Ele cresceu andando de skate e escutando bandas da segunda geração do punk, mas sempre foi atraído pela melodia na agressividade da música. O mesmo podia ser dito sobre o baterista, Wade. O baixista, John, tocava sem palheta, assim como seu herói Steve Harris, do Iron Maiden. Com influências tão diversas quanto o hardcore melódico californiano, o heavy metal britânico e o pop punk do começo dos anos 1980, como as Go-Go's, o Unwritten Law era um desafio tentador. Achei que, com composições boas, essa banda poderia ser interessante para uma nova geração de punk rockers. Assim como o Bad Religion tinha involuntariamente mesclado influências de hard rock e do progressivo dos anos 1970 no punk, agora as bandas começavam a misturar os gêneros da década seguinte. Esse liquidificador de gêneros musicais despertava meu interesse. Em relação às letras, as músicas não eram profundas ou políticas. Mas canções pegajosas e melódicas logo se tornariam a regra. Ao lado de contemporâneos como o Blink-182 e o No Doubt, o Unwritten Law abriu as portas para o período mais expansivo da história do punk. Logo, todas as rádios do país teriam música punk tocando e todas as TVs estariam exibindo clipes de punk rock para crianças que ficavam sozinhas em casa, enquanto os pais trabalhavam, em todos os subúrbios dos EUA. O Bad Religion se beneficiaria com essa expansão.

Devido às sessões de gravação que aconteceriam em breve com Ric Ocasek, eu só conseguiria produzir o disco do Unwritten Law no outono. Enquanto isso, Greta e eu continuaríamos juntos pelo bem das crianças, pelo menos por enquanto. Mas eu me afastaria por um tempo.

Eu me mudei com a banda para um apartamento na 50th com a 3rd, em Nova York, para todo o período de gravação, entre outubro e novembro de 1995. O estúdio favorito de Ric era o Electric Lady Studios, em Greenwich Village, na 8th Street com a Sexta Avenida. Era um estúdio lendário. Originalmente construído para Jimi Hendrix, serviu como espaço de gravação para uma longa lista de discos clássicos, como

Talking Book, de Stevie Wonder; *Dressed to Kill*, do Kiss; e o sucesso "Le Freak", do Chic. Ric estava terminando de produzir o Weezer (o álbum *Pinkerton*) quando chegamos lá.

Nosso objetivo era fazer um álbum punk que, em 1996, mantivesse as mesmas virtudes de nossos discos anteriores. Fazer um disco bem-sucedido comercialmente e que rendesse bastante dinheiro seria muito útil, mas não estávamos interessados em apostar nossa integridade. Apesar dos altos custos associados a produtores famosos, estúdios de gravação tecnologicamente avançados e despesas profissionais da banda, e apesar dos estilos de vida suburbanos de classe média que todos tínhamos, com crianças, terapia e hipotecas, decidimos que era melhor manter o compromisso com nossa missão original: iluminar nosso público com músicas que o fizesse pensar.

27F. AQUELE NEGÓCIO DE NOVA YORK – THE GRAY RACE

Ric e Paulina moravam em uma casa urbana dos sonhos, de cinco andares, na 19th Street, digna da realeza americana. É de se pensar que a família Roosevelt do século 19 poderia morar nessa vizinhança que pouco mudou, onde cada casa exemplificava a arquitetura de estilo federal. As fachadas erguiam-se imponentes, adornadas com vergas de pedra originais, habilmente rejuntadas com tijolos vermelhos envelhecidos, além das janelas com caixilhos. Alinhada à fachada do imóvel, a porta de entrada da residência Ocasek, fixada com dobradiças de ferro, era uma placa de carvalho ou nogueira de quatro centímetros e meio de espessura, sem dúvida original, com tantas camadas de tinta que resistia com facilidade aos séculos de imundície urbana. Nenhum pórtico ostentoso ou entrada grandiosa recepcionava o visitante. Na verdade, esses edifícios estreitos possuíam cômodos que eram meio apertados. Ao entrar na casa, um funcionário te levava por um pequeno corredor até a cozinha estreita com belos armarinhos de madeira, eletrodomésticos modernos, bancadas de pedra e um agradável cantinho iluminado por janelas na parte da frente, onde um banco e um balcão permitiam apreciar o café da manhã, o almoço ou um café com privacidade doméstica, enquanto anônimos transeuntes passavam do lado de fora.

Ric não era muito de usar a cozinha. Ele preferia me receber no porão, onde tinha construído seu estúdio para ouvir, compor e gravar demos. Ocupado por sua vasta coleção de equipamento analógico e um console de mixagem de 24 canais, esse espaço privado era o sonho de um compositor. Apesar de ser muito mais desenvolvido, não era tão diferente do que eu tentava fazer no ambiente mais espaçoso sobre a garagem da minha casa. Todos os eletrônicos funcionavam perfeitamente, e todas as guitarras estavam com cordas e afinadas, graças ao assistente técnico de Ric, Heg, que sempre estava na casa, no estúdio ou na sala de mixagem, soldando em silêncio um potenciômetro ou fazendo alguma outra tarefa técnica. Geralmente era Heg quem me encontrava no térreo ou na cozinha e me escoltava até o laboratório do mestre.

Ric e eu nos encontrávamos em seu porão todos os dias, antes de irmos ao Electric Lady para as sessões de gravação. Sem a presença de Brett, eu me senti grato por ter um parceiro colaborativo novamente, mesmo que fosse temporário. Nossas conversas iam de detalhes específicos nas letras ou na instrumentação até questões mais gerais, como ser o líder de uma banda ou as desvantagens de ser uma celebridade. Em uma ocasião, Ric abriu uma gaveta cheia de fitas demo feitas por ele, todas bem etiquetadas e organizadas. Ele tirou uma do fundo e a colocou no toca-fitas. Era sua versão acústica da canção "Let's Go". Ele também tocou trechos de outra fita etiquetada como "Night Spots", que trazia várias versões de sua poesia recitadas melodicamente com a guitarra acompanhando, e nada mais. A versão final daquela música, que aparece no álbum *Candy-O*, complementada com a orquestração e os arranjos de teclado brilhantes de Greg Hawkes, poderia servir como uma aula de produção. A demo e o trabalho masterizado não soam nada similares. Mas os méritos intelectuais da letra e o sentimento que emana do cantor e compositor principal já estavam evidentes, mesmo naquele formato mais simples. Minhas demos tendiam a parecer com o produto final, mas eu desejava o escrutínio de outro compositor, e foi por isso que confiei em Ric.

Muitas das minhas músicas tratavam do início da minha separação e da dissolução da minha família. Se o punk devia ter um tema, então essas canções certamente não seguiam as convenções. Músicas sobre perda, tristeza e impotência diante das relações humanas eram típicas do soft rock, do AOR ("*album-oriented rock*") ou da música country. Nunca houve um disco punk de canções de amor, por exemplo (e sempre achei isso uma pena).

Os propagadores do mito punk adoravam citar músicas como "God Save the Queen", do Sex Pistols; "California Über Alles", do Dead Kennedys; "London Calling", do The Clash; "I Don't Care", dos Ramones; ou "Rise Above", do Black Flag, como exemplos que definem o gênero. Em cada uma delas, a sociedade aparece fraturada, e os punks farão coletivamente algo a respeito disso. São canções boas por si só e escolhas perfeitas para definir o gênero. Mas os criadores de mitos ignoram músicas igualmente influentes do começo do repertório punk. "Ever Fallen in Love", dos Buzzcocks; "Mister You're a Better Man than I", do Sham 69; "Adolescent", do Plugz; "Los Angeles", do X; "Dreaming", do Blondie; ou "(What's so Funny 'Bout) Peace, Love, and Understanding?", de Elvis Costello – canções que nos animam e oferecem um caminho otimista, apesar dos sofrimentos pessoais que você pode ter enquanto punk, cidadão e ser humano durante sua jornada pelo labirinto da sociedade. Eu nunca tive medo de compor sobre a experiência emocional e sentia que o punk seria prejudicado se não fosse compreendido como um gênero mais amplo, tão rico quanto o country, o folk ou o rock convencional.

As canções que formariam o álbum *The Gray Race*, de 1996, apesar de não serem inteiramente uma coleção de músicas emocionais, entravam de modo profundo na angústia da experiência humana causada por sentimentos de fracasso e isolamento. "Cease" e "Parallel" retratam a resolução intelectual de tal angústia, enquanto "Punk Rock Song" traz essa emoção para a experiência social coletiva.

Quando mostrava minhas letras a Ric, ele tinha pouco a dizer. Isso me dava confiança. Sem restrições. Às vezes, quando eu não estava olhando, ele anotava comentários sarcásticos nas margens dos meus cadernos de letras. Suas anotações pareciam balões de pensamento em uma história em quadrinhos ou citações alegóricas de minha consciência: "Aquele maldito Ocasek está tentando arruinar a minha música! Vou me vingar dele no fim". Mas, na verdade, não havia animosidade. Os desentendimentos foram poucos e pequenos no decorrer das seis semanas de gravação.

Ter uma carteira de motorista em Nova York fez eu me sentir como se estivesse em casa, apesar de aquelas ruas urbanas serem totalmente diferentes do meu cantinho no interior, ao norte do estado. Andar até o trabalho, pegar as refeições no caminho, nunca sentir falta de entretenimento ou estímulo intelectual – eu sentia que estava tendo a vida que meu pai defendia em seu eterno amor por Nova York, que ele dizia ser a melhor cidade do mundo.

Quando éramos mais jovens, meu pai levou Grant, Wryebo e eu até Nova York para nos mostrar como era a vida na cidade grande. De fato, ele levava seus alunos até lá para viagens de campo naquela época. Durante toda a minha infância, ele fazia pelo menos duas viagens por ano para a Big Apple. Não existiam hotéis chiques e caros para a família Graffin. O Murray Hill Hotel era o nosso lugar. Localizado perto da 35th Street e da Quinta Avenida, esse resquício dos anos 1940 ainda tinha quartos com camas de armação de arame, pisos sem revestimento, sem TV ou pias no mesmo cômodo onde você dormia. Se você pagasse um extra, conseguiria quartos com banheiro privativo, mas a maioria tinha banheiros compartilhados. Naqueles tempos, o fenômeno de "enviar lixo pelo correio aéreo" ainda estava em prática. Alguém podia abrir a janela, esticar o braço, gritar "correio aéreo!" e soltar o saco de lixo, esperando que ele caísse em uma das lixeiras lá embaixo.

Do lado de fora, descendo a rua, havia um restaurante de esquina onde dava para tomar um café da manhã completo, incluindo ovos, bacon, torrada e café ou suco de laranja, por apenas 99 centavos. No jantar, íamos ao restaurante chinês Myong Dong (que o nosso senso de humor juvenil logo traduziu para "*My dong*" ["Meu pau"]), ali na 35th Street. Meu pai nos mostrava tudo. Andávamos pela cidade vendo todos os pontos turísticos gratuitos, visitando a entrada do Empire State Building, observando as torres gêmeas do World Trade Center da rua, indo ao porto para pegar a balsa até Staten Island, sendo intimados por vendedores de ingressos e recebendo ofertas de traficantes na 42nd Street. Meu pai estava nos provando que sobreviver em Nova York com apenas quatro dólares por dia realmente era possível. É claro que nada disso ficaria completo sem uma visita à Biblioteca Pública de Nova York, o local que chega mais perto de um monumento religioso para qualquer acadêmico, e que talvez seja a melhor atração gratuita da cidade.

Toda essa economia permitia que meu pai guardasse dinheiro para o entretenimento noturno, e para isso não havia como não gastar. Ele nos levava a teatros vanguardistas do circuito *off-Broadway*. Esses lugares começaram como enclaves rebeldes da alta cultura, rejeitando completamente a pompa do teatro comercial. Seus frequentadores e dramaturgos antecediam em essência o espírito punk, mas no âmbito do drama literário. Os teatros, quase todos no SoHo, eram pequenos lugares onde atores sérios treinavam suas habilidades com diálogos desafiadores e provocativos. David Mamet, Sam Shepard e Edward Albee tiveram obras encenadas em alguns desses lugares diminutos e despretensiosos. Poder ver peças com muitos palavrões no palco e nudez de sobra, tudo em nome da "alta cultura", colocou essas noites entre as atrações principais na minha memória da "antiga" Nova York. Além disso, a boa sensação que ficou comigo dessas viagens especiais à cidade me fez perceber que a contracultura era um lugar estimulante para se estar.

Sim, Nova York era diferente na época, quase irreconhecível para muitos que moram lá hoje. Eles se lembram dela com carinho, mas reconhecem que perdeu muito de seu brilho sórdido e áspero. Você escuta muitos deles dizendo "maldito Giuliani", porque o ex-prefeito limpou a cidade. Ele a tornou antisséptica ao retirar os elementos "indesejáveis" da Times Square e da 42nd Street, ao mesmo tempo em que transformou essas áreas em armadilhas comerciais para turistas, com lojas de franquias nacionais e redes de hotéis famosas, até não sobrar mais nada do caráter único que a cidade tinha.

O punk também estava mudando, e muita gente sentimental tinha saudade dos "velhos tempos", quando a cena era jovem. Quanto ao Bad Religion, não estávamos interessados em recapturar nosso som antigo ou revisitar a estética do começo da cena punk. Com Brian na banda e Ric produzindo, tínhamos certeza de que podíamos seguir em frente com um novo som, que fosse tão excitante e cativante quanto nossos discos anteriores.

Perto do meu aniversário, em 6 de novembro, após semanas gravando, começamos a mixar o álbum. Mas foi aí que a banda recebeu outro golpe. Nosso empresário, Danny, enviou um memorando dizendo que precisávamos nos encontrar com ele e Michele no estúdio o quanto antes. Então, ele nos deu a notícia pesada e abrupta: "Gente, me ofereceram um emprego como vice-presidente da RCA Records e estou partindo imediatamente". "Hein?", eu disse para mim mesmo. Então pensei "tudo bem, ainda temos Mich...", mas, antes de poder concluir, veio a sequência: "E vou levar Michele comigo". Nesse momento, comecei a chorar. Era como se eu fosse um bebê e alguém tivesse roubado minha mamadeira. Senti todo o peso da minha posição, e não conseguia me confortar com qualquer sucesso do passado ou otimismo com o futuro. Minhas atividades intelectuais em espera, meu parceiro de composição sabe-se lá onde, minha banda procurando orientação em mim, minha família em desordem, as crianças apenas pensando em quando o pai voltaria, e agora o meu empresário, o meu craque, estava saindo do jogo e me passando a bola? Sim, chorei como um bebê.

Acho que Ric estava presente nesse momento e viu o quanto tudo aquilo me afetou. Foi uma distração útil e necessária ter um tempo para mixar o álbum, pois pude fugir dos pensamentos sobre os meus próximos passos e os da banda. Ric mencionou: "Sabe, você deveria falar com o meu empresário, Elliot. É um cara bacana". Acho que ele disse a mesma coisa para Elliot, pois dentro de uma semana fizemos uma reunião informal no estúdio. Um dia, durante o intervalo para o almoço, Ric disse, casualmente: "Ah, a propósito, meu empresário vai passar aqui hoje". Foi nesse dia que conheci Elliot Roberts e perguntei se ele teria interesse em ser empresário do Bad Religion. Foi tudo muito informal. Ele respondeu: "É claro, gostaria de ter a oportunidade de ser seu empresário". Não houve nenhum tipo de negociação, discussão ou condição, nada de "vou pedir para o meu advogado ligar para o seu". Era como um novo amigo concordando em ir com você a um show.

E "amigo" é como eu descreveria Elliot. Apesar de ser uma amizade breve, ele chegou durante um período muito baixo em minha carreira, e seu bom humor, sarcasmo e estilo informal de especialista foram uma dose de otimismo, e isso me ajudou imensamente. Pouco tempo depois, estava na hora de deixar a cidade de Nova York, voltar para o norte do estado e ver o que podia ser resgatado da vida caseira que eu tinha deixado para trás.

27G. ITHACA - NO SUBSTANCE

O fogo do casamento tinha se apagado. Com pouco progresso em nossas sessões de terapia, chegamos à conclusão que buscar trajetórias individuais era melhor do que tentar mesclar as expectativas que um tinha do outro para criar um espírito familiar coerente. Eu estava me tornando uma figura pública, mas Greta não queria esse tipo de vida. Não éramos espertos ou confiantes o suficiente para achar uma forma de reparar essa falha. Ela queria um homem assalariado e estável, e achou isso em outra pessoa, que viria a se tornar seu novo marido. Eu ficava longe por um mês, daí passava 30 dias em casa, viajava por semanas seguidas, depois ficava em casa por algumas semanas. Era uma montanha-russa, uma vida privilegiada, porém árdua. Uma separação seria melhor. As crianças passariam o maior tempo possível na casa do pai. A casa da mãe ficaria a poucos quilômetros dali, e essa seria sua residência principal.

No estado de Nova York, após um ano de separação o casal é considerado legalmente divorciado. É um método de encerrar o casamento sem o fardo de um processo judiciário. Em muitos estados, a esposa precisa processar o marido por danos emocionais, ou o marido tem que processar a esposa por infidelidade ou alguma outra transgressão. Não estávamos a fim de causar danos um ao outro, então optamos pelo "divórcio bom".

Mas morar em uma casa familiar sem família é uma das profundezas mais solitárias e uma das piores tragédias psíquicas imagináveis para o meu coração sentimental. Vê-los fazendo as malas, colocando tudo no carro e partindo me causou uma onda de emoção paralisante. Eu me senti sobrecarregado com o peso da história, no que parecia estar surgindo como uma triste tradição familiar. O momento em que eles partiram ficou marcado na minha memória, como apenas alguns poucos eventos indeléveis já tinham feito. O ato foi uma repetição lamentável da mesma perda e incerteza que senti na infância, quando passei pelo divórcio dos meus pais. Mas, dessa vez, eu conseguia ter empatia pelas crianças enquanto lidava com uma nova série de emoções paternas. Apesar de a casa da mãe delas ficar a apenas três quilômetros dali, eu me senti como um astronauta se sentiria ao ver, isolado na Lua, sua nave-mãe voltar à Terra. Uma sensação de pânico paternal se instaurou quando vi quem mais amava, meus filhos, desaparecendo e se tornando um pequeno ponto no horizonte. Foi uma repetição poética da mesma cena que meu pai teve que ver quase 20 anos antes, quando entramos no carro da minha mãe e desaparecemos no horizonte rumo ao oeste, naquela fatídica tarde de agosto.

Agora, era como se o divórcio tivesse sido normalizado no currículo da U. Graffin. Eu considerei uma ideia sombria: para se formarem e tornarem cidadãos estimáveis do mundo moderno, a U. Graffin preparava todas as suas crianças utilizando os métodos do divórcio como um desafio. Por mais que eu tentasse racionalizar o ocorrido, essas ironias trágicas não reduziam meu sentimento de fracasso e tristeza absoluta.

Eu desfrutava da sorte em minha carreira musical – apesar de ter seus próprios desafios interpessoais, o Bad Religion ainda era muito bem-sucedido –, mas era torturado pela realidade emergente de que eu aparentemente precisava escolher entre o sucesso profissional e a felicidade na vida familiar. Não havia uma maneira de superar os fardos emocionais na U. Graffin que não fosse o divórcio? A terapia me ajudou um pouco, mas não chegou ao cerne da experiência. Nunca senti que meus terapeutas conseguiam entender meu dilema. Isso acrescentou outra camada de inquietude ao meu estado emocional – imaginar se deveria confiar no conselho do próprio psicólogo – e me deixou desanimado. Para piorar a situação, meu terapeuta acabou se matando. Fiquei imaginando que meu próprio caso o frustrou tanto que o enlouqueceu! No fim das contas, ELE precisava de um terapeuta mais do que eu. Eu só estava causando mais problemas para ele, ou pelo menos era assim como me sentia. É claro que havia outros motivos para seu suicídio, e meu caso não teve qualquer influência sobre ele. Mas, ainda assim, eu sentia como se o universo cínico estivesse apenas observando o desenrolar de seu plano, rindo de mim com uma expressão irônica e concordando com a cabeça.

A guarda compartilhada, aquele velho e conhecido ritual, determinaria meu calendário a partir dali. Com a casa vazia na maioria das semanas, comecei a compor e gravar demos para mais um projeto do Bad

Religion. Dada a complexidade de nossa nova rotina familiar, perguntei à banda e ao nosso engenheiro de som, Ronnie, se topariam ir ao norte do estado de Nova York para gravar o álbum, para que eu não precisasse viajar. Graças à boa-vontade deles, *No Substance* foi gravado a poucos quilômetros da minha casa, em Ithaca, no estúdio Pyramid Sound.

No Substance foi um título apropriado, pois se referia a uma sociedade (e a uma cena punk) que tinha perdido seu caminho. Pensando nos festivais europeus, compus músicas como "Raise Your Voice" e "Hear It" para funcionarem como hinos em palcos enormes. Nos EUA, o punk tinha ido para além de nós. O Green Day e o Offspring estavam tocando em arenas. Eles cantavam canções com temas rasos, que apareciam em todas as paradas das dez mais tocadas das rádios comerciais por todo o país. Chamamos nosso álbum de *No Substance* como uma referência ao estado atual do gênero e sua onda de popularidade cada vez maior, que parecia passar direto por nós enquanto bandas que cresceram com nossa influência surfavam nela. Ainda tínhamos energia suficiente para manter uma quantidade considerável de fãs, mas nossos shows nos EUA não lotavam teatros com facilidade, já que o dinheiro punk era investido nas arenas maiores, para ver as bandas mais recentes.

Um aspecto particularmente notável de *No Substance* – e uma confissão explícita sobre nosso foco no público europeu à época – é a inclusão de nosso amigo e músico Campino, do Die Toten Hosen, como vocalista convidado. Para o público estadunidense, focado na explosão cultural interna do punk e seu estilo de vida suburbano ou seus aspectos comerciais, Campino não significava nada. Na verdade, poucos nos EUA tinham ouvido falar do Die Toten Hosen. Mas, na Alemanha, a banda era um ícone cultural e um tesouro nacional, com milhões de discos vendidos, shows lotando estádios em todas as cidades por onde passavam e atenção onipresente na mídia. Eles defenderem o Bad Religion como uma banda influente e importante no gênero foi algo crucial.

Para dar uma ideia de como é a banda, eles começaram como nós, apenas um bando de amigos da escola tocando em clubes punk sujos em

1982. Também como nós, eles tiveram passagens por grandes gravadoras e criaram seu próprio selo e sua empresa de merchandising. Em 1993, já tinham lançado vários álbuns e excursionado pela Alemanha, Áustria e Suíça, aumentando o número de fãs a cada ano, com uma série de canções punk pegajosas cantadas em alemão. Mas naquele mesmo ano eles lançaram *Kauf MICH!* (traduzindo: *ME compre!*), e esse disco conquistou algo que ninguém achava possível: uma banda punk chegando à primeira posição das paradas alemãs. Daquele ponto em diante, suas turnês não seriam mais em clubes, teatros, nem mesmo casas de shows – elas exigiriam estádios. Seus shows atraíam 50 mil fãs com frequência.

A popularidade crescente do punk pelo mundo não tinha sido ignorada pelo público alemão. Mas, assim como ocorre com tantas outras coisas, de cervejas a automóveis, de esportes a alta cultura, os alemães têm uma maneira de colocar seus próprios padrões elevados e um selo de aprovação em tudo. O punk na Alemanha era agora uma palavra reconhecível, e ela tinha algo a ver com "calças mortas". Todo mundo amava Die (as) Toten (mortas) Hosen (calças).

Graças ao nosso longo histórico de tocar na Alemanha, em muitas das mesmas casas de show onde o Die Toten Hosen tinha tocado, éramos um nome conhecido. Por meio de nosso empresário e agora agente, Jens, tínhamos relações importantes com muitas pessoas da indústria musical alemã. Após ouvir minha demo de "Raise Your Voice", Jens começou a conversar comigo sobre como seria divertido fazer um dueto com Campino. Após terminarmos a gravação, "nossa equipe" contatou a "equipe deles", e Campino concordou em participar da música, alternando os versos comigo. A Sony Music o mandou para Nova York, e eu o encontrei lá para uma sessão de gravação no começo de 1998. Depois, ainda naquele ano, filmamos um clipe juntos no Ambassador Hotel, em Los Angeles.

A canção é um hino de estádio empolgante, com intenções de formar rodas de pogo e fazer cerveja voar, retomando aquela tradição fina da ética punk, de "não ser manipulado como uma peça num jogo de tabuleiro de alguém", sugerindo ao povo que levante sua voz em oposição. O Die Toten Hosen adotou a música em seu repertório, e ela se tornou uma das mais tocadas em seus shows.

Como algumas das faixas de *No Substance* pareciam superficiais, sem uma incisão profunda na questão da existência humana, muitos fãs punk acharam o álbum decepcionante e autodescritivo em seu próprio título ["*Sem Substância*"]. Eles esperavam que fôssemos o farol-guia e a bússola moral do gênero. Mas, enquanto eu passava pelo divórcio, sem um produtor colaborador ou outro compositor com quem trabalhar, foi difícil atender a essas exigências. Era um disco palatável, como as plateias em estádios da Europa provaram. Mas o público nos clubes dos EUA, tão descontente com o espetáculo de bandas que amava se mudando para palcos cada vez maiores, desejava que pudéssemos recolocar o gênero no campo de seu descontentamento social.

Mas fãs novos também surgiam, muitos dos quais começaram com o som pop-punk que ouviram nas coleções de irmãos mais velhos ou com o rádio do carro tocando Green Day ou Offspring. O punk já estava passando por esses veículos e entrando em lares suburbanos há alguns anos. Embora o Bad Religion ainda tocasse no rádio, principalmente na KROQ do sul da Califórnia, não conseguimos acompanhar o ritmo dos "hits" de outras bandas. Nossos dois álbuns após *Stranger than Fiction*, de 1994, produziram menos "músicas voltadas para o rádio", enquanto outras bandas punk continuaram a inundar a mídia com novos sucessos. Se não fosse nosso êxito como banda ao vivo e os fãs nos apoiando, talvez desistíssemos durante essa trajetória ladeira abaixo. Estava escrito na testa: com tantas caras novas entrando no punk, havia espaço para uma banda velha com um vocalista que parecia mais um professor assistente da faculdade do que um herói punk estilizado?

Terminamos *No Substance* em Los Angeles, no estúdio do engenheiro de mixagem Chris Lord-Alge. Chris tinha acabado de finalizar o enorme sucesso do Green Day, "Good Riddance (Time of Your Life)", e o tocou para nós. Isso foi antes de a música ser tocada nas rádios, então fiquei um pouco cético – não com a habilidade de mixagem de Chris, porque os instrumentos soavam ótimos, mas com o fato de uma canção de banda punk com arranjo acústico ser considerada um possível hit. Brett e eu compúnhamos músicas punk no violão há anos, mas só as gravávamos como demos e não tínhamos a ousadia de considerar lançá-las. Mesmo assim, me agradava a ideia de canções acústicas, com melodias básicas e ênfase em um vocal ao estilo cantor-compositor. Afinal de contas, Billy Bragg fazia isso há anos. O trabalho de Chris em *No Substance* foi excelente. A música "Shades of Truth" é uma maravilha da mixagem, mas, infelizmente, sua letra errou o alvo. As rádios não se interessaram. Com exceção do sucesso moderado na Europa com "Raise Your Voice" (o dueto com Campino), o álbum ficou invisível para o *mainstream*. Seus poucos destaques incluíam "Hear It" e "Sowing the Seeds of Utopia", que se tornaram favoritas dos fãs e se mantiveram nos nossos setlists.

Após as sessões de mixagem, retornei ao norte de Nova York, para minha casa grande e vazia. Os quartos das crianças continuavam tão bagunçados quanto estavam quando fui para a Califórnia, duas semanas antes. Mas não havia mais crianças ali. Elas estavam na casa da mãe delas, a três quilômetros dali, acostumando-se a novas rotinas, sob novas regras de alguém que logo seria seu padrasto, não recebendo mais minhas orientações. É enlouquecedor o pensamento de que outro homem pode ter mais influência do que você sobre seus filhos; que sua própria influência sobre eles pode não ter nada a ver com seu crescimento. A lógica me salvou. Tive de aceitar que, casado ou não, sempre haveria influências externas sobre os filhos. Eles terão amigos, conhecidos e heróis, muitos dos quais nunca serão vistos por você, o pai. Como não dá para cuidar de suas vidas inteiras nem prever o que acontecerá com eles, torna-se essencial viver sua própria vida, tentar ser verdadeiro com o seu próprio "chamado". Esses foram os mesmos fragmentos lógicos de sabedoria que me atraíram ao punk na adolescência, e agora serviam como uma lógica rejuvenescedora para me tirar daquele mal-estar e sustentar minha motivação para fazer coisas maiores e melhores.

Agora, com a casa vazia, comecei a anotar algumas das minhas ideias mais emocionais e criei canções que nunca achei que veriam a luz do dia. John, nosso novo responsável por A&R na Atlantic, se interessou por algumas músicas solo que eu vinha compondo. Disse a ele que o material vinha das profundezas do meu desespero, soava mais como Todd Rundgren do que como Bad Religion e provavelmente ficaria guardado. Mesmo assim, compartilhei algumas das canções, e John achou que elas dariam um projeto solo interessante.

Por semanas, trabalhei compondo e gravando em meu estúdio caseiro e na sala de piano. Montei a bateria que Bobby tinha deixado em casa após as sessões de gravação de *No Substance*. Decidi criar um projeto à la Todd Rundgren, tocando eu mesmo todos os instrumentos, cantando todos os *backing vocals* e mixando e produzindo sozinho (isso era, afinal, um processo familiar que eu já adotava em todas as minhas demos do Bad Religion). Ronnie estava lá para me ajudar com um pouco da engenharia de som. O resultado foi um disco solo lançado um dia após meu aniversário, em 1997, chamado *American Lesion*. Repleto de canções de lamento e de esperança sombria, solidão e desamparo, é um registro autobiográfico de minha vida no ano em que minha família se mudou para sempre. *American Lesion* foi um resumo satisfatório, um conto da vida que eu tinha vivido, ou queria viver, até aquele ponto. Livre de rigor acadêmico, angústia punk e política combativa, ele teve um público pequeno. Mas tinha muito apelo em potencial, devido ao seu tema principal: o cenário emocional compartilhado por todos os seres humanos.

Apesar de esse disco representar o fundo do poço para a minha vida pessoal, era o começo de uma reconstrução. O grande edifício da família, da academia e da banda tinha sido abalado em sua base, mas não havia desabado por completo. As incontáveis rachaduras na alvenaria precisavam ser reparadas. Eu sentia que, enquanto pudesse compor e cantar músicas, e enquanto tivesse um público para ouvi-las, estava disposto a aceitar o desafio.

28.
RECONSTRUÇÃO

28A. THE NEW AMERICA

Uma tarde, em fevereiro de 1998, eu estava dirigindo até uma loja de móveis em Syracuse para comprar uma nova estante de livros Stickley para minha biblioteca, que só crescia. Liguei o rádio para ouvir os "sons novos" na estação de rock moderno de Syracuse. Ouvi o que parecia ser uma música nova do NOFX. "Nossa!", eu pensei, "Finalmente, o NOFX está na rádio comercial". Achei bom o elemento mais ousado do punk estar sendo popularizado, já que a maioria do punk nas rádios era do tipo mais leve e emotivo. A voz de Fat Mike soava um pouco mais suave, tinha amadurecido um pouco, mas eu pensei: "Talvez seja apenas o efeito da rádio FM em sua voz. Soa ótimo!". A música tinha elementos familiares do sul da Califórnia, um tanto similar a "American Jesus". Uma linha de guitarra de uma nota era o gancho nas introduções e entre as estrofes. Mas o tema da letra, algo sobre "crescer", parecia incomum para eles. "Acho que foi isso que Mike precisou fazer para tocarem sua música no rádio", disse para mim mesmo, presumindo que o NOFX tinha escolhido um tema sentimental e piegas (terminar com uma namorada) para alcançar um público maior.

Escutei a canção inteira e fiz uma rápida avaliação. Achei que ela não tinha melodia, mas, como tantas músicas do NOFX, trazia um riff de guitarra e refrão memoráveis: "*I guess this is growing up*" ["Acho que crescer é assim"]. Então o DJ anunciou: "Você acabou de ouvir 'Dammit', do Blink-182". Hein? "Então é assim que as coisas são agora?", pensei. "Imitações do NOFX estão recebendo atenção em escala nacional?" E era assim mesmo! Eu não fiquei chateado nem perturbado, só achei aquilo impressionante. Dizia muito sobre o público novo, que era tão mais jovem do que eu que não se importava com origens musicais – simplesmente amava aquilo. E foi um sinal esperançoso e revigorante de que nossa música ainda era relevante.

O Blink-182 viria a encontrar sua própria identidade sonora e criar seu próprio caminho pela música. Mas naquela época, em 1998, eles alcançaram um nível de sucesso com aquela canção que deve ter impressionado a própria banda. "Dammit" estava entre as cinco músicas mais tocadas em estações de rádio por todo o país. Isso significava algo importante para mim. Uma banda que nós influenciamos profundamente (NOFX) formou um molde sonoro imitado por outra banda (Blink-182), que agora era apropriado para tocar em rádios do país inteiro! Depois, descobrimos que o próprio Blink-182 citava o Bad Religion como uma grande e importante influência. Um dia, no futuro próximo, eles provariam isso.

A infusão do punk em todos os enclaves sociais pelos EUA estava aparente, onde quer que você procurasse. Os shoppings tinham lojas de disco que exibiam álbuns de punk rock em vitrines enormes. A franquia de lojas Hot Topic vendia camisetas com logos de bandas punk, além de bijuteria e acessórios como carteiras com corrente e braceletes com *spikes*, tudo para completar o guarda-roupa de fim de semana de qualquer jovem suburbano. Eu disse publicamente que o punk tinha sido democratizado. Por volta dessa época, comecei a compor canções novas para o que eu via como um novo cenário americano.

Os jovens fazendo compras na Hot Topic da minha cidade, no norte de Nova York, me pareciam irônicos, adquirindo roupas e acessórios com os cartões de crédito de seus pais, demonstrando um desejo curioso de ter algo mais áspero do que sua existência protegida no subúrbio oferecia. Eu não os criticava. Também cresci em subúrbios e entendia esse desejo. Ainda assim, eles eram um tema interessante, e percebi que aqueles jovens romantizavam e talvez sentissem algo em comum com os punks na rua, que viviam nas selvas de concreto das grandes cidades.

Compus uma música chamada "A Streetkid Named Desire", que surgiu dessas observações, e ela formou o começo de um projeto que resultaria no álbum *The New America*. Embora nosso lançamento mais recente, *No Substance*, ainda nem tivesse chegado às lojas (foi lançado em maio de 1998), eu já estava compondo material para o que seria nosso último disco com a Atlantic Records e a Sony Music.

Enquanto isso, havia novas oportunidades de turnê no horizonte. Um amigo nosso chamado Kevin, que conhecíamos como gerente de palco do Fender's Ballroom – aquele bastião de caos, *mosh*, brigas e raiva durante os dias sombrios do punk em meados dos anos 1980 –, começou a experimentar formas diferentes de promover shows. Em 1995, ele criou um festival de punk rock itinerante que colocava bandas em diversos palcos, simultaneamente, no decorrer do dia. Começou como uma espécie de experimento, um show chamado Board in the South Bay, com as melhores bandas do sul da Califórnia subindo ao palco e tocando enquanto skatistas profissionais, logo ao lado, competiam em rampas. O evento ocorreu naquele ano na Universidade do Estado da Califórnia, em Dominguez Hills, contando com o Bad Religion como atração principal, assim como skatistas profissionais e diversas outras bandas. Um dos patrocinadores do show era a Goldenvoice, nossos velhos amigos que rapidamente se tornavam os promoters mais bem--sucedidos do país. Mas outro patrocinador se chamava apenas Warp e publicava um fanzine sobre "skate, snowboard, surf, som e safadeza", marcas registradas da nova cena dos esportes "extremos" do sul da Califórnia. O evento ao ar livre durou o dia inteiro, e seu sucesso foi astronômico, com mais de 10 mil pessoas presentes.

Não sabíamos na época, mas Kevin já tinha a ideia de levar um festival Warped Tour pelo país e torná-lo o destaque do verão de todos os jovens punks americanos. E foi bem isso o que aconteceu. A turnê foi uma série de eventos que duravam o dia todo, repletos de música e skate. Cerca de trinta ou quarenta bandas viajaram juntas em ônibus de turnê que chegavam a estacionamentos enormes todos os dias, geralmente em um estádio ou uma arena desativada. A turnê passou por todas as grandes áreas metropolitanas do país. As viagens foram tão extensas – uma cidade diferente por dia –, que havia pouco tempo de folga. Todos os dias, o equipamento era descarregado e os palcos eram montados quando amanhecia. No fim do dia, tudo era desmontado e carregado nos caminhões. Então seguiam para a próxima cidade, muitas vezes necessitando seis horas, ou mais, de viagem pela noite.

Ouvimos de pessoas em nossas redes de contatos que a turnê continuaria e cresceria nos verões de 1996 e 1997. Ainda assim, não estávamos muito interessados em tocar, porque a Warped Tour coincidia com alguns dos festivais mais importantes da Europa, e esses eram o nosso foco na época. No entanto, em 1998, Kevin perguntou a seu parceiro de negócios, Darryl, que era agente na CAA (Creative Artists Agency): "Você sabe alguma maneira de expandir a Warped Tour para a Europa?". Após ouvir a ideia de Kevin, Darryl sabia de imediato que só tinha uma banda punk com estatura suficiente em ambos os lados do Atlântico para entrar na escalação: o Bad Religion.

Nosso status na Europa tinha crescido significativamente, em parte graças a nossa associação com o Die Toten Hosen. Mas nosso amigo Jens também foi indispensável. Ele conseguia negociar com os maiores promoters da Alemanha e nos promover em sua língua nativa. Jens, Kevin e Darryl ajudaram a criar uma proposta de turnê que trazia o Bad Religion como atração principal da Warped Tour na Europa, assim como nos EUA. Isso nos impediria de tocar em alguns festivais europeus daquele ano, mas a proposta de turnê nos colocaria diante de muitos outros fãs do punk americano – em áreas de festival ao ar livre, em vez de teatros e clubes noturnos.

O único meio pelo qual podíamos receber uma oferta formal era pelo nosso agente. Nessa época, nosso agente nos EUA era mais um "intermediário" que recebia ofertas para o Bad Religion: um cara chamado John Branigan, da William Morris Agency. John era legal, mas seu histórico com rock clássico não tinha muito a ver conosco. Como desejávamos uma relação mais próxima, perguntamos a Darryl se ele poderia nos colocar no portfólio da CAA. Darryl entendia a banda, sua origem e nossas peculiaridades individuais. Ele também tinha uma boa noção de onde poderíamos chegar, e concordou em ser nosso agente.

Logo aceitamos a oferta da Warped Tour. Simultaneamente, nos separamos de nossa agência europeia, que tinha base em Londres. Não éramos tão populares na Inglaterra quanto na Europa continental, e o chauvinismo anglocêntrico da cultura de agentes britânicos não condizia com o foco global do Bad Religion. Decidimos ir aonde éramos mais amados: a Alemanha. Jens tinha um escritório em Hannover. Daquele momento em diante, a sede europeia de turnês do Bad Religion seria na Alemanha, e nossas atividades de negócios mais importantes por lá seriam conduzidas na *Muttersprache* (língua materna).

Estávamos saindo em uma turnê mundial, mas que estava atrelada a um festival em formato de "caravana" junto com outras trinta bandas, a maioria delas ganhando exposição nacional pela primeira vez. A atitude de Kevin era de que todas as bandas deveriam ser tratadas de forma igualitária. Essa é uma postura agradável e verdadeiramente punk de se adotar. Mas, para uma banda como a nossa, acostumada a certos confortos, com inúmeras turnês mundiais realizadas em casas de show já estabelecidas, foi um pouco como dar um passo para trás. Sabíamos que seria difícil quando percebemos que a única bebida disponível na área dos artistas era um tambor comunitário de suco em pó Kool-Aid, de trezentos litros, sendo preparado pelos técnicos de palco usando os próprios braços para fazer a mistura. Nem é preciso dizer que, nos primeiros dias da Warped Tour, era "cada um por si" quando se tratava de alimentação.

Levamos nossa própria churrasqueira. Todos os dias, pedíamos para nossos roadies irem ao mercado mais próximo para comprar uma boa quantidade de comida para alimentar nossa banda, a equipe e quaisquer fãs que passassem por lá. Nosso amigo (e futuro empresário de turnê) Rick cozinhava a comida e administrava a barraca de hospitalidade que recebia todos os visitantes com um enorme logo *crossbuster*.

Churrascos noturnos eram eventos comunitários. Um sentimento de camaradagem e um novo espírito de colaboração estavam surgindo nesses encontros. Um novo arquétipo de personagem vinha nascendo diante de nossos olhos: o novo marginal do sul da Califórnia – a personalidade dos esportes extremos que conseguiu, de alguma forma, evitar ser preso nos anos 1980, mas que agora via seu esporte preferido (skate, surf, BMX ou motocross) se tornar uma indústria multimilionária. Os jantares sempre eram caracterizados por garotos e garotas de todo tipo, que bebiam demais e tinham disponibilidade constante de drogas recreativas. Era uma subcultura musical nômade que remetia aos anos 1960, só que atualizada para incluir tatuagens complexas, música mais rápida e narcóticos diferentes.

Era raro encontrar os músicos sensíveis, os intelectuais reservados, os leitores e pensadores. Esses tipos mais conscientes podem ser tão insuportáveis quanto os drogados que fazem festa, mas sua escassez era definitivamente notável. Portanto, sem muito interesse no ambiente social e com a intenção de preservar minha voz para cantar, eu decidia sair do local do festival com a maior frequência possível. Comecei a dirigir por conta própria e ficar em hotéis de estrada. As longas horas dirigindo me fizeram bem. O zumbido meditativo das rodas e do motor, muitas vezes sem qualquer música no rádio, era um companheiro perfeito para pensamentos profundos.

A perna europeia da turnê teve mais estrutura, recursos melhores e uma produção de qualidade superior à que tivemos nos EUA. O modelo de negócios da Warped Tour precisava ser modificado consideravelmente, sobretudo porque o Die Toten Hosen foi escolhido como a atração principal na Alemanha e seus fãs estavam acostumados a vê-los em estádios. Todas as bandas se beneficiaram de tocar no mesmo palco que o Die Toten Hosen, e isso inclui o Bad Religion. Cantamos "Raise Your Voice" com Campino, e muitos dos seus 50 mil fãs cantaram conosco. Tocar em estádios enormes, uma noite após a outra, já começava a exceder os limites da Warped Tour. Primeiro, eram eventos noturnos na Europa, mas a tradição da Warped nos EUA era de shows diurnos. Skate, surf, snowboard e BMX eram atividades para ser feitas à luz do dia, e as bandas eram apenas a trilha sonora. A combinação de buffets europeus excelentes, acomodações VIP nos bastidores e orçamentos de produção geralmente exagerados significava que a Warped Tour foi bem menos lucrativa na Europa do que nos EUA. Após apenas dois anos, Kevin e seus parceiros decidiram que a Warped Tour evitaria a Europa a partir dali.

Percebi uma coisa muito curiosa durante essa turnê. Apesar de nosso disco mais recente, *No Substance*, ser visto como um passo comercial na direção errada, sem músicas que fossem consideradas "hits" para as rádios e vendendo menos cópias que nosso álbum anterior, isso não se refletiu em um entusiasmo reduzido ou em público menor nos shows. Na verdade, nossas negociações para shows estavam mais fortes do que nunca. Aproveitávamos a onda de popularidade que bandas como o Green Day e o Offspring – e, agora, o Blink-182 – tinham criado com seus hits nas rádios comerciais. Apesar de muitos dos novos fãs de punk nunca terem ouvido nossas músicas, o boca a boca ajudou a nos divulgar extensivamente. A maioria dos punk rockers já tinha pelo menos ouvido falar de nós.

Nossos "hits" vinham do começo da década, mas eram conhecidos por uma quantidade suficiente de fãs, o que alimentava a ideia de que estavam vendo algo autêntico: éramos, talvez, as sementes de inspiração que deram origem às suas bandas favoritas. Nesse sentido, reconheci que a banda tinha uma vida própria. Já tínhamos o que podia ser descrito como um "legado". Não importava que nosso álbum mais recente não fosse tão bem-sucedido comercialmente quanto o anterior. Enquanto o público continuasse demonstrando todo aquele entusiasmo, os promoters continuariam a nos ver como um elemento importante em qualquer festival punk. Além disso, graças às bandas novas e ao seu amplo apelo comercial, sempre haveria um público punk garantido e pronto para reparar no Bad Religion quando a banda fizesse turnê ou divulgasse um disco novo. Em vez de me preocupar se eu era "punk" o suficiente para me relacionar com esse novo público, preferi dar mais importância a esse legado.

Um legado na música depende de sua disseminação; não apenas do estilo, mas também do conteúdo. As ideias na música punk são tão importantes quanto o som. Naquele momento, as ideias estavam um pouco em falta no punk, mas o som se espalhava rapidamente. Percebi que, se alguém quisesse ser punk para tocar no rádio, seria um impulso incrível para a popularidade do termo como forma de arte ou até como marco cultural. Apesar de o estilo e do conteúdo do punk terem seus altos e baixos, tornar-se popular não é uma sentença de morte, mas um desafio e uma oportunidade para um compositor. O desafio está em tentar identificar o que torna uma canção punk – ou, aliás, o que torna uma pessoa um punk. Mas há a oportunidade de que mais seres humanos possam ser receptivos às coisas boas na música. Desmontar estigmas sociais e abrir o caminho para novas bandas apenas nutre a riqueza do gênero.

Ainda assim, não sabíamos se o Bad Religion tinha os mesmos ingredientes para a excelência que tinha uma década antes, quando *Suffer* foi lançado. Afinal, eu não queria que nos tornássemos uma banda "clássica", tocando apenas músicas de nossos discos antigos para deixar as pessoas com saudades dos bons e velhos tempos. Sabendo o mínimo de coisas possível, presumi que nossos departamentos de A&R na Atlantic Records e na Sony Music ainda estivessem esperando material novo. Com base nisso, continuei a compor canções para mais um lançamento nas grandes gravadoras.

Como eu estava cético, perguntei a Eric, nosso advogado, se havia algum motivo para presumir que nosso fundo de gravação fosse reduzido por conta da péssima "performance" de nosso disco anterior. Ele respondeu que "eles estão mais ansiosos do que nunca por um álbum novo. O fundo está mais alto do que nunca". De fato, por conta da forma como Eric estruturou nosso contrato com a Atlantic – assim como em muitos contratos esportivos um time precisa decidir se quer trocar um *quarterback* veterano ou mantê-lo com um salário maior –, a gravadora tinha a opção de nos tirar do selo ou pagar o maior adiantamento de nossas carreiras pelo próximo disco. Como a Atlantic não conseguia nem imaginar o quanto a imprensa falaria mal dela se abrisse mão do Bad Religion em uma época que o punk estava entre os estilos mais bem-sucedidos comercialmente das rádios, optou por nos pagar. Tínhamos fundos quase ilimitados para gravar o disco seguinte, *The New America*.

Como eu já tinha composto várias novas canções para a banda, decidi entrar em contato com Brett, que não falava comigo há alguns anos. Por sorte, ele tinha algumas reuniões de negócios em Nova York e concordou em me encontrar em seu hotel. Eu dirigi de Ithaca até lá e, quando nos vimos, foi como nos velhos tempos. É assim que funciona com velhos amigos: se o relacionamento é forte, os novos encontros continuam no ritmo antigo, sem pausas, não importa quanto tempo ficaram sem se ver. Fizemos as piadas de costume e não discutimos negócios, somente algo relacionado a composição. Brett disse que estava desenvolvendo uns riffs legais e havia trazido uma fita cassete, mas não se interessava, de maneira alguma, em voltar à banda ou fazer turnês. Ele nem tinha muita confiança em suas habilidades de composição, pois estava sem praticar há muitos anos.

Seu quarto de hotel tinha um aparelho de som e um toca-fitas, então ele colocou a fita e fez alguns sons com a boca para indicar as ideias que tinha para os vocais. Eu gostei do que estava ouvindo. A canção era decente, mas o que eu mais gostei foi da colaboração e da restauração da linha de comunicação com meu velho amigo. Concordamos em continuar desenvolvendo a música, e a reunião se encerrou com abraços e um "até mais".

Havia outro motivo para eu estar na Big Apple. Michele tinha deixado seu emprego na RCA e queria agenciar bandas novamente. Ela se preparava para abrir um escritório na 21st Street e me convidou para ver o lugar. Era uma ótima oportunidade para compartilhar a notícia excitante sobre voltar a compor com Brett, mas eu também estava me antecipando ao pensar que ela desejaria voltar a trabalhar com o Bad Religion. Havia alguns detalhes bem específicos que precisavam ser ajustados.

Para começo de conversa, ninguém achava que precisávamos de um empresário. Tínhamos contratado Elliot, recomendado por Ric Ocasek, mas ele não se encaixava bem em relação à democracia DIY que havíamos nos tornado. Elliot me favorecia como o elemento criativo da banda e era um dos maiores defensores da ideia de convidar Brett para voltar a compor comigo. Mas eu sempre pedia que votassem nessas questões, quando na realidade as bandas funcionam melhor quando são uma ditadura amigável. Elliot disse: "Greg, VOCÊ é o líder dessa banda. Mas, no momento, você está sendo um mau líder". Os caras riram quando ouviram isso, porque além de concordarem com sua segunda afirmação, também questionavam a primeira. Eu levei a crítica na boa e decidi aprender com o mestre o máximo possível, mas deixei os caras decidirem se ele era a melhor opção para a banda.

Elliot tinha muitos contatos e conhecia muita gente, mas a maioria não conseguia trazer ao Bad Religion qualquer tipo de sucesso que já não tivéssemos conquistado por conta própria. Por exemplo, Elliot era amigo de Lorne Michaels. A princípio, pensamos: "Ótimo! Elliot liga para o Lorne e BUM! Seremos os convidados musicais do *Saturday Night Live*". Mas isso nunca aconteceu. Lorne Michaels tinha coisas melhores para ocupar seu tempo que uma banda punk com um logo controverso que poderia ofender todos os patrocinadores da TV, além de violar as regras da FCC ["*Federal Communications Commission*", ou "Comissão Federal de Comunicações"] com suas letras igualmente ofensivas. Em todas as décadas do programa, só uma parcela pequena de punk rockers apareceu no programa, e só uma banda era da cena do sul da Califórnia: o Fear, um grupo escolhido a dedo pelo John Belushi quase duas décadas antes.

Elliot sabia como construir reputações. Era seu ponto forte. Mas a reputação do Bad Religion já havia sido construída. Perguntei a Danny Goldberg, que tinha nos contratado na Atlantic durante seu tempo como presidente da gravadora, o que ele achava de ter Elliot como empresário. Ele disse: "Elliot é esperto, uma pessoa muito importante na indústria musical". Mas nem mesmo Danny Goldberg conseguia ver como Elliot poderia nos trazer mais status do que já tínhamos conquistado. Embora eu quisesse trabalhar com ele e valorizasse sua sabedoria, tinha de concordar com os outros caras da banda, pois não havia muito o que ele poderia fazer por nós. No lugar de Elliot, retomamos um estilo empresarial mais "faça você mesmo", com Michele cuidando de nossa gestão do dia a dia.

A primeira tarefa da Michele era insana. Eu contei a ela, em segredo, que precisava de um produtor-colaborador para nosso próximo álbum. "Você pode entrar em contato com o Todd Rundgren?", perguntei, meio brincando. Ela começou a trabalhar imediatamente.

Michele conhecia todo mundo na Atlantic Records e, no decorrer dos anos, participou de incontáveis reuniões de marketing e planejamentos estratégicos para o Bad Religion. Quando ela informou à equipe de A&R sobre minha ideia de convidar Todd Rundgren para produzir o álbum, eles pensaram: "Por que não?". Ele era um nome grande, e o Bad Religion poderia se beneficiar da associação. Eles gostaram do efeito que Ric Ocasek teve sobre nós, então valia a pena tentar. Na verdade, Ric fez vários discos de sucesso com bandas como o Weezer, e o Todd era considerado um mago dos estúdios, mas não muito bem-sucedido comercialmente em tempos recentes.

Eu não ligava para nada disso. Confiava em Todd, mesmo sem conhecê-lo pessoalmente. Não prestei atenção nos boatos do quanto era difícil trabalhar com ele nem nas coisas que pessoas criativas são sempre acusadas de fazer por pessoas menos criativas. Eu estava apenas motivado para compor boas canções e achei que, talvez, o cara cuja música me inspirou a vida toda poderia me ajudar a produzi-las.

Nesse momento, menos de seis meses após a dissolução do meu casamento, sem integrantes da família em casa durante a maior parte da semana e com os negócios da banda a todo vapor, minha mãe, a eterna administradora sábia, estava perto de sua aposentadoria. Ela trabalhou por quase duas décadas como diretora de recursos humanos em uma empresa grande chamada Unisys, na área de Washington, D.C. Por ser perto o suficiente para visitas em fins de semana prolongados e feriados, eu e as crianças fazíamos viagens frequentes de carro para vê-la, e ela passava muito tempo em Ithaca com os netos, sempre que seu cronograma ocupado permitia. Em uma dessas visitas, ela me aconselhou com seu típico jeito casual enquanto discutíamos assuntos rotineiros. Disfarçando um conselho sério (como ela era tão boa em fazer) na forma de uma opinião sábia e solidária, ela disse: "Querido, você vai precisar de um assistente pessoal". Antes disso, eu nunca tinha sonhado com algo assim, mas, como de costume, ela era muito astuta. Como já tinha sido testemunha o tempo todo, desde o primeiro ensaio em sua garagem até nossos dramas mais recentes com a saída de Brett, empresários esporádicos e uma atenção menor das rádios – ela percebia tudo isso –, minha mãe podia ver que a banda precisava ser administrada com mais cuidado. Ela também sabia, intuitivamente, que eu não era o tipo de pessoa capaz de realizar tarefas administrativas. Eu era do tipo criativo, cuja produtividade apoiava financeiramente um monte de outras pessoas.

Ela entendia melhor do que eu que, se eu ficasse sobrecarregado com as tarefas administrativas diárias, o lado criativo poderia desandar. Como era provavelmente a maior fã do Bad Religion no mundo, ela não queria que isso acontecesse. Mas, num âmbito mais pessoal, ela também sabia que eu ficava mais feliz quando outra pessoa cuidava da burocracia, para que eu tivesse a liberdade de buscar a criatividade.

Não perdi tempo e coloquei anúncios nos classificados dos jornais semanais de Ithaca, Elmira, Syracuse e Rochester. A nota na seção de empregos dizia algo como: "Procura-se: assistente pessoal para pessoa da indústria musical. Deve ter conhecimento em digitação e habilidades organizacionais excelentes". Eu não esperava receber muitas respostas porque, afinal de contas, não estava em Hollywood, onde uma multidão de pessoas buscava empregos como assistentes pessoais para trabalhar para celebridades.

Fiquei surpreso ao receber naquela semana mais de cinquenta ligações e o mesmo número de e-mails, todos aparentemente entusiasmados com a ideia de ser um assistente pessoal, mesmo sem saber quem eu era. Recebi mensagens de ex-planejadores de eventos, ex-estudantes de pós-graduação, ex-funcionários de mercados, um agente imobiliário e um vendedor de carros, entre as várias pessoas que responderam ao anúncio. Eu só me encontrei pessoalmente com duas ou três delas, mas a que mais se destacou parecia a mais qualificada desde o princípio. Seu nome era Treva, e ela não tinha ideia de quem eu era ou em que banda eu tocava. E tudo bem por mim. Treva tinha trabalhado com crianças com necessidades especiais nos últimos cinco anos, após ter se formado na faculdade. Eu pensei: "Hum, praticamente todas as pessoas ao redor de mim, tanto na banda quanto no resto da indústria musical, podem ser consideradas crianças com necessidades especiais; ela pode ser perfeita!". E foi mesmo. Esperta, diligente e espirituosa, Treva se encaixou perfeitamente no grupo de pessoas que faziam do Bad Religion seu negócio diário. Eu a contratei após nossa primeira reunião, e ela já apareceu na minha porta às 9 horas da manhã seguinte.

Não há manual explicando como é uma vaga de assistente pessoal, então precisamos improvisar. De modo geral, seria uma aventura em que aprenderíamos com o tempo, sem nada garantido. Treva parecia disposta a aceitar o desafio, então concordamos em uma escala de pagamento e ela começou seu trabalho diário no escritório de minha casa atendendo telefonemas, distraindo as crianças quando elas estavam lá e fazendo quaisquer afazeres domésticos que fossem necessários. Como nada progredia no Bad Religion sem a minha participação, Treva falava ao telefone com Michele, em Nova York, todos os dias.

Sem um parceiro criativo, e com a expectativa de que o próximo disco teria o maior orçamento de gravação de nossas carreiras, eu decidi trabalhar ainda mais nas composições. Com Treva atuando como assistente e Michele cuidando do lado empresarial, eu não precisava mais me preocupar com os negócios da banda, meu calendário ou tarefas domésticas. Sentia que estava passando cada vez mais tempo no estúdio, compondo e experimentando ideias complexas para músicas. A fase de composição e demos para o que se tornaria *The New America* foi um ato solitário. Mesmo assim, chegava a hora de conhecer o produtor.

Michele e Treva mantinham contato com Todd, mas eu ainda não havia falado com ele. Tínhamos o apoio da gravadora, porque John, nosso responsável por A&R na Atlantic, me deu o sinal verde para aprovar o cachê de produção exorbitante de Todd. Foi um valor bem alto, mas conseguíamos nos dar esse luxo com o adiantamento enorme que receberíamos. Treva me informou que eu poderia entregar pessoalmente minhas últimas demos para Todd, porque ele faria um show em Cleveland dentro de alguns dias. Peguei minha motocicleta BMW e fui até Cleveland, onde encontrei John na noite do show.

O show teve um bom público, mas não chegou a lotar. Foi similar a tantos outros shows que eu vi, em que artistas lendários tocam bastante material de sua discografia imensa sem muito marketing ou promoção para suas turnês. Os fãs verdadeiros, e há muitos por aí, saem de suas tocas para ver esses shows, mas as performances têm uma vibe casual e contida, como visitar um velho amigo.

Após o show, fomos aos bastidores e encontramos Todd com sua banda. Era junho de 1999, e em apenas três meses estaríamos trabalhando juntos em seu estúdio no Havaí. Eu entreguei as demos mais recentes para ele, que disse: "Vou dar uma escutada nelas e te ligar dentro de duas semanas". Depois disso, me despedi. Foi incrível conhecer Todd, mas agora eu precisava me preparar para as críticas, pois sabia que minhas demos deixavam muito a desejar. Na próxima vez que conversasse com Todd, ele já seria o meu produtor, então eu não podia me apegar a nada que havia composto.

Todd me ligou algumas semanas depois e disse que todas as demos soavam legais, mas que precisaríamos refinar algumas letras. Ele comentou que soava como se o Bad Religion estivesse entrando em sua fase *Rubber Soul*. Eu não tinha ideia do que ele queria dizer com isso, então pedi que explicasse. "Bem", ele respondeu, "*Rubber Soul* foi o disco em que as pessoas começaram a ver os Beatles como compositores sérios. Você me deu canções sérias, mas elas precisam ser um pouco lapidadas, para que a qualidade da composição fique evidente". Eu não tinha certeza se Todd sabia quantas canções boas Brett e eu havíamos composto no decorrer dos anos. Mas nada disso importava. Ele não precisava conhecer nosso passado para produzir o disco. O punk estava evoluindo. O gênero original tinha se dissipado. Os estilos estavam todos espalhados por aí. No entanto, a única coisa que eu conseguia fazer na ausência de Brett era compor canções boas, e eu me sentia confiante de que Todd entendia como me ajudar a alcançar esse objetivo.

Após o fim da Warped Tour, anunciamos que levaríamos o tempo que fosse necessário para preparar o próximo álbum.

O verão tinha passado. Os jovens voltavam às aulas. O vento do norte descia pelo Escudo Canadense e sobre os Grandes Lagos, nos avisando que logo as folhas ficariam laranjas como chamas e vermelhas como sangue, em sua transformação cromática anual de outono. Mas, em vez de ficar por perto para ver essa cena, fui ao Havaí, onde encontraria os caras da banda para as sessões de gravação com Todd. Treva achou uma casa para alugar durante seis semanas, na pequena vila de Hanalei, na ilha de Kauai, a poucos passos da praia e perto da casa de Todd. Era grande o suficiente, com uma boa cozinha e dois quartos. Treva viajou com as crianças, e elas passaram um tempo comigo brincando com pranchas de bodyboard e vendo as paisagens. Michele também foi ao Havaí, tornando oficialmente a ocasião uma viagem de negócios. Ela e Treva então puderam conversar sobre o cronograma de turnês do ano seguinte com Jens, que também viajou para lá. Até minha mãe foi à ilha para encontrar os netos. Fiquei feliz de ter todo mundo por lá, porque eles puderam entreter uns aos outros e me deixar trabalhar com Todd.

Eu não diria que nosso horário de trabalho era o mais rigoroso, mas era consistente. Todd deixou as coisas claras desde o início. "Vamos começar a trabalhar por volta das onze ou meio-dia, por aí", ele decretou. Às cinco ou seis da tarde, nosso dia de "trabalho" estava encerrado, e íamos à praia ou comprávamos peixe fresco no mercado próximo. Todd não tinha um estúdio propriamente dito. Ele foi um dos primeiros adeptos da gravação de discos com computadores e tinha um desktop Mac G3 com software Pro Tools, que poderia ser instalado em qualquer lugar como uma estação de trabalho de estúdio. Todd decidiu que deveríamos gravar a bateria e o baixo em uma "sala ao vivo", e depois faríamos os *overdubs* das guitarras. Para tal fim, ele alugou um antigo celeiro de um de seus amigos, perto de Hanalei. O celeiro havia sido construído com uma linda madeira tropical e tinha uma atmosfera úmida e terrosa. Bobby montou sua bateria em um cantinho que parecia já ter servido de cocho para alimentar animais, mas que agora estava cercado de totens esculpidos com algum tipo de desenho aborígine. O próprio Todd microfonou sozinho a bateria e fez toda a parte de engenharia usando ferramentas básicas e seu conhecimento de rock 'n' roll. A parte técnica era simples: microfones Shure SM57 para a bateria e as guitarras, e um Telefunken (Neumann) U87 para os vocais. Isso provavelmente não quer dizer muito para a maioria dos leitores, mas significa bastante para qualquer um que já ouviu as produções de Todd. São os microfones responsáveis por suas obras mais bem-sucedidas, algumas das quais estão entre os discos de rock mais vendidos de todos os tempos. *Wave*, de Patti Smith; *We're an American Band*, do Grand Funk Railroad; *Straight Up*, do Badfinger; *Bat Out of Hell*, de Meat Loaf; *Stage Fright*, da The Band; ou *Skylarking*, do XTC. Ao lado de todos os discos do Utopia e do próprio Todd Rundgren, nos quais ele atuou como engenheiro e produtor, essas obras têm um som característico. Boa parte disso vem da preferência de Todd pelos microfones SM57 e U87, que proporcionam vozes limpas e acompanhamentos instrumentais sem interferências. O estilo de gravação de Todd captura a proeza de uma banda de rock sem muita maquiagem, truques de estúdio ou processamento sonoro. Apesar de sua ética de trabalho bem relaxada e de seu estúdio caseiro, ele capturou o Bad Religion com maestria em nosso primeiro disco totalmente digital, o que acabou sendo um belo trabalho com ótimo som.

Já os integrantes da banda acharam que Todd dava "um belo trabalho" por si só. Jay e Brian não gostaram nem um pouco de sua atitude casual com eles (estavam acostumados a serem mais respeitados por produtores, sem perceber que Todd não dava a mínima para o status que eles tinham na cena punk; aliás, nem para o meu). Um dia, eles reclamaram para mim que Todd tinha o hábito de andar de bicicleta até um mercado para comprar cerveja, e que tomava 12 latinhas por dia. Embora eu duvidasse dessa afirmação, não sabia interpretar essa crítica. Os caras da minha banda tinham um caso de amor com todo tipo de substância, incluindo álcool, mas, por algum motivo, esperavam um comportamento mais nobre de seu produtor.

Eu não julgava tanto. Trabalhei próximo a Todd, e tudo o que me importava era sua atenção aos detalhes de nossas sessões de gravação. Assim como fazia com meus colegas de banda, utilizei uma ética de trabalho consistente: desde que todos os envolvidos no processo criativo continuassem a acrescentar técnicas, habilidades e ideias valiosas ao projeto, eu podia ignorar o consumo de drogas ou álcool. Mas, se eles ficassem incapacitados e isso reduzisse ou afetasse o resultado de nosso trabalho conjunto, aí teríamos um problema. Nunca chegou a esse ponto, nada perto disso, durante as semanas que passamos no Havaí. De modo geral, achei a experiência excelente. Tivemos visitas de familiares, dias de trabalho tranquilos, conversas criativas com Todd e um local tropical e paradisíaco sempre ao fundo.

Apesar da diversão no processo, a gravadora não gostou dos arquivos digitais que Todd enviou. Ligaram para mim assim que voltei a Ithaca e pediram que eu fosse a Nova York para discutir algumas opções. Eles tocaram as mixagens de Todd para mim, e elas não tinham ficado muito boas. Todd não estava acostumado a mixar aquele tipo de rock acelerado e agitado, e isso ficou óbvio. A habilidade de mixar punk é diferente da técnica utilizada para mixar rock mais lento e dinâmico. É verdade que ele produziu e mixou um dos primeiros discos de punk da história, o álbum autointitulado de estreia do New York Dolls, de 1973, mas o punk mudou muito desde então. Os andamentos eram muito mais rápidos agora; no Bad Religion, o ataque das letras é proximamente sincopado com a caixa da bateria e não flutua ao redor do acompanhamento instrumental, como ocorria nos primeiros discos punk. Nossa decisão foi chamar outra pessoa para mixar o álbum.

Mantendo a ideia de chamar "nomes grandes" para colaborar, o departamento de A&R aprovou a seleção de Bob Clearmountain para a mixagem. A reputação lendária de Bob surgiu graças ao seu trabalho gravando Bruce Springsteen e, antes disso, trabalhando como engenheiro de som de Nile Rodgers e a banda Chic. Bob tinha um estúdio em sua casa na parte oeste de Los Angeles, e passamos uma semana juntos gravando alguns *overdubs* com Brian na guitarra, alguns detalhes vocais e efeitos sonoros em certas músicas. Bob também não estava acostumado a mixar punk, mas viu o projeto como um desafio único e acabou fazendo um ótimo trabalho no álbum.

De uma maneira interessante, *The New America* pode ser visto como uma espécie de marco, ou indicador, não apenas para nossa própria cronologia, mas para compreender a trajetória histórica do gênero como um todo. Eu posso até argumentar que o uso de um produtor e um profissional de mixagem renomados, que aprimoraram suas habilidades em discos clássicos dos anos 1970, foi uma decisão criativa. Mas há críticos que enxergam isso como um exemplo do quanto o punk tinha se afastado de sua ética "faça você mesmo" original, desde seu princípio até maio de 2000 (o mês em que *The New America* foi lançado). Com orçamentos exagerados de grandes gravadoras, marketing comercial e equipes de funcionários corporativos supervisionando cada disco punk, a música estava destinada a sofrer – ou, pelo menos, era isso que os críticos podiam dizer. Os críticos ficaram enojados com a comercialização do gênero. A "polícia punk", aqueles defensores da "cena" que se achavam o núcleo central dos fãs de verdade, apegava-se fortemente ao princípio de que o punk perderá seu poder se muitas pessoas gostarem dele. Eles ainda não sabiam lidar com a incrível popularidade do punk. Assim como fizemos em *Into The Unknown* em 1983, quando lançamos um álbum que irritou a base de fãs do punk rock, estávamos prestes a fazer o mesmo em 2000, com *The New America*. Mas agora tínhamos outros conspirando conosco: bandas de múltiplos discos de platina, como Green Day, Offspring e, naquele ano, Blink-182, todas muito mais populares e comerciais do que nós.

Como não estávamos tão em evidência, muitos fãs de punk mais velhos esperavam que recentralizássemos o gênero e recapturássemos sua essência, assim como ocorreu em *Suffer*, de 1987. Mas o novo disco não se encaixaria nessa descrição. No lugar disso, *The New America* era um comentário irônico sobre o próprio gênero punk do momento.

Estávamos animados com as multidões de novos fãs de punk que apareciam em nossos shows. Elas se atraíram por nossa reputação, que havia começado a ser vista como lendária pelas bandas mais novas que nos citavam como influência.

Nenhuma banda da época era maior que o Blink-182. Seu álbum *Enema of The State* saiu em 1999 e continha três hits de rádio que fizeram sucesso com jovens do subúrbio, incluindo fãs de punk, música ao vivo e skate, pessoas que baseavam seu estilo no que viam na MTV e na loja Hot Topic. Na primavera de 2000, a banda estava prestes a começar uma das turnês mais lucrativas do ano. O público do Blink-182 amava música, mas, no geral, não ligava para os acessórios sujos e rústicos do estilo de vida punk. Ou seja, um público que gostava de uma versão amaciada, limpinha e brilhante do rock 'n' roll acelerado e baseado em guitarras, e o Blink-182, com suas canções pegajosas, álbuns bem-produzidos e palcos bem luminosos, entregava exatamente o que esse público queria. Eles trouxeram uma onda gigante de fãs e os apresentaram ao tipo de punk mais amigável possível, que era engraçadinho, jovial, animado e energizado por um som que hoje se tornou atemporal – o galope de baterias ao estilo do sul da Califórnia por trás de vocais ríspidos e melodias grudentas. A maior parte dessa onda de iniciantes do gênero não conhecia as músicas do Bad Religion. Como já estávamos há três álbuns sem aparecer na MTV ou nas rádios comerciais, corríamos o risco de cair naquele status sempre presente no mundo da música: a insignificância.

28B. BLINK

Há sempre uma linha tênue entre a extinção e a explosão demográfica. Uma ruptura em um ecossistema pode causar declínio irreversível em uma espécie, enquanto uma espécie essencial, se estiver saudável e prosperando, pode sustentar todo o ecossistema. Havia alguns elementos ausentes na ecologia do Bad Religion nessa época. Com a volta de Brett em uma música do disco *The New America*, começamos a restaurar essa carência. Por outro lado, nossos fãs envelheciam e deixavam a cena punk para trás. Muitos deles estavam ocupados trabalhando em tempo integral e criando suas famílias, além de simplesmente perderem o interesse de ir a shows. Sem a MTV exibindo nossos clipes, sem as rádios comerciais e com as cenas punks se transformando em conglomerados comercializados, regionais e voltados a shopping centers – as salas de concerto e anfiteatros tornaram-se as novas casas de shows do punk –, o Bad Religion estava atrasado em relação às bandas que capitalizavam esse novo ecossistema de fãs. Não havia forma de alcançá-los sem uma música de sucesso no rádio ou um clipe interessante na MTV, e não tinha como recapturar a base de fãs original que tinha recuado para suas vidas domésticas e seus estilos de vida de meia-idade. Parecia que estávamos em algum tipo de distorção temporal; e discuti com Jay muitas vezes sobre o futuro da banda porque, na época, não tínhamos certeza quanto ao que fazer nessa situação.

Éramos admirados por muitas bandas. Nossos colegas do punk não comercial, como o NOFX e o Pennywise, nos citavam como influência e estavam ocupados reestabelecendo suas bases de fãs de punk hardcore. Enquanto isso, bandas comerciais como Offspring e Green Day também tinham reconhecido o quanto deviam ao Bad Religion, ao mesmo tempo que surfavam na onda de popularidade que iniciaram meia década antes. A nova cara do pop punk era o Blink-182, que fez o melhor possível para deixar todos os novos fãs de punk cientes da existência do Bad Religion. Além disso, o Rage Against The Machine sabia que o Bad Religion teve um papel importante no cenário musical moderno, e seus integrantes, Zack, Tom e Brad, comentavam que eram nossos fãs. Sua legião de seguidores também percebeu isso. Então lá estávamos nós, com todos esses grupos de fãs que ouviram nosso nome e talvez até pensaram que merecíamos atenção, mas ainda não tínhamos como alcançá-los com nosso álbum, pois as rádios comerciais e a MTV tinham se afastado do Bad Religion. Por sorte, uma oportunidade surgiu no momento certo. O Blink-182 nos chamou como "convidados especiais" em sua turnê norte-americana de 2000. Para melhorar ainda mais, ela começaria perto do lançamento de *The New America*, o que deixou o departamento de marketing da Atlantic muito animado.

Era o começo de uma nova era, mas também o fim de outra. Logo após o início da turnê, Michele nos informou que deixaria de trabalhar com a banda e voltaria para Los Angeles, para se dedicar ao Rage Against The Machine na GAS Entertainment. Ficamos tristes com sua saída, mas nos encontrávamos sobrecarregados com a quantidade imensa de publicidade e com o rigor do cronograma de viagem da turnê. Estávamos basicamente no piloto automático, então a ausência dela não foi tão sentida quanto seria se acontecesse durante os períodos sem shows, quando pouca coisa rolava.

A nova era parecia ser misteriosa, mas se revelava aos poucos. A turnê com o Blink-182 nos deixou cara a cara com a juventude consumidora de cultura pop dos EUA. Esperávamos encontrar ali algumas pessoas curiosas musicalmente, com discernimento, mas, no geral, podemos dizer que a turnê atraiu todo mundo que se interessava por punk rock em todo o cenário suburbano da América do Norte. Se aquilo era, de fato, punk, então havia se transformado em um estilo de música mais amigável e fácil de ouvir. Muitas das canções do Blink, embora fossem bem-feitas, eram sobre temas superficiais, como terminar com namoradas, conhecer garotas ou estar em relacionamentos. Mesmo tocando um grande hit sobre o suicídio de um adolescente, o que era um tema pesado, a maior parte do show era alegre e descontraída. No palco, eles só falavam piadas infantis, e a própria banda reconhecia isso. Talvez essa nova leva de fãs de punk não estivesse interessada em músicas com significados mais profundos. Será que esse pessoal reconheceria o nosso som como autêntico e levaria a sério a nossa abordagem do gênero?

Apesar de as plateias não ficarem muito animadas quando subíamos ao palco – muitos fãs não dão a mínima para bandas de "abertura" –, fizemos bons shows, como sempre. Com nosso lendário Ronnie encarregado do som ao vivo, nenhum fã de música conseguia assistir com indiferença. Soávamos incríveis naqueles anfiteatros e palcos grandes, e causamos uma impressão duradoura em muitos fãs do Blink-182. Isso só se confirmou anos depois, pois inúmeras pessoas já vieram nos dizer: "A primeira vez que vi vocês foi com o Blink-182, em 2000!". Portanto, estávamos abrindo caminho para o nosso próximo passo, mesmo que não soubéssemos disso na época. Tampouco sabíamos qual seria esse passo.

Quando a turnê do álbum *The New America* acabou, estávamos exaustos e inseguros quanto ao nosso futuro. Bobby decidiu se aposentar, pendurando suas baquetas no fim da etapa sul-americana de shows, em março de 2001. Ele devia estar planejando sua aposentadoria há um tempo, porque eu percebia que seu ombro o incomodava durante boa parte dos últimos shows. De fato, ele tinha desenvolvido uma lesão séria no ombro, que só se agravou com o desgaste diário de estar em turnê. No fim do último show, que foi no Brasil, ele simplesmente andou pelo camarim cumprimentando todo mundo, apertando as mãos e agradecendo pelas aventuras que teve com a banda. "Bem, Greg", ele me disse, esticando sua mão direita, "foi ótimo, mas paro por aqui. Esse foi o meu último show." "Hein?", eu disse, "você quer dizer da turnê, né?" "Não", ele logo interrompeu. "Estou parando."

Com toda a confusão de atividades que acontece nos bastidores após um show, não consegui absorver o que Bobby havia me dito, mas, no caminho de volta para os EUA, no avião, senti que era uma grande perda. Além de a banda ficar sem um ótimo baterista, estávamos perdendo um amigo divertido, que animava o ambiente com seu humor espirituoso e sua atitude divertida. Sua aposentadoria acrescentou outro ponto de interrogação em relação ao futuro da banda.

Não tínhamos mais contrato com a Atlantic Records e a Sony Music. Éramos, essencialmente, "agentes livres", pois entregamos os quatro discos que eles tinham pedido. E eu questionava qual tipo de material ainda conseguiria compor sem o envolvimento de Brett. Não tinha nem certeza se queria compor mais músicas do Bad Religion.

Ao voltarmos para casa no começo da primavera de 2001, o futuro parecia estar em aberto. Nenhum contrato de disco para cumprir, nenhuma turnê mundial planejada; eu me sentia feliz por retornar ao ambiente doméstico com as crianças, mas também tinha dúvidas do que estava por vir. Como nunca fui muito fã da incerteza, aproveitei o momento para me desafiar na busca infinita que tinha sido colocada de lado nos últimos seis anos: o iluminismo.

28C. ILUMINISMO

De volta a Ithaca, uma amiga minha, a escritora Megan, queria que eu conhecesse um dos orientadores acadêmicos da Cornell, chamado Will Provine. "Você o conhece?", ela perguntou. "Ouvi falar dele, é claro. Ele é famoso. Mas nunca o encontrei", respondi. Assim como muitos fãs de punk diziam sobre o Bad Religion à época, eu tinha ouvido falar DELE, mas não conhecia seu trabalho. Will era um daqueles professores que davam um curso sobre Evolução e todos os alunos faziam fila para participar. Assim como seu colega de Cornell, Carl Sagan, Provine tinha um estilo cativante e conseguia pegar assuntos difíceis e torná-los inteligíveis e divertidos para alunos iniciantes. Ao contrário de tantos outros professores de Ciências Naturais que projetam uma persona "não me desafie, criança, ou vou te destruir", Will tinha um estilo acolhedor, gentil e respeitoso, e sempre queria ouvir a opinião dos alunos.

Esse estilo, além de seu conhecimento enciclopédico sobre a história da ciência e da evolução, tornou-o um dos palestrantes favoritos em conferências e um oponente desejável em debates, mesmo em situações nas quais já sabia que o público não aceitaria sua posição acerca do tema discutido. Provine era um dos poucos evolucionistas no país que era aceito pelos evangélicos, e até defendido, por conta de sua disponibilidade para aparecer em conferências religiosas e debates públicos. Sem diminuir seus opositores, ele respeitosa e impiedosamente discutia os fatos incompatíveis da evolução. Ele nunca abriu mão de sua famosa frase: "Os evangélicos fazem muito sentido, desde que você não entre com um cérebro no templo deles". Mas, ainda assim, concordava com seus oponentes em um ponto crucial: se você estudar a evolução, a lógica inevitavelmente leva ao ateísmo. Não há meio-termo intelectual honesto, de acordo com Will Provine. É por isso que os evangélicos o amavam. Ele era o único cientista do país que admitia em público que a ciência, sobretudo a evolução, é fundamentalmente incompatível com as religiões convencionais. Todos os outros cientistas e políticos gostavam de se esquivar quando surgia a difícil questão envolvendo ensinar a evolução em escolas, já que ela os leva a rejeitar todos os pilares do cristianismo. Pergunte a cem professores de Ciências, e todos darão uma resposta meia-boca sobre a compatibilidade entre religião e ciência. Mas pergunte a Will Provine ou a um evangélico, e você receberá a mesma resposta: NÃO HÁ compatibilidade entre a evolução e a religião. A religião depende de um inventor inteligente e de uma divindade interventora. A evolução rejeita ambos e, ao fim, leva ao ateísmo.

Tendo em vista essa reputação e seus importantes trabalhos publicados acerca da evolução, eu estava ansioso para conhecer Will. Megan ligou para ele e o convidou para almoçar conosco um dia. Will sabia da existência do Bad Religion (especialmente porque seus filhos, em idade de faculdade, nos escutavam) e, como fazia parte do corpo docente do meu departamento, sabia que eu estava "de licença" do meu trabalho de doutorado. No almoço, expliquei como eu estava ocupado demais com turnês e com minha família para continuar meus estudos acadêmicos. Meu projeto dependia muito de trabalho de campo no oeste e de análises laboratoriais caras no *campus*. Mas me identifiquei com algo que Will disse. "Todos os meus alunos terminam seus Ph.D.s sem essas preocupações logísticas. Suas ferramentas são livros, que podem ser lidos a qualquer momento e redigidos em qualquer lugar." Ele continuou: "Acho que você poderia fazer uma dissertação maravilhosa no campo da evolução e da religião. Já se tornou um tema oficial na Biblioteca do Congresso". "É mesmo?" Fiquei intrigado. "Eu passei toda a minha vida adulta estudando evolução e toco numa banda chamada Bad Religion." Will respondeu: "Então, parece que você é tão qualificado para pesquisar esse tema quanto qualquer estudante que eu possa imaginar". Pensei a respeito disso no decorrer do almoço, enquanto conversávamos; quando encerramos a reunião, perguntei sem rodeios se ele estaria disposto a me apoiar na dissertação que mencionou. "Sim, com uma condição. Você precisa dissolver seu antigo comitê de orientadores. Não quero causar nenhum atrito no departamento com meus colegas. Então você poderá formar um novo comitê, que eu presidirei, e poderemos continuar", ele respondeu. Apertei a mão de Will, abracei Megan, e nosso almoço estava concluído. Saí de lá me sentindo renovado.

Como já tinha completado minhas horas de curso, ensino, laboratório e campo, o único item que faltava para eu preencher os requisitos do meu Ph.D. era uma dissertação. Com Will atuando como meu orientador, e tendo acesso ilimitado à sua biblioteca sobre evolução, uma das melhores do mundo, eu estava confiante de que teria um tema interessante para escrever. Will era um grande defensor da História. Ele usava a História das Ciências, principalmente a Genética, para ilustrar as áreas de preocupação que exigiam mais pesquisa. Will sempre dizia que a melhor forma de entender um problema científico é conhecer as perguntas originais que os pesquisadores estavam tentando responder e, então, pedir aos pesquisadores atuais para elaborar sobre o que descobriram. "Entrevistas e enquetes com cientistas são contribuições testemunhais duradouras em qualquer campo", ele me disse. Isso influenciou minha decisão de escrever uma dissertação sobre a incompatibilidade científica entre a evolução e a religião, as duas forças intelectuais que pareciam tão provocativas para mim e sobre as quais tantas músicas do Bad Religion haviam sido compostas.

Umas duas semanas mais tarde, recebi uma ligação de Jay dizendo que ele e Brett tinham conversado por telefone, e parecia que Brett estava aberto à possibilidade de ter o Bad Religion de novo na Epitaph. "Hummm", eu pensei, "isso só faria sentido se Brett pensasse que conseguimos fazer mais um disco." Pouco tempo depois, Brett me ligou, e foi como nos velhos tempos. Ele foi direto ao assunto, falando de uma nova canção que tinha composto e de como seria divertido fazer outro álbum. Eu percebia que Brett estava renovado. Talvez todos aqueles anos sem criar músicas tivessem se acumulado dentro dele e agora uma nova inspiração estaria surgindo, a receita certa para compor de forma produtiva. Eu, por outro lado, meio que havia virado uma chave. Como tinha acabado de me dedicar a uma pilha de objetivos acadêmicos, não tinha previsão alguma de voltar a compor.

Ainda assim, com essa demonstração de entusiasmo de Brett e com a alegria que tenho ao colaborarmos em álbuns juntos, meu ânimo decolou. Fiquei empolgado com as possibilidades. Brett disse: "Acho que podemos compor um disco novo e lançá-lo pela Epitaph. Podemos produzi-lo como fazíamos antes do contrato com a Atlantic". Tudo fazia sentido para mim, mas expressei preocupação, porque não tinha certeza se Brett sabia que o Bad Religion estava sem baterista. "Fiquei sabendo que o Bobby saiu", ele disse. "Mas isso só significa que temos que achar alguém novo. Você pode vir aqui para uns testes?" Com isso, a banda tinha um novo objetivo e a velha equipe de composição estava reunida.

Enquanto isso, Jay andava pensando bastante em nossas turnês. Mesmo com o declínio das vendas de discos, os nossos fãs, com quem sempre podíamos contar para turnês, continuavam firmes e até demonstravam ter crescido numa escala global. Com Jens nos agenciando na Europa e Darryl supervisionando nossas turnês nos EUA e no resto do mundo, não havia motivo para contratarmos um empresário. Em vez disso, Jay assumiu um papel mais ativo nas questões de turnês e Brett trouxe consigo as funções empresariais de um selo de gravação, com escritórios na Europa e em L.A. Como ele era o chefe da Epitaph, todas as ligações para o Bad Religion poderiam ser repassadas para a Epitaph e recebidas por sua equipe de marketing e publicidade. Portanto, todos os negócios da banda foram assumidos (de modo hábil e seguro) por uma equipe de profissionais, muitos dos quais já trabalhavam há anos conosco. Brett e eu continuaríamos, assim como nos velhos tempos, criando canções e sendo responsáveis por fazer novos álbuns.

Ainda havia duas grandes questões a serem respondidas: (1) Conseguiríamos compor um bom disco?; e (2) Conseguiríamos achar um novo baterista? Precisávamos lidar com elas em ordem reversa. Primeiro, não desperdiçamos tempo e encontramos um substituto para Bobby. Fizemos testes, mas só algumas batidas foram necessárias para saber que tínhamos um novo baterista. Seu nome era Brooks Wackerman. Brett disse: "Brooks é um baterista tão bom, que não teremos limites para os tipos de batidas punk que podemos colocar no novo álbum". Seu estilo de tocar e tempo perfeito, combinados com preenchimentos complexos e uma execução tecnicamente impecável, foram uma parte vital do som da banda ao retornarmos à Epitaph. Era exatamente o que estávamos buscando para fazer nosso retorno parecer renovado e atual. Em vez de uma triste sombra do que éramos, retornando de uma aventura pelo mundo das grandes gravadoras, soávamos como uma ressurreição. Como se um homem sábio perdido na selva retornasse subitamente à sociedade com uma nova tecnologia para compartilhar sua sabedoria com a humanidade. Era o bom e velho Bad Religion, mas, com Brooks, nosso som deu um passo adiante.

A volta de Brett à banda e o retorno do grupo à Epitaph foram uma celebração. Mas, além disso, foi um reforço para a motivação intelectual entre nós dois, que nos ajudou a consolidar nosso legado como uma banda que podia acompanhar os tempos modernos e ainda fornecer o conteúdo cerebral que define esse legado.

Preparamos o terreno ao fazer a turnê com o Blink-182. Como fomos vistos por mais de 250 mil fãs de punk em anfiteatros naquele período, estávamos no momento certo para entregar ao mundo um novo álbum. No entanto, em vez de tentar conquistar um público que claramente estava mais interessado em uma forma mais simplória de punk, decidimos fazer um disco digno de nossa forma original, inspirando e provocando ouvintes conscientes, independentemente de seus históricos ou seus vieses. Essa foi a motivação que fez Brett e eu voltarmos a compor como uma equipe.

Brett passou boa parte de 2001 criando músicas. Quando fui visitá-lo, ele me mostrou a demo de uma de suas melhores canções em anos. "Ela se chama 'Sorrow'", ele disse. "Brett, isso é um hit!", eu comentei. Então apresentei a demo de uma das minhas músicas, inspirada pela pesquisa que eu vinha fazendo para meu projeto de dissertação. "Essa aqui se chama 'Materialist.'" Era uma música que enfatizava algumas das dificuldades ao tentar compatibilizar a evolução com a religião. Um de seus versos diz: "*The process of belief is an elixir when you're weak. I must admit at times I indulge it on the sneak. But generally my outlook's not so bleak. I'm materialist!*" ["O processo da crença é um elixir quando você está fraco. Tenho de admitir que às vezes o consumo escondido. Mas geralmente minha perspectiva não é tão frouxa. Sou materialista!"]. Brett disse: "Essa é uma ideia legal para um título de álbum". Após concluirmos as sessões de gravação, ainda naquele ano, todos concordamos em chamar o disco de *The Process of Belief*.

Lançado no começo de 2002, o álbum *The Process of Belief* foi um grande sucesso. Dois fatores o ajudaram a alcançar essa notoriedade. Primeiro, a volta de Brett à banda e o nosso retorno à Epitaph Records geraram muita publicidade, pois serviam como um reencontro dos fundadores do selo com seu antigo lar. Mas igualmente importante foi o fato de a canção "Sorrow" ser tocada em alta rotação pela KROQ – ainda a rádio de rock moderno mais importante no país – durante os três meses que antecederam o lançamento do disco. Finalmente, com essa música, o Bad Religion havia encontrado os ouvintes que faltavam nos últimos anos. Agora, estávamos prontos para continuar a todo vapor. Tínhamos a representação profissional de que necessitávamos para fazer sucesso nas turnês e, com a renovação e a motivação de Brett para fazermos discos de novo, tínhamos seus profissionais do selo à nossa disposição para divulgar o trabalho e nos ajudar a continuar moldando o nosso legado.

29.
PARADOXO E LEGADO

A BANDA ENTROU EM UM PERÍODO OCUPADO, MAS TRANQUILO, DE EQUILÍBRIO PRODUTIVO. ISSO ME TROUXE CLAREZA MENTAL E UM SENTIMENTO RENOVADO DE MOTIVAÇÃO PARA CONCLUIR MEU DOUTORADO.

Era agosto de 2003. Jodi, minha amiga esperta do Ensino Médio (que me ajudou a fazer a inscrição para uma bolsa estudantil da NEH), tinha se tornado advogada do ramo do entretenimento. Ela era amiga de Katy, a irmã de Wryebo. Sem que eu soubesse, elas se conheceram pouco tempo após Katy se formar em Direito na Marquette University, em Milwaukee. Katy também se tornou advogada do mesmo ramo. Em 2003, Jodi estava com câncer; após sua quimioterapia, ela precisava de um lugar tranquilo para se recuperar. Eu a convidei para passar um tempo comigo em Ithaca. Ficava longe da multidão caótica de Manhattan (onde ela atuava à época) e eu andava ocupado com minha reflexão silenciosa na maior parte do tempo, enquanto escrevia minha dissertação. Eu fazia refeições e cuidava das crianças durante três noites por semana; fora isso, a casa era tão quieta quanto o Éden, cercada de gramados verdes e floresta por todos os lados. Ela aceitou meu convite e se mudou para o espaçoso quarto de hóspedes.

Ficávamos alguns dias sem nos ver muito, e ela passava bastante tempo descansando, sem querer companhia. Mas, em outros dias, ela tinha mais energia e ficava curiosa para supervisionar e ajudar a editar minha dissertação. Jodi passou a maior parte do mês de agosto comigo, fortalecendo-se e voltando ao normal lentamente. Ela conheceu meu orientador, Will, e eles formaram um vínculo especial. Will também tinha passado por quimioterapia, lutando contra um tumor cerebral, mas eles não ficavam discutindo seus problemas de saúde. No lugar disso, Will apenas comentou: "Jodi, Greg tem tanta sorte de ter você como leitora. Deve ser uma grande motivação para ele". Ele tinha razão. Eu me sentia motivado a escrever porque sabia que podia contar com a sabedoria linguística de Jodi, e ela sempre era a primeira a ver meus rascunhos. Seus comentários sempre me ajudaram. Mas, acima de tudo, eu me sentia recompensado por suas melhorias diárias na saúde. Tudo indicava que eu terminaria minha dissertação na hora certa.

No entanto, um dia antes de entregá-la, uma ocorrência inacreditável aconteceu. O leste dos EUA sofreu um de seus maiores blecautes elétricos na história. Cinquenta milhões de pessoas ficaram sem energia por trinta horas porque uma árvore tinha caído sobre uma linha elétrica em algum lugar perto de Cleveland. A rede caiu, e não havia estimativa de quando retornaria. Imagine o meu pânico tendo que imprimir um manuscrito de 250 páginas, sem eletricidade e com o prazo de entrega se aproximando. Se eu perdesse esse prazo, meu Ph.D. seria atrasado por pelo menos um semestre. Jodi, cuja experiência com documentos e prazos legais era maior do que a minha, se manteve calma e centrada. Mesmo com todas as cidades num raio de centenas de quilômetros sem eletricidade, Jodi teve um palpite. Ela fez uma ligação com o telefone fixo e achou o único lugar com gerador próprio. O Kinkos! Por alguma razão, embora todos os estabelecimentos da cidade precisassem fechar, o Kinkos ficou aberto. Consegui imprimir minha dissertação e entregá--la no dia seguinte, apesar de minha universidade ainda estar, em sua maior parte, sem energia elétrica. Eu conquistei o meu Ph.D., e Jodi foi a primeira pessoa a me parabenizar.

É estranho como certas pessoas podem ser tão importantes em eventos da sua vida, tendo contato direto com tudo e com todos que você gosta, e ainda assim ficarem distantes fisicamente, a ponto de vocês não passarem muito tempo juntos. No dia a dia, Jodi tinha um papel insignificante na minha vida. Alguém até poderia dizer que ela não era muito importante para mim. Todavia, na linha do tempo dos capítulos importantes de eventos da minha vida, ela parecia fazer parte de todos os momentos decisivos. Jodi estava no Oki-Dog quando eu encontrava os punks de rua, e ficou me incentivando para conseguir a bolsa estudantil da NEH quando eu começava uma vida intelectual no Ensino Médio. Ela conheceu meus amigos de infância, meus amigos do punk, meus colegas de banda, meu orientador acadêmico. Jodi marcou presença até na linha de chegada da minha maior conquista acadêmica, o meu Ph.D. Mesmo assim, durante tudo isso, no decorrer das décadas, passamos apenas momentos breves em contato um com o outro.

O último desses episódios decisivos aconteceu na primavera de 2004, um ano após sua visita a Ithaca, e pode ter sido o encontro mais importante de todos, porque mudou a direção da U. Graffin para sempre.

Eu estava num período sem turnês e queria fazer uma viagem à Big Apple, então Jodi me convidou para visitar seu escritório de advocacia em Manhattan. Após pegar um trem até a Union Square, saí do metrô em um dia ensolarado e entrei em um prédio de dez andares na 18th Street. Peguei o elevador até o andar dela e fui cumprimentado por uma mulher jovem e linda, uma de suas colegas, que me informou que Jodi estava em uma reunião. "Ok, ótimo. Então isso significa que terei de falar com você até ela terminar", eu disse. "Sou Greg. Qual é o seu nome?" "Meu nome é Allison", ela respondeu. Fiz então a minha pergunta habitual para "conhecer alguém". "Então, onde você fez faculdade?" "Marquette", ela disse. "Marquette?!", exclamei. "Você é de Milwaukee?" Eu contei que também era de lá e que minha amiga Katy, que é amiga de Jodi, também se formou em Direito na Marquette. O papo continuou, e logo descobrimos que as nossas famílias tinham raízes profundas no estado de Wisconsin.

Allison e eu começamos a nos ver bastante, e logo ela estava viajando comigo em minhas turnês mundiais. Lembrei-me de histórias contadas por Ric Ocasek sobre o desenrolar de seu relacionamento com Paulina, em que viajavam o mundo juntos quando os Cars faziam turnês. Eu copiei sua estratégia, pois queria levar Allison para todos os lugares aonde fôssemos, gastar dinheiro em várias coisas bem chiques e deixá-la ciente de que eu a queria comigo em todos os momentos. Pela primeira vez na vida, cheguei ao ponto em que finalmente sentia que podia oferecer os ingredientes essenciais para construir uma relação duradoura. Um verdadeiro romântico diria que meu relacionamento com Allison "era para ser". Mas prefiro acreditar que nos encontramos num momento em que estávamos igualmente equipados para dar o necessário para uma relação amorosa benéfica aos dois. Se era predestinado, então as divindades certamente tinham um efeito colateral cruel em mente quando planejaram essa situação.

Tragicamente, Jodi morreu pouco tempo após Allison e eu nos casarmos. O câncer foi implacável. Ela tinha se mudado de volta para Los Angeles e partiu deste plano a poucos quilômetros de onde a vi pela primeira vez, no Oki-Dog, em 1981, no meio daquele mar de punk rockers onde ela parecia tão deslocada com sua BMW verde. Naquele momento, como eu poderia saber da importância que essa pessoa teria na história da minha vida? Apenas a pessoa mais egocêntrica do mundo conseguiria imaginar que sua morte precoce teve algo a ver com um plano predestinado.

Em 2004, o Bad Religion estava a todo vapor, quase se tornando uma instituição autossustentável, com uma equipe hábil e atenciosa de profissionais a bordo trabalhando conosco e administrando os detalhes cada vez mais complexos do negócio. Voltamos a fazer regularmente turnês de verão pela Europa e excursões regionais nos EUA a cada primavera e outono. Brett deixou claro que continuaria na banda como coautor de canções, coprodutor dos discos e coqualquer coisa que fosse necessária, mas, para continuar seu trabalho como dono do selo Epitaph, ele não sairia em turnê. Mesmo assim, realizamos mais 15 turnês mundiais em 15 anos e entregamos aos fãs mais cinco álbuns, cada um mais bem-sucedido do que o anterior.

Após receber meu Ph.D., comecei a dar aulas de Evolução, primeiro na UCLA, depois na Cornell. Enquanto eu mantinha um calendário lotado de shows, meus semestres no *campus* eram escapadas de volta ao acolhedor mundo dos intelectuais na torre de marfim. Durante esse tempo, o punk transformou-se, mais uma vez, em uma caricatura hipertrofiada de si mesmo, até ser impossível discernir entre o gênero e a própria sociedade estadunidense. Enquanto isso, o Bad Religion ia ficando mais viável e relevante do que nunca. O punk tinha perdido seu aspecto único em algum momento, mas ainda tinha algo a dizer. Estávamos no cerne dessa circunstância improvável.

As contradições do punk estavam lá desde o princípio, mas éramos imaturos e inexperientes demais para chamar atenção para elas. *"I've got no values"* ["Não tenho valores"], como diz a música do Black Flag. Essa afirmação, por si só, é uma declaração de valor fadada à rejeição imediata. Mas o destino dessa afirmação não seria a lata de lixo da história. Pelo contrário: continua sendo, até hoje, uma convocação para todos os jovens que decidem raspar a cabeça ou fazer um moicano elaborado e colorido. Deixe que a maturidade lide com a incongruência da lógica dessa afirmação.

No Bad Religion, nunca nos aventuramos por essas águas turvas. Nunca declaramos ser os defensores supremos dos valores do punk. Pode-se dizer que nenhum de nós sabia o que era o punk, mesmo quando tínhamos total certeza de que nós éramos o punk. Hoje, falando só por mim, e não pelos outros, tenho ainda menos certeza. De alguma forma, sobrevivi tempo o suficiente para surgir como um dos porta-vozes ou líderes do punk rock. Mas, assim como o almirante Stockdale – que foi vice na candidatura de Ross Perot à presidência dos EUA em 1992, quando Bill Clinton venceu pela primeira vez –, às vezes olho para uma plateia de punk rockers e pergunto retoricamente: "Quem sou eu? E o que estou fazendo aqui?".

Desde minha infância brincando na varanda em Racine, com Wryebo e André "Peg Leg", até minha presença em dois confrontos lendários com a polícia de L.A. durante o começo da cena punk (no Baces Hall e no Hideaway), alguns eventos simplesmente pareciam conexões aleatórias com a linha principal da cronologia da minha vida. Outros são mais relevantes, como conhecer um cara de cabelo azul que me apresentou aos meus futuros colegas de banda, ou uma garota deslocada em uma BMW que, 20 anos depois, me apresentaria à minha esposa. Escolhemos os eventos e as pessoas que são mais importantes para as histórias que queremos contar sobre nós mesmos. A criação da identidade depende desse processo de atribuir significado a eventos passados. A maneira como visualizamos a nós mesmos determina a história que contamos.

Mas e quanto às histórias que outras pessoas contam sobre nós? Isso se chama legado.

Ao tentar compreender a importância da banda no consciente coletivo, assim como sua longevidade incomum, gosto de pensar nos termos de uma mudança de paradigma. Paradigmas são opiniões e "normas" para práticas dentro das ciências. Por exemplo, um paradigma central da evolução é que as espécies mudam com o passar do tempo. Costumava-se pensar que esse processo era gradual e contínuo, indicando que uma espécie se transforma lentamente em algo diferente no decorrer de longos períodos de tempo. Em meados do século 20, com mais biólogos passando a estudar as taxas de evolução em várias espécies, uma quantidade enorme de dados acumulados sugeriu que a linhagem de algumas espécies demonstrava pouquíssima mudança com o passar do tempo. Além disso, muitas linhagens animais demonstram explosões incrivelmente rápidas de mudanças drásticas – curtos períodos de tempo com mudanças anatômicas extremas. Esses fenômenos causaram uma comoção entre biólogos evolutivos, e o campo começou a debater o antigo e estabelecido paradigma do gradualismo (mudanças constantes e graduais em espécies). Nos anos 1970, Stephen Jay Gould e seus colaboradores criaram um termo (equilíbrio pontuado) para descrever um ritmo alternativo de evolução: períodos muito longos sem qualquer evolução (também conhecidos como estase) seguidos por explosões curtas e periódicas de mudanças rápidas.

O conceito não foi adotado de imediato pela comunidade da biologia evolutiva. O equilíbrio pontuado foi intensamente debatido. Mas uma coisa era certa: nenhum biólogo voltou ao antigo paradigma de mudanças lentas e gradativas para todas as espécies. O paradigma nesse campo tinha mudado para outra direção. Agora, todos os evolucionistas prontamente aceitavam que as taxas de mudança não são constantes em todas as espécies. Algumas indicam gradualismo; mas muitas, talvez a maioria, indicam explosões pontuadas, seguidas por longos períodos de estase.

Tudo isso serve para ilustrar como percepções dentro de uma área de estudo não são imutáveis. Apesar de a evolução formar os alicerces da biologia por mais de cem anos, as ideias aceitáveis e válidas nesse meio são hoje diferentes das que tínhamos no passado. Ninguém debate a evolução como um fato dentro do campo, mas como ela é estudada (a prática, a coleta de dados) e como os dados são interpretados (o estilo de relatório, as presunções inerentes) se alteraram em relação a 50 anos atrás. Logo, a "cultura" do campo mudou; houve uma "mudança de paradigma".

A mesma ideia pode ser aplicada ao punk rock. A comunidade punk costumava ter certas "normas", como moicanos, acessórios de BDSM e gargantilhas com *spikes*. Elas representavam uma fidelidade a um estilo de vida que só podia significar uma coisa: "Eu sou punk". Apesar de essas coisas ainda serem aparatos aceitáveis de um guarda-roupa punk, outros itens de moda surgiram, e alguns deles jamais seriam apropriados no passado.

Um dia, em 2021, Allison e eu fomos jantar em um pub perto da nossa casa. Fomos com Stanley, nosso filho, a matrícula mais recente da U. Graffin. Embora seja apenas um garotinho, Stanley adora comida de pub. Passeamos até a marina de Watkins Glen, um local pequeno, porém pitoresco, atraente tanto para turistas quanto para gente da cidade. Foi a primeira vez em mais de um ano que pudemos sair para jantar, por conta das restrições a locais públicos decorrentes da Covid-19. Restaurantes em Nova York finalmente tinham aberto suas portas para clientes, agora que a pandemia parecia estar acabando. A sensação era que a cidade inteira tinha saído de casa para aproveitar o clima agradável de maio e se misturar com os viajantes em início de temporada de férias, reunidos no calçadão ao lado do restaurante. Como sempre acontece com grandes grupos de turistas, todos os tipos de modas, formatos, tamanhos e temperamentos circulavam por ali. Mas, de modo geral, o clima era animado e feliz.

Uma das pessoas mais felizes que eu vi era uma mulher loira, de cabelo ondulado, talvez de trinta e poucos anos, com roupas casuais – shorts jeans e uma camiseta de cores claras –, passando pela nossa mesa e indo em direção ao bar no outro lado do restaurante. Algo em sua camiseta chamou a minha atenção. "Allison, aquela mulher está usando uma camiseta dos Misfits!" Normalmente, isso não mereceria atenção. Já vimos muitos turistas usando camisetas de bandas punks, incluindo do Bad Religion, perto de nossa casa. Mas essa me fez parar e prestar atenção porque tinha uma peculiaridade: *era uma camiseta* tie-dye.

Não sei dizer se consultaram Glenn Danzig, o vocalista dos Misfits e rei das roupas escuras no punk e no metal, antes de fabricarem essa camiseta em massa. Mas não imagino que ele veria muita congruência na ideia de misturar o logo icônico de sua banda com as cores e a estampa arquetípicas do movimento hippie (o *tie-dye*). Falando sério, a camiseta era uma prova óbvia e gritante de que muito havia mudado em relação ao paradigma do punk. O que uma vez tinha sido um logo sagrado e venerado por tantos fãs, uma verdadeira carteirinha de afiliação punk, agora aparecia estampado sobre um fundo que demonstrava lealdade à geração Woodstock, de décadas antes. A mulher vestindo a camiseta provavelmente não dava a mínima para o que o *tie-dye* representava – aliás, nem para o que a banda representava. Ela só queria mostrar ao mundo que amava a banda e provavelmente gostava da aparência colorida da camiseta.

Isso não é totalmente inesperado. E não é ruim por si só. Hoje, não é incomum encontrar fãs de música sem afiliação a nenhuma cena musical, mas que apenas gostam de ir a shows e festivais. Não é estranho, de forma alguma, ouvir alguém dizer que gosta do Grateful Dead e dos Misfits. Talvez aquela camiseta seja para pessoas assim. Qualquer que seja o caso, também diz algo importante sobre o punk. HOUVE uma mudança de paradigma, e é uma mudança que está acontecendo há algum tempo.

No começo da cena punk, qualquer pessoa vestindo algum tipo de moda hippie seria confrontada (provavelmente com violência) e, digamos, encorajada a trocar a roupa. A aderência à moda e aos valores hippies era vista como a antítese do "movimento" punk. O *tie-dye* era um anátema, assim como penas, sininhos, bandanas e franjas de couro nas costuras dos braços de jaquetas de suede. Além disso, o símbolo da paz tinha quase sumido de vista. A paz era o desejo de uma geração diferente. Os punks queriam ser únicos, por isso se afastavam de seus antecessores. Símbolos e logos dizendo "Paz e Amor" foram substituídos por "Destrua" e "Anarquia".

Mas o que surgiu depois como punk, tornando-se a força democratizadora do estilo e se infiltrando em todos os lares dos EUA – a terra do consumismo e da tecnologia infinitos –, foi a coleção de acessórios comercialmente relevantes que podiam ser anunciados e vendidos para atender aos infindáveis desejos materiais dos jovens, as coisinhas que eles podiam usar e os estilos de vida que os acolhiam, como os esportes "extremos" do skate, snowboard, motocross e surf. Logo em seguida veio a explosão tecnológica dos videogames que, além de simular esses esportes associados a estilos de vida, inventava outros para uma geração hipnotizada de sedentários que também se considerava punk.

Que sorte maravilhosa! Sem esse movimento democratizador de nosso gênero, o Bad Religion seria apenas uma pequena nota de rodapé na história da música do século 20. Mas, no lugar disso, nos tornamos uma força relevante para o século 21. Mesmo que fôssemos lembrados apenas como a banda que contribuiu com uma porção de músicas para os videogames mais populares do mundo (*Tony Hawk's Pro Skater 2, Crazy Taxi, Guitar Hero, Forza*), nosso legado já seria invejável. Mas ele cresceu, e agora é maior do que isso.

Ali estava o Bad Religion, sem qualquer desejo de reescrever as regras do gênero, mas lentamente ganhando popularidade e oferecendo algo mais precioso do que discos de ouro: um posicionamento ético próprio e um comprometimento com um sistema de valores antigo, aparentemente em risco de extinção, chamado iluminismo. Os valores iluministas, a oposição às mentes fechadas, sempre foi o tema de nossas músicas. É realmente paradoxal que um ingrediente tão importante da sociedade e da civilização seja oferecido por uma banda punk, cujo gênero, agora popularizado pelo consumismo, já foi comprometido com a destruição, a anarquia e o niilismo. A destruição ainda pode prevalecer como um arquétipo punk, mas, no nosso caso, as únicas coisas a ser destruídas são a ignorância, a falsidade e a superstição.

Agora, parece que estamos diante do que talvez seja o paradoxo mais irredutível de todos: o punk como uma força positiva na sociedade[27]. Se o paradigma que o Bad Religion estabeleceu é crível, então não há outra conclusão. Como a estrutura da investigação científica, capaz de corrigir a si mesma, nosso catálogo musical – repleto de questões amplas, como o desafio ao autoritarismo, o autoempoderamento e a promoção de valores iluministas – parece dedicado à melhoria da condição humana. Que coisa estranha para se dedicar a vida. É como falar com o vento. Não teria sido melhor ser um carpinteiro ou um maquinista, como meus ancestrais Graffin? Ou, quem sabe, seguir a tradição do meu bisavô Zerr como estudioso da Bíblia e pastor? Nada disso! Todas essas coisas traziam consigo uma atitude de mente fechada, uma relutância em mudar. Minha experiência de vida me ensinou que a mudança é inevitável, então é melhor aceitar algumas das realidades desagradáveis e ásperas da vida e usar a inteligência para se adaptar e aprender a viver mais um dia. O punk tem sido uma boa jornada até aqui, mesmo sendo constantemente atacado por críticos, detratores, ladrõezinhos e fundamentalistas preconceituosos. Ele persiste, apesar desses feiosos adornos humanos da sociedade civilizada. O meu antídoto? Seguir em frente, ainda que existam obstáculos, defendendo o espírito dos valores do iluminismo e compartilhando o conhecimento no lugar da doutrina. Tais práticas acabaram se tornando talvez a coisa mais punk que alguém pode fazer.

---

27 Note que a "força positiva" foi concebida como um "movimento" dentro da comunidade punk dos anos 1980 e 1990. O grupo ativista Positive Force foi iniciado pela banda punk 7 Seconds, de Reno, Nevada, e incluía muitas outras bandas, principalmente da Costa Leste. Eles tentaram começar um movimento entre eles, que incluía certos tipos de comportamentos normativos, como ser "straight edge" (rejeitar o uso de álcool e drogas) e viver de acordo com uma série de "valores humanos". Mas esse movimento não se espalhou nem ganhou qualquer tipo de aceitação em massa no mundo em rápido crescimento do punk rock. E por que isso aconteceria? A maioria das pessoas quer se divertir, e não receber ordens. Elas querem música, e não listas normativas com comportamentos adequados. O punk é, no fim das contas, uma forma de entretenimento. Não é engenharia social. Se os fãs de punk quisessem alguém lhes dizendo como viver e pensar, ou ditando o que é um "comportamento apropriado", poderiam ir à igreja ou criar um culto, e é exatamente contra essas coisas que o Bad Religion sempre lutou. (N. do A.)

EPÍLOGO

FUI COM MEU CARRO ATÉ A CALIFÓRNIA, FUGINDO DE MAIS UM ABRIL ESCURO EM NOVA YORK. ESTOU PARADO EM UM CRUZAMENTO ENTRE A WILSHIRE E A MERV GRIFFIN WAY, A APENAS UMA QUADRA DA SANTA MONICA BOULEVARD, AQUELE CORREDOR DE PECADOS E AVENTURAS QUE MUITOS ANOS ATRÁS NOS LEVOU AO LESTE, EM HOLLYWOOD, "NA NOSSA ÉPOCA". APÓS PARTIR DO FAMOSO HOTEL BEVERLY HILTON, ONDE EU HAVIA PERNOITADO AS ÚLTIMAS QUATRO NOITES, SAIO DO ESTACIONAMENTO DO HOTEL.

O tráfego em todos os sentidos é interrompido quando uma pedestre atravessa casualmente o cruzamento movimentado. Enquanto o trânsito se acumula atrás de mim, percebo uma longa fila de carros no sentido oposto. Bem na frente está aquela inconfundível picape Toyota verde, já desbotada, propriedade de ninguém menos do que Jay, meu amigo e baixista. Como o semáforo não estava com pressa para ficar verde, apertei o botão de chamada em meu volante para usar a função de reconhecimento de voz. "Ligar para Jay Bentley", digo com minha voz matinal rouca. Dentro de um segundo, o computador me dá uma conexão bem-sucedida: "Ligando para Jay Bentley".

Ele atende e diz: "Estou bem na frente do seu hotel. Você está me vendo da sacada do seu quarto ou algo assim?". "Não", eu respondo, "olhe para frente, no sentido oposto do trânsito!". "Haha, ótimo! Vamos fazer uma caravana!"

Estávamos a caminho de Hollywood, a apenas alguns quilômetros dali, para filmar um show comemorativo de 40 anos da banda, no famoso clube Roxy, a ser transmitido online. Fomos recebidos por uma equipe de profissionais, operadores de câmera, um editor de cinema e nossa equipe técnica de ponta – todos comandados por Rick, nosso empresário de turnê e produtor do show. A apresentação seria um especial de quatro horas de duração com várias partes, contendo músicas de cada década de existência da banda. Muitas canções eram raridades ou faixas "menos óbvias" que apareceram em discos antigos, mas nunca tinham sido tocadas ao vivo antes.

Voltando quarenta anos no tempo, você encontraria Jay e eu parados naquele mesmo cruzamento, com Jay dirigindo uma picape da mesma cor, indo na mesma direção e para o mesmo destino: ver um show punk no Roxy ou no clube vizinho, o Whisky a Go Go. Uma onda momentânea de nostalgia tomou conta de mim durante a ligação. "Jay, imagine se, 40 anos atrás, eu dissesse que em quatro décadas você estaria bem neste cruzamento, durante uma pandemia global, seguindo o meu carro com placa do estado de Nova York, indo ao Roxy para celebrar 17 álbuns de estúdio e tocando músicas em um show que seria visto no mundo todo." "Inacreditável, né?" "Sim", eu disse, "quase tão inacreditável quanto a possibilidade de nos encontrarmos neste cruzamento hoje!"

Enquanto eu saboreava aquela enorme coincidência, o lado emocional do meu cérebro tomou conta, retomando memórias e associações complexas demais para a matemática. Então, percebi que não há forma de catalogar adequadamente a longa sequência de eventos improváveis que me levaram àquele momento. A memória seletiva é o que todo mundo usa para escrever sua própria história. Saborear o momento é uma coisa, mas entender como você chegou até ali é uma busca que leva a vida inteira. É esse o meu trabalho como estudante da natureza humana. O momento me causou uma reflexão profunda, que deixei em espera até o fim do show.

Ao voltar para casa, finalmente li o livro que me encarava da estante do meu pai desde 1971: *Os Exércitos da Noite*, de Norman Mailer. O livro demonstra que, em 1968, Mailer já tinha praticamente resumido a postura do "movimento" antiautoritário da juventude estadunidense. Em resumo, Mailer argumenta que a Nova Esquerda era, na verdade, uma crítica à Velha Esquerda, que tinha servido como cúmplice da Direita para criar os males da "autoridade". Em sua forma mais simples, o trabalho servia às necessidades do industrialista. A Nova Esquerda buscava acabar com isso em sua "revolução" hippie, que, como Mailer destaca, teve um resultado ambíguo, como era previsto. Os protestos no Pentágono em 1967 foram atos concretos com objetivos ambíguos. Eles não tinham uma estratégia final e não sabiam o que conseguiriam ao invadir o prédio para entregar suas cartas de recrutamento. Mas essa ação tipificou o espírito antiautoritário, que era o traço central da Nova Esquerda nos anos 1960[28].

Logo, a dita autoridade não tinha mudado muito quando o punk chegou. Com vinte anos de diferença entre eles, Scranny, do Wasted Youth, e Jim Lindberg, do Pennywise, nos imploraram para "foder com a autoridade", mas estavam cantando em essência a mesma música dos anos 1960. Os jovens que Mailer descreveu viam a autoridade como a "manifestação do mal... que tinha coberto o país com aqueles subúrbios". Foram os mesmos subúrbios criticados por nós em *Suffer* que acabaram abrigando as multidões de fãs que imortalizariam o punk rock como um gênero musical viável. Por mais que nossa abordagem tenha sido inédita, ela exemplifica uma continuidade, e não uma revolução, do espírito de um movimento que nos antecede (e, na verdade, também veio antes dos hippies). Não há nada de novo sob o sol, como afirmado em Eclesiastes. Então é melhor conhecer a si próprio.

Enquanto eu continuava a leitura, parecia que ia decifrando um código. As palavras-chave estavam escritas claramente no livro. Era como se meu pai as projetasse telepaticamente para nós, como um

----

28 *Que irônico que agora isso pode ser visto como o princípio central da Nova Direita, não é?* (N. do A.)

guia para uma boa vida. A bússola moral da doutrina Graffin. Mailer menciona a pista de seu título na página 157, em uma suposta citação de Fitzgerald: "Aquela noite escura e interminável da alma, quando são sempre três da madrugada" – ou seja, RESPONSABILIDADE. Aqui, especificamente, a responsabilidade de fazer um bom trabalho como escritor e professor. "À medida que o poder de comunicação crescia, também aumentava a responsabilidade de educar uma nação a seus pés." Apesar de meu pai nunca falar em termos tão impositivos e do trecho estar um tanto fora de contexto, as palavras saltaram aos meus olhos quando as li. Era como se o "espírito" de nosso lar (as restrições e as tolerâncias que guiaram nosso comportamento) determinasse a atividade de seus habitantes.

Ser responsável por meu trabalho, minhas canções, minhas ideias, tudo isso foi infundido pelo espírito da U. Graffin, desde o princípio. O *campus* é maior agora, com o prédio original e sua pequena biblioteca ainda ocupados por meu pai em Racine, Wisconsin. É possível encontrar algumas de minhas obras artísticas, de quando eu era bem pequeno, ainda dispostas com orgulho nas paredes do meu antigo quarto, desde que foram originalmente colocadas lá, nos anos 1970 e 1980. O projeto de expansão mais recente é no norte do estado de Nova York: um *campus* de 16 hectares com um domicílio de dois andares, construído com os modernos materiais de construção "ecologicamente corretos". Allison é sua administradora, e nosso mais novo estudante, Stanley, recentemente começou a lidar com o programa.

Infelizmente, o *campus* em San Fernando Valley foi desativado em 2018. Minha mãe faleceu após uma batalha corajosa contra a LLC (leucemia linfocítica crônica). Nos últimos dois anos de vida, ela manteve seu sofrimento e seus desafios diários em segredo. Mesmo estando em turnê durante boa parte desse tempo, senti seu lento declínio com muita dor. Eu só conseguia observar de longe, incapaz de ajudar. Nós, membros da família e amigos, ficamos ao seu lado enquanto ela dava seus últimos suspiros.

EPÍLOGO

A morte da minha mãe trouxe reconstruções de sua vida: histórias surgidas de fotos arquivadas, pedaços de bilhetes guardados, documentos e artefatos no sótão. Minha mãe seguiu o que sua própria consciência mandava quando cedeu a garagem para nossa banda. Ela me incentivava discretamente o tempo todo, deixando claro que algo bom sempre estaria no horizonte desde que o Bad Religion continuasse ativo. Seu prazer com o nosso sucesso ia além do amor maternal. Seu encorajamento tinha um toque de valores antirreligiosos e pró-iluminismo, os ingredientes de sua constante rebeldia contra a sociedade retrógrada de onde ela saiu, na área rural de Indiana.

A tristeza profunda que me envolveu durante a longa despedida de minha mãe fez a saída e a expulsão de Greg Hetson, meu colega de banda e amigo, parecer menos dolorosa. Mas também foi uma perda. Greg merecia mais de mim, mas não consegui apoiá-lo quando sua posição no Bad Religion foi revogada. Como isso aconteceu é uma história para outra hora, e é melhor que ele mesmo possa contá-la algum dia. Mas, assim como tantos eventos, também pareceu aleatório e imprevisível.

Jay e eu rememoramos um fato marcante: o punk tem sido o pano de fundo de nossas vidas por mais de 40 anos. "Que resiliência notável tem esse tal de punk!", exclamei. Em vez de tentar me encaixar, eu criei um meandro constante entre a academia (combustível intelectual) e o entretenimento (minha ferramenta pedagógica). Manter-me fiel à U. Graffin foi meu foco esses anos todos, sem me preocupar se minhas ações se enquadravam em alguma noção ultrapassada do que era o punk.

Para mim, essa simples conclusão foi satisfatória no momento em que eu subia ao palco para fazer o show no Roxy. No entanto, mais tarde, naquela noite, sozinho no carro, retomei um exercício mental: o emaranhado inextricável entre cultura e comportamento humano. Essas coisas surgiram simultaneamente, em vez de uma criar a outra. As antigas pinturas rupestres de humanos pré-históricos foram o produto de uma imaginação que só poderia ser antecedida por outra arte. Do mesmo modo, o punk não criou os punk rockers; foi o inverso. Para entender esse ponto de vista, é necessário identificar o punk "original". Quem foi? Onde ele/ela/isso surgiu? Tentar encontrar sua fonte será um quebra-cabeça infinito. Talvez minha história possa acrescentar texturas e contextos. Mas, até onde consigo ver, a fonte do punk não tem uma origem definitiva. Felizmente, também posso concluir que não há provas à vista que indiquem sua extinção.

AGRADECIMENTOS

O autor gostaria de agradecer às seguintes pessoas por seu envolvimento neste projeto:

Matthew Elblonk, agente da agência literária DeFiore & Company;

Ben Schafer, editor da Hachette Books;

Mike van Mantgem, editor de texto;

Fred Francis, editor de projetos da Hachette Books;

Christina White, relações públicas da Mutiny;

Todos os amigos, os familiares e os colegas, do passado e do presente, que ajudaram a moldar os eventos retratados nestas páginas.

Leia o QR Code e conheça outros
títulos do nosso catálogo

@editorabelasletras
www.belasletras.com.br
loja@belasletras.com.br
54 99927.0276

Este livro foi composto em Minion Pro e impresso pela gráfica Coan em maio de 2025.